普通高等教育"十四五"规划教材

精细化工反应过程与设备

（第二版）

张晓娟　潘玉钰　王艳玲　编著
唐丽华　主审

中国石化出版社
·北京·

内 容 提 要

本书结合精细化学品生产特点，着重论述精细化工反应过程所涉及的设备，即反应器的结构原理分析、设计及应用。全书共包括十二章，介绍了反应器设计的基本概念、基本方法及均相反应器动力学等基础知识，在此基础上分别介绍了间歇釜式反应器、釜式反应器的搅拌与传热、连续釜式反应器、管式反应器(循环反应器组)、塔式反应器、固定床反应器、流化床反应器、其他非均相反应器的设计与分析，同时介绍了停留时间分布与流动模型及典型化学反应器应用案例分析。反应器设计理论着重于基本原理，反应器的分析和计算在保留目前传统反应设备基础上，加强了精细化工领域常用的反应设备如间歇釜式反应器、半连续釜式反应器、釜式反应器的搅拌与传热、循环反应器组的介绍。每章附有小结、思考题和习题。

本书可作为高等院校应用化学专业、精细化工专业的教材，也可供从事精细化学品生产和开发的工程技术人员参考。

图书在版编目(CIP)数据

精细化工反应过程与设备 / 张晓娟，潘玉钰，王艳玲编著. — 2 版. — 北京 ：中国石化出版社，2024. 9.
(普通高等教育“十四五”规划教材).
— ISBN 978-7-5114-7631-9

Ⅰ. TQ03；TQ052

中国国家版本馆 CIP 数据核字第 2024LY8298 号

中国石化出版社出版发行

地址：北京市东城区安定门外大街 58 号
邮编：100011　电话：(010)57512500
发行部电话：(010)57512575
http://www.sinopec-press.com
E-mail：press@sinopec.com
北京科信印刷有限公司印刷
全国各地新华书店经销

*

787 毫米×1092 毫米 16 开本 18 印张 433 千字
2024 年 9 月第 2 版　2024 年 9 月第 1 次印刷
定价：49.00 元

第二版前言

本书第一版于2008年8月出版发行。因其定位准确，实用性强，内容丰富，深浅适度，注重理论与实践结合，被国内多所高等学校选作教材，深受读者好评。

本书在第一版的基础上，结合使用过程中积累的经验和工程教育理念，突出应用型人才培养，在沈阳工业大学第二批“十四五”规划教材项目的支持下进行修订。

化学工业属于过程工业，其最大特点是要经过化学变化实现产品的生产，化学反应是过程工业的核心，针对产品生产中反应过程分析进行设备选用与设计是化工类专业学生必需的能力。精细化工反应过程与设备是诸多应用化学工科专业的重要专业基础课。

考虑到不少院校对第一版教材已经有了多年的使用经验，本次修订再版，我们保留了第一版原有的体系和框架，在原书突出精细化工行业特点的基础上，除了增加其他非均相反应器和典型化学反应器应用案例两章内容外，还增加了大量的数字化教学资源，可通过扫描二维码观看丰富的视频、图片及习题等相关学习资料。在修改过程中，考虑到精细化学品生产过程的复杂性和多品种小批量的特点，加强了间歇操作和半间歇操作反应器的设计与分析，同时增加了对循环反应器和反应器组合的论述，突出工程特色，对反应器的热稳定进行讨论；针对不同反应器结合工厂实际应用进行分析，强化不同反应器的对比分析；突出以学生为中心的理念，增加例题、习题及思考题的数量，附有学习小结；结合精细化工产品生产中涉及的步骤多、副产品多等特点对反应器选型的影响，加强对学生有关节能、环保、创新等意识的培养。并对第一版中存在的错误之处进行了修正。

本版修订工作由沈阳工业大学张晓娟教授主持完成，全书由唐丽华教授主审。在修订和编写中，由编写小组3名老师共同研究确定了修改方案，张晓娟教授负责全书统稿、章节小结的撰写，潘玉钰老师主要负责反应器应用案例收集、复核与校验工作，王艳玲老师主要负责其他非均相反应器部分的撰写及例题、习题修改工作。

本书编写与修订参阅了大量文献资料，一并列于书后。在此，对所有关心、帮助本书编写、修订与出版的同志和文献作者一并表示衷心感谢！

由于编者水平有限，书中疏漏之处在所难免，欢迎读者批评指正！

编　者

第一版前言

精细化学品的生产需要经过原料的纯化、反应制备、产物的分离与精制及产品复配或商品化等过程。上述过程按其原理不同可分为化学过程和物理处理过程。精细化学品生产过程中的原料纯化、产物分离与精制及产品复配或商品化等过程多数为物理处理过程，这些单元过程的原理、设备等内容在“化工原理”“分离工程”“后处理技术”“复配技术”等课程或专著中都有介绍，本书对此不予深入讨论。虽然反应过程的费用在项目总投资中所占比例不大，然而它的好坏却直接影响到其他各步操作设备的选择和投资，是精细化学品生产过程的核心。目前，系统介绍生产精细化学品的反应设备的书籍比较短缺，大多为适用化学工程的反应工程类书籍。为此，本书结合精细化学品生产特点，着重论述精细化工反应过程所涉及的设备即反应器的结构原理分析、设计及应用。结合精细化工产品的生产多采用间歇式操作、反应复杂、物料循环场合多等特点，本书加强了对间歇操作、半间歇操作及循环反应器组等相关内容的论述。

全书共分十章，首先介绍了精细化学品生产特点及其对反应器的要求，介绍了反应器设计的基本概念、基本方法及均相反应器动力学等基础知识，在此基础上分别介绍了间歇釜式反应器、釜式反应器的搅拌与传热、连续釜式反应器、管式反应器(循环反应器组)、塔式反应器、固定床反应器和流化床反应器的设计、分析及应用，同时介绍了停留时间分布与流动模型。反应器理论着重于基本原理的应用、反应器的设计和分析。在保留了目前传统反应设备的基础上，加强了精细化工领域使用的反应设备，如间歇釜式反应器、半连续釜式反应器、釜式反应器的搅拌与传热、循环反应器组的介绍。每章附有思考题和习题。

本书由沈阳工业大学张晓娟教授编著。本书的编著完成得益于国内外大量参考资料，主要参考资料列于书末，编者对各参考资料的作者表示诚挚的谢意！同时，本书的编写得到了唐丽华、沈国良、于大伟等同志的关心、指导和帮助，在此一并表示谢意。全书由唐丽华教授主审。

鉴于水平和能力所限，书中不当之处在所难免，恳请专家学者和广大读者批评指正。

编　者

目　录

第1章 绪　　论

围绕着具有特定应用性能或功能的精细及专用化学品这一核心开展的工作通常包括：合成筛选的分子设计理论和方法；具有工业实用价值的合成方法和路线；提高和强化最终应用性能的剂型配方技术及保证质量和降低能耗的工业制造技术(见图1-1)。

图1-1　精细化工过程示意图

精细化工包括化学医药、农药、染料、香料、助剂等的生产，名目繁多，精细化工过程一般包括：①原料预处理；②反应制备；③反应产物的分离和提纯；④产品的复配和商品化(加工应用)。按照化学反应的要求，将原料进行处理。例如，提纯原料，除去对反应有害的杂质，加热原料使其达到反应要求的温度，几种原料的配料混合，以适应反应浓度要求，等等。这些预处理操作一般都属于物理过程。由于副反应的存在，会生成不希望发生的副产物，又因为反应不完全以及某些反应物过量，致使所得的反应产物不那么纯净，这就需要对产物进行分离，以获得符合规格的产品。由此可见，第三步同样是不可缺少的，这一步主要也是物理过程，例如蒸馏、吸收、萃取、结晶、过滤等。为了满足各种专门用途的需要，许多由化学合成的产品，除了要求加工成多种剂型外，常常必须加入多种其他试剂进行复配。原料预处理和产物分离两步是化学反应的要求和结果，在一般情况下，虽然反应过程的费用在全厂或车间总投资中占的比重并不大，然而它的好坏却直接影响到其他各步。比如，反应对原料的要求过于苛刻，必然导致原料预处理过程复杂、费用增加；又如反应效果不佳，则副产品增多，反应转化率低，必然增加分离的困难。所以，化学反应这一步是整个工厂或车间的核心，是起主导作用的一步，往往是实现工程放大与工业化的关键之一。为此，对精细化工产品生产中反应设备的设计与分析是十分重要的。显然，物理过程的原理和设备是化工原理研究的内容，而化学反应过程的原理和反应器设计是化学反应工程研究的内容，也是整个生产过程的核心。

化学反应过程往往是化工生产流程中一项重要的甚至起决定作用的因素。任何化学反应过程的进行和结果除了由该反应本身的特征和规律控制外，还会受到物料混合、传质和传热等物理因素的影响。因此，化学反应工程的研究，一方面要认识、判断各种化学反应的化学热力学和动力学规律，另一方面也要归纳各种物理因素的变化规律及其对化学反应过程的影响。

本书从化学反应过程的角度出发，解决以工业规模进行的化学反应过程的优化问题，从设计角度实现由给定的生产能力出发，确定反应器的型式和适宜尺寸及相应的操作条件，同时对于投产运行的反应器，根据各种因素和条件的变化做出相应的修正，使其能在最优的条件下操作，实现操作优化。

1.1 精细有机合成反应分类及其在精细化学品中的使用频率

精细有机合成反应的类型及其在典型化学品合成中的使用频率见表1-1。通过对几大类精细化工过程中常涉及的合成反应大类、小类的统计分析，以掌握精细化工各大类合成反应的异同点，一方面有助于在开发技术时选择合适的反应方法和反应装置；另一方面可帮助人们在建设多功能车间时，合理集约安排反应装置。

表1-1 不同反应使用频率

反应类型	不同行业使用频率/%					
	医 药	香 料	农 药	中间体	染 料	颜 料
烷基化	22.3	13.42(含酰化)	24.6(含酰化)	1.8	4.0	
溶剂分解	12.3					
缩合	11.3	17.5	6.3	8	17.6	9.6
卤化	10.9	2.32	10.3	7.5	3.2	
酰化	9.6			4.9	2.6	
还原	9.0	11.3	5.36(含氧化)	18.6	4.3	0.8
氧化	5.3	12.6		8.8	3.0	1.2
酯化	5.3	11.8	32.3			
酸化	4.1					
重氮化	1.8			3.5	23.3	41.4
重排	1.7	1.55	2.3		21.1(偶合)	37.8(偶合)
磺化	1.6			13.3	2.1	1.2
硝化	1.6	1.03			1.8	0.8
脱羧	1.5	1.80				
消除	1.5	3.35				
环化		7.73	4.5	2.2	2.2	
水解		4.38	14.1		2.8	
加成		2.58		4.9		
开环		0.52			1.2(硫化)	
氨解				5.8	0.9	8.4
其他				7.1	9.2	4.8

1.2 精细化工产品生产的特点及其对反应器的要求

1.2.1 精细化工产品生产的特点

精细化学品工业，简称精细化工。包括医药、兽药、农药、染料、涂料、有机颜料、油墨、催化剂、试剂、香料、黏合剂、表面活性剂、合成洗涤剂、化妆品、感光材料、橡胶助剂、增塑剂、稳定剂、塑料添加剂、石油添加剂、饲料添加剂、高分子凝结剂、工业杀菌防霉剂、芳香消臭剂、纸浆及纸化学品、汽车化学品、脂肪酸及其衍生物、稀土金属化合物、电子材料、精密陶瓷、功能树脂、生命体化学品和化学促进生命物质等行业。这些精细化学品的生产涉及的化学反应多、工艺流程复杂，是高技术密集度行业，其主要特点如下：

（1）多品种、小批量

如前所述，精细化工包括 30 多个行业，在每个行业中其品种也很繁多。精细化学品的专用性强，有一定的应用范围，导致其用量不大，多数品种是以克、毫克甚至 ppm（百万分之一）计。例如染料在纺织品上的用量是织物质量的 3%～5%；造纸化学品和皮革化学品的用量一般为 1%～4%等。同时产品更新换代快、市场寿命短，因此其生产批量较小。精细化学品多品种的特点是与其批量小及具有特定功能的特征相联系的，是与满足应用对象对产品性能的多种需要而对应的。例如：对于染料来说，不仅要求色谱齐全，能上染多种纤维，而且还要求能应用于塑料、木材、金属等各种材料的着色，以及满足正在开发的其他许多功能性用途的需要。同时不同的颜色，每种染料又有不同的性能以适应不同的工艺。

据《染料索引》1976 年第 3 版统计，不包括已淘汰和重复品种，不同化学结构的染料品种有 5232 个，其中已公布化学结构的有 1536 个。又如表面活性剂，国外有 5000 多个品种，日本三洋化学工业公司就生产 1500 种，并且以每年增加 100 个新品种的速度扩大其生产品种。

（2）化学反应复杂

一个品种的生产往往要经过一连串化学反应，有些反应本身常常是复杂反应，如平行反应、串联反应、可逆反应、链反应等。一个反应有时生成多种异构物，伴随生成主产物的同时还有副产物生成。

例如采用三磺化-碱熔法生产 H 酸，涉及 7 步化学反应。以孕烯醇酮为起始原料合成治疗前列腺增生药物非那甾胺的合成涉及 10 步反应，改进后的合成路线尚包括 8 步反应。合成 H 酸的反应过程如下。

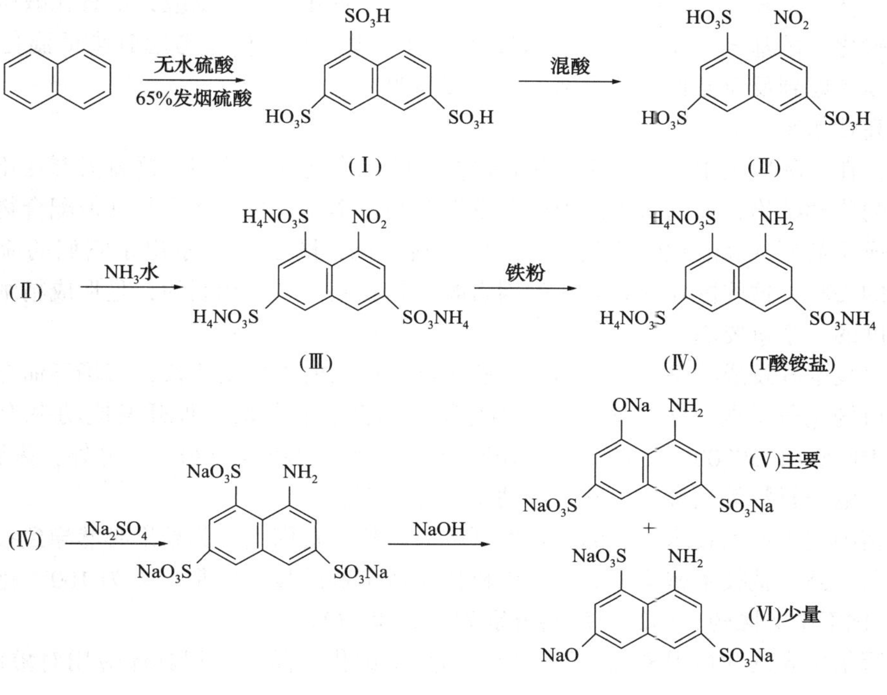

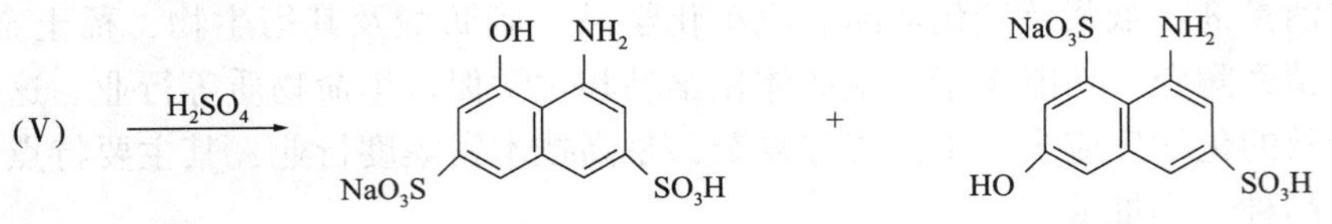

H酸 W酸

(3) 反应物料相态多样化

在精细化工生产中，除了均相物料体系外，还经常涉及非均相物料体系。例如，苯、甲苯硝化反应是液液相体系，β-氯蒽醌氨化反应是液固相体系，甲苯液相氧化反应是气液相体系，邻二甲苯、蒽催化氧化反应是气固相体系，硝基物催化加氢是气液固三相体系。

(4) 反应介质腐蚀性强

在各种精细化学品生产中，经常使用强腐蚀性介质，如硫酸、硝酸、盐酸、氯磺酸、有机酸和高温浓碱、湿氯化氢、二氧化硫、氯气等腐蚀性物质。不同类型的腐蚀性介质对反应设备的材质使用提出更多的要求。

(5) 许多反应过程热效应大

许多单元反应过程都有很大的反应热效应，如邻二甲苯空气氧化制苯酐，每摩尔邻二甲苯反应转化生成苯酐将放出 1271. 53kJ 的热量；甲苯氧化制苯甲酸，摩尔反应放热为 652. 8kJ；硝基苯还原制苯胺，摩尔反应热为 434kJ；其他如硝化、磺化及氯化等反应都有很强的放热效应。因此为了确保反应在正常的工艺温度条件下进行，必须移除大量的热量，在对反应器设计和选型时要求具有良好的传热效果。

(6) 工艺条件变化范围宽

由于生产中具有繁多的各种化学反应，所以就有各种不同的工艺条件。从温度来讲，有在零度左右进行的重氮化、低温硝化和低温酯化等反应，有在 300℃以上进行的氧化反应及碱熔反应；从压力来讲，有在加压条件下的氨化、水解和氢化等反应，也有在减压条件下进行的烘焙磺化、硝基苯氯化等反应。所以在反应器设计时不仅要考虑到高低温传热剂的应用，还必须考虑到反应器材质的耐温、耐压等问题。

(7) 高技术密集度

首先，在实际应用中，精细化学品是以商品的综合功能出现的，这就需要在化学合成中筛选不同的化学结构，在剂型生产中充分发挥精细化学品自身功能及与其他配合物质的协同作用，完成从剂型到商品化的复配过程。以染料为例，图 1-2 表示出了它们的应用性能与外界条件的关联。这些内在的和外在的因素既互相联系，又互相制约，是形成精细化学品高技术密集度的一个重要因素。

其次，技术开发成功率低、时间长、费用高，产品的更新换代快，市场寿命短，技术专利性强和市场竞争激烈。据报道，美国和德国的医药、农药新品种开发成功率为 1/10000，日本为 1/10000~1/30000。染料新品种开发成功率为 1/6000~1/8000。另外，表面活性剂、功能树脂、电子材料等品种技术开发成功率也都很低。

由于精细化工产品技术开发的成功率低、时间长、费用大，其结果必然导致技术垄断性强，销售利润高。就技术密集度而言，以机械制造工业的技术密集指数为 100，化学工业为 248，精细化工中的医药、油脂和涂料分别为 340 和 279。

技术密集也表现为情报密集、信息快。因为精细化学品是根据具体应用对象而设计的，

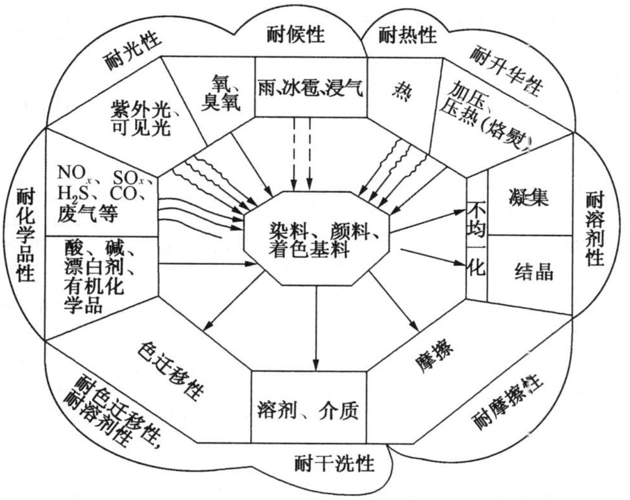

图 1-2 染料应用性能与外界条件关联

而应用对象的要求会经常发生变化，一旦有新的要求提出，就必须按照新要求来重新设计产品结构，或对原有的化学结构进行改进，或者调整配方和剂型，以便生产出满足应用对象要求的新产品。随着世界各国环保意识的日益增加，新产品开发的投资和速度必将会受到严重的影响。同时，大量的基础研究所产生的新化学品也需要寻求新的用途。为此，某些大型化学公司已经采用计算机信息处理技术对国际化学界研制的各种新化合物进行储存、分类及功能检索，以达到快速设计和筛选的目的。

1.2.2 精细化学品生产对反应器的一般要求

为了满足精细化工产品生产的上述特点，对反应设备的选型和设计提出如下基本要求：

有较好的适应性，以完成多品种或多步反应；建立合适的浓度、温度分布体系，以尽可能地抑制副反应的发生；在结构上，反应器能确保良好的传质效果和较强的传热能力，对于强放热或吸热反应要保证足够快的传热速率和可靠的热稳定性；根据操作温度、压力和介质的腐蚀性能，要求设备材料、型式和结构具有可靠的机械强度和抗腐蚀性能。

1.3 工业反应器类型

由于反应器类型结构不同，对在其中进行的化学反应的效果是不同的，如：在搅拌反应锅中进行的反应，良好的搅拌提供了良好的传质条件；列管式反应器的单位体积物料的传热面积比起夹套反应釜来说要大得多；氯化、硝化及还原等单元反应中的许多产品的生产，在使用相同体积的反应器时，由于结构和操作条件的不同能使生产能力提高数十倍甚至上百倍之多。因此，我们在设计和选用反应器时不仅需了解化学反应的特点，还必须掌握各种反应器的特点。工业反应器通常按照反应器的几何形式、反应器的传热方式、操作方式、反应物相态分类。

1.3.1 按几何形式分类

按几何形式分类的反应器类型及其特点见表 1-2 和图 1-3～图 1-12。

表 1-2 反应器按几何形式的分类

型式		图号	结构特点	适用场合及应用举例
釜式反应器	立式搅拌反应釜	1-3(a)	标准型，带椭圆底或折边球形底	适用于在液体介质内进行的各种反应
		1-3(b)	带锥形底	结晶型产物或需静止分层的产物
		1-3(c)	半球形底	压热反应，如氨化、水解等加压下的反应
	卧式反应釜	1-4(a)	卧式圆筒内设搅拌	带固体沉淀物的反应，如 β- 氯蒽醌的氨化
		1-4(b)	圆筒形，内设钢球或磁球，筒体旋转	需要不断粉碎结块固体的场合，用于固相缩合反应等
管式反应器		1-5(a)	水平管式	气相或均液相反应，如热裂解、氨化及水解等反应
		1-5(b)	垂直排管	气液相反应，带悬浮固体的液固或气液固反应，如液相催化加氢还原
		1-5(c)	环形管内设搅拌器	非均液相反应，如芳烃的硝化反应
		1-5(d)	水平管带螺杆搅拌器	黏稠物料与半固态物料的反应，例如固相缩合
塔式反应器		1-6(a)	鼓泡塔：圆柱形塔体内设挡板及鼓泡器	气液相反应，气液固三相反应，如芳烃液相氧化及烃化反应，硝基物加氢还原，苯的烷基化
		1-6(b)	填料塔：塔体内部有填充物	气体的化学吸收，苯的沸腾氯化制氯苯，丙烯连续聚合
		1-6(c)	板式塔：塔体内部有塔板结构	气液相逆流操作的反应，要求伴随蒸馏的化学反应，如酯化反应、异丙苯氧化反应，苯连续磺化
		1-6(d)	塔体内部有搅拌装置或脉冲振动装置	气液、液液、液固等非均相反应及要求伴随萃取的化学反应，如烃类液相氧化、硝化废酸的萃取
		1-6(e)	喷雾塔内部不设任何构件	气液反应，氯乙醇制丙烯腈，高级醇的连续磺化
固定床反应器		1-7(a)	单筒体内装催化剂	气固、液固、气液固相催化反应，如硝基物气相加氢还原及液相加氢还原
		1-7(b)	列管式，管内装催化剂	反应热较大的快速气固相催化反应，如芳烃的气相催化氧化
流化床反应器		1-8	圆筒体，催化剂靠气速或液速呈流化状态	放热量较大的气固相或气液固相催化反应，如芳烃的氧化、硝基物催化加氢还原
喷射型反应器		1-9	类似喷射器结构	气液、液液相快速反应，例如某些中和及酯化反应、气体的化学吸收
泵式反应器		1-10	类似水环泵式透平泵结构	液相、气液相等快速反应如烷基苯的磺化反应，酸性硝基物中和
移动床反应器		1-11	单筒内装催化剂，反应过程床层移动，结构类似于单筒固定床	气固(催化、非催化)相，如石油催化裂化，矿物的焙烧或冶炼
滴流床反应器		1-12	单筒内装催化剂，反应过程催化剂运动，结构类似于流化床	气液固(催化剂)相，如丁炔二醇加氢

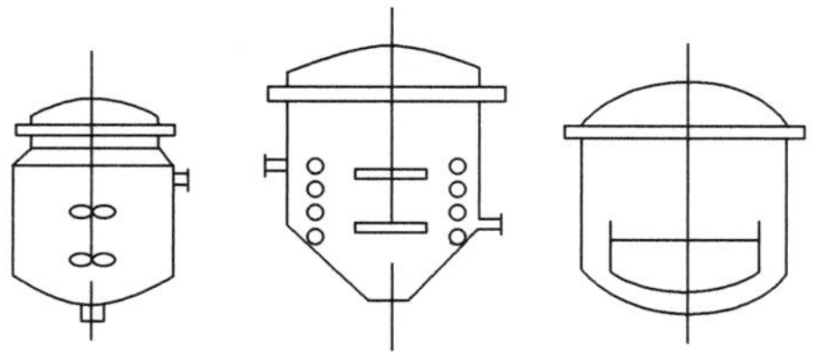

(a)　(b)　(c)

图 1-3　立式搅拌反应釜

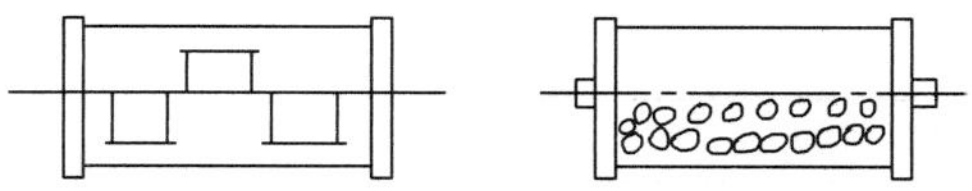

(a)　(b)

图 1-4　卧式反应釜

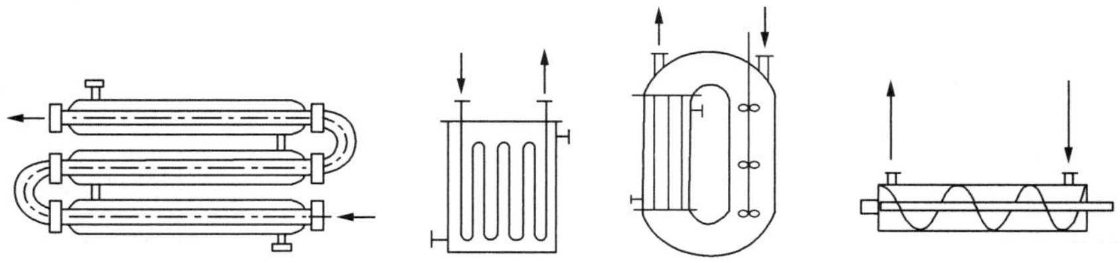

(a)　(b)　(c)　(d)

图 1-5　管式反应器

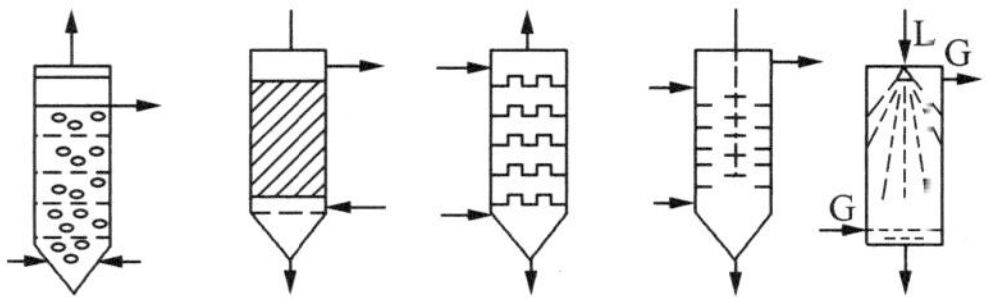

(a)　(b)　(c)　(d)　(e)

图 1-6　塔式反应器

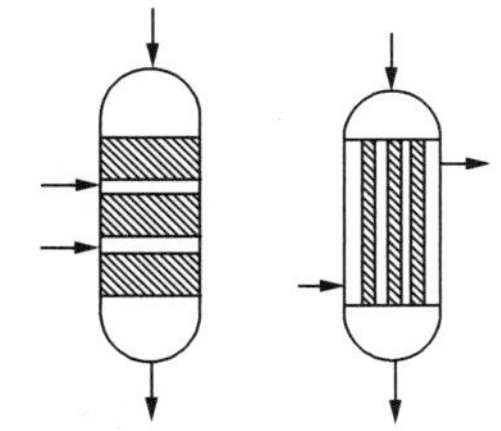

(a)　(b)

图 1-7　固定床反应器

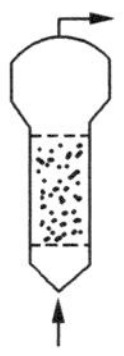

图 1-8　流化床反应器

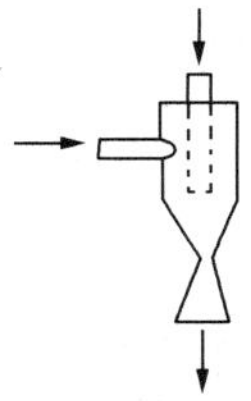

图 1-9　喷射型反应器

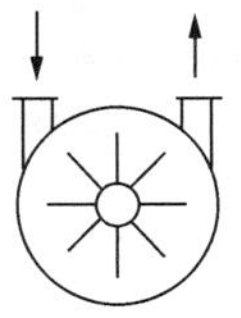

图 1-10　泵式反应器

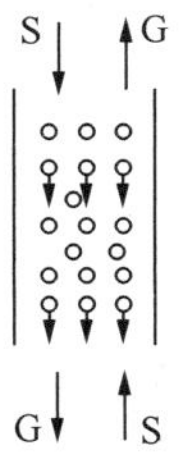

图 1-11　移动床反应器

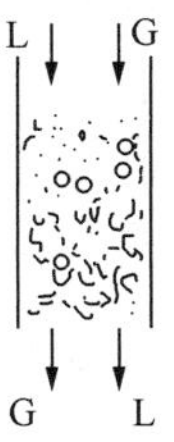

图 1-12　滴流床反应器

1.3.2 按传热方式分类

按照传热方式可将反应器分为间壁传热、直接传热、蒸发传热和绝热四种类型，见表 1-3和图 1-13~图 1-19。

表 1-3 反应器的传热类型

类 型	特 点	适用场合	控温方法
间壁传热	反应物与热载体通过间壁传热	反应物不能直接与热载体接触	热载体的流量、温度及压力
直接传热	使反应物直接与传热剂接触	允许反应物直接与传热剂接触	热载体的温度及用量
蒸发传热	靠挥发性物料蒸发传热	沸腾状态下的反应	物料沸点、气相压力等
绝 热	靠进料的显热及反应热维持温度	允许温度在一定范围内变化的场合	进料的温度、流量

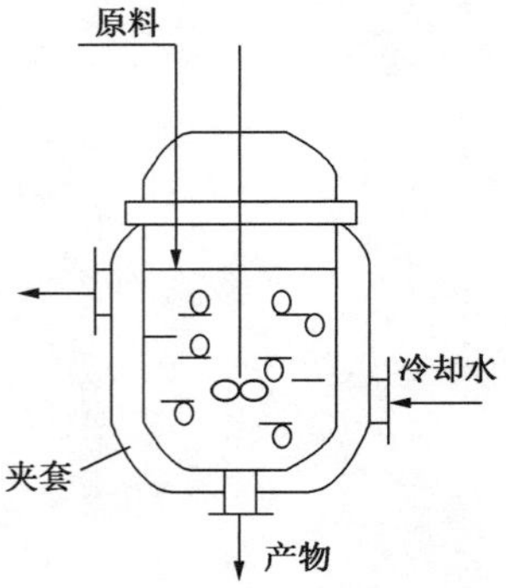

图 1-13 外部热交换型(夹套)操作

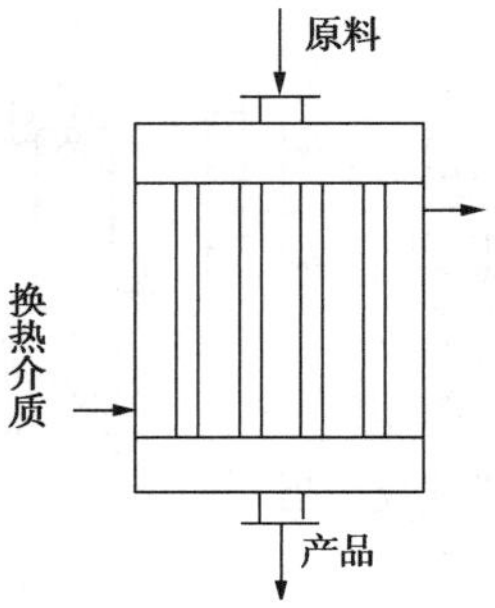

图 1-14 外部热交换型(蛇管)操作

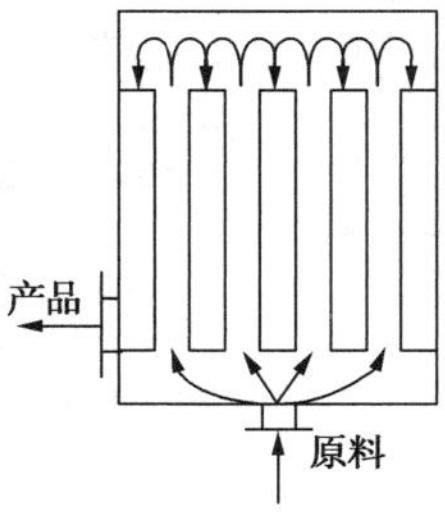

图 1-15 内部热交换型反应操作

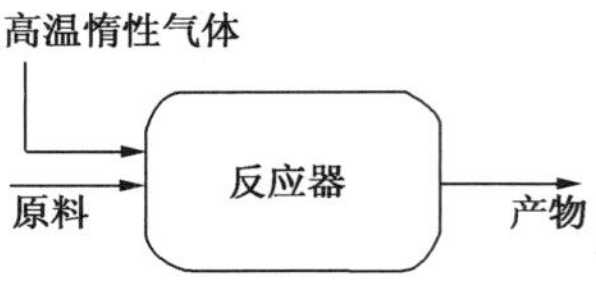

图 1-16 混合反应操作

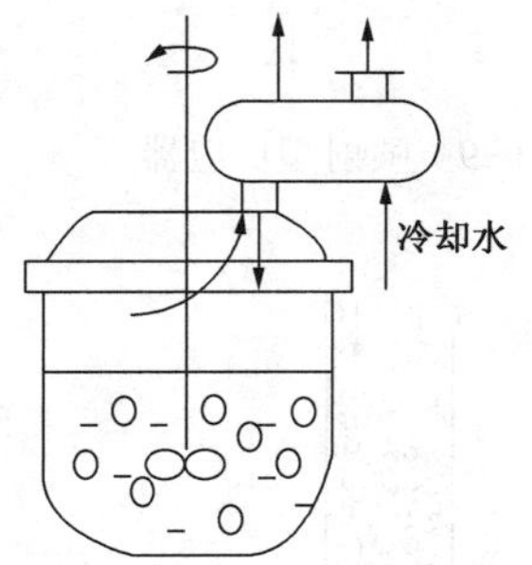

图 1-17 蒸发式反应操作

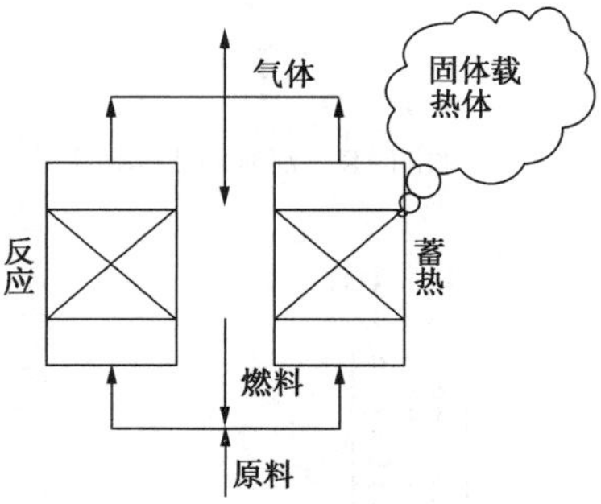

图 1-18 蓄热式反应操作

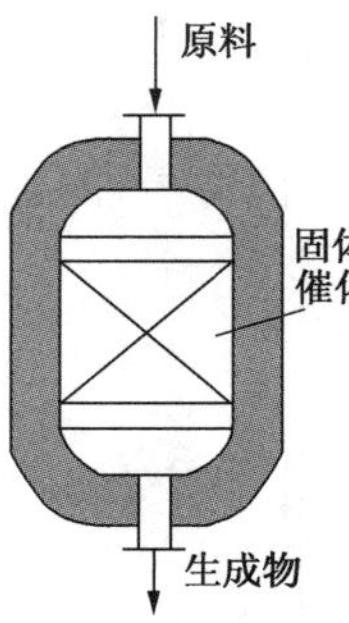

图 1-19 绝热型反应操作

1.3.3 按反应物相态分类

首先可将反应设备分为均相和非均相两大类。前者又可分为气相和液相反应器两类，后者则可分为气液、液液、液固、气固、气液固和固相、半固相等类型。反应设备按物料相态分类，实质上是反映了反应动力学的特征。对均相反应，无相间界面，反应速度仅与温度、浓度有关。对非均相反应，过程的速度不仅与温度和浓度有关，还与相间传质速率有关。各种相态组合的反应举例及其适用的反应器型式见表 1-4。

表 1-4　按反应物相态分类适用的反应器型式

相态		反应举例	适用的反应器型式
均相	气相	乙酸裂解制乙烯酮	管式
	液相	邻硝基氯苯氨解、均相中和反应	釜式、管式、喷射器式
非均相	气液相	甲苯、二甲苯液相氧化，甲基蒽醌氨化脂肪醇与环氧乙烷加成聚合，洗涤剂烷基苯的 SO_3 磺化	釜式、管式、塔式
	液液相	苯、甲苯、氯苯的硝化	釜式、列管式
	液固相	蒽醌硝化、β-氯蒽醌氨化	釜式、塔式
	气固相	萘、蒽等芳烃的气相催化氧化，硝基物气相催化加氢还原，苯酚、β-萘酚的羧化	固定床、移动床、流化床
	气液固相	硝基物液相催化加氢还原，苯氯化制氯苯	釜式、塔式、流化床
	固相 半固相	某些还原染料生产中缩合反应	球磨机型、螺杆型

1.4　反应器的操作方式与选型

1.4.1　反应器的操作方式

精细化工生产中常用的操作方式有间歇操作、连续操作、半间歇(半连续)操作三种。

① 间歇操作。是指进行化学反应的物料一次投到反应器内，然后在其中进行反应，经一定时间到达反应终点后卸料，然后清洗(干燥)，为下批操作做准备。其特点是反应器内的工艺参数如温度、压力、反应物的浓度等随时间而变化，一般采用釜式反应器。间歇操作的搅拌釜式反应器设备简单、操作方便，特别是清洗和更换物系很方便，因而这种操作方式适用于小批量、多品种的生产场合，如染料、药物合成、试剂的制备等，以及反应速率慢、热效应小的化学反应，尤其适用于精细化学品的生产[见图 1-20(a)]。

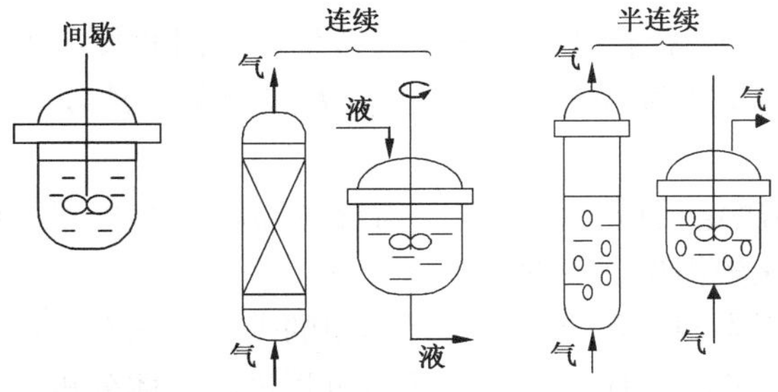

(a) 封闭系统　(b) 流动系统　(c) 流动系统

图 1-20　反应器的操作方式

② 连续操作。反应原料连续地流入反应器，产物连续地流出反应器，反应原料和产物均处于流动状态。在稳态状态下反应器内的工艺参数如温度、浓度等不随时间而变，仅随空间位置而变。采用连续操作的反应器称为连续反应器或流动反应器。可采用釜式、管式、塔式、喷射器式及泵式等类型的反应器。这种操作方式易实现大规模生产，能大大减轻劳动强度，

稳定产品质量。多数酯化反应采用连续搅拌釜式反应器[见图 1-20(b)]。

③ 半间歇(半连续)操作。反应原料中的一种或多种连续地流入或流出反应器，余者则一次加入或移出，一般采用釜式反应器实现，主要用于复杂反应或热效应很大的反应[见图 1-20(c)]。

1.4.2 反应器的选型

综上所述，化学反应器类型繁多，每一种类型都有自己的特点和适用范围。当开发一个化学反应使其实现工业规模生产或设计一个新的生产车间时，如何合理地选择反应器类型和设计内部构件及传热方式等，常常是需要认真考虑的问题。在选择反应器型式时，应针对化学反应本身的特点来确定。通常考虑如下一些因素：

① 物料的相态。反应器型式在很大程度上取决于物系的相态，如均液相反应可采用管式反应器和釜式反应器，气相反应则采用管式反应器，气固相催化反应采用固定床或流化床反应器。

② 反应的动力学特征。精细化工生产中所涉及的化学反应，不少为复合反应，如平行反应、串联反应，也有平行串联反应。因此在反应过程中除了得到所需要的产品外，还有副产物生成。这就要求反应器具有合理的型式，使其能促进主反应的进行，而对副反应有抑制作用。例如平行反应：

$$\mathrm{A} \xrightarrow{k_1} \mathrm{R} \qquad r_{\mathrm{R}} = k_1 C_{\mathrm{a}}^{\alpha}$$

$$\mathrm{A} \xrightarrow{k_2} \mathrm{S} \qquad r_{\mathrm{S}} = k_2 C_{\mathrm{A}}^{\beta}$$

选择反应器型式时，主要是比较主副反应的反应级数，若 $\alpha>\beta$，应选择间歇操作的釜式反应器或连续操作的管式反应器，这样将有利于主反应的进行，提高该反应过程的选择性；若 $\alpha<\beta$，则选择连续操作的釜式反应器比选用管式反应器和间歇操作的釜式反应器有利，此时反应速度可能慢些，但是反应过程中主反应所占的比例增加。

③ 反应过程的热效应。热效应的大小将决定反应器的传热方式、传热构件的型式和传热面积的大小。而这些又都影响反应器的型式和结构。

④ 操作条件。反应器型式与反应温度、压力、加料方式以及物料在反应器内的停留时间等因素有关，如停留时间长的反应过程，宜采用间歇操作的釜式反应器；停留时间短的反应过程，可采用管式或泵式反应器；需要在压力下进行的反应过程，则采用压热釜或管式反应器。

⑤ 生产规模及操作方式。吨位小的产品，通常采用间歇方式进行生产，因此反应器型式也多为间歇釜式反应器；吨位大的产品适于连续操作，反应器多为连续釜式或塔式反应器。

⑥ 物料的腐蚀性。反应物料的腐蚀性将决定反应器的材质。当反应物料具有强烈的腐蚀性时，所采用的反应器型式和结构往往都比较简单，以便于维修。

对于具体的反应过程而言，并不是上述因素同等重要，常常是其中的一个因素对反应器型式起决定性的作用。因此，在选择反应器型式时，应该对化学反应过程进行具体分析，抓住影响的主要因素，做出合理的选择，使反应器能满足生产效率高、产品质量好、原料消耗少、劳动强度小、设备结构简单、操作费用低、保证安全生产等要求。

1.5 反应器设计的基本方程

工业反应器中进行的过程不仅发生化学反应过程，同时还伴有许多物理过程。这些物理过程与化学过程的相互影响、相互渗透，必然影响过程的特性和反应的结果，使工业反应过程复杂化。这里简要说明工业反应器中化学过程和物理过程的性质、特点及相互间的关系，从而揭示化学反应工程的研究内容。

1.5.1 化学反应过程

化学变化是由分子与分子之间的接触碰撞而发生的。因此从微观角度来考察化学反应，它就是一种以分子为单位参与物质变化的过程。但是从宏观角度加以考察统计时，化学反应过程可以分为两类不同的情况。

(1) 容积反应过程

此时反应过程在一定的容积中发生。在气相或液相中进行的均相反应过程就是两种典型的容积反应过程。对于某些非均相反应过程，尽管整个反应系统可能包括几个相态，但是只要实际化学反应仅在某一相内发生，就化学反应过程而言这个过程仍然是发生在反应相中的容积反应过程。此时，它的化学反应规律与均相容积反应过程并无二致。大多数气液非均相反应过程和部分液液非均相反应过程都属此列。

(2) 表面反应过程

表面反应过程是在某一表面上发生的。在固体催化剂表面上进行的催化反应就是一例。容积反应和表面反应这两类反应过程具有不同的特征。就单位时间内的反应转化量来说，前者正比于反应容积，后者则正比于反应表面积。因而定义这两类反应过程时，它们的反应速率定义也就有所不同，即应当分别以反应容积或反应表面积为基准。

化学反应速率随反应物料的浓度和反应温度而变化，是浓度和温度的函数。需要特别指出的是，这里所说的浓度和温度应当是指发生化学反应场所的浓度和温度。例如在上述两类反应过程中，应该是指定容积内的浓度和温度，或是指定催化剂表面上的浓度和温度。化学反应动力学所要研究的就是反应速率与浓度和温度之间的关系。因为反应速率和浓度等都是统计量，因而反应动力学就是对化学反应过程做统计的研究结果。

随着化学反应的进行，参与反应的物料和反应生成的产物的浓度也随之发生变化。在反应进行的同时还伴有能量变化而产生热效应，反应物料的温度也将发生变化。因此，在反应器内即使只有化学反应发生而没有其他过程，反应器内的浓度和温度也会由于反应的进行而随空间和时间发生变化，从而在时间和空间上形成一定的浓度和温度分布。这些分布是由化学反应自身所造成的，所以称为浓度和温度的自然分布。正因为反应器内的浓度和温度存在自然分布，所以反应速率就应以微分形式表达为当时、当地的浓度和温度的函数。整个反应过程或反应器的最终化学变化，应当是这种微分形式的反应速率在时间和空间上的积分结果。

1.5.2 物理过程

工业反应器中的物理过程包括流体流动的均匀性和混合过程、传质过程和传热过程等，这些过程的存在将改变反应器中的浓度和温度分布，最终影响反应结果。

(1) 返混和不均匀流动

返混和不均匀流动是连续流动反应器中发生的两种流动现象。例如在连续搅拌反应器中，由于搅拌器的搅拌作用，使进入反应器的物料被均匀地分散到反应器内的各个部位，早先进入的存在于反应器内的物料有机会与刚进入的反应物料相混合，这种混合现象称为返混现象。流体在管内流动时呈现的不均匀速度分布则是一种典型的不均匀流动。

以上两类流动现象将改变反应器内物料浓度在空间上的自然分布，从而影响反应结果。

（2）传质过程

对非均相反应，大多数情况下反应仅在其中某一相中发生，非均相反应过程中的反应物经常是部分或全部由反应相外部提供。例如在气固相催化反应中，反应物必然由气相主体传到催化剂颗粒的外表面，继而通过颗粒内的细孔向催化剂内表面扩散，最后在颗粒内表面上发生反应。对于气相主体而言，仅是反应物料供应相，在气相主体中不发生反应。又如在气液反应过程中，反应通常在液相中进行。此时气体反应物必须由气相主体扩散到气液面，然后溶解进入液相，最后再由液相表面向液相主体扩散，与液相反应物完成反应过程。

在非均相反应过程中，虽然反应相中的反应动力学规律与均相反应完全相同，但是反应相中物料的浓度却受到扩散传质过程的影响。扩散传质过程也是一个速率过程，化学反应以一定的速率进行就要求反应物能以一定的速率传递进入反应相。反应物要以一定速率扩散传递就要有一定的浓度推动力。因此，非均相反应过程中由于传质过程的存在，必然伴有浓度差异，从而造成反应场所各部位的新的浓度差异，使反应结果发生变化，影响反应转化率和选择性。

（3）传热过程

化学反应过程总是伴有热效应，因此化学反应过程将伴有热量传递过程，即需要向反应相提供热量或是由反应相导出热量。传热过程同样需要传热推动力并由此而引起反应场所各部位的温度差异。

显然，上述的流体流动、传质和传热等是工业反应器内难以避免的过程，它们将伴随着化学反应过程同时发生，并将影响化学反应的结果。

上述这些物理过程，从本质上说它们并没有改变反应过程的动力学规律。也就是说，反应的真正动力学规律并不因为这些物理过程的存在而发生变化，但是这些物理过程将会影响反应场所的浓度和温度在时间、空间上的分布，从而影响化学反应的最终结果。更明确地讲，这些物理过程的存在不影响化学反应速率的微分表达式，但却改变了它在反应器中的积分结果。

化学反应是化学过程，其实质是微观的。传递过程是物理过程，其实质是宏观的。所以对化学反应而言，传递过程往往被称为宏观动力学因素。

从科学角度来看，化学反应的规律在传统上是物理化学的领域，特别是其中的化学动力学。但是由于化学反应工程的发展，不少化学反应工程学者也进行了这方面的研究工作。当然，两者研究目的有所不同，前者着重于研究反应机理和反应历程；后者则着重于反应速率规律的定量描述。

传递过程的规律在传统上是化学工程的领域。例如对于气液鼓泡床而言，应该选择怎样的鼓泡状态；在鼓泡状态下可获得多大的相际接触面积；相际传递速率有多大，这些问题都是典型的化学工程单元操作问题。但是鼓泡床作为气液反应器，毕竟是单元设备的一种变形，它还有作为反应器的一定特殊性。

由此可见，化学反应工程实际上是上述两个学科的汇合。化学反应工程工作者必须同时具备物理化学和化学工程两方面的知识，以便亲自测定和掌握反应动力学规律及各类反应器的传递规律，同时将这两方面规律结合起来。这里所说的结合，不是化学反应和传递过程的简单加和，这种结合会产生一些新的、有趣的现象，从这些现象中引申出一些重要的结论，上升为化学反应工程理论。正是这种结合，成为化学反应工程研究最活跃的论题。

一个新的反应过程的开发，在最初阶段是化学过程研究，即发现和认识新的化学反应。研究其反应动力学规律，然后才进入工程阶段。在工程阶段，首先遇到的问题是反应器的选型。这就需要开发研究工作者熟悉各类反应设备的传递特性。为了做出抉择，当然需要掌握这个特定反应的传递因素影响特征，弄清哪些传递因素是有利的，哪些传递因素是不利的。

确定反应器选型后，接着是操作条件的选择和反应器的工程设计，同样需要化学反应规律和传递过程规律相结合的化学反应工程知识。

总之，化学反应工程的核心是研究宏观动力力学因素对化学反应过程是否有影响；用什么标准来判别这种影响；这些影响的程度有多大；这些影响是否有利；如何消除或加强这些因素的影响等等。因此，化学反应工程的任务就是研究工业化学反应器的基本原理，对反应器中所进行的化学反应过程特征进行分析，结合具体的反应装置，综合研究反应器中的反应过程和传递过程，从而正确选择反应器的型式并确定最经济的工艺路线和操作条件，对反应器进行最佳设计和最优控制，为过程开发和反应器的放大提供技术依据。

反应器设计的主要任务包括以下三个方面：一是选择合适的反应器型式和结构。根据反应系统的动力学特征，如反应过程的浓度效应、温度效应及反应的热效应，结合反应器的流动特征和传递特征，如反应器的返混程度，选择合适的反应器，以满足反应过程的需要，使反应结果最佳。二是确定最佳的工艺条件。工艺条件，如反应器的进口物料配比、流量、反应温度、压力等，直接影响反应器的反应结果，也影响反应器的生产能力。在确定工艺条件时，还必须使反应器在一定的操作范围内具有良好的运转特性，而且要有抗干扰且长周期稳定运行的能力，即要满足操作稳定性要求。三是确定反应器的主要尺寸。根据所确定的操作条件，针对所选定的反应器型式，计算完成规定生产能力所需的反应体积，同时由此确定优化的反应器的结构和尺寸。

反应器设计的核心内容是反应体积的确定，为了确定反应体积，就必须找出物系组成、温度和压力等在反应器内变化的数学关系式，即反应器设计的基本方程。

1.5.3 反应器设计的基本方程

围绕“三传一反”基本思想，反应器设计的基本方程式是物料衡算式、热量衡算式和反应动力学方程式，反应过程如有较大的压力降，并因而影响反应速度时，还要加上动量衡算式。反应器的计算也就是上述方程组的联合求解。反应动力学方程式是化学反应器设计的基础。

方程的建立应注意变量和控制体积的确定。变量包括因变量和自变量，物料衡算通常以关键组分 i 的浓度 C_i 作因变量，也可用 x_i 或 Y_i、P_i 作因变量。能量衡算式、动量衡算式分别以反应物系的温度和压力作因变量。自变量有时间和空间两种。控制体积即建立衡算式的空间范围，即在多大的空间范围内进行各种衡算，其选择原则是以能把化学反应速度视作定值的最大空间。

(1) 反应动力学方程式

对于均相反应，且反应混合物已经混合均匀，反应时不存在扩散阻力，这时反应过程的总速度只取决于化学反应速度。

反应速度常用下述定义：

$$r_A = \pm \frac{dn_A}{V_R dt} \tag{1-1}$$

式中 r_A——以组分 A 表示的化学反应速度，kmol/(m^3 · h)；

V_R——反应器有效体积，m^3；

n_A——组分 A 的物质的量，kmol；

t——反应时间，h。

一般地，表示反应速度与影响因素函数关系的式子称为反应动力学方程式，或称反应速度方程式。如反应 A→R 为 α 级不可逆反应，其动力学方程式可写成：

$$r_A = -\frac{1}{V_R}\frac{dn_A}{dt} = kC_A^{\alpha} \tag{1-2}$$

式中 k——反应速度常数，$m^{3(\alpha-1)}/(h \cdot kmol^{\alpha-1})$；

α——反应级数；

C_A——反应物 A 的浓度，kmol/m^3。

(2) 物料衡算式

以质量守恒定律为基础，是计算反应器体积的基本方程。对于简单化学反应，如：

$$aA+bB = lL+mM$$

只需要对我们所着眼的一个反应物列出物料衡算式，其余的反应物和产物的量就可由化学计量关系确定。

由于反应器内温度和反应物浓度等参数随空间或时间而变，化学反应速度也随之改变，因而，必须选取上述参数不变的微元体积 dV_R 或微元时间 dt 作为物料衡算的空间基准和时间基准。

对一个反应物写出适用于任何型式和操作方式的反应器的物料衡算通式，见式(1-3)。

$$\underset{\text{I}}{\begin{bmatrix}\text{微元时间内进}\\\text{入微元体积}\\\text{的反应物量}\end{bmatrix}} - \underset{\text{II}}{\begin{bmatrix}\text{微元时间离}\\\text{开微元体积}\\\text{的反应物量}\end{bmatrix}} - \underset{\text{III}}{\begin{bmatrix}\text{微元时间、微}\\\text{元体积内转化}\\\text{掉的反应物量}\end{bmatrix}} = \underset{\text{IV}}{\begin{bmatrix}\text{微元时间、微}\\\text{元体积内反应}\\\text{物的积累量}\end{bmatrix}} \tag{1-3}$$

式(1-3)中第Ⅰ、Ⅱ项表示微元时间 dt 内进入和离开反应器微元体积 dV_R 的反应物量，第Ⅲ项决定于微元时间 dt 和微元体积 dV_R 内的温度和反应物浓度条件下的化学反应速度，如反应物为 A，可以写成 $r_A dV_R dt$，r_A 为反应物 A 的反应速度，可由反应动力学方程式求得。第Ⅳ项表示由于其他三项而造成的在微元时间 dt、微元体积 dV_R 内反应物的改变量。对于不同型式的反应器，Ⅰ、Ⅱ、Ⅲ、Ⅳ项的形式不同。具体计算见反应器的设计。

物料衡算式给出了反应物浓度或转化率随反应器内位置或时间变化的函数关系。简单地，对于关键组分 i 其物料衡算式为：

$$\text{组分 } i \text{ 输入量} = \text{组分 } i \text{ 输出量} + \text{组分 } i \text{ 转化量} + \text{组分 } i \text{ 累积量} \tag{1-3a}$$

(3) 热量衡算式

反应均有显著的热效应，因此随着化学反应的进行，物系的温度也有所变化，而温度变化又会影响反应速度，所以，必须进行热量衡算，以计算反应器内各点温度(或各个时间的温度)，从而进一步确定该点(或该时间)的化学反应速度。热量衡算式以能量守恒和转化定律为基础。

与物料衡算一样，应选取温度和浓度等参数不变的微元时间和微元体积为基准。热量衡算通式见式(1-4)。

式(1-4)中第Ⅰ、Ⅱ项是微元时间 dt 内，进入和离开反应器微元体积 dV_R 的总物料带入或带出的热量。计算热量时，同一热量衡算式内各项热量计算应取同一基准温度。第Ⅲ项是化学反应放出或吸收的热量，等压反应可写成 $r_A dV_R dt(-\Delta H_r)$，$-\Delta H_r$ 是化学反应焓变，放热反应为正值，吸热反应为负值。热量衡算式(1-4)给出了温度随反应器内位置或时间变化的函数关系。

$$\underset{\text{Ⅰ}}{\begin{bmatrix}\text{微元时间内进入}\\\text{微元体积的物料}\\\text{所带进的热量}\end{bmatrix}}-\underset{\text{Ⅱ}}{\begin{bmatrix}\text{微元时间内离开}\\\text{微元体积的物}\\\text{料带走的热量}\end{bmatrix}}+\underset{\text{Ⅲ}}{\begin{bmatrix}\text{微元时间、微元}\\\text{体积内由于反应}\\\text{产生的热量}\end{bmatrix}}-\underset{\text{Ⅳ}}{\begin{bmatrix}\text{微元时间内微元}\\\text{体积传递至环境}\\\text{或载热体的热量}\end{bmatrix}}=\underset{\text{Ⅴ}}{[\text{微元时间、微元体积内热量的积累}]} \tag{1-4}$$

简单地，对于一定的计算单元：

$$\text{输入热量}+\text{反应的热效应}=\text{输出热量}+\text{累积热量}+\text{传向环境的热量} \tag{1-4a}$$

不同情况式(1-4)可以简化：对于间歇过程，Ⅰ、Ⅱ两项为零；对于连续反应器，在定态体积下，Ⅴ项为零；对于等温流动反应器，在定态体积下，Ⅰ、Ⅱ两项相等；对于绝热反应器，Ⅳ项为零。

(4) 动量衡算式

以动量守恒和转化定律为基础，计算反应器的压力变化。当流体通过反应器前后的压力降很大，由于压降变化而使得反应组分浓度有较大变化时，需要考虑压力对反应速度的影响，此时需要进行动量衡算。

动量衡算式与物料衡算式、热量衡算式类似，可写成如下的通式：

$$\text{输入的动量}=\text{输出的动量}+\text{消耗的动量}+\text{累积的动量} \tag{1-5}$$

式(1-5)系根据牛顿第二定律针对运动着的流体而建立。通常情况下动量衡算式可以略去。

综上所述三种衡算式，根据各自的守恒定律，都符合下列模式：

$$\text{输入}=\text{输出}+\text{消耗}+\text{累积} \tag{1-6}$$

即各种衡算式都包括四大项。但根据不同的情况可以简化，有些项可能不存在，有些大项也可包括若干小项，这在应用时需做具体分析。

物料衡算式、热量衡算式和反应动力学方程式是相互依存、紧密联系的。物料衡算式和反应动力学方程式是描述反应器性能的两个最基本的方程。如单元体积内的化学反应速度取决于反应物浓度和温度，反应物浓度由物料衡算式确定，温度由热量衡算式确定，温度、浓度对反应速度的影响则由反应动力学方程式确定。对于等温过程，因为温度不随时间、空间的改变而发生变化，只需联立解动力学方程式和物料衡算式。对于非等温过程，则是上述三个方程式联立求解。

在物料衡算和热量衡算联立方程时，必须知道反应器内物料流动混合状况，因为流动混合状况影响着反应器内的浓度和温度分布。但在实际反应器中，流动混合状况往往难以确定。为使问题简化，一般首先讨论流型已经肯定了的理想反应器的计算，在此基础上，再讨论非理想流动反应器。

1.6 工业反应器放大

1.6.1 工业反应器放大方法

一个新的化学产品从实验室研究成功到工业规模生产，一般都要经历几个阶段，即需进行若干次不同规模的试验。显然，随着规模的增加，反应器也要相应地增大，但到底要增到多大才能达到所预期的效果，这便是工业反应器放大的问题。工业反应器放大的问题是一个十分重要而又困难的化学工程问题。化学加工过程不同于物理加工过程，前者规模的变化不仅仅是量变，同时还产生质变；而后者规模的改变往往只发生量变。对于只发生量变的过程，按比例放大在技术上不会发生什么问题，只不过是数量上的重复。

以相似理论和因次分析为基础的相似放大法，在许多行业中的应用是卓有成效的，如造船、飞机制造和水坝建筑等。但是，这种方法用于反应器放大则无能为力。因为要保证反应器同时做到扩散相似、流体力学相似、热相似和化学相似是不可能的。例如，保持化学相似就必须保持反应器的长度与反应混合物线速度之比为定值。对于流体力学和扩散相似，则要求反应器的长度与反应混合物线速度的乘积为定值。显然，要同时满足这两个条件是不可能的。还可以举出其他与相似准则不相容的例子。所以，长期以来反应器放大采取的是逐级经验放大法。

所谓逐级经验放大就是通过小型反应器进行工艺试验，优选出操作条件和反应器型式，确定所能达到的技术经济指标，据此再设计和制造规模稍大些的装置，进行所谓模型试验。根据模型试验的结果，再将规模增大，进行中间试验，由中间试验的结果，放大到工业规模的生产装置。如果放大倍数太大而无把握时，往往还要进行多次不同规模的中间试验，然后才能放大到所要求的工业规模。由此可见，逐级放大法既费事又费钱，不是一种满意的放大方法。这种放大方法的主要依据是试验，是每种规模的宏观试验结果而没有深入到事物的内部，没有把握住规律性的东西，所以是经验性的，难以做到高倍数放大。

① 不对过程的机理进行深入考察，也不对过程进行化学过程和物理过程的分解与分别研究。

② 其放大过程经常无法预测某些技术经济指标下降的趋势和程度，无法提出对这种指标变化加以控制或改进的措施。

20 世纪 60 年代发展起来的数学模型方法是一种比较理想的反应器放大方法，其实质是通过数学模型来设计反应器，预测不同规模的反应器工况，优化反应器操作条件。所建立的数学模型是否适用，取决于对反应过程实质的认识，而认识又来源于实践，因此，试验仍然是数学模型法的主要依据。但是，这与逐级经验放大试验无论是方法还是目的都迥然不同。

数学模型法一般包括下列步骤：

① 实验室规模试验。这一步骤包括新产品的合成、新型催化剂的开发和反应动力学的研究等。这一阶段的工作属于基础性的，着重过程的化学问题。

② 小型试验。仍属于实验室规模，但要比上一步试验来得大，且反应器的结构大体上与将来工业装置要使用的接近。例如，采用列管式固定床反应器时，就可采用单管试验。这一阶段的目的在于考察物理过程及工业原料等对化学反应的影响。

③ 大型冷模试验。目的是探索传递过程的规律。前已指出，化学反应过程总是受到各种传递过程的干扰，而传递过程的影响往往又是随着设备规模而改变的。

④ 中间试验。这一阶段的试验不但在于规模上的增大，而且在流程及设备型式上都与生产车间十分接近。其目的一方面是对数学模型的检验与修正，提供设计大厂的有用信息；另一方面要对催化剂的寿命、使用过程中的活性变化进行考察，研究设备材料在使用过程中的腐蚀情况，是需要经过长时间考察的项目。

⑤ 计算机试验。这一步贯穿在前述四步之中，对各步的试验结果进行综合与寻优，检验和修正数学模型，预测下一阶段的反应器性能，最终导致能够预测大型反应器工况数学模型的建立，从而完成工业反应器的设计。

数学模型法的核心是数学模型的建立，而模型的建立并不是一蹴而就的。上述各阶段试验的最终目的也就是为了获得可用于工业反应器设计的数学模型。图 1-21 为反应器模型实际建立的程序框图。由图可见，根据实验室试验所得到的信息和有关资料提出反应过程的化学模型和物理模型，然后进行综合和按上一节所述的原则建立反应器的数学模型。通过小型试验的验证，对模型进行修改和完善，构成了新的数学模型。这个新的模型再通过中间试验的考验，根据反馈的信息进一步对数学模型做修改和完善，最后建立设计大厂所需的数学模型。

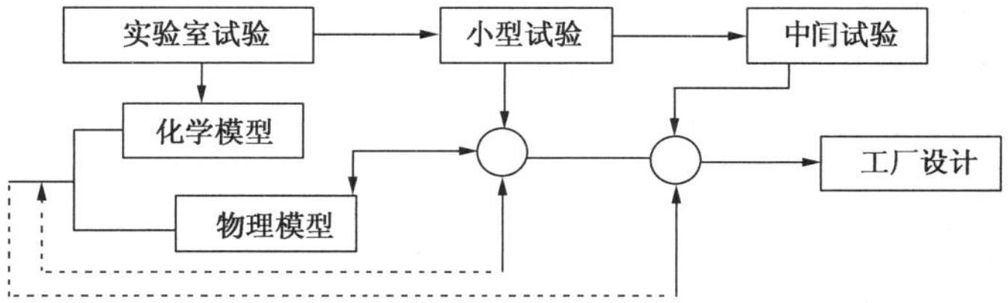

图 1-21　反应器模型实际建立的程序框图

数学模型法是建立在广泛的试验基础上的一种反应器放大方法，不实践就无法认识反应过程的本质，并且更离不开反应工程理论的指导，否则将是盲目的实践。另外通过计算机进行大量的计算和比较，以去伪存真，择优舍劣。所以，反应器的数学模型应是理论、试验和计算三者的结晶。

前面提到的几个试验阶段是就一般反应器而言的，对于某些具体反应可能不需做这么多次试验。有过不经中试而由小试结果实现高倍数放大的报道，丙烯二聚制异戊二烯的反应器就是这样的例子，放大倍数高达 17000 倍。但这毕竟是凤毛麟角，而更普遍存在的情况是由于反应过程的极其错综复杂，纵使采用数学模型法放大也还会存在这样或那样的问题，甚至会以失败而告终。当然，这不能归罪于数学模型法，因为这个方法本身是建立在可靠的科学基础上的。

工业反应器的设计应以经济效益和社会效益最大为前提，对反应器进行投入产出分析，建立经济衡算式，对投资、原料成本、操作费用、产品成本及利润等做核算。忽视社会效益，盲目地追求经济效益的设计是不允许的。对于化学品的生产，首先要考虑的问题是生产过程中产生的有害物质和噪声对环境的污染。设计过程中应采取有效的措施，使排放的有害物质浓度完全符合环保要求，所产生的噪声降低到允许的程度。此外，反应器的安全操作也是一个十分重要的问题。设计者需要妥善选择安全的操作条件，考虑各种防火和防爆措施。总之，实际反应器的设计所要考虑的问题是多种多样的。

1.6.2 反应过程开发与“放大效应”

化工过程开发是指一个全新的化工过程，或一个部分改变的化工过程从实验室研究过渡到大规模工业生产的整个过程。就反应过程而言，研究通常是从化学实验室开始的。当在化学实验室中取得了某项发现，例如发现了一条新的反应路线，或发现了某种新的反应方式，或发现了某种新的催化剂，并在技术经济上对这项发现做出了有利的评价后，研究过程就将进入以建设生产装置为目的的开发阶段。

由于化工过程开发意味着装置规模的扩大，因此常常被称为“放大”(scale up)。伴随着“放大”，往往会产生所谓“放大效应”。化工中的“放大效应”是指小装置中的某些技术经济指标在大装置中不能重现，甚至大装置根本不能正常运转。由此可见，化工中的“放大效应”实际上是人们对化工过程的规律尚未完全掌握的结果。与流体输送、换热、传质分离等设备相比，反应器在放大过程中不但更容易出现“放大效应”，而且出现的“放大效应”也往往更严重。因此，反应过程的放大往往被重视。

关于工业反应过程开发中的“放大效应”问题，需要先了解化学反应器中存在些什么过程及它们之间的相互关系。化学反应器中发生的过程包括两类：化学反应；流体流动、传热、传质等传递过程，它们之间存在着相互影响。

化学反应从本质上讲是一个由于分子间相互碰撞而发生的微观过程，其规律并不会由于反应器规模的放大而变化。在反应器放大过程中可能发生变化的是反应器中的传递过程。但传递过程的变化并不会改变化学反应的规律，也不直接影响反应结果，而是通过改变反应器中的浓度分布和温度分布去影响反应结果。例如，在实验室间歇反应器中进行某一反应，反应物料的浓度和温度是均一的，只随反应时间而变，所有物料的停留时间也都是相等的。而在工业反应器中，情况就变得复杂了，反应器尺寸变大了，反应器的操作方式也可能发生变化，例如由间歇操作变成了连续操作；浓度和温度不再是均一的，而是会呈现某种浓度分布和温度分布；反应物料的停留时间也不再是均一的，有的物料停留时间可能长一些，有的物料停留时间可能短一些，反应结果与实验室间歇反应器的反应结果也就不一样了。因此，即使在实验室反应器中找到了能达到最佳反应结果的浓度、温度状态和反应物料的停留时间，在从实验室反应器到工业反应器的放大过程中，影响反应结果的这些参数很难完全保持不变。这就是在反应器放大过程中出现“放大效应”的根源。

由此可见，在反应过程开发中是否会发生“放大效应”，并不完全取决于“放大”的倍数，而是主要取决于以下两个因素：一是反应器中的浓度分布和温度分布对反应器规模的扩大和由此引起的传递过程状况的变化是否敏感；二是反应结果对反应器中的浓度分布和温度分布的变化是否敏感。如果这两个因素都不敏感，也许“放大”不会有很大的风险；反之如果这两个因素都很敏感，则“放大”可能有很大的风险。因此，对过程进行敏感性(或和灵敏度)分析，是反应过程开发中一个十分重要的内容。

敏感性分析的任务是确定反应结果对哪些因素不敏感，对哪些因素敏感以及这些因素发生敏感影响的范围。对不敏感的因素，在实验中可不予考虑，以减少开发过程的实验工作量。对可能敏感的因素则应尽量选择在不太敏感的区域内操作，并确定其允许的波动范围，以便在反应器设计中采取措施予以控制。因此，敏感性分析也可看作开发过程中主次影响因素的分析，抓住主要矛盾，忽略次要矛盾，是缩短开发周期、保证开发质量的关键。

除了敏感性分析，在整个反应过程开发中，主要手段是实验和数学模拟。在目前阶段，要完全摆脱实验，仅仅依靠数学模拟完成反应过程开发是不可能的。但是实验往往是既费钱又费时间的，如何借助于数学模型方法，使有限的、必不可少的实验发挥最大的作用，是缩短开发周期、节省开发费用的关键。当然，要在反应过程开发中处理好实验和数学模拟的关系，从事开发工作者必须具备一定的化学反应工程的理论素养。

1.7　一些重要的基本术语

1.7.1　反应器内物料的流动模型

流动模型一般针对连续反应器而言。为了设计计算方便，人们按各种反应器内物料实际流动状态的特点假定了两种极限流动模型，它们分别为理想混合和理想置换。理想反应器是指流体的流动混合处于理想状况的反应器。理想混合流型和理想置换流型分别如图 1-22 和图 1-23 所示。

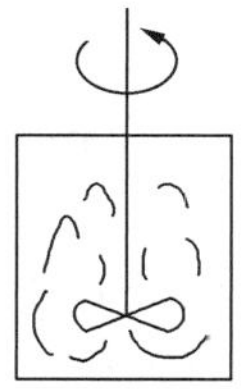

图 1-22　理想混合流型

（1）理想混合流型

理想混合是假定反应物料以稳定流速进入反应器后，新鲜物料的粒子与存在于反应器内物料粒子瞬间混合完全，其特征为反应器内各点浓度、温度完全均一，并与出口处物料性质完全相同，但停留时间不完全相同。

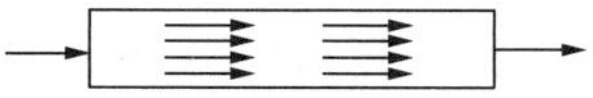

图 1-23　理想置换流型

釜式反应器内，物料经强烈搅拌，可以看成达到了理想混合。搅拌良好的釜式反应器可以间歇（或半间歇）和连续操作。间歇（半间歇）操作时，物料处于封闭式流动状态，反应器内浓度、温度均一，仅随反应时间改变。连续操作时，物料一进入反应器，立即与反应器内物料完全混合，反应器内浓度、温度均一，且与出料口的浓度、温度相同，不随时间改变。搅拌良好的釜式反应器可以认为是理想混合反应器。

（2）理想置换流型

理想置换是假定反应物料以稳定流速进入反应器后沿其流向平行地向前流动，犹如活塞在汽缸里的运动一样。其特征是，在与流动方向垂直的截面上，各点的流速、温度、压力和浓度完全相同，反应粒子的停留时间相等，故又称“活塞流”“平推流”或“理想排挤”。

由于这种流动特征，流体的浓度和温度在与流动方向垂直的截面上处处相等，不随时间改变；而沿着流动方向，随浓度和温度的变化而不断变化。在流动方向上不存在流体的混合，所有流体质点在反应器内停留的时间相等。细长型的管式反应器可近似地看成理想置换反应器。

两种理想流型反应器内，进行反应 A→ R 时，反应物 A 和产物 R 浓度变化示意见图 1-24。

由于理想反应器计算比较简单，工业生产中许多装置又可近似地按理想状况处理，故常以理想反应器的设计计算作为实际反应器设计的基础。

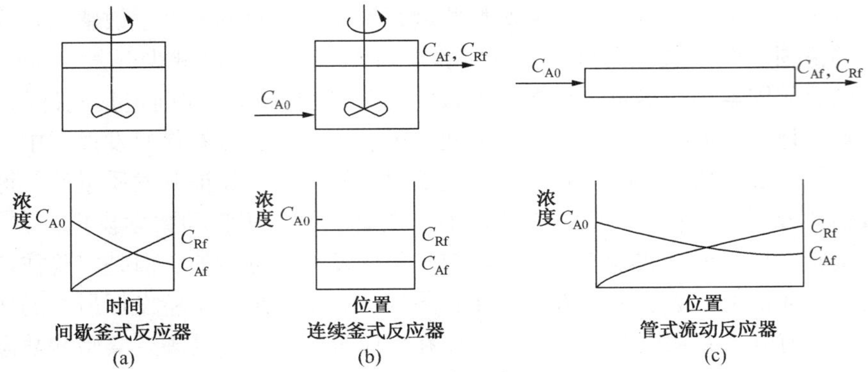

图 1-24 两种理想流型反应器内物料浓度的变化

C—浓度；下标：A—反应物；R—产物；0—初始状况；f—终止状况

（3）返混

图 1-24 显示同样存在剧烈搅拌的间歇釜和连续釜，为什么二者的浓度分布状态不同呢？

对连续釜而言，进口物料固然具有高浓度，但一旦进入反应釜内，由于釜内存在剧烈的混合作用，进入釜内的高浓度反应物料立即被迅速分散到反应釜的各个部位，并与原先存留在该处的低浓度物料相混合，从而使高浓度物料完全消失。因此，在连续釜中由于剧烈搅拌混合，必然不可能存在高浓度区。

既然连续釜内高浓度区的消失是由于搅拌混合所造成的，那么，为什么在间歇釜中同样存在剧烈搅拌与混合而不会导致高浓度区的消失？这是因为混合对象是不同的。在间歇釜中彼此混合的物料是在同一时刻进入反应器的，又在釜内同样条件下经历了相同的反应时间。因此，它们具有相同的性质、相同的浓度，这种浓度相同的物料之间的彼此混合，当然不会使原有的高浓度区消失。连续釜中则不然，连续釜内存在的都是早先进入反应器并经历了不同反应时间的物料，其浓度已经下降。新进入反应器的高浓度物料一旦与这种已经反应过的物料相混合，会使高浓度区消失。因此，间歇釜和连续釜虽然同样存在剧烈的搅拌混合，但参与混合的物料是不同的。前者是同一时刻进入反应器的物料之间的混合，也就是相同浓度、相同性质的物料之间的混合，并不改变原有的物料浓度。而后者则是不同时刻，进入反应器的物料之间的混合，也就是不同浓度、不同性质物料之间的混合，这种混合常称为返混，以区别于前一种混合。

理想流动管式反应器内显然不存在这种返混，因而它具有与间歇釜式反应器相同的浓度特征。

综上所述，可简要归纳为：

① 返混不是一般意义上的混合。它专指不同时刻进入反应器内的物料之间的混合。

② 返混是连续化后才出现的一种混合现象，因此在间歇搅拌反应器中不存在返混。理想流动管式反应器是没有返混的一种典型的连续反应器，而连续流动釜式反应器或称全混釜则是返混达到极限状态的一种反应器型式。

③ 返混改变了反应器内浓度分布，返混的结果使反应器内反应物的浓度下降，反应产物的浓度上升。这种浓度分布的改变对反应的利弊则取决于反应过程的动力学特征——浓度

效应。

④ 返混是连续反应器中一个重要的工程因素。任何过程在连续化时，必须充分考虑这个因素的影响，否则不但不能强化生产，反而有可能导致生产能力或反应选择性的下降。

（4）非理想流动

凡是流动状态偏离理想排挤和理想混合两种极限情况的流动，统称为非理想流动。如搅拌反应锅由于搅拌效果不好和反应锅结构引起死角，就会使反应锅中的物料混合效果不好，使得物料流动状态偏离理想混合。管式反应器的层流状态，由于管壁的粗糙度和物料的黏滞力造成物料的粒子在反应器中的停留时间不等，湍流状态的涡流扩散等因素引起不同停留时间的物料粒子相互混合（通常称为返混），都使物料流动状态偏离了理想排挤。实际反应器都是非理想流动，按照偏离理想流动模型程度不同而确定能否按照理想流动模型计算。当偏离较大时不能按理想模型计算，需采用测定停留时间分布的方法确定流动模型，如偏离程度多大、相当于多少个理想混合模型等进行设计计算。当偏离程度较小时则可按理想流动模型计算，如搅拌良好的锅式反应器可按理想混合模型计算，层流状态的光滑管反应器、湍流状态的管式反应器及气速较大的固定床反应器等都可按理想排挤流动模型计算。

1.7.2　反应转化率、收率及选择性

反应转化率、收率及选择性是反应器计算、物料衡算及热量衡算中常用的概念，以下分别介绍。

（1）转化率

转化率是针对某一反应组分而言，其定义为反应所消耗掉的物料量与投入反应器的物料量之比值称为该组分的转化率。一般以分率来表示。若用 x_A 表示 A 组分的反应转化率，则：

$$x_A=\frac{\text{反应消耗 A 组分的量}}{\text{投入反应器 A 组分量}} \tag{1-7}$$

（2）收率

收率是指主产物的实际得量与按投入原料计算的理论产量之比值。用分率或百分率表示。用符号 y 表示收率，则：

$$y=\frac{\text{反应后主产物实际得量}}{\text{投入反应器原料计算的理论产量}} \tag{1-8}$$

$$y=\frac{\text{反应后主产物实际得量折算成原料量}}{\text{投入反应器的原料量}} \tag{1-9}$$

$$y_P=\frac{\text{生成目的产物 P 所消耗掉的关键组分的摩尔数}}{\text{进入反应系统的关键组分的摩尔数}} \tag{1-10}$$

这里要说明的是单元反应的收率计算中，主产物通常指某一产品，但在实际反应中衡量其收率高低时，有时主产物不是单一的，如甲苯硝化反应得到硝化产物中含有邻、间、对位异构体比例为 60∶4∶36，其中邻、对位异构体同样重要，这种情况下邻、对位硝基甲苯都是主产物。

（3）选择性

选择性是针对发生副反应的复杂反应而言，是表示一个主产物占所有主、副产物的分率或百分率。以符号 S 表示选择性，则：

$$S=\frac{\text{主产物生成量折算成原料量}}{\text{发生反应消耗的原料量}} \tag{1-11}$$

$$S=\frac{\text{主产物生成量}}{\text{发生反应消耗原料应得主产物量}} \tag{1-12}$$

$$S_P=\frac{\text{生成目的产物 P 所消耗掉的关键组分的摩尔数}}{\text{已转化掉的关键组分的摩尔数}} \tag{1-13}$$

在单元反应中，转化率、收率与选择性之间存在如下关系：

$$y=x\cdot S \tag{1-14}$$

本章小结

1. 以工业反应器设计为主线，结合精细化工生产特点及操作方式，展开对工业反应器的介绍。

2. 以反应过程开发为主线，展开反应器设计过程中涉及的放大效应、放大方法、设计原理等内容。

3. 化学反应工程的研究内容

化学反应规律 ↘
　　　　　　　结合 ──→ 反应结果
反应器传递规律 ↗

化学反应是化学过程，本质上是微观的，与反应器结构尺寸无关；传递过程是物理过程，本质上是宏观的，与反应器结构尺寸有关。

4. 化学反应工程的研究方法是数学模型方法，其基本特征是过程的分解和过程的简化。

思　考　题

1. 精细化工生产具有哪些特点？对反应器的一般要求是什么？
2. 反应器主要有哪些分类方法？精细化工行业常用的反应器有哪些？
3. 工业反应器有哪些操作方式？各有何特点？
4. 选择反应器时应考虑哪些因素？
5. 反应器设计计算的基本原理是什么？如何建立反应器设计的基本方程式？
6. 理想置换和理想混合假设的内容是什么？何谓返混？
7. 反应器设计的主要内容是什么？
8. 如何理解控制体积和反应体积？

第 2 章　均相反应动力学基础

化学动力学，亦称反应动力学，是研究化学反应速率及其影响因素的科学。反应动力学包含了反应机理和过渡态的重要信息，且能够通过构建数学模型描述化学反应的基本特征。

本章将从化学反应工程的角度，阐述化学反应动力学的基本概念和原理，并就均相反应讨论它们最常见的动力学表达式，为以后各章学习做好准备。

2.1　反应速率方程

均相反应是指参与反应的各物质均处同一个相内进行化学反应。烃类的高温裂解为气相均相反应，而酸碱中和、酯化反应为典型的液相反应。均相反应是指在一个相中的反应物料是以分子尺度混合的。

2.1.1　化学反应速率

任何化学反应都以一定的速率进行。通常以单位时间内单位反应体积关键组分 A 摩尔数的变化量称为 A 组分的反应速率。

对于反应

$$\gamma_A A + \gamma_B B \longrightarrow \gamma_R R + \gamma_S S \tag{2-1}$$

的反应速率，根据上述定义可分别以反应组分 A、B、R 及 S 的反应量表示如下：

$$r_A = -\frac{dn_A}{V_R dt},\ r_B = -\frac{dn_B}{V_R dt},\ r_R = \frac{dn_R}{V_R dt},\ r_S = \frac{dn_S}{V_R dt} \tag{2-2}$$

式中　t——时间；

n_A、n_B、n_R 和 n_S——组分 A、B、R 和 S 的摩尔数；

V_R——反应体积；

r_A、r_B、r_R、r_S——组分 A、B、R 和 S 的反应速率。

由于 A 和 B 为反应物，其量总是随时间而减少，故时间导数 $dn_A/dt<0$，$dn_B/dt<0$，R、S 为产物，情况相反，$dn_R/dt>0$，$dn_S/dt>0$，因此，按反应物反应量计算反应速率时，需加上一负号，以使反应速率恒为正值。显然，按不同反应组分计算的反应速率数值上是不相等的，即 $r_A \neq r_B \neq r_R \neq r_S$，除非各反应组分的化学计量系数相等。所以在实际应用时，必须注意是按哪一个反应组分计算的。数值上虽然不同，但说明的都是同一客观事实，只是表示方式不同而已。由此可以将某组分的反应速率表示成：

$$r_i = \pm \frac{dn_i}{V_R dt} \tag{2-3}$$

由化学计量学知，反应物转化量与反应产物生成量之间的比例关系符合化学计量关系，即

$$dn_A: dn_B: dn_R: dn_S = \gamma_A: \gamma_B: \gamma_R: \gamma_S$$

因此 $$(-r_A):(-r_B): r_R: r_S = \gamma_A: \gamma_B: \gamma_R: \gamma_S$$

或

$$\frac{r_A}{|\gamma_A|} = \frac{r_B}{|\gamma_B|} = \frac{r_R}{\gamma_R} = \frac{r_S}{\gamma_S} = \bar{r} = \text{常数} \tag{2-4}$$

这说明无论按哪一个反应组分计算的反应速率，其与相应的化学计量系数之比恒为定值，于是，反应速率的定义式又可写成：

$$\bar{r} = \frac{1}{\gamma_i V_R}\frac{dn_i}{dt} \tag{2-5}$$

根据反应进度的定义，式(2-5)变为：

$$\bar{r} = \frac{1}{V_R}\frac{d\xi}{dt} \tag{2-5a}$$

γ_i 为 i 组分的计量系数。规定反应物的计量系数为负，反应产物的计量系数为正。

式中 ξ 为反应进度，即任何组分的变化量与其化学计量系数之比，表示为：

$$\xi = \frac{n_1 - n_{10}}{\gamma_1} = \cdots = \frac{n_i - n_{i0}}{\gamma_i} = \frac{n_k - n_{k0}}{\gamma_k} \tag{2-6}$$

不论对哪个组分，其 ξ 值均是一致的，且恒为正数。对于任何反应组分 i 均有：

$$x_i = \frac{|\gamma_i|\xi}{n_{i0}} \tag{2-7}$$

式(2-5)或式(2-5a)是反应速率的普遍定义式，不受选取反应组分的限制。$\bar{r}$ 知道后，乘以化学计量系数即得按相应组分计算的反应速率。在复杂反应系统的动力学计算中，应用 $\bar{r}$ 的概念最为方便。

因为 $n_A = V_R C_A$，代入式(2-2)中则得：

$$r_A = -\frac{1}{V_R}\frac{d(C_A V_R)}{dt} = -\frac{dC_A}{dt} - \frac{C_A}{V_R}\frac{dV_R}{dt} \tag{2-8}$$

当反应过程中反应物系体积恒定时 V_R 为常数，则各组分的反应速率可简化为：

$$r_A = -\frac{dC_A}{dt},\ r_B = -\frac{dC_B}{dt},\ r_S = \frac{dC_S}{dt},\ r_R = \frac{dC_R}{dt} \tag{2-9}$$

式(2-9)即为经典的化学动力学所常用的反应速率定义式。该式以浓度对时间的变化率来表示化学反应速率。

对于变容过程，式(2-8)中右边第二项不为零，式(2-9)不成立，这种情况下组分浓度的变化不仅是由于化学反应的结果，也是由于反应混合物体积改变而引起。

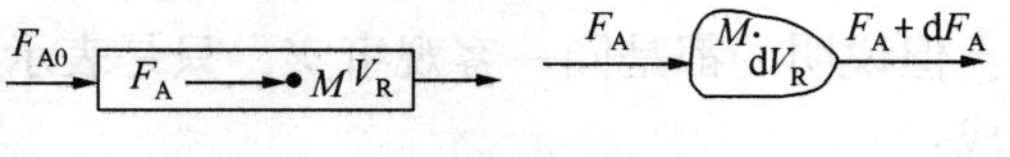

图 2-1　流动系统的反应速率

图 2-1 为一流动反应器的示意图，反应物 A 连续地以摩尔流量 F_{A0} 通入反应器进行反应，如果达到定常态，则反应器内任何一点处的物系参数将不随时间而变。这时无论用显含时间 t 的式(2-2)或是式(2-8)来表示反应速率都是不适宜的。为此，需改用隐含时间的反应速率表示式。设 M 为反应器内任意“点”(参见图 2-1)，该“点”的体积为 dV_R，V_R 为反应体

积，所谓反应体积是指进行化学反应的空间。由于 dV_R 取得那么小，可以认为此体积内的物系参数是均匀的。若进入该体积的反应物 A，其摩尔流量为 F_A，通过该体积后变为 F_A+dF_A，这种变化完全是由于化学反应的结果，因此，单位时间内单位体积中反应物的转化量，即反应速率应为：

$$r_A = -\frac{dF_A}{dV_R} \tag{2-10}$$

式(2-10)与式(2-2)中的第一式具有相同的含义，只是前者为隐含时间而已。

2.1.2　反应速率方程

影响化学反应速率的因素很多，主要的有温度、浓度、压力、溶剂以及催化剂的性质等。其中对任何化学反应的速率都发生影响的是温度和浓度这两个因素，溶剂和催化剂并不是任何化学反应都必须采用，而反应压力通常可由反应物系的状态方程和组成来确定，反应压力也不是普遍发生影响的。所以，通常是在溶剂及催化剂(如果采用的话)和压力一定的情况下，定量描述反应速率与温度及浓度的关系，这一关系式叫作速率方程或动力学方程，即

$$r = f(C,\ T) \tag{2-11}$$

式中 C 为浓度向量，它表示影响反应速率的反应组分浓度不限于 1 个。速率方程随反应而异，纵使形式相同而参数值也不会完全相同。对于化学反应工程学，速率方程之所以重要，是因为它是进行反应器分析和设计的重要依据之一。

用于均相反应的速率方程有两类：双曲函数型和幂函数型。双曲型速率方程式通常是由所设定的反应机理而导得的。幂函数型速率方程式则是直接由质量作用定律而得到的。如果化学反应为基元反应，由质量作用定律直接写出其速率方程；非基元反应可以看成是若干基元反应的综合结果，即反应机理，由反应机理可以推导出该反应的速率方程。值得注意的是：当速率方程与由质量作用定律得到的速率方程形式相同时，不能说明该反应一定是基元反应，但反过来说是正确的。如果实验结果与由所设的使用机理推导得到的速率方程相符合，不能说明所假设的反应机理是正确的，只能说明这是一个可能的反应机理，因为不同的反应机理完全可能推导出形式相同的速率方程。

目前绝大多数化学反应的机理还未弄清，仍然是以实验为基础来确定化学反应的速率方程。对于幂函数型速率方程，往往用将浓度及温度对反应速率的影响分离开来的办法来表示，即：

$$r = f_1(T)f_2(C) \tag{2-11a}$$

$f_1(T)$ 称为反应速率的温度效应，$f_2(C)$ 称为反应速率的浓度效应。做这样的变量分离，为动力学数据的测取和整理带来了很大方便，使工程因素对反应影响的分析讨论更为清晰。但是应当指出，这种处理方法并无理论上的必然性，实际上已发现在不同的温度范围内，反应的浓度效应呈现不同的规律性，表明不同温度范围的反应机理可能不同。此时，原则上就不能做变量分离。但是为了方便起见，应可以分段地用式(2-11a)表示动力学。

对于一定的温度，则温度函数 $f_1(T)$ 为常数，以反应速率常数 k 表示，而浓度函数以各反应组分浓度的指数函数 $f_2(C)=C_A^{\alpha}C_B^{\beta}\cdots$ 来表示，则：

$$r = kC_A^{\alpha}C_B^{\beta}\cdots = k\prod_{i=1}^{N} C_i^{\alpha_i} \tag{2-12}$$

此种类型的速率方程，称为幂函数型速率方程。α 及 β 分别为对组分 A 和 B 而言的反应

级数，若为基元反应，则α及β就分别等于该组分的化学计量系数。k、α及β等动力学参数需要由实验测定。需要注意的是，纵使是不可逆反应，反应产物的浓度仍然可能影响反应速率，因此，式(2-12)中应包括所有反应组分浓度的影响，无论是反应物还是反应产物都包括在内。其是否影响或影响大小要由实验来判明。

例：不可逆反应$|\gamma_A|A+|\gamma_B|B \longrightarrow \gamma_S S+\gamma_R R$

反应物A的反应速率为：

$$r_A = kC_A^{\alpha}C_B^{\beta} \tag{2-13}$$

下面就式(2-13)中的动力学参数α、β和k的物理意义加以讨论。

(1) 反应级数

总反应级数：各浓度项上方的指数α和β分别是反应组分A和B的反应级数；这些指数的代数和称为总反应级数。

① 反应级数不能独立表示反应速率的大小，只表明反应速率对各组分浓度变化的敏感程度。即反应物A的级数α是反应速率对反应物A浓度的相对变化率的大小。级数越多，浓度变化对反应速率的影响越大。

② 反应级数的值是由实验获得的，与反应机理无直接关系，也不一定等于计量系数。

③ 反应级数可以是整数、分数，亦可是负数，但总反应级数在数值上不可能大于3。

【例2-1】 在350℃等温恒容下纯的丁二烯进行二聚反应，测得反应系统总压p与反应时间t的关系如下：

t/min	0	6	12	26	38	60
p/kPa	66.7	62.3	58.9	53.5	50.4	46.7

试求时间为26min时的反应速率。

解： 以A和R分别代表丁二烯及其二聚物，则该二聚反应可写成：

$$2A \longrightarrow R$$

由于在恒温恒容下进行反应，而反应前后物系的总摩尔数改变，因之总压的变化可反映反应进行的程度。设$t=0$时，丁二烯的浓度为C_{A0}，时间为t时则为C_A，由化学计量关系知二聚物的浓度相应为$(C_{A0}-C_A)/2$。于是，单位体积内反应组分的总量为$(C_{A0}+C_A)/2$。由理想气体定律得

$$\frac{C_{A0}}{(C_{A0}+C_A)/2}=\frac{p_0}{p} \tag{A}$$

p_0为$t=0$时物系的总压。

式(A)又可写成

$$C_A=C_{A0}\left(2\frac{p}{p_0}-1\right) \tag{B}$$

由于是恒容下反应，故可用式(2-9)表示反应速率，将式(B)代入式(2-9)化简后有

$$r_A=-\frac{dC_A}{dt}=-\frac{2C_{A0}}{p_0}\frac{dp}{dt} \tag{C}$$

由理想气体定律得

$$C_{A0}=\frac{p_0}{RT}$$

故式(C)可改写成

$$r_A = -\frac{2}{RT}\frac{dp}{dt} \tag{D}$$

根据题给数据，以指数方程

$$p = a\exp\left(-\frac{t}{b}\right)+c \tag{E}$$

拟合实验点得到方程(E)的参数

$$a=22.90,\ b=30.45,\ c=43.64$$

并绘成如图 2-2 所示的曲线。再将所得方程(E)中的 p 对时间 t 求导

$$\frac{dp}{dt} = -\frac{22.90}{30.45}\exp\left(-\frac{t}{30.45}\right) \tag{F}$$

在 $t=26\text{min}$ 时，由方程(E)解得：

$$\frac{dp}{dt} = -0.32\text{kPa/min} \tag{G}$$

将有关数据代入式(D)，即得以丁二烯转化量表示的反应速率值

$$r_A = -\frac{2\times(-0.32)}{8.314\times(350+273.15)} = 1.24\times10^{-4}\text{kmol/(m}^3\cdot\text{min)}$$

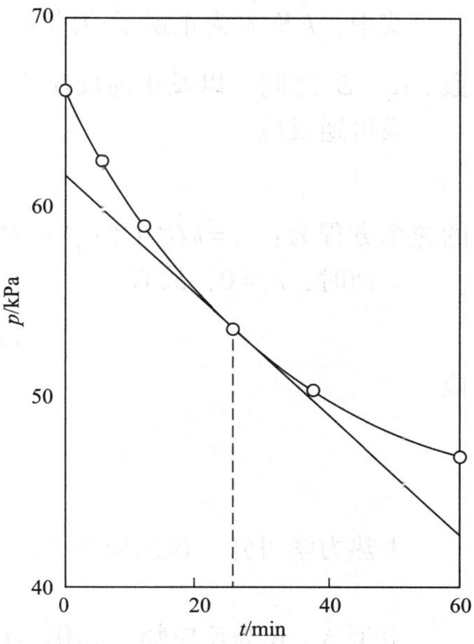

图 2-2　总压与反应时间关系

若计算二聚物的生成速率，则

$$r_R = 0.5r_A = 6.18\times10^{-5}\text{kmol/(m}^3\cdot\text{min)}$$

应该注意，关联实验数据的方程的选取，会对计算结果产生偏差。选择满足实验点变化趋势的代数方程，以及避免使用高阶多项式，是减少偏差的有效方法。

【补充例 2-1】　　【补充例 2-2】

(2) 速率常数

式(2-13)中系数 k 称为速率常数，它在数值上等于当 $C_A = C_B = 1.0$ 时的反应速率。当反应速率采用 kmol/(m³·h)为单位时，k 的因次应为$(\text{kmol/m}^3)^{[1-(a+b)]}/\text{h}$。

对于气相反应，常用组分的分压来代替速率方程中的浓度项，式(2-13)可写成：

$$r_A = k_P p_A^{\alpha} p_B^{\beta} \tag{2-13a}$$

式中 p_A 和 p_B 分别为组分 A 和 B 的分压，此时 k_P 的因次为 $\text{kmol/(m}^3\cdot\text{h}\cdot\text{Pa}^{(a+b)})$。

严格地说，所有化学反应都是可逆反应。可逆反应的反应速率等于正逆反应速率之差。一般所谓不可逆反应只是表明逆反应的反应速率甚小可忽略不计而已。可逆反应的速率方程可用幂函数表示如下：

$$r = \vec{k}\prod_{i=1}^{N} C_i^{\alpha_i} - \overleftarrow{k}\prod_{i=1}^{N} C_i^{\beta_i} \tag{2-14}$$

式中，$\vec{k}$及$\overleftarrow{k}$为正逆反应的反应速率常数；α_i、β_i 则为正逆反应对反应组分 i 的反应级数。α_i、β_i 之间，以及正逆反应速率常数 $\vec{k}$ 及 $\overleftarrow{k}$ 与化学平衡常数 K_C 之间都存在一定的关系。

设可逆反应

$$\gamma_A A+\gamma_B B \rightleftharpoons \gamma_R R$$

的速率方程为：$r_A=\vec{k}C_A^{\alpha_A}C_B^{\alpha_B}C_R^{\alpha_R}-\overleftarrow{k}C_A^{\beta_A}C_B^{\beta_B}C_R^{\beta_R}$

平衡时，$r_A=0$，故有：

$$\vec{k}C_A^{\alpha_A}C_B^{\alpha_B}C_R^{\alpha_R}=\overleftarrow{k}C_A^{\beta_A}C_B^{\beta_B}C_R^{\beta_R}$$

或

$$\frac{C_R^{\beta_R-\alpha_R}}{C_A^{\alpha_A-\beta_A}C_B^{\alpha_B-\beta_B}}=\frac{\vec{k}}{\overleftarrow{k}} \tag{2-15}$$

由热力学可知，该反应的平衡常数可表示为：

$$K_C=C_A{}^{\gamma_A}C_B{}^{\gamma_B}C_R{}^{\gamma_R} \tag{2-15a}$$

由于 A、B 为反应物，其化学计量系数 γ_A、γ_B应为负值。

设 ν 为正数，平衡常数 K_C可改成：

$$C_A^{\gamma_A/\nu}C_B^{\gamma_B/\nu}C_R^{\gamma_R/\nu}=K_C^{1/\nu} \tag{2-16}$$

式(2-15)、式(2-15a)、式(2-16)三个式子均说明化学反应达到平衡这一事实，是一致的。比较三个式子可以得到：

$$\beta_A-\alpha_A=\frac{\gamma_A}{\nu},\ \beta_B-\alpha_B=\frac{\gamma_B}{\nu},\ \beta_R-\alpha_R=\frac{\gamma_R}{\nu} \tag{2-17}$$

由此可得：

$$\frac{\beta_A-\alpha_A}{\gamma_A}=\frac{\beta_B-\alpha_B}{\gamma_B}=\frac{\beta_R-\alpha_R}{\gamma_R}=\frac{1}{\nu} \tag{2-17a}$$

及

$$\frac{\vec{k}}{\overleftarrow{k}}=K_C{}^{\frac{1}{\nu}} \tag{2-18}$$

式(2-17a)表明正逆反应的反应级数之差与相应的化学计量系数之比为一定值。这一结果可用以检验速率方程推导的正确性；另外，如果所有反应级数都是通过实验来决定，那么这一结果可使测定的参数数目减少。式(2-18)阐明了正逆反应速率常数与化学平衡常数之间的关系。除非 $\nu=1$，否则化学平衡常数将不等于正反应速率常数与逆反应速率常数之比。ν 的物理意义是速率控制步骤出现的次数。

下面介绍一下利用反应机理推导速率方程。

把反映一复杂反应实际历程的反应方程式(组)称为该反应的反应机理式。对于一个复杂的反应，通常可以根据化学知识或实验信息来推测其反应机理，并依此导出相应的反应速率方程，最后再由动力学实验数据检验所提出的反应机理和确定动力学参数。

在建立反应机理式和推导速率方程时常采用下述一些基本假定：

① 假定反应实际上是由一系列反应步骤依次地进行，并最后获得其反应产物，而组成

反应机理的每一步反应均为基元反应，可以直接用质量作用定律来确定它们的速率。

② 在构成反应机理的诸个基元反应中，如果有一个基元反应的速率较其他基元反应慢得多，则它就成整个反应的速率控制步骤，它的反应速率即代表整个反应的速率。其他的各基元反应因其速率较快，而视为处于“拟平衡态”。

③ 当构成反应机理的诸个基元反应的速率具有相同数量级时，即不存在速率控制步骤时，可假定所有各步基元反应都处于“拟定常态”。即假定在构成机理式的诸基元反应中所生成的中间产物(它们可能是活化分子、阴性碳离子或阳性碳离子、游离基或游离的原子等)的浓度在整个反应过程中维持恒定。

应用上述假定常可容易地导出相应的速率方程。

2.2 温度对反应速率的影响

在幂函数型速率方程中，以温度函数 $f_1(T)$ 来体现温度对反应速率的影响。对于一定的温度，$f_1(T)$ 为定值，以反应速率常数 k 表示。所以，$f_1(T)$ 也就是 k 与温度的关系。通常用阿伦尼乌斯方程表示反应速率常数与温度的关系，结果是令人满意的，即：

$$k = A_0 \exp\left(-\frac{E_a}{RT}\right) \tag{2-19}$$

式中 A_0 为指前因子或频率因子，其因次与 k 相同，与 T^n 成正比，但受温度的影响不显著，可近似地看成是与温度无关的常数。E_a 为活化能，单位为 J/mol。R 为气体常数，$R = 8.314J/(mol \cdot K) = 1.987cal/(mol \cdot K)$。

反应活化能就是反应物分子“激发”为活化分子所需的能量。因此，活化能的大小是表征化学反应进行难易程度的标志。活化能大反应不易进行，活化能小反应容易进行。但是活化能 E_a 不是决定反应难易的唯一因素，它与频率因子 A_0 共同决定反应速率。活化能大小是反应速率对反应温度敏感程度的一种度量。活化能越大，表明反应速率对温度变化越敏感，即温度的变化会使反应速率发生较大的变化。

在理解活化能 E_a 时，应当注意以下三点：①活化能 E_a 不同于反应的热效应，它并不表示反应过程中吸收或放出的热量，而只表示使反应分子达到活化态所需要的能量，故与反应热并无直接的关系。②从反应工程的角度讨论，活化能 E_a 的本质是表明反应速率对温度变化的敏感程度。一般而言，活化能越大，表示温度变化对反应速率的影响越大，即反应速率随温度上升而增加得越快。③对同一反应，即当活化能一定时，反应速率对温度变化的敏感程度随温度升高而降低。这表明了在反应动力学测定时，实验精度与温度水平有关。尤其对于高活化能低反应温度的系统，要正确测量活化能十分困难，必须采取相应的措施，以保证数据的可信度。通常，低温操作高活化能反应允许的温度变化数值更低，随着温度升高，允许的温度变化数值也相应提高。

反应速率常数 k 又称为比反应速率，其意义是所有反应组分的浓度均为 1 时的反应速率。反应速率常数的因次与反应速率的表示方式、速率方程的形式以及反应物系组成的表示方式有关。例如一级反应的反应速率以 $kmol/(m^3 \cdot s)$ 表示，反应物系组成用浓度 $kmol/m^3$ 表示，则 k 的单位为 s^{-1}；但若反应速率以 $kmol/(kg \cdot s)$ 表示，则 k 的单位变为 $m^3/(kg \cdot s)$。因此，动力学中各种参数的单位必须明确，以免在计算中发生错误。

对于气相反应，常用分压 p_i、浓度 C_i 和摩尔分数 y_i 来表示反应物系的组成，若相应的反应速率常数分别为 k_p、k_c 和 k_y，则它们之间存在下列关系：

$$k_c=(RT)^{\alpha}k_p=(RT/p)^{\alpha}k_y \tag{2-20}$$

式中 p 为总压；α 为总反应级数。显然这一关系只适用于理想气体，且反应的速率方程为幂函数型。

式(2-19)两边取对数可得：

$$\ln k=\ln A_0-E_a/RT \tag{2-21}$$

由此可知，以 $\ln k$ 对 $1/T$ 作图可得一直线，由直线的斜率可决定反应的活化能。还应指出，阿伦尼乌斯方程式(2-19)只能在一定的温度范围内适用，所以不能任意外推。虽说在大多数情况下，用阿伦尼乌斯方程能满意地表示反应速率常数与温度的关系，但在某些情况下 $\ln k$ 与 $1/T$ 并不呈线性关系。这主要可能是由于采用的速率方程不合适，或者在所研究的温度范围内，反应机理发生了变化。外来的影响，如传质的影响使实际测得的反应速率不是真正的化学反应速率，自然 $\ln k$ 与 $1/T$ 就不呈线性关系。也有这样的反应，指前因子 A 与温度有关，$\ln k$ 与 $1/T$ 自然不呈线性关系。由实验测得各反应温度下的速率常数 k 值后，利用式(2-21)，按 $\ln k$ 对 $1/T$ 标绘时，即可得到一条斜率为 $-E_a/R$ 的直线，由此可获得 E_a 值。

式(2-19)也可写成下列形式：

$$\frac{d\ln k}{dT}=\frac{E_a}{RT^2} \tag{2-22}$$

如果可逆反应的正逆反应速率常数均符合阿伦尼乌斯方程，则有：

$$\frac{d\ln \vec{k}}{dT}=\frac{\vec{E}_a}{RT^2} \text{ 及 } \frac{d\ln \overleftarrow{k}}{dT}=\frac{\overleftarrow{E}_a}{RT^2} \tag{2-23}$$

$\vec{E}_a$ 及 $\overleftarrow{E}_a$ 分别为正逆反应的活化能。将式(2-18)两边取对数得：

$$\ln \vec{k}-\ln \overleftarrow{k}=\frac{1}{\nu}\ln K_p \tag{2-24}$$

对温度求导则有：

$$\frac{d\ln \vec{k}}{dT}-\frac{d\ln \overleftarrow{k}}{dT}=\frac{1}{\nu}\frac{d\ln K_p}{dT} \tag{2-25}$$

由热力学知，对于恒压过程：

$$\frac{d\ln K_p}{dT}=\frac{\Delta H_r}{RT^2} \tag{2-26}$$

将式(2-26)及式(2-23)代入式(2-25)，化简后有：

$$\vec{E}_a-\overleftarrow{E}_a=\frac{1}{\nu}\Delta H_r \tag{2-27}$$

这就是正逆反应活化能的关系式，对于吸热反应，$\Delta H_r>0$，所以 $\vec{E}_a>\overleftarrow{E}_a$；若为放热反应，则 $\Delta H_r<0$，$\vec{E}_a<\overleftarrow{E}_a$。

由式(2-19)可知，化学反应速率总是随温度的升高而升高(极少数者例外)，而且呈强烈的非线性关系，即温度稍有改变，反应速率的改变甚为剧烈。所以，温度是影响化学反应速率的一个最敏感因素，在化学反应器设计和分析中必须予以足够的注意。在实际反应器的操作中，温度的调节是一个关键环节。

可逆反应的反应速率等于正逆反应速率之差，当温度升高时，毫无疑问正逆反应的速率都要增加，但两者之差是否也增加呢？为了方便起见，将式(2-14)改为如下形式：

$$r = \overrightarrow{k}f(x_A) - \overleftarrow{k}g(x_A) \tag{2-28}$$

对于一定起始原料组成，当组分 A 的转化率为 x_A 时，其余组分的浓度均可变为 x_A 的函数。

式(2-28)中的 $f(x_A)$ 即是正反应速率方程中的浓度函数变为转化率函数的结果，$g(x_A)$ 则为逆反应的浓度函数以转化率 x_A 的表示式。将式(2-28)对 T 求导：

$$\left(\frac{\partial r}{\partial T}\right)_{x_A} = f(x_A)\frac{d\overrightarrow{k}}{dT} - g(x_A)\frac{d\overleftarrow{k}}{dT} \tag{2-29}$$

若正逆反应速率常数与温度的关系符合阿伦尼乌斯方程，则有：

$$\frac{d\overrightarrow{k}}{dT} = \frac{\overrightarrow{k}\overrightarrow{E}_a}{RT^2} \quad 及 \quad \frac{d\overleftarrow{k}}{dT} = \frac{\overleftarrow{k}\overleftarrow{E}_a}{RT^2}$$

将上式代入式(2-29)得：

$$\left(\frac{\partial r}{\partial T}\right)_{x_A} = \frac{\overrightarrow{E}_a}{RT^2}\overrightarrow{k}f(x_A) - \frac{\overleftarrow{E}_a}{RT^2}\overleftarrow{k}g(x_A) \tag{2-30}$$

因为 $r \geqslant 0$，所以 $\overrightarrow{k}f(x_A) \geqslant \overleftarrow{k}g(x_A)$，对于可逆吸热反应，$\overrightarrow{E}_a > \overleftarrow{E}_a$，从而由式(2-30)可知：

$$\frac{\overrightarrow{E}_a}{RT^2}\overrightarrow{k}f(x_A) > \frac{\overleftarrow{E}_a}{RT^2}\overleftarrow{k}g(x_A)$$

即：

$$\left(\frac{\partial r}{\partial T}\right)_{x_A} > 0$$

这就是说可逆吸热反应的速率总是随着温度的升高而增加。

图 2-3 为可逆吸热反应的反应速率与温度及转化率的关系图。图中的曲线为等速率线，即曲线上所有点的反应速率相等。$r=0$ 的曲线叫作平衡曲线，相应的转化率称为平衡转化率，是反应所能达到的极限。由于可逆吸热反应的平衡常数随温度的升高而增大，故平衡转化率也随温度的升高而增加，处于平衡曲线下方的其他曲线为非零的等速率线，其反应速率大小的次序是 $r_4>r_3>r_2>r_1$。由图可知，如果反应温度一定，则反应速率随转化率的增加而下降；若转化率一定，则反应速率随温度升高而增加。

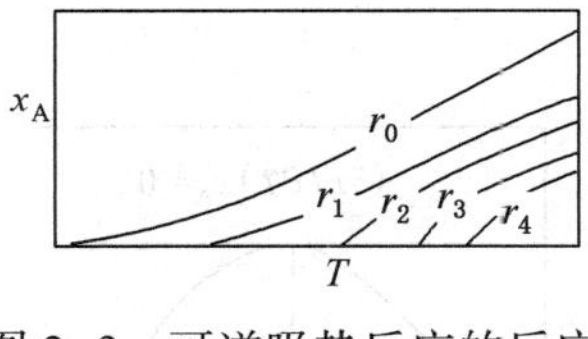

图 2-3　可逆吸热反应的反应速率与温度及转化率的关系

另外，从图 2-4 中可以看出，当温度较低时，反应速率随温度的升高而加快，到达某一极大值后，随着温度的继续升高，反应速率反而下降。这种现象可以解释为：当温度较低时，过程远离平衡，动力学影响是主要矛盾，其斜率表现为 $\left(\frac{\partial r}{\partial T}\right)_{x_A}>0$；但在高温时，由于平衡常数下降，对反应速率的影响明显起来，随着温度的继续升高，平衡影响将成为主要矛盾，其斜率表现为 $\left(\dfrac{\partial r}{\partial T}\right)_{x_A}<0$。曲线由上升到下降的转变点为反应速率的极大点，其斜率为零，即 $\left(\dfrac{\partial r}{\partial T}\right)_{x_A}=0$。对应于极大点的温度叫作最佳温度 T_{op}。

为了找到最佳温度，可用一般求极值方法，令式(2-30)右边为零，得：

$$\vec{E}_a\vec{k}f(x_A)-\overleftarrow{E}_a\overleftarrow{k}g(x_A)=0$$

或

$$\frac{\vec{E}_a\vec{A}_0\exp(-\vec{E}_a/RT_{op})}{\overleftarrow{E}_a\overleftarrow{A}_0\exp(-\overleftarrow{E}_a/RT_{op})}=\frac{g(x_A)}{f(x_A)} \tag{2-31}$$

式中 $\vec{A}_0$ 及 $\overleftarrow{A}_0$ 分别为正逆反应速率的指前因子。

当反应达到平衡时，$r=0$，由式(2-28)可知：

$$\frac{g(x_A)}{f(x_A)}=\frac{\vec{k}}{\overleftarrow{k}}=\frac{\vec{A}_0\exp(-\vec{E}_a/RT_e)}{\overleftarrow{A}_0\exp(-\overleftarrow{E}_a/RT_e)} \tag{2-32}$$

式中 T_e 为对应于转化率为 x_A 时的平衡温度。将式(2-32)代入式(2-31)得：

$$\frac{\vec{E}_a\vec{A}_0\exp(-\vec{E}_a/RT_{op})}{\overleftarrow{E}_a\overleftarrow{A}_0\exp(-\overleftarrow{E}_a/RT_{op})}=\frac{\vec{A}_0\exp(-\vec{E}_a/RT_e)}{\overleftarrow{A}_0\exp(-\overleftarrow{E}_a/RT_e)}$$

将上式化简后两边取对数，整理后得最佳温度：

$$T_{op}=\frac{T_e}{1+\dfrac{RT_e}{\overleftarrow{E}_a-\vec{E}_a}\ln\dfrac{\overleftarrow{E}_a}{\vec{E}_a}} \tag{2-33}$$

至于可逆放热反应，由于 $\vec{E}_a<\overleftarrow{E}_a$，但 $\vec{k}f(x_A)\geqslant\overleftarrow{k}g(x_A)$，故由式(2-30)可知：

$$\left(\frac{\partial r}{\partial T}\right)_{x_A}\gtreqless 0$$

即可逆放热反应的速率随温度的升高既可能增加，又可能降低，其关系如图 2-4 所示。图中曲线是在一定转化率下作出的，也叫等转化率曲线。

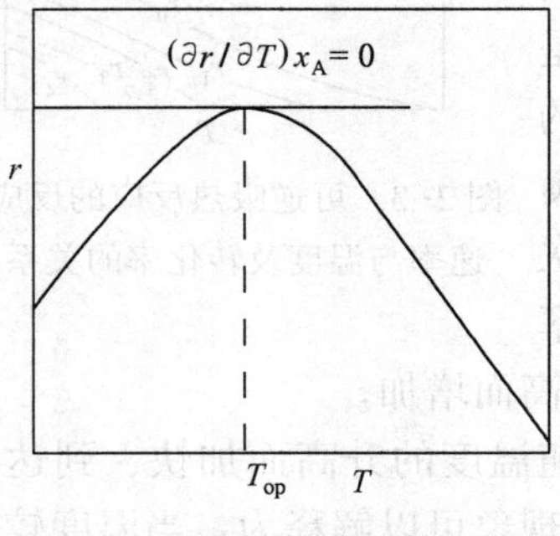

图 2-4 可逆放热反应的反应速率与温度及转化率的关系

从式(2-33)看不出转化率与最佳温度有什么关系，但平衡温度 T_e 却是转化率的函数，故最佳温度 T_{op} 是转化率的隐函数。因此，对应于任一转化率 x_A，则必然有与其对应的平衡温度 T_e 和最佳温度 T_{op}。

可逆放热反应的速率与温度及转化率的关系如图 2-5 所示，通常叫作 T-x_A 图。图中 $r=0$ 的曲线为平衡曲线，为反应的极限。其他曲线为等反应速率线，反应速率大小的次序如下：

$$r_5 > r_4 > r_3 > r_2 > r_1$$

从图 2-5 中可以看出，对应于每一条等反应速率线，都有一个极点，即转化率最高，其相应的温度即最佳温度。连接所有等速率线上的极值点所构成的曲线，叫最佳温度曲线(图2-5上的虚线)。该曲线也就是式(2-33)的几何图示。对于可逆放热反应，如果过程自始至终按最佳温度曲线操作，那么，整个过程将以最高的反应速率进行。但在工业生产中这是很难实现的，而尽可能接近最佳温度曲线操作还是可以做到的。

总之，不论可逆反应还是不可逆反应，反应速率总是随着转化率的升高而降低；不可逆反应及可逆吸热反应，反应速率总是随着温度的升高而加快；至于可逆放热反应，反应温度按最佳温度曲线操作，反应速率最大。

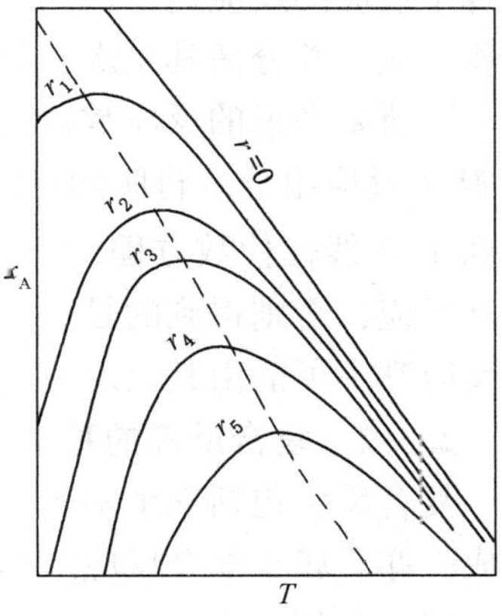

图 2-5　可逆放热反应的反应速率与温度及转化率的关系

2.3　复合反应

在同一个反应物系中同时进行若干个化学反应时，称为复合反应。实际的反应物系多属于此类。由于存在着多个化学反应，物系中任何一个反应组分既可能只参与其中一个反应，也可能同时参与其中若干个(以至于全部)反应。当某一组分同时参与数个反应时，既可能是某一反应的反应物，又可能是另一反应的反应产物。在这种情况下，反应进程中该组分的反应量是所参与的各个化学反应共同作用的结果。我们把单位时间内单位体积反应混合物中某一组分 i 的反应量叫作该组分的转化速率(i 为反应物)或生成速率(i 是反应产物)，并以符号 R_i 表示。

2.3.1　反应组分的转化速率和生成速率

根据上面对转化速率或生成速率所作的定义得知，某一组分的反应量包含了所参与的反应的贡献。因此，R_i 应等于按组分 i 计算的各个反应的反应速率的代数和，即：

$$R_i = \sum_{j=1}^{M} \gamma_{ij} \overline{r_j} \qquad (2-34)$$

$\overline{r_j}$为第 j 个反应按式(2-5)定义的反应速率，乘以组分 i 在第 j 个反应中的化学计量系数 γ_{ij}，则得按组分 i 计算的第 j 个反应的反应速率。组分 i 在各个反应中可能是反应物，也可能是反应产物，若为反应物，γ_{ij}取负值；若为反应产物，γ_{ij}则取正值。

这样计算的结果，R_i 值可正可负，若为正，表示该组分在反应过程中是增加的，R_i 代表生成速率；若为负值则情况相反，R_i 表示消耗速率或转化速率。转化速率或生成速率 R_i 与反应速率 $\overline{r_j}$的区别在于前者是针对若干反应，而后者则是针对一个反应而言。显然，如果只进行一个反应，那么 R_i 与 $\overline{r_j}$就毫无区别，即$\overline{r_j} = |R_i|$。这里 R_i 之所以要取绝对值，是因为 R_i 可正可负，而 $\overline{r_j}$则恒为正值。

上面是已知反应速率求反应组分消耗速率或生成速率的方法，但复合反应动力学实验测量得到的是各个反应的综合结果，即反应组分的生成速率或消耗速率。动力学研究最关心的是各个反应的反应速率，因此就存在一个如何由 R_i 求 $\bar{r}_j$ 的问题。这首先要明确系统中包含哪些反应，并分清其主次，忽略次要反应，只考虑起主要作用的反应。

设所要考虑的反应数目为 M，则通过实验测定的反应组分消耗速率或生成速率，应不少于 M 个反应组分。将所测得的 M 个组分的消耗速率或生成速率 R_i 分别代入式(2-33)，共得到 M 个线性代数方程，解之即得各个反应的反应速率 $\bar{r}_j$。但应注意，这 M 个反应必须是独立反应，否则得到的是一个不定方程组，无法求解。所谓独立反应是指这些反应中任何一个反应都不可能由其余反应进行线性组合而得到。

2.3.2　复合反应的基本类型

复合反应包括三个基本类型，即并列反应、平行反应和连串反应。可逆反应由两个反应构成，亦应属于复合反应之列，但它可按单一反应的办法去处理，所以不将它包括在内。

(1) 并列反应

如果反应系统中各个反应的反应组分各不相同，则这类反应叫作并列反应。例如：

$$A \rightarrow P$$

$$B \rightarrow Q$$

便属于并列反应。各个反应都可按单一反应来处理而得到相应的速率方程。若干个这样的反应同时进行时，任一个反应的反应速率不受其他反应的反应组分浓度的影响，但有些多相催化反应则除外。因此，各个反应独立进行是并列反应的动力学特点。当然，如果是变容过程，一个反应进行的速率会受到另一个反应速率的影响，例如，同时进行气相反应 A→P 和 2B→Q，第二个反应的进行会改变反应物系的体积，从而改变 A 和 P 的浓度，因之影响第一个反应的反应速率。

(2) 平行反应

反应物完全相同而反应产物不相同或不全相同的一类反应，称为平行反应。下列反应

$$A \rightarrow P\ ,\quad r_P = k_1 C_A^{\alpha}$$

$$\gamma_A A \rightarrow Q\ ,\quad r_Q = k_2 C_A^{\beta}$$

便属于平行反应。由于反应物 A 既可能转化成 P，又可转化成 Q，所以这类反应又叫作竞争反应。如果我们的目的是生产 P，则 P 称为目的产物，第一个反应叫作主反应，第二个反应则为副反应。加快主反应的速率，降低副反应的速率，是处理一切复合反应问题的着眼点，以便获得尽可能多的目的产物。

通常是用瞬时选择性来评价主副反应速率的相对大小。设上述平行反应的第一个反应对反应组分 A 为 α 级，而第二个反应则为 β 级。由式(2-34)可知 A 的转化速率为：

$$R_i = -k_1 C_A^{\alpha} + \gamma_A k_2 C_A^{\beta} \tag{2-35}$$

由于 $\gamma_A<0$，所以 $R_i<0$，说明 A 为反应物。根据第 1 章对反应选择性所下的定义，瞬时选择性可表示如下：

$$S = \mu_{PA} R_P / |R_A| \tag{2-36}$$

式中，μ_{PA} 为生成 1mol P 所消耗 A 的摩尔数。由于 P 为产物，R_P 恒为正，而 R_A 为负，为了使瞬时选择性恒为正，所以采用 R_A 的绝对值。因 $R_P = r_p = k_1 C_A^{\alpha}$ 及 $\mu_{PA} = 1$，将它们及式(2-33)代入式(2-34)得：

$$S = \frac{k_1 C_A^{\alpha}}{k_1 C_A^{\alpha} + |\gamma_A| k_2 C_A^{\beta}} = \frac{1}{1 + \frac{k_2}{k_1}|\gamma_A| C_A^{\beta-\alpha}} \tag{2-37}$$

据此可以分析浓度和温度对瞬时选择性的影响。若温度一定，则 k_1 和 k_2 为常数，反应物浓度 C_A 改变时，瞬时选择性的变化与主副反应的反应级数有关。当 $\alpha=\beta$ 时，式(2-37)化为：

$$S = \frac{k_1}{k_1 + |\gamma_A| k_2} \tag{2-37a}$$

即瞬时选择性与浓度无关，仅为反应温度的函数。若主反应级数大于副反应级数，即 $\alpha>\beta$ 时，反应物浓度提高，则瞬时选择性增加。如果 $\beta>\alpha$，则情况相反，低浓度操作有利。

再看温度对平行反应瞬时选择性的影响。设主副反应的活化能分别为 E_1 和 E_2，且反应速率常数 k_1 和 k_2 与温度的关系符合阿伦尼乌斯方程，则式(2-36)可改写成：

$$S = \frac{1}{1 + \frac{A_2}{A_1}\exp\left(\frac{E_1 - E_2}{RT}\right)|\gamma_A| C_A^{\beta-\alpha}} \tag{2-37b}$$

由此可见，当浓度一定时，温度对瞬时选择性的影响取决于主副反应活化能的相对大小。主反应的活化能 E_1 大于副反应的活化能 E_2 时，温度升高，反应的瞬时选择性提高。反之，当 $E_2>E_1$ 时，温度升高将使瞬时选择性降低。

除了正确选择反应物的浓度和温度以提高反应选择性外，选择一种合适的催化剂是个好办法。催化剂的作用除了可加速反应外，还可使反应按预定的方向进行。利用催化剂的这种定向作用，可使主反应加速而抑制副反应。

以上虽然只是针对两个反应的系统进行分析讨论，但其基本原理完全可以推广到反应数目更多、结构更复杂的系统，亦即式(2-36)对任何反应系统是普遍适用的。为了更好地理解式(2-36)的意义，可将其写成：

$$S = \mu_{PA}\frac{\text{目的产物的生成速率}}{|\text{关键反应物的转化速率}|} = \mu_{PA}\frac{R_P}{|R_A|} = \mu_{PA}\frac{\sum_j \gamma_{Pj} r_j}{\left|\sum_j \gamma_{Aj} \overline{r_j}\right|} \tag{2-37c}$$

可见与第 1 章对反应选择性所作定义没有本质上的区别，差别仅在于这里是基于转化速率和生成速率，而第 1 章则是根据生成量和转化量来定义。之所以要用瞬时选择性这个词，是要表明其值随反应物系的组成及温度而变，它是一个瞬时值。瞬时选择性也可叫作点选择性或微分选择性。之所以叫点选择性是因为在流动反应器中其值系随位置而变。

（3）连串反应

当一个反应的反应产物同时又是另一个反应的反应物时，这类反应称为连串反应。例如一氧化氮氧化生成二氧化氮，而二氧化氮又可进一步叠合生成四氧化二氮。

$$2NO+O_2 \rightleftharpoons 2NO_2 \quad 2NO_2 \rightleftharpoons N_2O_4$$

又如甲烷氯化反应，可依次生成一氯甲烷、二氯甲烷、三氯甲烷以至四氯化碳。

$$CH_4 \xrightleftharpoons{Cl_2} CH_3Cl \xrightleftharpoons{Cl_2} CH_2Cl_2 \xrightleftharpoons{Cl_2} CHCl_3 \xrightleftharpoons{Cl_2} CCl_4$$

都是属于连串反应。

为了简化起见，研究下列连串反应：

$$A \rightarrow P \rightarrow Q$$

无论目的产物是P还是Q，提高反应物A的转化速率总是有利的，这是连串反应的特点。Q为目的产物时，加速这两个反应都是有利的，可采用高温高浓度的方法来实现。若目的产物为P，则应使第二个反应的速率尽可能慢，以获得更多的产品P。由于P能进一步转化成Q，因此，中间产物P必然存在一最大收率，反应进行应适可而止，不能过度。这是连串反应的另一特点。前面所举的甲烷氯化反应例子，一氯甲烷、二氯甲烷及三氯甲烷均属中间产物，都存在最大收率。如要求生产一氯甲烷，反应时间就得短些，否则得到的都是多氯化物，甚至没有一氯甲烷。这个最大收率的数值与反应器的型式有关，下两章将作具体的分析讨论。

与平行反应一样，选择有利于第一个反应而抑制第二个反应的催化剂，是提高P的收率的有效方法。另外，还可从操作条件和反应器选型上作考虑。例如，若第一个反应的活化能大于第二个反应，高温有利于P的生成；反之则低温有利。

2.3.3 反应网络

前面介绍了复合反应的基本类型，各种类型有各自的特点，实际反应系统同时兼有这三种类型的也不少见。这样复杂的反应系统，往往构成一个网络，称为反应网络。例如，在钒催化剂上萘的氧化可用下列反应网络表示：

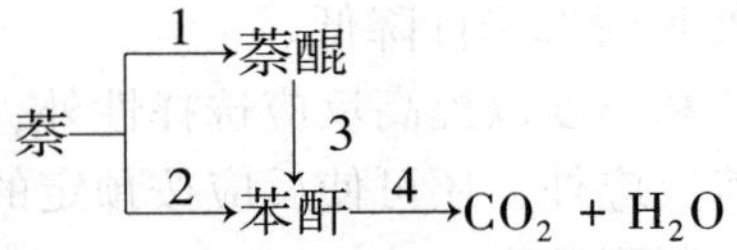

萘既可氧化成萘醌又可氧化成苯酐，即反应1和2具有平行反应性质，而萘醌还可进一步氧化成苯酐(反应3)，苯酐深度氧化成二氧化碳和水(反应4)。因之反应1、3及4构成连串反应，同样反应2和4也具有连串反应的性质。

有些反应如环氧乙烷与水反应：

$$H_2O+(CH_2)_2O \xrightarrow{1} CH_2OHCH_2OH$$

$$CH_2OHCH_2OH+(CH_2)_2O \xrightarrow{2} CH_2OHCH_2OCH_2CH_2OH$$

$$CH_2OHCH_2OCH_2CH_2OH+(CH_2)_2O \xrightarrow{3} CH_2OHCH_2OCH_2CH_2OCH_2CH_2OH$$

同样具有平行反应和连串反应的特征。为了简明起见，设A、B、P、Q及R分别表示环氧乙烷、水、乙二醇、二甘醇及三甘醇，上述三个反应可写成下列三种形式：

$$A+B \xrightarrow{1} P \qquad A \xrightarrow{+B} P$$

$$A+P \xrightarrow{2} Q \qquad A \xrightarrow{+P} Q \qquad B \xrightarrow{+A} P \xrightarrow{+A} Q \xrightarrow{+A} R$$

$$A+Q \xrightarrow{3} R \qquad A \xrightarrow{+Q} R$$

(a)　　(b)　　(c)

形式(b)与平行反应相类似，形式(c)则为连串反应。确定此类反应系统的反应条件，其基本依据为哪一个产物为目的产物，原料中反应物的相对价值以及反应产物的分离费用等等。对于环氧乙烷水合反应，乙二醇为目的产物时，环氧乙烷的起始浓度就不宜高，这样可提高反应的选择性。氨水与环氧乙烷，甲醇与环氧乙烷等反应系统均属于此种类型。

随着反应数目的增多，反应系统的动力学表征将变得越来越复杂，要模拟这样复杂的反应系统也就极其困难。解决的办法是将反应网络简化。虽然上面所举的萘氧化反应网络是已经简化过了的，但还可进一步简化，只保留反应 2 与 4，即以一连串反应来描述萘的氧化过程。这样的处理仍能反映过程的主要特征。能否这样处理，即一些次要反应是否可以忽略或合并，主要依靠正确的理论分析和实践的检验。

但是，原料组成复杂的反应过程，往往同时进行着许多的化学反应，经过简化处理后反应的数目仍然很多。例如，石油炼制工业中的重质油催化裂化反应、石脑油催化重整反应等都是十分复杂的反应过程，所处理的原料中含有的反应组分上百种，要一一列出所有反应，并求出各反应的速率方程，是很难办到的。解决的办法是将性质近似的反应组分进行合并，把它当作一个反应组分看待，然后研究这些合并后的虚拟组分间的动力学关系。这种处理方法称为集总法，或集总动力学。最简单的催化裂化反应模型是如下的四组分模型：

重质油→汽油→焦炭 + 轻质气体（重质油→焦炭）

这与上述的萘氧化反应网络相似，只不过是以虚拟的组分(混合物)来代替单一的化合物。此模型虽简单，但能说明一些问题。

2.4 反应速率方程的变换与积分

前已指出，对于一定的反应系统，反应速率为温度及各反应组分浓度的函数，以速率方程表示这一函数关系。但是，在实际应用时会带来不便，因为即使在等温情况下，各个反应组分浓度均是变量，但当原料配比一定时它们并不都是独立变量，所以可将其进行变换，用一个反应变量来描述。前面也已讨论过：在化学反应进行中，各反应组分浓度的变化应符合化学计量关系，根据这一关系，用关键组分的转化率或目的产物的收率，可表示反应的进程。

本节讨论用幂函数型来描述的不可逆和可逆的单一反应的速率式的动力学特征及均相催化和自催化反应的动力学特征。

2.4.1 单一反应

设气相反应 $\gamma_A A+\gamma_B B \rightarrow \gamma_P P$ 的速率方程为：

$$r_A = kC_A^{\alpha}C_B^{\beta} \qquad (2-38)$$

反应开始时反应混合物中不含 P，组分 A 和 B 的浓度分别为 C_{A0}和 C_{B0}，若反应是在等温下进行，则 k 为一常数。现要将式(2-38)变成组分 A 的转化率 x_A 的函数，这可分为两种情况进行讨论。

(1) 恒容情况

由浓度定义可知：

$$C_A = \frac{n_A}{V_R}$$

一般地讲反应过程中 n_A 和 V_R 均为变量，即两者都是转化率的函数，但对于恒容过程，已规定反应混合物的体积 V_R 为常量，因之只需考虑 n_A 随 x_A 的变化即可。由转化率的定义得：

$$n_A = n_{A0}(1 - x_A) \tag{2-39}$$

所以

$$C_A = \frac{n_{A0}(1 - x_A)}{V_R} = C_{A0}(1 - x_A) \tag{2-40}$$

由化学计量关系可知，转化 γ_A mol 的 A，相应消耗 γ_B mol 的 B，因而：

$$n_B = n_{B0} - \frac{\gamma_B}{\gamma_A} n_{A0} x_A$$

则

$$C_B = \frac{n_{B0} - \frac{\gamma_B}{\gamma_A} n_{A0} x_A}{V_R} = C_{B0} - \frac{\gamma_B}{\gamma_A} C_{A0} x_A \tag{2-41}$$

将式(2-40)和式(2-41)代入式(2-38)得：

$$r_A = kC_{A0}^{\alpha}(1 - x_A)^{\alpha}\left(C_{B0} - \frac{\gamma_B}{\gamma_A} C_{A0} x_A\right)^{\beta} \tag{2-42}$$

这样式(2-38)的右边便变成单一变量 x_A 的函数。同理，左边也可用转化率 x_A 的变化来表示，将式(2-38)代入反应速率定义式得：

$$r_A = -\frac{1}{V_R}\frac{\mathrm{d}n_{A0}(1 - x_A)}{\mathrm{d}t} = \frac{n_{A0}}{V_R}\frac{\mathrm{d}x_A}{\mathrm{d}t} = C_{A0}\frac{\mathrm{d}x_A}{\mathrm{d}t} \tag{2-43}$$

因此，式(2-42)又可写成：

$$C_{A0}\frac{\mathrm{d}x_A}{\mathrm{d}t} = kC_{A0}^{\alpha}(1 - x_A)^{\alpha}\left(C_{B0} - \frac{\gamma_B}{\gamma_A} C_{A0} x_A\right)^{\beta} \tag{2-44}$$

对不同类型的反应速率方程利用式(2-44)进行积分，可得到不同类型反应速率方程的积分式。

① 零级不可逆反应　$A \xrightarrow{k} P$

速率方程：$r_A = -\frac{\mathrm{d}C_A}{\mathrm{d}t} = kC_A^0 = k$

积分得：$kt = C_{A0} - C_A = C_{A0}x_A$

② 一级不可逆反应　$A \xrightarrow{k} P$

速率方程：$r_A = -\frac{\mathrm{d}C_A}{\mathrm{d}t} = kC_A$

积分得：$kt = \ln\frac{C_{A0}}{C_A} = \ln\frac{1}{1-x_A}$

③ 二级不可逆反应　$2A \xrightarrow{k} P$

速率方程：$r_A = -\frac{\mathrm{d}C_A}{\mathrm{d}t} = kC_A^2$

积分得：$kt = \frac{1}{C_A} - \frac{1}{C_{A0}} = \frac{1}{C_{A0}}\frac{x_A}{1-x_A}$

④ 二级不可逆反应　$A+B \xrightarrow{k} P$

速率方程：$r_A=-\dfrac{dC_A}{dt}=kC_AC_B$

i. 对 $C_{A0} \neq C_{B0}$ 情况有：

$$\int_0^t k\mathrm{d}t=\int_{C_{A0}}^{C_A}\frac{-\mathrm{d}C_A}{C_AC_B}=\frac{1}{C_{B0}-C_{A0}}\int_{C_{A0}}^{C_A}\left(\frac{1}{C_{B0}-C_{A0}+C_A}-\frac{1}{C_A}\right)\mathrm{d}C_A$$

得：

$$kt=\frac{1}{C_{B0}-C_{A0}}\ln\frac{C_{A0}C_B}{C_AC_{B0}}=\frac{1}{C_{B0}-C_{A0}}\ln\frac{1-x_B}{1-x_A}$$

ⅱ. 对 $C_{A0}=C_{B0}$ 情况，$r_A=-\dfrac{dC_A}{dt}=kC_A^2$，积分式同③。

ⅲ. 对 B 过量 $C_{A0} \ll C_{B0}$ 情况，在整个反应过程 $C_B \approx C_{B0}$，$r_A=-\dfrac{dC_A}{dt}=kC_AC_B=k'C_A$，$k'=kC_{B0}$，二级反应退化成一级反应(也称拟一级反应)，积分式类似于②。

⑤ 一级可逆反应

$$A \underset{k'}{\overset{k}{\rightleftharpoons}} P$$

动力学方程：$r_A=-\dfrac{dC_A}{dt}=kC_A-k'C_P \Rightarrow -\dfrac{dC_A}{dt}=(k+k')C_A-k'C_{A0}$

积分 $\int_0^t(k+k')\mathrm{d}t=-\int_{C_{A0}}^{C_A}\left[\dfrac{1}{(k+k')C_A-k'C_{A0}}\right]\mathrm{d}[(k+k')C_A-k'C_{A0}]$

得：$(k+k')t=\ln\dfrac{(k+k')C_{A0}-k'C_{A0}}{(k+k')C_A-k'C_{A0}}=\ln\dfrac{kC_{A0}}{(k+k')C_A-k'C_{A0}}=\ln\dfrac{C_{A0}-C_{Ae}}{C_A-C_{Ae}}$

反应平衡时 $r_A=kC_{Ae}-k'C_{Pe}=0 \Rightarrow C_{Ae}=\dfrac{k'}{k'+k}C_{A0}$

⑥ 一、二级可逆反应

$$A \underset{k'}{\overset{k}{\rightleftharpoons}} P+S$$

动力学方程：$r_A=-\dfrac{dC_A}{dt}=kC_A-k'C_PC_S \Rightarrow -\dfrac{dC_A}{dt}=kC_A-k'(C_{A0}-C_A)^2$

积分得：$kt=\dfrac{C_{A0}C_{Ae}}{C_{A0}+C_{Ae}}\ln\dfrac{C_{A0}^2-C_{Ae}C_A}{C_{A0}(C_A-C_{Ae})}$

⑦ 均相催化反应。

许多液相酯化反应是在酸的催化下进行的，这类反应可表示为：

$$A \xrightarrow{k_1} R \qquad (r_A)_1=k_1C_A$$

$$A+C \xrightarrow{k_2} R+C \qquad (r_A)_2=k_2C_CC_A$$

式中 C 为催化剂。C 的浓度在反应过程中保持恒定。总反应速率方程为：

$$r_A=(r_A)_1+(r_A)_2=k_1C_A+k_2C_CC_A=(k_1+k_2C_C)C_A$$

积分得：

$$(k_1+k_2C_C)t=\ln\frac{C_{A0}}{C_A}=\ln\frac{1}{1-x_A}$$

⑧ 自催化反应。

自催化反应的特点是反应产物对反应有催化作用，能加速反应的进行。工业生产上的发酵过程，是一种典型的自催化反应过程。在自催化反应中，反应速率既受反应物浓度的影响，又受反应产物浓度的影响。自催化反应可表示为：

$$A+C \longrightarrow C+C+R\cdots$$

式中 C 为起催化作用的反应产物，设反应对各反应组分均为一级反应，其速率方程为：

$$r_A = -\frac{dC_A}{dt} = kC_AC_C$$

若 $t=0$ 时，$C_A=C_{A0}$，$C_C=C_{C0}$ 和 $C_R=C_{R0}=0$，则开始时 $C_{M0}=C_{A0}+C_{C0}$，根据物料衡算关系，在任何时刻 C 组分的浓度 C_C 应为：

$$C_C = C_{C0} + (C_{A0} - C_A) = C_{M0} - C_A$$

代入式(2-43)中，得：$r_A=-\frac{dC_A}{dt}=kC_A(C_{M0}-C_A)$

积分 $\int_0^t k\mathrm{d}t = \int_{C_{A0}}^{C_A} \frac{-\mathrm{d}C_A}{C_A(C_{M0}-C_A)} = -\frac{1}{C_{M0}}\int_{C_{A0}}^{C_A}\left(\frac{1}{C_{M0}-C_A}+\frac{1}{C_A}\right)\mathrm{d}C_A$

得 $kt=\frac{1}{C_{M0}}\ln\frac{(C_{M0}-C_A)C_{A0}}{(C_{M0}-C_{A0})C_A}=\frac{1}{C_{M0}}\ln\frac{C_{A0}C_C}{C_{C0}C_A}$

(2) 变容过程

若反应不是在恒容下进行，则在反应过程中反应混合物的体积随转化率而变。反应前后各组分的量分别为：

组　分	反应前	转化率为 x_A 时
A	n_{A0}	$n_{A0}-n_{A0}x_A$
B	n_{B0}	$n_{B0}-\frac{\gamma_B}{\gamma_A}n_{A0}x_A$
P	0	$\frac{\gamma_P}{\lvert\gamma_A\rvert}n_{A0}x_A$
总计	$n_{t0}=n_{A0}+n_{B0}$	$n_t=n_{t0}+n_{A0}x_A\delta_A$

δ_A 称为关键组分 A 的膨胀因子，$\delta_A=\frac{\sum\gamma_i}{\lvert\gamma_A\rvert}$，它的物理意义是每反应掉 1mol A 所引起反应物系总摩尔数的变化量。$\sum\gamma_i$ 为反应产物与反应物的化学计量系数之和。若 $\delta_A>0$，表示反应过程中反应混合物的总摩尔数增加，即 $n_t>n_{t0}$；反之，$\delta_A<0$ 时则减少，即 $n_t<n_{t0}$；$\delta_A=0$时不变。如果该气体混合物为理想气体，在恒温恒压下，有

$$\frac{V_0}{V}=\frac{n_{t0}}{n_t} \quad 或 \quad \frac{V_0}{V}=\frac{n_{t0}}{n_{t0}+n_{A0}x_A\delta_A}=\frac{1}{1+y_{A0}x_A\delta_A}$$

上式可改写成：

$$V=V_0(1+y_{A0}x_A\delta_A) \tag{2-45}$$

这就是转化率为 x_A 时反应混合物的体积与反应开始时的体积 V_0 的关系，其中 y_{A0} 为组分 A 的起始摩尔分数，等于 n_{A0}/n_{t0}，由式(2-45)可见，$\delta_A>0$ 时，$V>V_0$；$\delta_A<0$ 时，$V<V_0$；$\delta_A=0$时，$V=V_0$。

将式(2-45)分别代入式(2-40)和式(2-41)可得：

$$C_A=\frac{C_{A0}(1-x_A)}{1+y_{A0}x_A\delta_A} \quad 及 \quad C_B=\frac{C_{B0}-\dfrac{\gamma_B}{\gamma_A}C_{A0}x_A}{1+y_{A0}x_A\delta_A}$$

再把上面两式代入式(2-38)可得变容情况下反应速率与转化率的关系式

$$r_A=k\frac{C_{A0}^{\alpha}\ (1-x_A)^{\alpha}\left(C_{B0}-\dfrac{\gamma_B}{\gamma_A}C_{A0}x_A\right)^{\beta}}{(1+y_{A0}x_A\delta_A)^{\alpha+\beta}} \tag{2-46}$$

与恒容情况不同之处就是多了一个体积校正因子$(1+y_{A0}x_A\delta_A)^m$，指数 m 由反应级数决定，对所讨论的反应，$m=\alpha+\beta$。若 $\delta_A=0$，即反应前后反应混合物的总摩尔数不变，则式(2-46)简化成式(2-44)。

变容情况下的 r_A 要变为转化率的函数，可将式(2-37)和式(2-49)代入式(2-2)：

$$r_A=\frac{1}{V_0(1+y_{A0}x_A\delta_A)}\frac{d(n_{A0}-n_{A0}x_A)}{dt}=\frac{C_{A0}}{1+y_{A0}x_A\delta_A}\frac{dx_A}{dt} \tag{2-46a}$$

因此，式(2-46)又可以写成

$$\frac{C_{A0}}{1+y_{A0}x_A\delta_A}\frac{dx_A}{dt}=k\frac{C_{A0}^{\alpha}\ (1-x_A)^{\alpha}\left(C_{B0}-\dfrac{\gamma_B}{\gamma_A}C_{A0}x_A\right)^{\beta}}{(1+y_{A0}x_A\delta_A)^{\alpha+\beta}} \tag{2-46b}$$

与恒容情况相比，也是多了一个体积校正因子。

以上是浓度表示反应物系组成时的变换方法，概括起来为一个换算公式：

$$C_i=\frac{C_{i0}-\dfrac{\gamma_i}{\gamma_A}C_{A0}x_A}{1+y_{A0}x_A\delta_A} \tag{2-47}$$

此式对恒容和变容、反应物和反应产物都适用。同理，用分压或摩尔分数表示气体组成时，不难导出其与转化率的关系式：

$$p_i=\frac{p_{i0}-\dfrac{\gamma_i}{\gamma_A}p_{A0}x_A}{1+y_{A0}x_A\delta_A} \tag{2-48}$$

$$y_i=\frac{y_{i0}-\dfrac{\gamma_i}{\gamma_A}y_{A0}x_A}{1+y_{A0}x_A\delta_A} \tag{2-49}$$

应该注意，以上有关变容过程的计算只适用于气相反应。至于液相反应一般都可按恒容过程处理，无论总摩尔数是否改变，都不会带来很大的误差。就反应器的操作方式而言，对于间歇操作，无论液相反应还是气相反应，总是一个恒容过程；对于等温流动操作，除液相反应外，总摩尔数不发生变化的等温气相反应过程，也属于恒容过程。

必须指出，上面的变换是对原料起始组成一定而言的，原料组成改变，反应速率与转化率的函数关系也要改变。

将速率方程变换成 x_A 与时间 t 的函数关系后，便可进行积分，得一代数关系式。仍以前面讨论的反应为例，并设 $|\gamma_A|=|\gamma_B|=|\gamma_P|=1$，且该反应对 A 和 B 均为一级，则式(2-46b)变为：

$$\frac{C_{A0}}{1-y_{A0}x_A}\frac{dx_A}{dt}=\frac{kC_{A0}(1-x_A)(C_{B0}-C_{A0}x_A)}{(1-y_{A0}x_A)^2}$$

化简后得：

$$\frac{dx_A}{dt}=\frac{k(1-x_A)(C_{B0}-C_{A0}x_A)}{(1-y_{A0}x_A)}$$

积分得：$t=\frac{1}{k}\left[\frac{1+C_{B0}y_{A0}/C_{A0}}{C_{B0}-C_{A0}}\ln\left(1-\frac{C_{A0}x_A}{C_{B0}}\right)+\frac{1+y_{A0}}{C_{B0}-C_{A0}}\ln\frac{1}{1-x_A}\right]$

这便是二级反应的转化率与反应时间的关系式。

2.4.2 复合反应

反应系统中同时进行数个化学反应时，亦可仿照单一反应的处理方法对速率方程作变换。对于每一个反应，相应要有一个反应变量，如转化率或收率，由于所选的反应变量的不同，变换后的速率方程的形式会有所不同，但实质保持不变。设气相反应系统中含有 N 个反应组分 A_1、$A_2 \cdots A_N$，它们之间共进行 M 个化学反应，为了数学上的处理方便，将这些化学反应式写成代数式的形式。

$$\gamma_{11}A_1+\gamma_{21}A_2+\cdots\gamma_{N1}A_N=0$$
$$\gamma_{12}A_1+\gamma_{22}A_2+\cdots\gamma_{N2}A_N=0$$
$$\cdots\cdots$$
$$\gamma_{1M}A_1+\gamma_{2M}A_2+\cdots\gamma_{NM}A_N=0$$

或

$$\sum_{i=1}^{N}\gamma_{ij}A_i=0,\ j=1,\ 2,\ \cdots M \tag{2-50}$$

关于复合反应速率方程的变换，选各个反应的反应进度 ξ_i 作为反应变量最为方便。因为任一组分 i 的化学计量系数 γ_{ij} 乘以该反应的反应进度 ξ_i，等于组分 i 对该反应而言的反应量，γ_{ij}、ξ_i 的正负，取决于组分 i 在该反应中所处的地位，若为反应物，该值为负，生成物则为正。将组分 i 在各个反应中的反应量相加，即得该组分的总反应量：

$$n_i-n_{i0}=\sum_{j=1}^{M}\gamma_{ij}\xi_j \tag{2-51}$$

将所有反应组分的反应量相加，则得整个反应系统的总摩尔数变化，即

$$\sum_{i=1}^{N}(n_i-n_{i0})=\sum_{i=1}^{N}\sum_{j=1}^{M}\gamma_{ij}\xi_j$$

或

$$n_t-n_{t0}=\sum_{i=1}^{N}\sum_{j=1}^{M}\gamma_{ij}\xi_j \tag{2-52}$$

n_{t0} 和 n_t 分别为起始及任何时间下反应物系的总摩尔数，在一定的压力及温度下，

$V/V_0=n_t/n_{t0}$，将式(2-51)代入整理后得任何时间下反应物系的体积：

$$V=V_0\left(1+\frac{1}{n_{t0}}\sum_{i=1}^{N}\sum_{j=1}^{M}\gamma_{ij}\xi_j\right) \tag{2-53}$$

$$n_i=n_{i0}+\sum_{j=1}^{M}\gamma_{ij}\xi_j$$

所以：

$$C_i=\frac{n_i}{V}=\frac{n_{i0}+\sum\limits_{j=1}^{M}\gamma_{ij}\xi_j}{V_0\left(1+\frac{1}{n_{t0}}\sum\limits_{i=1}^{N}\sum\limits_{j=1}^{M}\gamma_{ij}\xi_j\right)} \tag{2-54}$$

若为恒容过程，$V=V_0$，则：

$$C_i=\frac{1}{V}\left(n_{i0}+\sum_{j=1}^{M}\gamma_{ij}\xi_j\right) \tag{2-54a}$$

式(2-54)适用于理想气体反应系统的任何反应组分，是一个普遍式。不难看出，用于单一反应的式(2-48)仅为式(2-54)的特例。此时 $M=1$，$\gamma_A\xi=-n_{A0}x_A$，利用这些关系及 δ_A 的定义，便可将式(2-54)化为式(2-48)。由于液相反应系统一般可作为恒容系统处理，所以式(2-54a)对液相反应系统是普遍适用的。

复合反应各反应速率方程变换成反应变量的函数关系后，所得的微分方程通常是偶联的，一般需用数值法求解。

本章小结

1. 大多数情况下，工业反应过程反应动力学规律可表示为 $r=f_1(T)f_2(C)$，$f_1(T)$ 称为反应速率的温度效应；$f_2(C)$ 称为反应速率的浓度效应。

2. 化学反应的速率特征可以概括地表示为反应速率的浓度效应和温度效应。

反应速率的浓度效应以反应级数表征。从工程角度讲，反应级数表示反应速率对组分变化的敏感程度。

反应速率的温度效应以反应活化能表征。活化能的工程意义是表明反应速率对温度的敏感程度。

3. 化学反应动力学研究和测定是反应器选型、反应过程优化及确定操作条件的基础。在工业应用上则要求获得实用且可靠的反应动力学规律。

4. 反应动力学测定方法主要有两种：一种是积分法；另一种是微分法。

5. 在反应动力学研究中，应着重把握反应动力学特征，探索影响反应过程技术指标的关键因素，为工业反应器的优化和放大提供依据。

习 题

1. 有一反应在一间歇反应器中进行，经 8min 后，反应物转化掉 80%，经过 18min 后转化掉 90%，求表达此反应的动力学方程式。

2. 某反应的化学计量方程为：$\frac{1}{2}A+B=\!=\!=R+\frac{1}{2}S$，其速率式为：$r_A=2C_A^{0.5}C_B$，假如化

学计量式写成 A+2B ══2R+S，问此反应的速率式是什么？

3. 某一反应化学计量式为 A+2B ⟶2P，若以反应物 A 表示的反应速率为$(-r_A)=2C_A^{0.5}C_B$，试写出以反应物 B 和产物 P 表示的反应速率式。

4. 反应速率式以$(-r_A)=k_cC_A^n=k_pp_A^n$表示，假定反应速率$(-r_A)$以 mol/(m^3·h)表示，试写出反应级数 n 为 0，1，2 时 k_c 和 k_p 的单位。

5. 有下列两个反应：

(1) C_2H_4 的二聚反应，反应温度 200℃，反应活化能 E=156.9kJ/mol

(2) C_2H_6 的二聚反应，反应温度 200℃，反应活化能 E=104.6kJ/mol

为使反应速率提高 1 倍，计算所需提高的温度为多少？并讨论所计算的结果。

6. 乙烷进行裂解，活化能为 75000cal/mol，问 650℃时的分解率比 500℃时快多少？

7. 某一气相一级反应：A→2R+S，在等温、等压的实验反应器中进行，原料含 75%的 A 及 25%的惰性气体(摩尔比)，经 8min 后，其体积增加 1 倍。求此时的转化率及该反应在此温度下的速度常数。

8. 请根据反应活化能的大小判断反应对温度的敏感性。对于一个复杂反应，应根据什么来判断升温或降温将有利于主反应的选择性？

9. 试证明对于一级液相反应，在等温条件下，转化率达到 99.9%所需时间为达到 50%所需时间的 10 倍。又设反应为 0 级或 2 级，两者的时间比为多少？

第3章　间歇釜式反应器

搅拌釜式反应器是在染料、医药、香料及高分子材料等精细化学工业中广泛采用的一类反应器。本章的目的是讨论间歇操作釜式反应器的设计分析、设备间的平衡以及有关优化操作的问题。

由于反应器内设有搅拌装置，因此可以认为反应区内反应物料的浓度、温度均一，这与大多数反应器的实际情况是比较一致的。这是处理釜式反应器问题的一个极其重要的假定。当搅拌器功率足够大、搅拌效率足够高、搅拌充分时，实际的间歇反应器可以按理想间歇操作釜式反应器计算，用 BR(Batch Reactor)表示。如果反应区内存在两个或两个以上的相态，则各相的反应物料组成未必相同，温度也不一定相等。这时各相间可能存在质量传递和热量传递，这是进行多相反应时所必须考虑的问题。本章只研究均相反应或者可按均相反应对待的多相反应问题。

3.1　釜式反应器的特点及其应用

3.1.1　釜式反应器的结构

釜式反应器是工业生产上广泛采用的反应器之一，尤其在精细化工生产中，釜式反应器约占反应器的 90%。既可用于均相反应，又可用于非均相反应。在精细化工生产中，几乎所有的单元反应都可在搅拌釜式反应器中完成。它由钢板卷焊制成圆筒体，再焊接上由钢板压制的标准釜底，并配上封头、夹套、搅拌器等零部件，其基本结构见图 3-1。

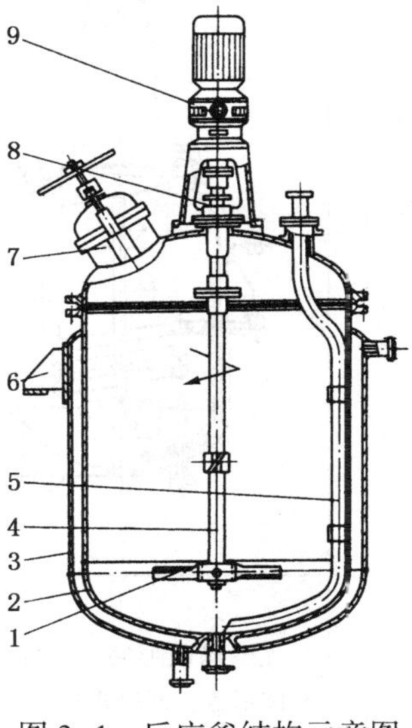

图 3-1　反应釜结构示意图

1—搅拌器；2—釜体；3—夹套；4—搅拌轴；5—压料管；6—支座；7—人孔；8—轴封；9—传动装置

由图 3-1 可见，搅拌釜式反应器的结构主要由以下几部分组成：

① 釜的主体　由钢板卷焊成圆筒体再焊上钢板压成的标准锅底，配上锅盖。它提供足够的反应体积，确保反应物达到规定转化率所需的时间，并且有足够的强度和耐腐蚀能力以保证运行可靠。

② 搅拌装置　由搅拌轴和搅拌器组成。其根本目的是加强反应器物料的均匀混合，使之接触良好，强化传质与传热。

③ 传热装置　主要是夹套和蛇管，用来输入或移出热量，以保持适宜的反应温度。

④ 传动装置　包括电动机、减速器、联轴节和搅拌轴，使搅拌器获得动能以强化液体流动。

⑤ 轴密封装置　用来防止釜体与搅拌轴之间的泄漏。

⑥ 工艺接管　为适应工艺需要，反应器必须有各种加料管、出料管、视镜、人孔及测温孔等，它们的位置和大小均由工艺条件确定。

按工艺要求，可选用不同型式的搅拌器和传热构件。图 3-2 表示的是一种标准釜式反应器，图 3-3 所示为锥形底釜式反应器。标准釜底一般为椭圆形，从应力分析情况看，椭圆形釜底和盖的应力分布比较均匀，而球形釜底和盖在折边处有应力集中现象。因此，一般推荐用椭圆形底和盖，有时根据工艺上的要求，也可以采用其他形式的釜底，如平底、半球底、锥形底等。

图 3-2　标准釜式反应器

图 3-3　锥形底釜式反应器

立式搅拌反应器选择步骤

工业上常用的立式搅拌反应釜的结构类型见表 3-1。可根据各自的结构特点和生产过程的需要而选择不同类型的反应器。详细设计计算参见相关工具书。

表 3-1　常用立式搅拌反应釜结构

简图	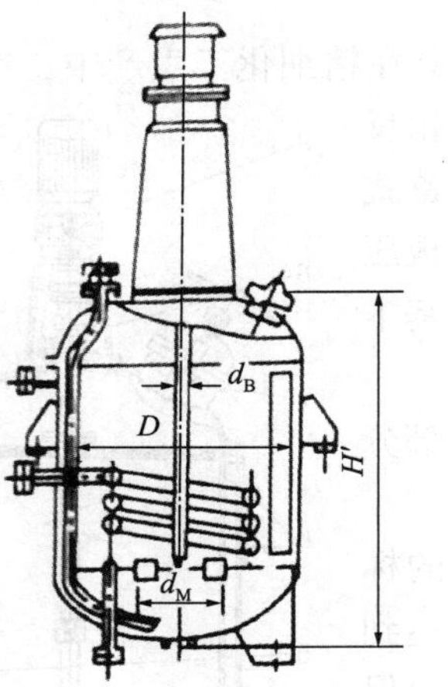	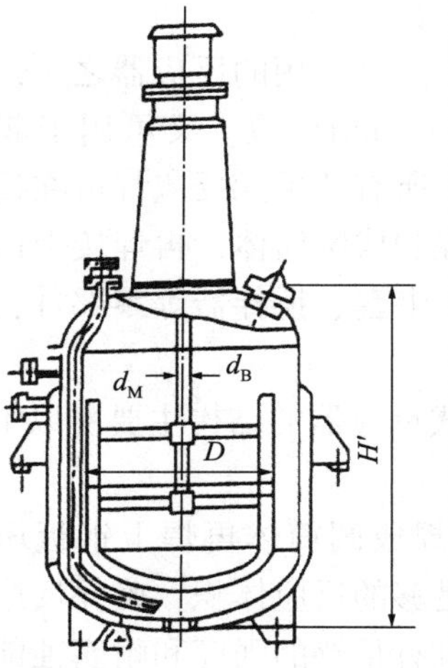	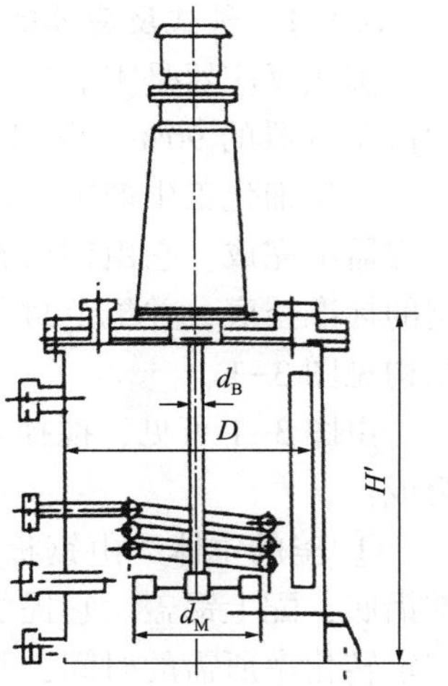
结构特点	光壁椭圆形底，可拆（或焊接）椭圆形盖，开启式叶片涡轮式搅拌器，带（或不带）蛇形管换热器，使用框式搅拌器时不带蛇形管换热器	椭圆形底，可拆（或焊接）椭圆形盖，焊有光壁夹套或其他形式换热器，光壁或带有四条挡板，搅拌器以开启式叶片涡轮式或框式为多	平底可拆（或焊接）平盖，带（或不带）蛇形管换热器，光壁或带有四条挡板，开启式叶片涡轮式搅拌器

续表

简图	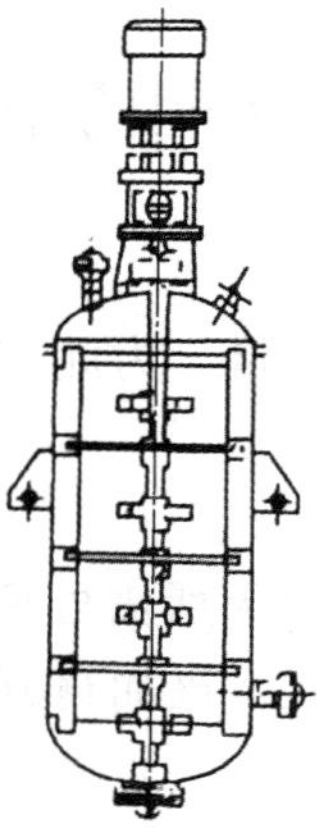	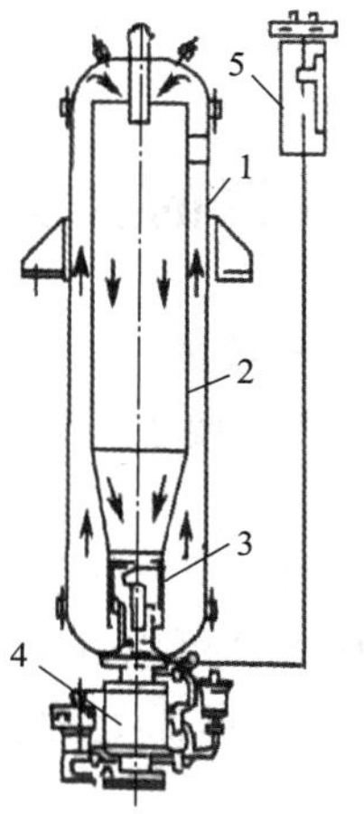 1—壳体；2—导流筒；3—搅拌器； 4—传动部分；5—补充罐	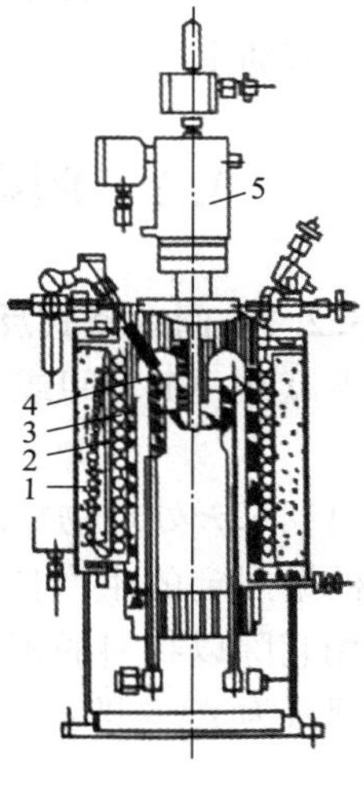 1—壳体；2—搅拌器；3—导流筒； 4—换热元件；5—传动部分
结构特点	分段式搅拌反应釜，相当于由几段搅拌反应釜串联组成	具有导流筒的搅拌反应釜，中心导流筒与壳体同心，搅拌器装在中心导流筒循环管内	具有屏蔽传动的搅拌反应釜，由搅拌机构与特殊的屏蔽式电机组成，用于有毒介质、易燃、易爆、要求特别清洁的介质、接触式密封无能为力的高压介质等特殊场合

3.1.2　间歇釜式反应器的特点及其应用

工业上充分搅拌的间歇釜式反应器的性能和行为相当接近于理想间歇反应器。反应物料按一定比例一次加入反应器。在反应器内部设置搅拌装置，使反应器内物料均匀混合。经过一定的时间反应，达到规定的转化率后，停止反应，并将物料排出反应器，完成一个生产周期。理想间歇反应器具有以下特点：①由于剧烈的搅拌，反应器内物料浓度达到分子尺寸上的均匀，且反应器内浓度处处相等。②由于反应器内具有足够的传热条件，反应器内各处温度始终相等。③反应器内物料同时加入并同时停止反应，所有物料具有相同的反应时间。④间歇反应器结构简单、加工方便，传质、传热效率高，反应过程中，温度、浓度、反应速率随着反应时间而变，属于非稳态操作过程。⑤间歇反应器操作灵活性大，易于适应不同的操作条件和不同的产品品种。

基于间歇釜式反应器操作灵活性大的特点，其适合于多品种、小批量、反应时间较长的产品生产，特别是精细化工与生物化工产品的生产。适应于各种不同相态组合的反应物料（如：均液相、非均液相、液固相、气液相、气液固相等），几乎所有有机合成的单元操作（如：氧化、还原、硝化、磺化、卤化、缩合、聚合、烷化、酯化、重氮化、偶合等），只要选择适当的溶剂作为反应介质，都可以在釜式反应器内进行。因此，间歇釜式反应器的应用是很广泛的。

但间歇釜式反应器的装料、卸料等辅助时间有时占的比例大，尤其是压热釜，升温和降温时间很长，降低了设备生产能力，对于大吨位产品，需要多台反应器同时操作，增加产品成本，产品质量不易稳定。近年来，釜式反应器趋向于设备大型化、操作机械化、控制自动化，使劳动生产率大为提高。

3.2 间歇釜式反应器的容积与数量及设备间的平衡

3.2.1 间歇釜式反应器的容积与数量

当设计一个车间或一套装置时，需要求算反应器的容积与数量。为此首先要取得下列数据。

（1）每天处理物料总体积(V_D)和单位时间的物料处理量(F_V)

根据规定的生产任务通过物料衡算可以计算出每一道工序每天所需处理的物料总质量 G_D，用它除以物料的密度 ρ，即得每天所需处理物料的总体积 V_D，进而得到单位时间的物料处理量为 F_V。即：

$$V_D = \frac{G_D}{\rho}, \quad F_V = V_D/24 \tag{3-1}$$

（2）操作周期(t')

操作周期又称工时定额或操作时间，是指生产每一批料的全部操作时间，即从准备投料到操作过程全部完成所需的总时间 t'，操作时间 t' 包括反应时间 t 和辅助操作时间 t_0 两部分。反应时间 t 是指装料完毕后开始反应算起至达到所要求的转化率时所需要的时间；辅助操作时间 t_0 是装料、卸料、检查及清洗设备等所需时间。即：

$$t' = t + t_0 \tag{3-2}$$

例如萘磺化制取2-萘磺酸的操作周期计算如下：

检查设备	15min
加萘	15min
加硫酸及升温	25min
反应	160min
压出料	15min
清洗	10min
操作周期	240min 或 4h

达到规定转化率所需反应时间理论上可以用化学动力学方程式计算，但实际情况较为复杂，例如：

① 不少强烈放热的快速反应，反应过程的速率往往受传热速率的控制，不能简单地用动力学方程式来求算反应过程的时间。

② 某些非均相反应，过程进行的速率受相间传质速率的影响，也不能单纯地从化学动力学方程式计算反应时间。

③ 某些反应速率较快的反应，在加料过程及升温过程中已开始反应，在保温阶段之前可能已达到相当高的转化率，有时需分段作动力学计算。

还有应用传热速率方程、传质速率方程与化学动力学方程联合求解等情况。这里把操作周期作为容积和锅数计算的已知条件。

在实际设计工作中，操作周期的确定有时需考虑到生产组织管理上的方便。比如操作周期实际需 7h，可取作 8h，按每一个班(8h 制)投一批料来组织生产。

(3) 反应体积(V_R)

反应体积是指设备中物料所占体积，又称有效体积。反应体积是由给定的生产任务 F_V 和操作周期决定的。即

$$V_R = F_V t' \tag{3-3}$$

(4) 设备装料系数(φ)

设备实际容积即反应器体积一般要比有效容积大，以保证液面上留有空间。反应器有效体积与设备实际容积之比称为设备装料系数，以符号 φ 表示，即：

$$\varphi = V_R / V \tag{3-4}$$

其具体数值根据实际情况而变化，可参考表 3-2 的数值。

表 3-2　设备装料系数

条　　件	装料系数范围	条　　件	装料系数范围
不带搅拌或搅拌缓慢的反应锅	0.80~0.85	易起泡和在沸腾下操作的设备	0.40~0.60
带搅拌的反应锅	0.70~0.80	储缸和计量槽(液面平静)	0.85~0.90

根据以上数据可确定反应器的容积和个数，计算的一般方法如下：

① 已知 V_D 或 F_V 与 t'，根据已有的设备容积 V_a，求算需用设备的个数 m。

设备装料系数为 φ，则每釜物料的体积为 φV_a，按设计任务，每天需要操作的总批次为：

$$\alpha = \frac{V_D}{\varphi V_a} = \frac{24 F_V}{V_a \varphi} \tag{3-5}$$

每个设备每天能操作的批数为：

$$\beta = \frac{24}{t'} \tag{3-6}$$

按设计任务需用的设备个数为：

$$m = \frac{\alpha}{\beta} = \frac{V_D t'}{24 \varphi V_a} = \frac{F_V t'}{\varphi V_a} \tag{3-7}$$

由上式算出的 m 值往往不是整数，需取成整数 m'，$m'>m$。因此实际设备总能力比设计需求提高了。其提高的程度称为设备能力的后备系数，以 δ 表示，则

$$\delta = \frac{m' - m}{m} \times 100\% \tag{3-8}$$

② 已知每小时处理的物料体积 F_V 与操作周期 t'，则需要设备的总容积为：

$$\frac{F_V t'}{\varphi} = V = m V_m$$

如果反应器容积 V 的计算值很大，可选用几个小的反应器，若以 m 表示反应釜的个数，则每个釜的容积：

$$V_m = V/m = F_V t' / (\varphi m) \tag{3-9}$$

为便于反应器的制造和选用，釜的规格由标准(HG/T 3109—2009)而定。在选择标准釜时，应注意使选择的容积与计算值相当或略大。如果大，则实际生产能力较要求为大，富裕的生产能力为反应器的后备能力，同样用后备系数 δ 来表示，若标准釜的容积为 V_a 或 V_{ma}，那么：

$$\delta = \frac{V_a - V}{V} \times 100\% = \frac{V_{ma} - V_m}{V_m} \times 100\% \quad (3-10)$$

从提高劳动生产率和降低设备投资方面考虑，选用个数少而容积大的设备比选用个数多而容积小的设备有利。但还要考虑其他方面的因素，作全面地比较。例如大容积设备的加工、检修条件和厂房建筑条件(如厂房高度、大型设备的支撑构件)是否具备，有时还需考虑大型设备的操作工艺和生产控制方法是否成熟。

从近年来国内外化工生产的发展趋势来看，搅拌反应器的大型化是一个方向，在我国容积为 $90m^3$ 的大型聚合釜已成功地投入生产。

【例 3-1】 邻硝基氯苯连续氨化，然后分批还原生产邻苯二胺。已知氨化出料速率为 $0.83m^3/h$，还原操作时间为 7h(不计受料时间)，求需要还原锅的个数与容积？设备装料系数取 0.75。

解： 因氨化为连续操作，故至少需要两台还原釜交替进行受料和还原。还原操作时间为 7h，可取受料时间为 8h，安排每班进行一次还原操作，则每批的操作时间为 16h。于是需要设备的总容积为：

$$V = F_V t'/\varphi = 0.83 \times 16/0.75 = 17.7m^3$$

取两台釜，每釜容积为 $8.85m^3$，采用标准容积为 $10m^3$ 的反应釜，后备能力为：

$$\delta = (10 - 8.85)/8.85 \times 100\% = 13.0\%$$

【例 3-2】 同上题，如果根据工厂的加工能力能够制造的最大容积的还原锅为 $6m^3$。问需用几个还原锅？

解： 选用 $6m^3$ 的锅，每锅受料体积为 $V_R = 0.75 \times 6 = 4.5m^3$，则：

受料时间：4.5/0.83 = 5.44h

操作周期：5.44+8 = 13.44h

每天操作总批数：$\alpha = 24 \times 0.83/4.5 = 4.45$

每锅每天操作批数：$\beta = 24/13.44 = 1.78$

需要锅的个数：$m = 4.55/1.78 = 2.5$

取用 3 个锅，生产能力后备系数为：$\delta = [(3-2.5)/2.5] \times 100\% = 20\%$

3 个还原锅交替操作的时间安排如图 3-4 所示。

【例 3-3】 西维因农药中试车间取得以下数据：用 200L 搪瓷锅做实验，每批操作可得西维因成品 12.5kg，操作周期为 17h。今需设计年产 1000t 的西维因车间，求算需用搪瓷锅的数量与容积。年工作日取 300 天。

解： 每台锅每天操作批数：$\beta = 24/17 = 1.41$

每天生产西维因农药质量(G_D)：1000×1000÷300 = 3330kg

需要设备总容积：$mV_a = (3330/12.5) \times 200 \times 10^{-3}/1.41 = 37.8m^3$

取 V_a 为 $10m^3$ 的最大搪瓷锅 4 台。

$$\delta = (4 - 3.78)/3.78 \times 100\% = 5.82\%$$

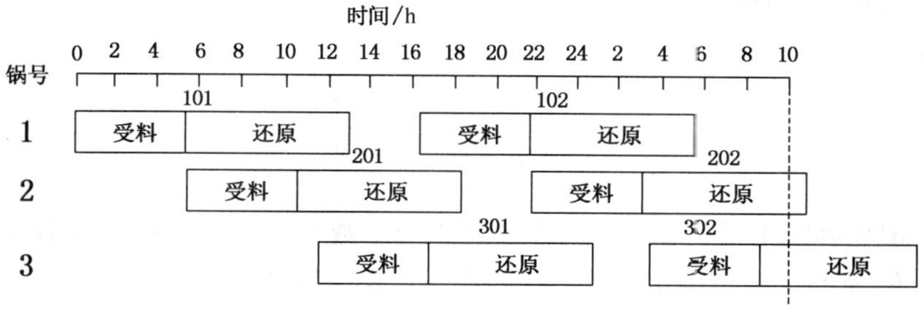

图 3-4　分批操作示意图

【例 3-4】　萘磺化反应器体积的计算。萘磺化生产 2-萘磺酸，然后通过碱熔得 2-萘酚。已知 2-萘酚的收率按萘计为 75%，2-萘酚的纯度为 99%，工业萘纯度为 98.4%，密度为 963kg/m^3。磺化剂为 98%硫酸，密度为 1.84。萘与硫酸的摩尔比为 1∶1.07。每批磺化操作周期为 3.67h。萘磺化釜的装料系数为 0.75。年产 2-萘酚 4000t，年工作日 330 天。

解：根据生产任务，每小时需处理工业萘的体积为：

$$\frac{4000\times10^3\times0.99}{330\times24}\times\frac{128}{144\times0.75}\times\frac{1}{0.984}\times\frac{1000}{963}=626\text{L}$$

每小时需处理硫酸的体积为：

$$\frac{4000\times10^3\times0.99}{330\times24}\times\frac{98\times1.07}{144\times0.75}\times\frac{1}{0.98}\times\frac{1}{1.84}=270\text{L}$$

每小时处理物料总体积为：

$$F_\text{V}=626+270=896\text{L}$$

反应器的体积为：

$$V=\frac{F_\text{V}t'}{\varphi}=\frac{896\times3.67}{0.75}=4384.4\text{L}$$

若采用 2500L 标准反应器两个，则反应器的生产能力后备系数为：

$$\delta=\frac{2\times2500-4390}{4390}\times100\%=13.9\%$$

3.2.2　间歇操作设备间的平衡

一个精细化工产品的生产一般需要经过许多道工序，设计时必须考虑到各道工序之间在操作上的前后衔接和协调。譬如前一道工序操作终了准备出料时，下一道工序应保证可接受来料。参考图 3-4 所示的操作指示图。另外应保证各道工序每天操作总批次 α 相等。即

$$\alpha_1=\alpha_2=\cdots=\alpha_n \tag{3-11}$$

这样有利于生产的组织管理和产品质量检验。不同批号的物料不会混合。当然在某些情况下也可以设置中间储存设备，则前后两道工序的 α 可以不相等。

总操作批数相等的条件是：

$$m_1\beta_1=m_2\beta_2=\cdots=m_n\beta_n \tag{3-11a}$$

或

$$\frac{m_1}{t'_1}=\frac{m_2}{t'_2}=\cdots=\frac{m_n}{t'_n} \tag{3-11b}$$

即各工序的设备个数与操作周期之比要相等。

同时还要使各工序的设备容积之间保证互相平衡，即：

$$\frac{F_{V1}}{V_{a1}\varphi_1}=\frac{F_{V2}}{V_{a2}\varphi_2}=\frac{F_{V3}}{V_{a3}\varphi_3} \tag{3-11c}$$

或

$$\frac{V_{D1}}{V_{a1}\varphi_1}=\frac{V_{D2}}{V_{a2}\varphi_2}=\frac{V_{D3}}{V_{a3}\varphi_3} \tag{3-11d}$$

设计时一般先确定主要反应工序的设备容积与个数及其每天总操作次数 α_1，然后使其他各工序的 α 值等于 α_1。再确定各道工序的设备容积与数量。

【例 3-5】 萘酚车间的磺化工段有四道工序：磺化、水解、吹萘及中和。现有铸铁磺化锅的规格 $2m^3$、$2.5m^3$ 及 $3m^3$ 三种。试设计各工序的设备容积与数量。已知各工序的 V_D、t'及 φ 如下表：

工　序	V_D/m^3	t'/h	φ
磺化	20.0	4.0	0.80
水解	21.25	1.5	0.85
吹萘	30.0	3.0	0.60
中和	113.5	5.0	0.60

解：（1）先作磺化工序的计算

如取 $V_a=2m^3$，计算

$$\alpha=\frac{V_D}{\varphi V_a}=\frac{20}{0.8\times 2}=12.5$$

$$\beta=\frac{24}{t'}=\frac{24}{4}=6$$

$$m=\frac{\alpha}{\beta}=\frac{12.5}{6}=2.08$$

$$\delta=\frac{m'-m}{m}\times 100\%=\frac{3-2.08}{2.08}\times 100\%=44\%$$

再取 $V_a=2.5m^3$ 与 $V_a=3m^3$ 做同样计算，结果列于下表中：

V_a	φ	α	β	m	m'	$\delta/\%$
2.0	0.8	12.5	6	2.08	3	44
2.5	0.8	10.0	6	1.67	2	20
3.0	0.8	8.34	6	1.58	2	44

比较三种方案，选用 2 个 $2.5m^3$ 的磺化锅较为合适。

（2）水解及其他工序的计算

使水解工序：$\alpha=10$

$\beta=24/1.5=16$，$m=10/16=0.625$

取 $m'=1$，$\delta=[(1-0.625)/0.625]\times 100\%=60\%$

水解锅容积的计算：

$$\alpha = \frac{V_D}{\varphi V_a},\ V_a = V_D/\alpha\varphi = 21.25/(10 \times 0.85) = 2.5\text{m}^3$$

同样方法计算吹萘及中和两个工序。将各工序计算结果列表如下：

工序	V_D/m^3	α	β	m	m'	δ/%	V_a	φ
磺化	20.0	10	6	1.67	2	19.8	2.5	0.8
水解	21.25	10	16	0.625	1	60	2.5	0.85
吹萘	30.0	10	8	1.25	2	60	2	0.6
中和	113.5	10	4.8	2.08	3	44	19	0.6

3.3　等温间歇反应釜的计算

设计间歇反应器的关键在于确定每批操作所需的操作时间，方可计算反应体积。如前所述，操作时间是反应时间与辅助时间之和，其中尤以反应时间的确定最为重要。确定反应时间的方法有经验法和动力学法。本节重点介绍动力学法。

间歇反应物料一次加入，产物一次取出，属非定态操作，反应物浓度随反应时间的延长而降低，而生成物的浓度随反应时间的延长而升高，所以反应时间取决于所要达到的反应进程。由于搅拌作用，反应器内各处浓度、温度均一，所以，可对整个反应器中某一反应物做物料衡算，以确定反应时间。间歇操作中物料流入量和流出量均等于0。图 3-5 描绘了间歇反应器内物料浓度随时间与位置的变化关系。

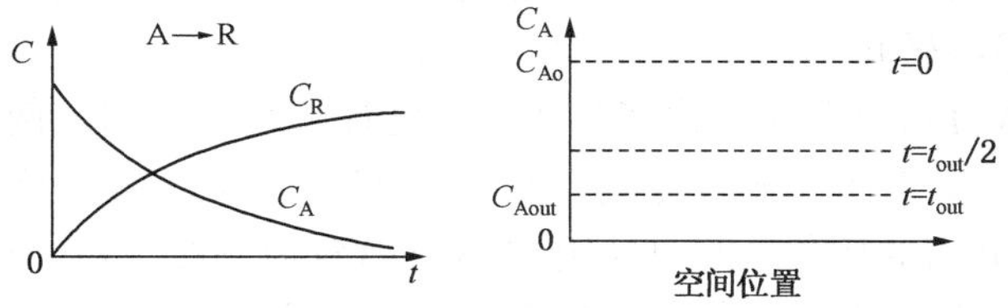

图 3-5　间歇反应器内物料浓度随时间与位置的变化关系

下面针对不同类型的反应予以讨论。

3.3.1　单一反应

设在等温间歇反应器内进行如下化学反应 A+B→R，并以 A 为关键组分作微元时间 dt 内的物料衡算。根据间歇操作的特点，物料衡算式(1-3)中进料项Ⅰ和出料项Ⅱ为 0。若 V_R 为反应混合物的体积(反应器有效容积)；r_A 为 t 时刻的反应速率；n_{A0}为反应开始时 A 的摩尔量；n_A 为 t 时刻的 A 的摩尔量，则时刻 t 时 A 的转化量为：$r_A V_R$。

因而得到理想间歇釜式反应器物料衡算式为：$r_A V_R = -\frac{dn_A}{dt}$

或：
$$n_{A0}\frac{dx_A}{dt} = r_A V_R$$

积分得：

$$t = n_{A0}\int_0^{x_A}\frac{dx_A}{r_A V_R} \tag{3-12}$$

此式即为达到一定转化率时所需反应时间的计算公式。它适用于任何间歇反应过程，均相或多相或非等温，但对非等温过程需要结合反应器的热量衡算求解。必须注意，式(3-12)中的反应混合物的体积 V_R 在反应过程中可能是变数(因反应本身引起的体积变化，或由于温度改变而引起变化)，这就要知道 V_R 与 x_A 的函数关系才能积分。

如果反应过程不发生体积变化，或者反应器为一封闭系统，则可以认为是恒容过程，因此反应混合物体积 V_R 可视为常数。若为均相反应，则有 $n_{A0}/V_R = C_{A0}$，故式(3-12)可改写成：

$$t = C_{A0}\int_0^{x_A}\frac{dx_A}{r_A} \tag{3-13}$$

又因恒容时转化率与浓度有下列关系：$x_A = \dfrac{C_{A0} - C_A}{C_{A0}}$

故式(3-12)还可以用浓度表示

$$t = -\int_{C_{A0}}^{C_A}\frac{dC_A}{r_A} \tag{3-14}$$

一般来说，液相反应时的体积变化是很小的，而气相反应时，气相物料必然充满整个反应空间。因此，间歇反应过程大多属于恒容过程。式(3-13)和式(3-14)是间歇反应器的设计计算的基本方程。对于单一反应，只要反应的速率方程已知，代入式(3-13)便可计算关键组分 A 的转化率达到 x_{Af} 所需的反应时间。由式(3-13)可知，间歇反应器使用时间的求定是直接积反应速率方程的结果。反应时间的长短取决于反应组分的初始浓度(一级反应除外)和所要求达到的最终转化率以及速率方程的形式。

式(3-13)和式(3-14)是采用转化率和残余浓度计算反应时间的两种形式，是为了适应工业上两种不同的要求。要求达到规定的单程转化率 x_A，是着眼于反应物料的利用率，或者是着眼于减轻后续分离的任务，此时应用式(3-13)较为方便。要求达到规定的残余浓度，完全是为了适应后一工序的要求，例如有害杂质的除去即属此类。此时应用式(3-14)较为方便。

由间歇反应器的设计方程，可得到一个极为重要的结论，反应物达到一定的转化率所需的反应时间，只取决于过程的反应速率，也就是说取决于动力学因素，而与反应器的大小无关。反应器的大小是由反应物的处理量决定的。由此可见，上述计算反应时间的公式，既适用于小型设备，又适用于大型设备。这样，利用中间厂或实验数据设计大型设备时，只要保证两种情况下化学反应速率 r_A 的影响因素相同即可。

例如，保持相同的反应温度、相同的搅拌程度等，这样就很容易进行设备的高倍数放大。另外，既然反应时间与反应器的大小无关，则需要处理的物料量可用一台大型设备，也可用数台小型设备分别操作，只要保证两者相同的反应时间、相同的反应条件、相同的反应总体积，即可完成相同的生产任务。但应注意，反应器越大，搅拌性能越差，会影响传质传热的性能，难以保证反应器内各处温度、浓度均一。反应器小了，反应器的数目就增多，管理和辅助费用也会增加。所以确定反应器的大小和数目，应从物料的性质、操作的稳定性以及经济成本方面进行全面分析。

将不同反应级数的速率方程代入式(3-13)和式(3-14)进行积分，可以得出不同的积分结果。积分结果见表 3-3。分析积分结果可以得出，反应物初始浓度对反应结果的影响表现为反应级数的不同，不同级数的反应具有各自的特殊性。以转化率为目标，达到相同转化率所需要的反应时间 t 与初始浓度有以下关系：一级反应的反应时间 t 与初始浓度 C_{A0} 无关，二级反应的反应时间 t 与初始浓度 C_{A0} 成反比，零级反应的反应时间 t 与初始浓度 C_{A0} 成正比。

表 3-3　间歇反应器中简单反应的积分结果表达式

反应级数	反应速率式	残余浓度式	转化率式
零级	$(-r_A)=k$	$kt=C_{A0}-C_A$ 或 $C_A=C_{A0}-kt$	$kt=C_{A0}x_A$ 或 $x_A=\frac{kt}{C_{A0}}$
一级	$(-r_A)=kC_A$	$kt=\ln\frac{C_{A0}}{C_A}$ 或 $C_A=C_{A0}e^{-kt}$	$kt=\ln\frac{1}{1-x_A}$ 或 $x_A=1-e^{-kt}$
二级	$(-r_A)=kC_A^2$	$kt=\frac{1}{C_A}-\frac{1}{C_{A0}}$ 或 $C_A=\frac{C_{A0}}{1+C_{A0}kt}$	$C_{A0}kt=\frac{x_A}{1-x_A}$ 或 $x_A=\frac{C_{A0}kt}{1+C_{A0}kt}$
n 级 $n\neq1$	$(-r_A)=kC_A^n$	$kt=\frac{1}{n-1}(C_A^{1-n}-C_{A0}^{1-n})$	$(1-x_A)^{1-n}=1+(n-1)C_{A0}^{n-1}kt$

上述结论在过程开发中判别反应特性时，可采用改变反应初始浓度，在相同反应时间 t 时测定反应转化率，从而定性判别大致反应级数。初始浓度对一级、二级、零级反应转化率和残余浓度的影响见图 3-6。因而，工业生产中若以反应转化率为目标时，对一级反应和二级反应，可以采用提高反应物初始浓度来增加生产能力，特别是二级反应，提高反应物初始浓度，还能缩短反应所需时间。相反，对零级反应就要求降低初始浓度来提高转化率。若以残余浓度为目标，由图 3-6 中可以看出，虽然各级反应的趋势都是随初始浓度 C_{A0} 的增大，残余浓度 C_A 也增大，但是增大的幅度有明显的差别。零级和一级反应的残余浓度 C_A 与初始浓度 C_{A0} 都呈线性增长，而二级反应则趋于一个定值。表明在一定的反应器中，随着初始浓度 C_{A0} 的增加，二级反应的残余浓度不会有明显的增加。

从不同反应级数的残余浓度和反应时间的比较中可以发现：零级反应的残余浓度与反应时间呈线性下降，直到反应物完全转化为止，而一级反应和二级反应的残余浓度是随反应时间增加而逐渐慢慢地下降。特别是二级反应，反应后期的变化速率非常小。这意味着反应的大部分时间是消耗在反应的末期，若提高转化率或降低残余浓度，会使所需的反应时间大幅度增长。同时，为使反应时间的计算比较精准，重要的是保证反应后期动力学的准确可靠，因此，绝不能满足于反应初期的转化率的反应动力学，还应密切注意反应后期的反应机理是否发生变化。实践证明，反应后期转化问题的严重程度的顺序是：二级>一级>零级。为克服和改善高级数反应的后期转化问题，可以采用降低反应级数的措施。工业上经常采用使某种反应物过量的方法。例如对于双组分二级反应 A+B→C。如果使原料 B 大大过量，$C_{B0} \gg C_{A0}$，在反应过程中，B 组分浓度变化可以忽略不计，则反应过程中可以把 C_B 视作不变而并入反应速率常数 k 中，动力学方程由二级变成拟一级反应。

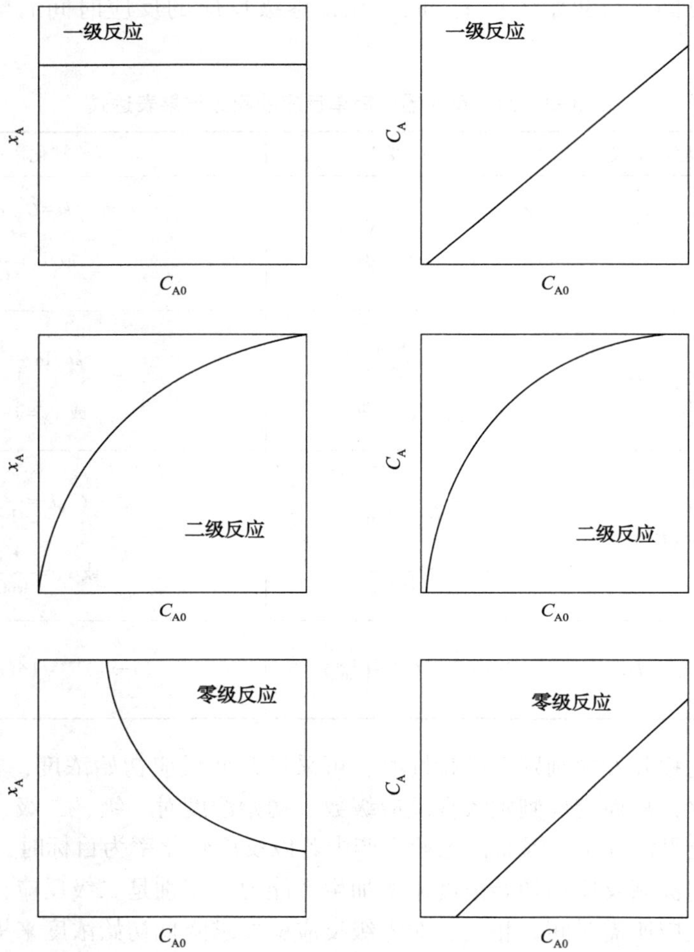

图 3-6 初始浓度对一级、二级、零级反应转化率和残余浓度的影响

【例 3-6】 间歇反应 A+B→R+S，二级不可逆 $r_A = kC_AC_B$，等温恒容，$k = 1.0\text{m}^3/(\text{kmol}\cdot\text{h})$，处理量为 $2.0\text{m}^3/\text{h}$，A、B 的初浓度均为 1.0kmol/m^3，每批辅时为 0.5h，求在反应体积为 9.0m^3 的反应器中操作 A 的转化率。

解：对于二级不可逆反应 $r_A = kC_AC_B$，因为 $C_{A0} = C_{B0}$，

所以 $r_A = kC_A^2 = kC_{A0}^2(1-x_A)^2$ 代入式(3-13)得：

$$t = \frac{1}{kC_{A0}}\int_0^{x_{Af}} \frac{dx_A}{(1-x_A)^2}$$

积分得：

$$t = \frac{x_{Af}}{kC_{A0}(1-x_{Af})}$$

由此得
$$x_{Af} = \frac{ktC_{A0}}{1 + ktC_{A0}}$$

又由 $V_R = F_V(t + t_0)$ 得 $t = V_R/F_V - t_0$

解上述方程得 $x_{Af} = 80.0\%$

【例 3-7】 在间歇反应器中进行己二酸和己二醇的缩聚反应，其动力学方程为 $r_A = kC_A^2$ kmol/(L·min)，k=1.97L/(kmol·min)。己二酸与己二醇的摩尔配比为 1∶1，反应混合物中己二酸的初始浓度为 0.004kmol/L。若每天处理己二酸 2400kg，要求己二酸的转化率达到 80%，每批操作的辅时为 1h，装料系数取为 0.75，计算反应体积。

解：首先计算反应时间，对于二级反应，$r_A = kC_A^2 = kC_{A0}^2(1-x_A)^2$

代入式(3-13)得：$t = \frac{1}{kC_{A0}} \int_0^{x_{Af}} \frac{dx_A}{(1 - x_A)^2}$

积分得：$t = \frac{x_{Af}}{kC_{A0}(1 - x_{Af})} = \frac{0.8}{1.97 \times 0.004(1 - 0.8)60} = 8.5\text{h}$

物料的处理量为
$$F_V = \frac{2400}{24 \times 146 \times 0.004} = 171.0\text{L/h}$$

操作周期为　$t' = t + t_0 = 9.5\text{h}$

反应体积为　$V_R = F_V t' = 1625\text{L}$

反应器容积为　$V = V_R/\varphi = 2167\text{L}$

选用 2.5m^3 标准反应器，则后备能力为
$$\delta = \frac{V_a - V}{V} \times 100\% = \frac{2.5 - 2.167}{2.167} \times 100\% = 15.4\%$$

思考：计算 F_V 时，为什么不考虑己二醇？

【例 3-8】 在搅拌良好间歇操作釜式反应器中，以盐酸作为催化剂，用乙酸和乙醇生产乙酸乙酯，反应式为

$$\underset{A}{CH_3COOH} + \underset{B}{C_2H_5OH} \rightleftharpoons \underset{R}{CH_3COOC_2H_5} + \underset{S}{H_2O}$$

已知 100℃时，反应速率方程式为
$$r_A = k_1 C_A C_B - k_2 C_R C_S$$

正反应速率常数 k_1 为 4.76×10^{-4}m^3/(kmol·min)，逆反应速率常数 k_2 为 1.63×10^{-4}m^3/(kmol·min)。反应器内装入 0.3785m^3 水溶液，其中含有 90.8kg 乙酸、181.61kg 乙醇。物料密度为 1043kg/m^3，假设反应过程不改变，试计算反应 2h 后乙酸的转化率。

解：乙酸的初始浓度　$C_{A0} = \frac{90.8}{60 \times 0.3785} = 4.0\text{kmol/m}^3$

乙醇的初始浓度　$C_{B0} = \frac{181.6}{46 \times 0.3875} = 10.4\text{kmol/m}^3$

水的初始浓度　$C_{S0} = \frac{0.3875 \times 1.043 - (90.8 + 181.6)}{18 \times 0.3785} = 18\text{kmol/m}^3$

设 x_A 为乙酸的转化率，则各组分的瞬时浓度与转化率的关系为：

$$C_A = 4(1 - x_A)$$
$$C_B = 10.4 - 4x_A$$
$$C_R = 4x_A$$
$$C_S = 18 + 4x_A$$

代入反应速率方程式，则得

$$r_A = 4.76 \times 10^{-4} \times 4(1 - x_A)(10.4 - 4x_A) - 1.63 \times 10^{-4} \times 4x_A(18 + 4x_A)$$
$$= 8 \times 10^{-2}(0.248 - 0.49x_A + 0.063x_A^2)$$

所以

$$t = C_{A0}\int_0^{x_{Af}} \frac{dx_A}{r_A} = \frac{4}{8 \times 10^{-2}}\int_0^{x_{Af}} \frac{dx_A}{0.248 - 0.49x_A + 0.063x_A^2}$$
$$= \frac{50}{0.422}\ln \frac{0.125x_A - 0.490 - 0.422}{0.125x_A - 0.490 + 0.422}\Bigg|_0^{x_{Af}}$$
$$= \frac{50}{0.422}\ln \frac{0.125x_{Af} - 0.912}{0.125x_{Af} - 0.068} \times \frac{0.068}{0.912}$$

当 $t = 120$min，用上式算得 $x_{Af} = 0.356$，即35.6%乙酸转化成乙酸乙酯。

【补充例3-1】

前已指出，间歇反应器每批物料的操作时间包括反应时间和辅助时间，对于一定的化学反应的生产操作，辅助时间是一定的。反应物的浓度是随反应时间的增长而降低。而反应产物的生成，则随反应物浓度的降低而降低。所以，随着反应时间的延长，无疑会使产品产量增多，但单位时间的产品产量不一定增加。另外，低转化率，即使用时间短时，由于反应物浓度相对来说较大，故产物的生成速率大，但因转化率低，其单位时间的产品产量也不高。所以，以产品的最大的生产速率为目标，就必然存在一个最佳反应时间，使得单位时间的产品产量(平均生产速率)最大。下面讨论反应时间的优化问题。

对于反应 A→R，若反应产物的浓度为 C_R，则单位操作时间的产品产量 G_R 为：

$$G_R = V_R C_R/(t + t_0)$$

将上式对反应时间求导：

$$\frac{dG_R}{dt} = \frac{V_R\left[(t + t_0)\frac{dC_R}{dt} - C_R\right]}{(t + t_0)^2} \tag{3-15}$$

若 G_R 为最大，则 $\frac{dG_R}{dt} = 0$

故由式(3-15)整理得如下关系：

$$\frac{dC_R}{dt} = \frac{C_R}{t + t_0} \tag{3-16}$$

式(3-16)为单位操作时间内，使反应产物产量最大必须满足的条件。根据式(3-16)，只要知道 C_R 和 t 的关系，即可用解析法或图解法求得最佳反应时间。最佳反应时间可用图解法求得，见图3-7。

首先由间歇反应器的设计方程算出反应时间 t 与反应物浓度 C_A(或转化率)的关系，并换算为反应时间与产物浓度 C_R 的关系，如图 3-7 中的 OMN 曲线所示。在横坐标上截取 $OA=t_0$，自 A 点($-t_0$，0)作 OMN 曲线的切线于 M 点，则 M 点的横坐标 OD 为最佳反应时间。由图可知，最佳反应时间下，反应产物的浓度 $C_R=MD$；$AD=t+t_0$。切线 AM 的斜率为 MD/AD，也等于 $\mathrm{d}C_R/\mathrm{d}t$，所以正好满足式(3-16)。

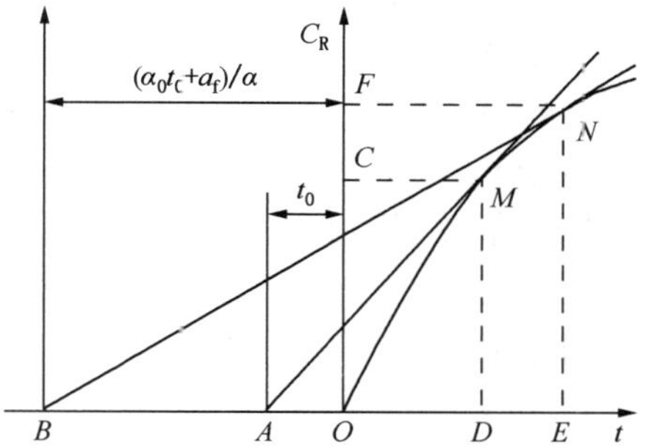

图 3-7　间歇反应最佳反应时间图解法示意图

若考虑的目标函数为单位生产量的总费用，则设单位时间内，反应操作时的操作费用为 α 元/h，非生产性操作时的费用为 α_0 元/h，固定消费为 α_F 元/h，那么单位产品的总费用可用下式表示：

$$Z=\frac{\alpha t+\alpha_0 t_0+\alpha_F}{V_R C_R}$$

同样也用求极值的方法将上式对 t 求导得：

$$\frac{\mathrm{d}Z}{\mathrm{d}t}=\frac{1}{V_R C_R^2}\left[\alpha C_R-(\alpha t+\alpha_0 t_0+\alpha_F)\frac{\mathrm{d}C_R}{\mathrm{d}t}\right]$$

令其等于零，即可得：

$$\frac{\mathrm{d}C_R}{\mathrm{d}t}=\frac{C_R}{t+[(\alpha_0 t_0+\alpha_F)/\alpha]} \tag{3-17}$$

也就是说，要使生产费用最小，必须满足式(3-17)的条件。同样也用作图法，在图3-6上，从 B 点$[-(\alpha_0 t_0+\alpha_F)/\alpha，0]$作曲线 OMN 的切线，切点为 N，斜率 $NE/BE=\mathrm{d}C_R/\mathrm{d}t$，则由切点 N 的横坐标值，确定最佳反应时间 $t=OE$，相应的 C_R 值由纵坐标得知。

应用上式可求得满足单位生产量的总费用最小所必须的条件——最优反应时间。

【补充例 3-2】

自催化反应

3.3.2　复杂反应

(1) 平行反应

平行反应的基本特征是相同的反应物能进行两个或两个以上的反应，例如甲苯硝化可同时生成邻、对及间位的硝基苯，对氨基苯酚的乙酰化反应。

设等温间歇反应器中进行一级平行反应：

$$\mathrm{A}\xrightarrow{k_1}\mathrm{R}(\text{主反应})\qquad r_R=k_1 C_A$$

$$\mathrm{A}\xrightarrow{k_2}\mathrm{S}(\text{副反应})\qquad r_S=k_2 C_A$$

$$r_A=r_{A,1}+r_{A,2}=r_R+r_S=(k_1+k_2)C_A$$

其中 R 为目标产物，则 A 的转化率、组分浓度与反应时间的关系可由物料衡算求得：

对于 A：$$V_R(k_1+k_2)C_A+dn_A/dt=0$$

对于 R：$$-V_Rk_1C_A+dn_R/dt=0$$

对于 S：$$-V_Rk_2C_A+dn_S/dt=0$$

恒容条件下，上述方程可用浓度表达。

对于 A：$$(k_1+k_2)C_A+dC_A/dt=0$$

对于 R：$$k_1C_A+dC_R/dt=0$$

对于 S：$$k_2C_A+dC_S/dt=0$$

A 的衡算方程表达了 A 的浓度（A 的转化率）与反应时间的关系。设 $t=0$ 时，$C_A=C_{A0}$，$x_{A0}=0$，积分得：

$$t=\frac{1}{k_1+k_2}\ln\frac{C_{A0}}{C_A}=\frac{1}{k_1+k_2}\ln\frac{1}{1-x_{Af}} \tag{3-18}$$

也就是：

$$C_A=C_{A0}\exp\left[-(k_1+k_2)t\right] \tag{3-18a}$$

把 C_A 关于 t 的表达式代入 C_R 的衡算方程，并设 $t=0$ 时，$C_R=0$，积分得：

$$C_R=\frac{k_1C_{A0}}{k_1+k_2}\{1-\exp\left[-(k_1+k_2)t\right]\} \tag{3-19}$$

此为在反应时间 t 时目的产物 R 的浓度，由 $C_S=C_{A0}-C_A-C_R$ 得：

$$C_S=\frac{k_2C_{A0}}{k_1+k_2}\{1-\exp\left[-(k_1+k_2)t\right]\} \tag{3-20}$$

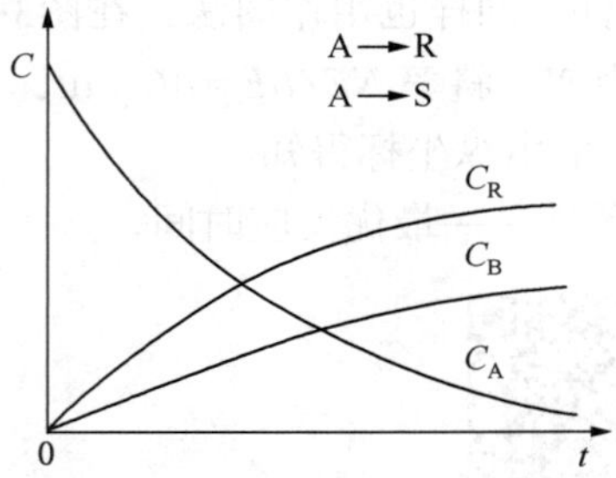

图 3-8 平行反应物系组成与反应时间关系示意图

式（3-18）、（3-19）及（3-20）表示平行反应物系的组成与反应时间的关系，可绘出示意图如图 3-8 所示。

由图可见，反应物 A 的浓度总是随反应时间的增加而减少，而反应产物 R 和 S 的浓度则随反应时间的增加而增加。将式（3-19）除以式（3-20）得到：

$$\frac{C_R}{C_S}=\frac{k_1}{k_2}$$

对于上例瞬时选择性：

$$S_R=\frac{r_R}{r_A}=\frac{dC_R}{dC_A}=\frac{k_1}{k_1+k_2} \tag{3-21}$$

收率：

$$Y_R=\frac{C_R-C_{R0}}{C_{A0}}=\frac{k_1}{k_1+k_2}x_A \tag{3-22}$$

【例 3-9】 在等温间歇釜式反应器中进行以下恒容液相反应：

$$A+B\rightarrow R,\ r_R=2C_A\ \text{kmol/(m}^3\cdot\text{h)}$$

$$2A\rightarrow S,\ r_S=0.5C_A^2\text{kmol/(m}^3\cdot\text{h)}$$

反应开始时 A 和 B 的浓度均为 2.0kmol/m^3，目的产物为 R，计算反应时间为 3h 的 A 的转化率和 R 的收率以及生成 R 的选择性。

解：$r_A=r_R+2r_S=2C_A+2\times0.5C_A^2=2C_A+C_A^2$，所以，恒容条件下，组分A的物料衡算式为：

$$-dC_A/dt=r_A=2C_A+C_A^2$$

积分得：

$$t=\frac{1}{2}\ln\frac{C_{A0}(2+C_A)}{C_A(2+C_{A0})}$$

代入已知条件得：$C_{Af}=2.48\times10^{-3}\text{kmol/m}^3$，即反应3h后A的浓度。

此时 $x_A=(2.0-2.48\times10^{-3})/2=0.9988=99.88\%$

又由 $-dC_A/dt=2C_A+C_A^2$ 及 $dC_R/dt=2C_A$ 得：

$$dC_R/dC_A=-\frac{1}{1+C_A/2}$$

积分

$$\int_0^{C_{Af}}dC_R=-\int_{C_{A0}}^{C_{Af}}\frac{dC_A}{1+C_A/2}$$

于是

$$C_{Rf}=2\ln\frac{1+C_{A0}/2}{1+C_{Af}/2}$$

代入数据得 $C_{Rf}=1.384\text{kmol/m}^3$，

则R的收率为 $Y_R=1.384/2=0.692$，即69.2%

生成R的选择性为 $S_R=Y_R/x_A=0.693\%$，即69.3%

上述计算表明，A转化了99.88%，而转化生成R只有69.2%，其余的30.68%则转化为S。

（2）连串反应

连串反应的特点是一个反应产物为另一个反应的反应物。如苯的氯化依次得到一氯化苯、二氯化苯、三氯化苯。

设在间歇反应器中进行如下连串反应：$A\xrightarrow{k_1}P\xrightarrow{k_2}S$

各组分的速率方程分别为：

$$r_A=k_1C_A=-\frac{dC_A}{dt} \tag{3-23}$$

$$r_P=k_1C_A-k_2C_P=\frac{dC_P}{dt} \tag{3-24}$$

$$r_S=k_2C_P=\frac{dC_S}{dt} \tag{3-25}$$

若 $t=0$ 时 $C_A=C_{A0}$ $C_{P0}=C_{S0}=0$ 积分式(3-23)得

$$C_A=C_{A0}e^{-k_1t} \tag{3-26}$$

或

$$t=\frac{1}{k_1}\ln\frac{C_{A0}}{C_A}=\frac{1}{k_1}\ln\frac{1}{1-x_A} \tag{3-26a}$$

将式(3-25)、式(3-26)代入式(3-24)得

$$\frac{dC_P}{dt}+k_2C_P=k_1C_{A0}e^{-k_1t}$$

这是一阶线性微分方程，结合上述初始条件解得：

$$C_P = \frac{k_1}{k_1 - k_2} C_{A0} [\exp(-k_2 t) - \exp(-k_1 t)] \tag{3-27}$$

因 $$C_A + C_P + C_S = C_{A0}$$

所以 $$C_S = C_{A0} - C_A - C_P$$

将式(3-26)和式(3-27)代入上式得：

$$C_S = C_{A0}\left\{1 + \frac{1}{k_1 - k_2}[k_2 \exp(-k_1 t) - k_1 \exp(-k_2 t)]\right\} \tag{3-28}$$

$$\Phi_P = \frac{C_p}{C_{A0} - C_A} = \frac{k_1}{k_1 - k_2} \frac{C_{A0}}{C_{A0} - C_A}[\exp(-k_2 t) - \exp(-k_1 t)] \tag{3-29}$$

$$Y_P = \frac{k_1}{k_1 - k_2}[\exp(-k_2 t) - \exp(-k_1 t)] \tag{3-30}$$

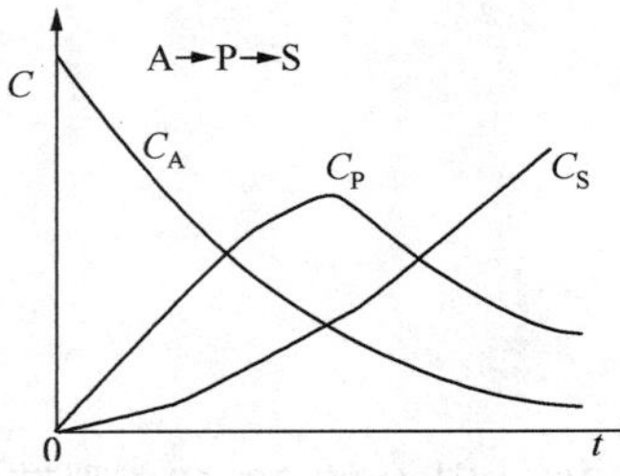

图 3-9　串联反应的组分浓度与反应时间的关系

式(3-26)、式(3-27)和式(3-28)表示各反应组分浓度与反应时间的关系。根据这三个关系式以时间对浓度作图，如图 3-9 所示。

由图可见：反应物 A 的浓度随反应时间增加而降低，反应产物 S 的浓度随反应时间增加而增加，而产物 P 的浓度先随时间增加而增加，后则随时间增加而降低，存在一最大值，这是连串反应的特点。与平行反应不同，P 的浓度之所以存在一极大值，是由于 P 从 A 转化而来，而 P 的浓度随时间而增加。但过了极大点之后情况相反，P 转化成 S 的速率大于 A 转化成 P 的速率，从而 P 的浓度随时间增加而降低。由此可见，当目的产物为 P 时就需要控制反应时间，以使 P 的收率最大。为此，将式(3-27)对 t 求导，然后令 $dC_P/dt=0$，可得最优化反应时间 t_{opt}。

$$\frac{dC_P}{dt} = \frac{k_1}{k_1 - k_2} C_{A0}[-k_2 \exp(-k_2 t) + k_1 \exp(-k_1 t)] = 0$$

即 $$\frac{\exp(-k_2 t)}{\exp(-k_1 t)} = \frac{k_1}{k_2}$$

将上式两边取对数整理得最优反应时间：

$$t_{opt} = \frac{\ln \frac{k_1}{k_2}}{k_1 - k_2} \tag{3-31}$$

所以 P 的最大浓度为：

$$C_{P,\max} = \frac{k_1}{k_1 - k_2} C_{A0}\left[\exp\left(-k_2 \frac{\ln \frac{k_1}{k_2}}{k_1 - k_2}\right) - \exp\left(-k_1 \frac{\ln \frac{k_1}{k_2}}{k_1 - k_2}\right)\right]$$

$$= \frac{k_1}{k_1 - k_2} C_{A0}\left[\left(\frac{k_1}{k_2}\right)^{\frac{-k_2}{k_1 - k_2}} - \left(\frac{k_1}{k_2}\right)^{-\frac{k_1}{k_1 - k_2}}\right]$$

$$= \frac{k_1}{k_1 - k_2} C_{A0} \left\{ \left(\frac{k_1}{k_2} \right)^{-\frac{k_2}{k_1-k_2}} \left[1 - \left(\frac{k_1}{k_2} \right)^{-\frac{k_1}{k_1-k_2}+\frac{k_1}{k_1-k_2}} \right] \right\}$$

$$= C_{A0} \left(\frac{k_1}{k_2} \right)^{\frac{-k_2}{k_1-k_2}}$$

所以 P 的最大收率 $Y_{P,max}$ 为：

$$Y_{P,\ max} = \frac{C_{P,\ max}}{C_{A0}} = \left[\frac{k_1}{k_2} \right]^{\frac{k_2}{k_2-k_1}} \tag{3-32}$$

当 $k_1 = k_2$，可应用罗必塔法则，即：

$$t_{opt} = \lim_{k_1 \to k_2} \frac{(\ln \frac{k_1}{k_2})'}{(k_1 - k_2)'} = \lim_{k_1 \to k_2} \frac{\frac{k_2}{k_1} \times \frac{1}{k_2}}{1} = \frac{1}{k_1} \tag{3-33}$$

将式(3-32)两边取对数：$\ln Y_{P,\ max} = \dfrac{k_2}{k_2 - k_1} \ln \left[\dfrac{k_1}{k_2} \right]$

而：

$$\lim_{k_1 \to k_2} \frac{(\ln \frac{k_1}{k_2})'}{\frac{(k_1-k_2)'}{k_2}} = -1$$

$$Y_{P,\ max} = \frac{C_{P,\ max}}{C_{A0}} = \frac{1}{e} \tag{3-34}$$

$$C_{P,\ max} = \frac{1}{e} C_{A0} \tag{3-35}$$

3.4　变温间歇釜的计算

前面有关釜式反应器的讨论基于等温过程。对于间歇釜式反应器而言，要做到等温是极其困难的。当反应热效应不大时，近似等温是可以办到的，但反应热效应大时就很难办到。另外，对于许多化学反应，等温操作的效果不如变温好，通常要求温度随着反应进程有一个适当的分布，以获得较好的反应效果。因此研究非等温间歇釜式反应器的设计与分析具有重要的实际意义。

温度是影响反应器操作的敏感因素。它对转化率、收率、反应速率以及反应器的生产能力都有影响。温度不同，反应物系的物理性质也不同，从而影响到传热、传质速率以及搅拌器的功率。因此，对间歇反应器而言，确定反应过程的温度与时间的关系十分必要，是进行反应器设计和分析所必不可少的。变温操作时，物料的浓度、温度随着反应时间的推移而变化，而速率常数又是温度的函数，因此，要对反应进程进行数学描述，需要联立物料衡算方程(速率方程)和热平衡方程。

对于间歇操作，因釜内各点温度相等，可取整个釜作为衡算单元。由于间歇反应过程的物系参数随时间而变，因此以时间作自变量。对于间歇操作，热量衡算式可写成如下形式：

$$\begin{pmatrix}\text{单位时间内}\\\text{反应的放热量}\end{pmatrix}-\begin{pmatrix}\text{单位时间内体系}\\\text{传给环境的热量}\end{pmatrix}=\begin{pmatrix}\text{反应器中热}\\\text{量积累速度}\end{pmatrix}$$

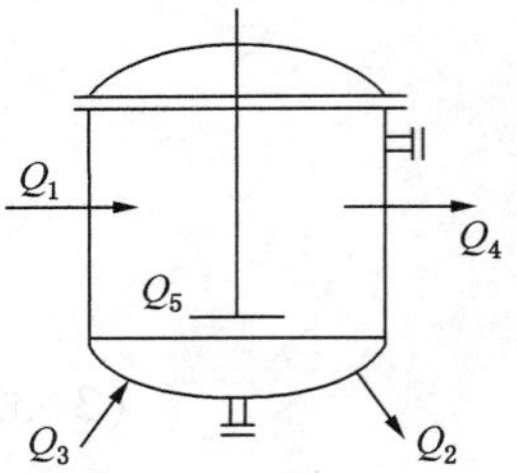

图 3-10 间歇釜热量示意图

假设时间为 t 时，反应物系的温度为 T，时间变化 dt 时，反应物系的温度变化 dT，即反应物系温度从 T 变至 T+dT。组分 A 为基准的摩尔反应热为 q_r，过程中无物理变化热；n_{A0} 为 A 组分的起始摩尔流量；n_i、C_{Vi} 分别表示反应器中的组分 i 的摩尔数和定容摩尔比热容；K 为总传热系数；A 为反应釜的传热面积；T_s 为传热介质温度。

如图 3-10 所示，设 Q_1、Q_4 分别为时刻 t 时物料带入、带出微元体积的热量；Q_2 表示时刻 t 时间壁传热量；Q_3 表示时刻 t 时化学反应产生的热；Q_5 表示时刻 t 时热累积量，假定传热剂从系统取热。于是：

$$Q_1 = Q_4 = 0$$

$$Q_2 = KA(T - T\text{s})$$

$$Q_3 = q_r r_A V_R = q_r n_{A0} \frac{\mathrm{d}x_A}{\mathrm{d}t}$$

$$Q_5 = \sum n_i C_{Vi} \frac{\mathrm{d}T}{\mathrm{d}t}$$

由热量守恒方程知：

$$Q_5 = Q_1 - Q_2 + Q_3 - Q_4$$

所以：

$$\sum n_i C_{Vi} \frac{\mathrm{d}T}{\mathrm{d}t} = q_r n_{A0} \frac{\mathrm{d}x_A}{\mathrm{d}t} - KA(T - T_s) \tag{3-36}$$

该式便是间歇釜式反应器反应物料的温度与时间的关系式。式中 q_r 放热反应以正值代入，吸热反应则用负值。

由此可见，对于一定的反应物系，反应温度、关键组分的转化率都取决于物系与外界的传热速率。

若为等温过程，则 dT=0，式(3-36)可化简为：

$$KA(T - T_s) = r_A V_R q_r \tag{3-37}$$

该式可用来计算等温操作反应器所需的传热面积。要使反应在等温下进行，反应放出或吸收的热量必须等于物系与换热介质交换的热量。但是要做到这一点是不易的。因为反应速率随时间而变，从而反应放热或吸热速率也随时间而变，只有物系与换热介质的换热速率与之相适应时，才能做到等温。所以，工业间歇反应器常是变温过程，热效应大的反应过程更是如此。对于某些强烈放热反应过程，从安全操作的观点看，更应重视反应温度的控制。

对于等温过程，因反应速率常数 k 为一定植，r_A 为转化率的函数，所以只需要建立物料衡算式和相应的动力学数据，便可设计等温间歇反应器。

为了保持在等温下进行操作，化学反应过程所产生的热效应必须与外界进行热交换，而且反应系统与外界交换的热量应该等于反应放出的热量(放热反应)或吸收的热量(吸热反应)，其关系式可以下式表示：

$$r_A q_r = \frac{q}{V_R} \tag{3-38}$$

式中 r_A——以 A 组分为基准的反应速率，kmol/(m^3·h)；

q——反应系统与外界传热速率，kJ/h；

V_R——反应系统物料体积，m^3。

式(3-38)变形为：

$$q = r_A q_r V_R \tag{3-38a}$$

由式(3-38a)可以看到，因为反应物料 V_R 和等温下进行的热效应 q_r 均为定值，所以传热量变化规律可以根据化学反应速率来确定。对于不同反应，则可按照其化学反应动力学方程式进行具体计算。

另外，对于非等温过程，由于其反应速率常数是随温度的变化而变化的，所以，要想准确描述反应温度、关键组分的转化率随反应时间的变化关系，需联立热平衡方程与动力学方程(物料平衡方程)求解。对于一定的反应物系而言，温度与转化率的关系取决于物系与换热介质的换热速率。

特别地，当 $Q_2=0$，即绝热情况下，则热平衡方程为：

$$\sum n_i C_{Vi} \frac{dT}{dt} = q_r n_{A0} \frac{dx_A}{dt} \tag{3-39}$$

若 C_{Vi} 为常数，积分上式得：

$$T - T_0 = \frac{q_r n_{A0}}{\sum n_i C_{Vi}}(x_A - x_{A0}) \tag{3-39a}$$

T、x_{A0} 分别为反应开始时的物系温度及 A 组分的转化率。

此式称为间歇釜式反应器的绝热方程，表明绝热条件下，反应温度与转化率呈线性关系。若以 y_{A0} 表示组分 A 的初始摩尔分数，则：

$$T - T_0 = \frac{q_r y_{A0}}{\overline{C}_{Vi}}(x_A - x_{A0}) \tag{3-39b}$$

若平均热容可视为常数，绝热方程可表达为：

$$T - T_0 = \lambda(x_A - x_{A0}) \tag{3-39c}$$

其中 $\lambda = \frac{q_R y_{A0}}{\overline{C}_{Vi}}$ 称为绝热系数，其物理意义为反应物中的 A 组分完全转化时，引起物系温度变化的度数。放热反应为绝热温升，吸热反应为绝热温降。

由绝热系数的表达式可知，反应热、定容热容均为反应物系的性质，对特定的反应体系不可能有很大的变化，唯一可调变量是关键组分的初始摩尔分率 y_{A0}。因此，对工业反应过程常采用对反应物系进行稀释的方法。降低绝热温升或绝热温降使反应器中的温度变化控制在可以接受的范围内。在反应器设计时通过热量衡算估计反应器可能的最大温度变化，设置适宜的传热面，对实现反应器安全操作是很有必要的。尽管稀释会降低反应器的生产能力，但对于需要间歇操作且热效应大的放热反应，这也许是避免反应器爆炸、失控，实现安全生产的必要措施。

以上是针对单一反应讨论的，若同时有多个反应，则热量衡算式(3-39)要做相应的修正，主要是反应热项应包括各个反应的热效应。此时式(3-39)应改写成：

$$\sum n_i C_{Vi}\frac{dT}{dt}=V_R\sum r_{Ai}q_{ri}-KA(T-T_s) \tag{3-39d}$$

【例 3-10】 设在间歇釜式反应器中进行某二级不可逆反应 A+B→R。已知反应热为 33.5kJ/mol A；反应物平均热容为 1980kJ/(m³·K)。反应速率 $r=1.37\times1012\exp(-12628/T)C_AC_B$ kmol/(m³·s)，A 和 B 的初浓度分别为 4.55kmol/m³ 和 5.34kmol/m³，在反应物预热到 326.0K 后，①从 326.0K 开始在绝热条件下进行反应，在温度达到 373.0K 时开始等温反应计算 A 的转化率达到 0.98 所需要的时间；②若反应始终在 373K 等温进行，所需反应时间又是多少？

解：①绝热反应过程的转化率和温度的关系由绝热方程确定。注意到反应开始时混合物中不含产物，即 $x_{A0}=0$，所以

$T-T_0=\dfrac{q_r n_{A0}}{\sum n_i C_{Vi}}x_A$ 右端分子分母同除反应体积 V_R，得：

$T-T_0=\dfrac{q_r C_{A0}}{\sum n_i C_{V_i}/V_R}x_A$ 右端分母即是以 kJ/(m³·K)给出的反应混合物平均热容

$$T=326.0+76.98x_A$$

$$r_A=1.37\times10^{12}\exp(-12628/T)C_AC_B\ \text{kmol/(m}^3\cdot\text{s)}$$
$$=1.37\times10^{12}\exp(-12628/T)C_{A0}(1-x_A)(C_{B0}-C_{A0}x_A)$$

所以 $$t=C_{A0}\int_0^{x_A}\frac{dx_A}{r_A}=\int_0^{x_A}\frac{\exp\left(\dfrac{12628}{326.0+76.98x_A}\right)dx_A}{1.37\times10^{12}(1-x_A)(C_{B0}-C_{A0}x_A)}$$

由 $T=326.0+76.98x_A$ 可知当绝热反应到 373.0K 开始等温反应时，$x_A=0.6105$

于是 $$t_{绝热}=23.1\text{min}$$

绝热反应 23.1min，A 的转化率达到 0.6105 后，开始在 373.0K 维持等温反应，至 $x_A=0.98$ 止。

$$t=\int_{0.6105}^{0.98}\frac{\exp\left(\dfrac{12628}{T}\right)dx_A}{1.37\times10^{12}(1-x_A)(C_{B0}-C_{A0}x_A)}=14.8\text{min}$$

所以，先绝热再等温的总反应时间是 37.9min。

② 若反应始终在 373.0K 下等温进行，则

$$t_{等温}=\int_0^{0.98}\frac{\exp\left(\dfrac{12628}{T}\right)dx_A}{1.37\times10^{12}(1-x_A)(C_{B0}-C_{A0}x_A)}=16.4\text{min}$$

【例 3-11】 邻甲氧基重氮盐水解反应生成邻甲氧基苯酚

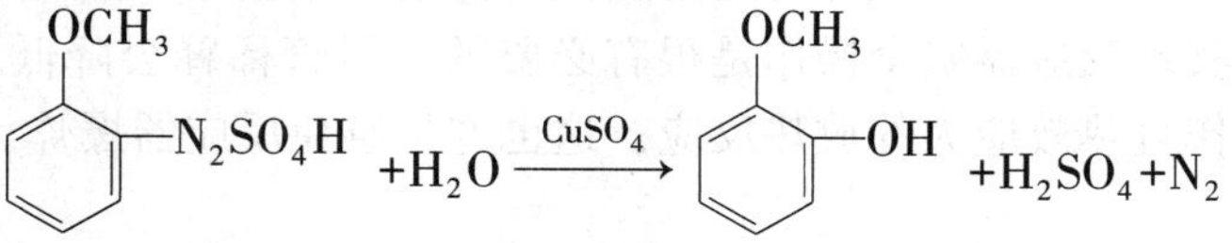

反应动力学式为 $r_A=kC_AC_B$，以硫酸铜为催化剂，反应温度 96℃ 时 $k=2.2\times10^{-3}$

$m^3/(kmol \cdot min)$，重氮盐的初浓度 C_{A0} 为 0.25kmol/m³，水初浓度 C_{B0} 为 5kmol/m³，化学反应热效应 q_r 为 502kJ/mol。在间歇搅拌锅中进行，重氮盐的终点转化率为 0.8，夹套冷却水进出口温度分别为 22℃和 30℃。求生成 100 kg 甲氧基苯酚过程中放热量、冷却水用量随时间变化的关系。

解：因为液相体积视为不变，过程作为等温等容计算

$$C_{A0} = 0.25\text{kmol/m}^3 \qquad C_{B0} = 5\text{kmol/m}^3$$

$$C_A = C_{A0}(1 - x_A), \quad C_B = C_{B0} - C_{A0}x_A$$

$$r_A = kC_A C_B = k\, C_{A0}(1 - x_A)(C_{B0} - C_{A0}x_A)$$

则

$$t = C_{A0}\int_0^{x_A}\frac{dx_A}{r_A}$$

$$= C_{A0}\int\frac{dx_A}{kC_{A0}(1 - x_A)(C_{B0} - C_{A0}x_A)}$$

$$= \frac{1}{kC_{B0}\left(1 - \dfrac{C_{A0}}{C_{B0}}\right)}\ln\frac{1 - \dfrac{C_{A0}}{C_{B0}}x_A}{1 - x_A}$$

$$= \frac{1}{2.2 \times 10^{-3} \times 5 \times (1 - 0.25/5)}\ln\frac{1 - (0.25/5)x_A}{1 - x_A}$$

简化为：

$$x_A = \frac{1 \quad \exp(t/95.694)}{0.05 \quad \exp(t/95.694)}$$

式 $q = r_A q_r V_R$ 中，

$$r_A = -\frac{dC_A}{dt} = \frac{C_{A0}dx_A}{dt}$$

则

$$q = \frac{C_{A0}dx_A}{dt}q_r V_R$$

$$q\int_0^t dt = (C_{A0}V_R)q_r\int_0^{x_A} dx_A$$

积分得：

$$qt = (c_{A0}V_R)q_r x_A$$

上式中 qt 即为反应进行至 t 时总需传出热量，亦即反应总放热量，以 Q_t 表示：

$$Q_t = N_{A0}q_r x_A$$

式中 N_{A0} 为 A 的投料总摩尔数，终点转化率为 0.8，则

$$Q_t = \frac{N_P}{0.8}q_r x_A = \frac{100 \times 10^3}{124 \times 0.8} \times 502x_A$$

即

$$Q_t = 5.06 \times 105x_A\text{kJ}$$

所需冷却水量为

$$G_t = \frac{Q_t}{C_{Ps水}\Delta T} = \frac{5.06 \times 10^5 x_A}{4.18 \times (30 - 22)} = 0.151 \times 10^5 x_A\text{kg}$$

取一定的时间间隔 $\Delta t = 30$min，计算不同 x_A、Q_t、G_t 及 ΔQ、ΔG 之值见表 3-4。

表 3-4 计算结果

t/min	x_A	Q_t/kJ	G_t/kg	Δt/min	ΔQ/kJ	ΔG/kg
0	0	0	0	0	0	0
30	0.2793	141160	4220	30	141160	4220
60	0.4786	241900	7240	30	10074	3020
90	0.6217	314250	9400	30	72360	2160
120	0.7250	366460	10960	30	52210	1560
150	0.8000	404290	12090	30	37830	1130

从表 3-4 的结果可以看出，开始反应快，单位时间内放热量及用冷却水量亦大。随着反应时间增长，单位时间内放出的热量逐渐降低，冷却水的消耗量也相应减少。计算反应釜传热面积时应以开始阶段的放热速率为依据。

3.5 半间歇釜式反应器

半间歇操作又称为半连续操作，由于这种操作形式有其特殊功能，所以广泛用于精细化工生产中，如硝化、磺化、氯化、氧化、酰化及重氮化等许多单元反应中都使用半分批操作形式。下面介绍几种半间歇操作形式的主要特点，以便设计选用反应器时参考。

以反应物 A、B，产物 C 为例，图 3-11 为通常使用的几种半分批操作形式。

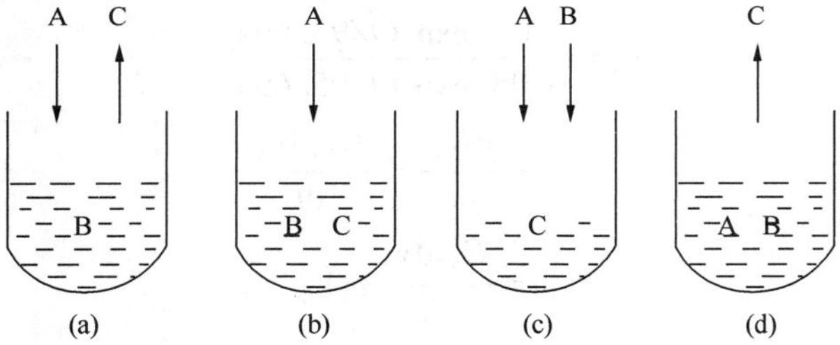

图 3-11 半分批操作示意图

(a) 操作形式是将一种反应物 B 一次投入反应器中，A 于反应过程中连续加入，生成的产物 C 连续排出，反应达终点后一次性出料。此种操作主要适应于以下几种情况：可以在沸腾温度下进行的强放热反应，用汽化潜热带走大量反应热；要求严格控制反应物 A 浓度；B 浓度高，A 和 C 浓度低对反应有利的场合；可逆反应。

(b) 操作形式是反应物料 B 一次先投入反应器，A 在反应过程中连续加入，反应过程中不出料，反应结束后一次出料。主要适用于以下情况：要求严格控制锅内 A 的浓度，防止 A 过量副反应增加的情况；保持在较低温度下进行的放热反应；A 浓度低、B 浓度高对反应有利的情况。

(c) 操作形式是反应物 A 和 B 同时连续加入反应器，反应过程中不出料，反应完毕一次出料。这种操作可以严格计量控制 A、B 的加料比例，而且可以保持 A 和 B 都在低浓度下进行，适合于 B 浓度降低对反应有利的场合。

(d) 操作形式是将反应物 A、B 按比例一次全部投入反应器，反应过程中生成的 C 连续排出。此种操作方式既能满足 A、B 的比例要求，又能保持 A、B 在反应过程中的高浓度，对可逆反应尤为适合。

半间歇操作生产都比较简单，有许多上述优点可以满足不同反应的需要。与间歇操作的共同点是反应物系的组成随时间而变，因此必须以时间作自变量；但反应混合物的体积随时间而变，也是时间的函数，所以在反应器设计计算时比较麻烦。

下面介绍一种情况：如液相、等温反应 A + B →C 按(b)形式进行操作，设

V_1——先加入锅内原料 B 的体积；

n_{A1}——锅内原有物料含 A 摩尔数；

F_{V0}——A 的加料体积流量；

C_{A0}——原料中 A 的浓度；

V——反应器中瞬时物料体积；

C_A——反应器中物料瞬时含 A 浓度；

x_A——反应器中 A 的瞬时转化率；

r_A——瞬时反应速率。

反应器内瞬时物料体积随时间变化关系为：$V=V_1+F_{V0}t$

A 的转化率随时间的变化规律可由物料平衡式建立：

在 dt 时间内对 A 组分进行物料衡算：

加入 A 量 - 反应消耗 A 量 = A 积累量

$$F_{V0}C_A\mathrm{d}t - r_AV\mathrm{d}t = \mathrm{d}(C_AV) \tag{3-40}$$

$$\begin{aligned}\mathrm{d}(C_AV) &= \mathrm{d}_{nA} = \mathrm{d}[(n_{A1} + F_{V0}C_{A0}t)(1 - x_A)] \\ &= (1 - x_A)F_{V0}V_{A0}\mathrm{d}t - (n_{A1} + F_{VC}C_{A0}t)\mathrm{d}x_A\end{aligned} \tag{3-41}$$

式(3-41)代入式(3-40)得：

$$(n_{A1} + F_{V0}C_{A0}t)\mathrm{d}x_A = (r_AV - F_{V0}C_{A0}x_A)\mathrm{d}t \tag{3-42}$$

该式即可计算 x_A 与 t 的关系。式中 $r_A=f(x_A)$ 和 $V=f(t)$，比较复杂时难于求解析解，可写成差分形式用数值法求解。式(3-42)写成差分形式为：

$$(n_{A1} + F_{V0}C_{A0}t)\Delta x_A = [(r_AV)_{平均} - F_{V0}C_{A0}x_A]\Delta t \tag{3-43}$$

若 $n_{A1}=0$，则式(3-42)可变为：

$$F_{V0}C_{A0}\mathrm{d}(x_At) = r_AV\mathrm{d}t$$

写成差分式为

$$F_{V0}C_{A0}\Delta(x_At) = (r_AV)_{平均}\Delta t \tag{3-44}$$

【例 3-12】 在半连续操作反应器中进行一级不可逆等温反应 A+B→C，$r_A=kC_A$，先在反应器内加入 500L 物料 B，含 B 8kmol，不含 A。然后连续加入物料 A，含 A 浓度为 8mol/L，加入速度为 10L/min。反应速度常数 $k=1.33\times10^{-2}\mathrm{min}^{-1}$。求(1)100min 后釜内物料体积；(2)A 的转化率随时间变化情况。

解：(1) $V=V_1+F_{V0}t=500+10\times100=1500\mathrm{L}$

(2) 因为 $n_{A1}=0$，所以可用差分式(3-44)计算

$$r_A = kC_A = \frac{kC_{A0}F_{V0}t(1 - x_A)}{V}$$

$$r_AV = kC_{A0}F_{V0}(1 - x_A)t$$

$$(r_A V)_{平均} = \frac{1}{2}(r_{Ai}V_i + r_{Ai+1}V_{i+1})$$

$$= \frac{kF_{V0}C_{A0}}{2}[(1-x_{Ai+1})t_{i+1} + (1-x_{Ai})t_i]$$

$$\Delta t = t_{i+1} - t_i$$

$$\Delta(x_A t) = x_{Ai+1}t_{i+1} - x_{Ai+1} - x_A t_i$$

将 $\Delta(x_A t)$ 、$(r_A V)$ 代入式(3-44)得:

$$x_{Ai+1} = \frac{2t_i + \Delta t + (2/k\Delta t - 1)x_{Ai}t_i}{(2/k\Delta t + 1)(t_i + \Delta t)}$$

取 Δt，初始条件 $i=0$，$t_0=0$ 和上式进行迭代求解。

例如取 $\Delta t=10\text{min}$ 计算结果见表 3-5:

表 3-5 计算结果

T/min	10	20	30	40	50	60	70	80	90	100
x_A	0.062	0.121	0.174	0.224	0.269	0.311	0.349	0.384	0.417	0.447

【例 3-13】 将例 3-8 改为半间歇操作，温度不变。先把 1m^3 浓度为 4.0kmol/m^3 的 B 投入釜内，再以 $1\text{m}^3/\text{h}$ 的速度将浓度为 4.0kmol/m^3 的 A 于 3h 内均匀地连续加到釜内，使之与 B 反应，问加完后，A 的转化率、R 的收率和生成 R 的选择性各是多少?

解: 该间歇操作属连续加料而间歇出料的情况，对反应物 A 进行物料衡算:

加入量=反应量+累计量，也就是:

$$F_{V0}C_{A0} = r_A V_R + \text{d}(V_R C_A)/\text{d}t$$

其中 $r_A = r_R + 2r_S = 2C_A + C_A^2$，$F_{V0} = 1/3\text{m}^3/\text{h}$，$V_R = 1 + t/3$

于是 $\text{d}C_A/\text{d}t = \dfrac{4-C_A}{3+t} - 2C_A - C_A^2$

一阶非线性方程，可由计算机求其数值解:

t/h	C_A/(kmol/m³)	t/h	C_A/(kmol/m³)
0	0	2.0	0.3367
0.4	0.3103	2.4	0.3160
0.8	0.3802	2.8	0.2972
1.2	0.3783	3.0	0.2886
1.6	0.3503	…	…

可见，加完 A 后釜内 A 的浓度为 $0.2886\ \text{kmol/m}^3$，故

$$x_{Af} = (2.0-0.2886)/2.0\times 100\% = 85.57\%$$

求 R 的收率，先要确定 R 的最终浓度，可对 R 进行物料衡算:

$$\text{d}(C_R V_R)/\text{d}t = r_R V_R$$

又知 $r_R = 2C_A$ 且 $V_R = 1 + t/3$

所以 $\text{d}(C_R V_R)/\text{d}t = 2(1 + t/3)C_A$

即
$$\int_{(C_R V_R)_0}^{(C_R V_R)_t} \mathrm{d}(C_R V_R) = 2\int_0^3 (1 + t/3) C_A t \mathrm{d}t$$

注意到 $t=0$ 时，$C_R=0$，$C_R V_R=0$；$t=3$ 时，$V_R=2$，$C_R V_R=2C_R$，所以

$C_{Rf} = \int_0^3 C_A \mathrm{d}t + \frac{1}{3}\int_0^3 C_A t \mathrm{d}t$，利用表中数据可求得 $C_{Rf}=1.46\mathrm{kmol/m^3}$，因此，目的产物 R 的收率为 $Y_R=1.46/2.0=0.73$，即 73.0%；生成 R 的选择性为 $S_R=Y_R/x_A=0.853\%$，即 85.3%。

间歇釜与半间歇釜计算结果比较见表 3-6。

表 3-6　间歇釜与半间歇釜计算结果比较

	x_A/%	Y_R/%	S_R/%
间　歇	99.88	69.2	69.3
半间歇	85.57	73.0	85.3

本章小结

1. 理想间歇反应器属于理想化学反应器，对等容过程，其基本设计方程式为

$$t = C_{A0}\int_{x_{A0}}^{x_{A1}} \frac{\mathrm{d}x_A}{(-r_A)} = -\int_{C_{A0}}^{C_{A1}} \frac{\mathrm{d}C_A}{(-r_A)}$$

反应器有效体积
$$V=F_V t'=F_V(t+t_0)$$
其中，F_V 为单位生产时间所处理的物料量，t'为每批物料的操作时间，等于反应时间 t 和辅助时间 t_0 之和。

若间歇操作为非等温过程，则需要结合热量衡算式联立求解。

2. 典型化学反应的反应速率的浓度效应和温度效应，其特征可用图 3-12 表示。

3. 伴有平行副反应和伴有串联副反应的复杂反应，选择率的浓度效应和温度效应特征可用图 3-13 表示。

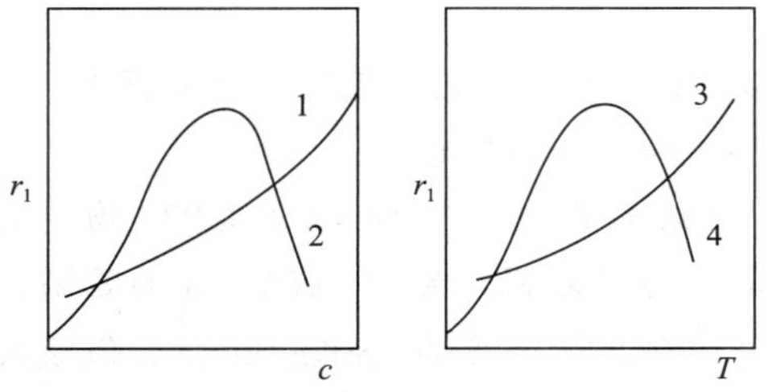

图 3-12　反应速率的浓度效应和温度效应

1—不可逆反应；2—自催化反应；

3—不可逆反应；4—可逆放热反应

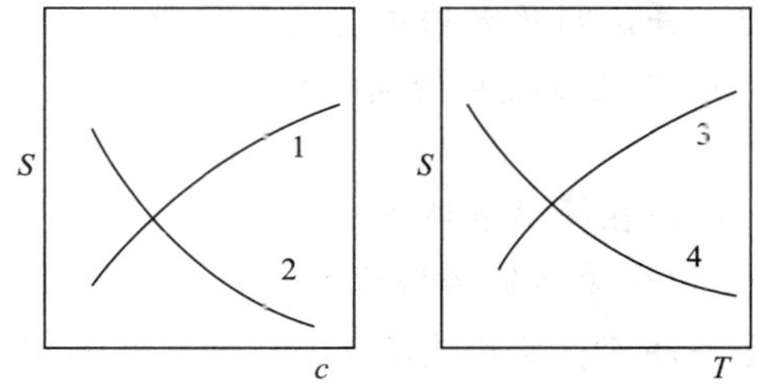

图 3-13　选择率的浓度效应和温度效应

1—平行副反应级数低或串联反应；

2—平行副反应级数高；

3—平行或串联副反应活化能低；

4—平行或串联副反应活化能高

4. 化学反应特征将随进料浓度和进料配比而变化。掌握典型化学反应的基本特征，有助于就下列各项作出优化的决策：

温度方面：最佳温度水平和温度序列的确定。

浓度方面：进料浓度水平，进料配比，加料方式，最优转化率(或最优反应时间)等。

思 考 题

1. 间歇釜式反应器由哪几部分组成？具有哪些特点？主要用于何种反应？

2. 以产品的最大生产速率为目标如何确定间歇釜式反应器的最佳反应时间？若以最低生产费用为目标，情况如何？

3. 在间歇釜式反应器中进行连串反应，若以中间产品的收率最大为目标，以一级反应为例说明最佳反应时间的确定。

4. 如何确定间歇釜式反应器内物料的反应温度与反应时间的关系？

5. 写出间歇釜式反应器的绝热方程，并说明各项的含义。

6. 半间歇釜式反应器的工艺计算与间歇釜式反应器有何异同点？对于平行反应 A→P，A→Q，$r_P=2C_A$，$r_Q=0.5C_A^2$，定性分析哪一种操作有利于 P 的生成？

7. 间歇操作为什么要考虑最佳反应时间？

习 题

1. 已知对氨基苯酚乙酰化生产扑热息痛为间歇操作，周期为 12h，每釜每批投入 98%的对氨基苯酚(相对分子质量 109.1)625kg，扑热息痛(相对分子质量 151.2)的收率为 90%，如果年产 1000t，年工作 330 天，全天运行，问 2.5m^3 的反应釜需要几台？后备系数是多少？

2. 某一级反应 86℃时的反应速率常数为 288/h。如果物料处理量为 3m^3/h，装料系数取 0.8，终点转化率为 99.8%，加料、升温和出料等辅助时间合计 1.3h，求以一台 5m^3 的反应釜生产时后备系数是多少？

3. 在间歇反应器中进行反应 A→R，其速率方程为 $r_A=C_A^{0.5}$mol/（L·h），求 C_{A0} 为 1mol/L 时，反应 1h 后的转化率。

4. 液相间歇反应 A+B→R 为二级反应，$r_A=kC_AC_B$，$k=0.99m^3/(kmol·h)$。已知 A、B 的初浓度分别为 4.55kmol/m^3 及 5.34kmol/m^3，求终点转化率分别为 90.0%和 98.0%的反应时间，并说明两者相去甚远的原因。

5. 在良好搅拌的间歇操作釜式反应器中，用乙酸和丁醇生产乙酸乙酯，反应式为

$$CH_3COOH+C_4H_9OH \rightleftharpoons CH_3COOC_4H_9+H_2O$$

反应在等温条件下进行，温度为 100℃，进料配比为乙酸：丁醇＝1：4.97(物质的量比)，以少量硫酸为催化剂。当使用过量丁醇时，其动力学方程式为 $r_A=kC_A^2$，A 为乙酸。在上述条件下，反应速率常数 k 为 1.04m^3/(kmol·h)，反应物密度为 750kg/m^3，并假设反应前后不变。每天生产 400kg 乙酸丁酯(不考虑分离过程损失)，如要求乙酸转化率为 50%，每批非生产时间为 0.5h，试计算反应器的有效体积。

6. 对于一级恒容反应 A→R，如何获得使单位操作时间内产物收获量为最大的最优反应时间的解析解？

7. 乙醇和乙酸酯化反应：

$$C_2H_5OH+CH_3COOH \underset{k_2}{\overset{k_1}{\rightleftharpoons}} CH_3COOC_2H_5+H_2O$$

在一间歇反应器中进行，反应温度为 100℃，以少量 HCl 作催化剂。反应器单位体积投料量：乙酸 300kg/m^3，乙醇 550kg/m^3。已知正、逆反应均为二级反应，并且 $k_1=8.0\times10^{-6}m^3$/

(kmol · s), $k_2=2.7\times10^{-6}m^3/(kmol\cdot s)$，反应混合物的密度为 $1145kg/m^3$，且在反应过程中保持不变。试回答下列问题：

(1) 当反应时间为多少时乙酸的转化率达 40%?

(2) 每批物料当乙酸的转化率达到 40%时，即停止反应。排料以及再投料等工序需要 45min。如果每天生产 10t 乙酸乙酯，反应器的体积应为多少?

8. 已知在间歇反应器中进行反应 A→R 时，反应 1h 内可转化 50%，若反应的速率方程为：(1)$r_A=kC_A$；(2)$r_A=kC_A^2$ 时，转化率达到 75%，分别需要多少时间?

9. 已知氯乙醇皂化反应：$ClCH_2CH_2OH+NaHCO_3\rightarrow HOCH_2CH_2OH+NaCl+CO_2$。在 80℃下，反应速率常数 $k=5.2$(L/mol · h)，现拟用浓度为 15%的 $NaHCO_3$ 水溶液和 30%的氯乙醇水溶液为原料，建立日产 480kg 乙二醇的小型生产车间，采用等分子比进料，其进料混合物的密度为 1.02kg/L，并要求氯乙醇的转化率不低于 95%，如选用间歇反应器，每批次非反应的辅助操作时间为 30min，所需要的反应器有效容积为多少?（设反应可视为等温、等容过程）

10. 在 100℃等温下，在间歇反应器中进行乙醇与乙酸的酯化反应，以生产乙酸乙酯。即：$C_2H_5OH+CH_3COOH\rightarrow CH_3COOC_2H_5+H_2O$，反应为可逆反应，用 HCl 作催化剂时，酯化反应速率为：$r_A=4.76\times10^{-4}C_AC_B-1.63\times10^{-4}C_CC_D$ mol/(L · min)，式中 C 为浓度，下标 A、B、C、D 分别代表乙酸、乙醇、乙酸已酯和水。起始反应物料中，乙酸和乙醇的浓度分别为 7.5mol/L 及 10mol/L，其中不含乙酸乙酯和水，当乙酸的转化率达到平衡转化率的 98%时，即停止操作，卸出物料。设反应物料的密度恒定，现拟每天生产乙酸乙酯 10t，每批操作的辅助时间为 1h，计算所需的反应器体积。

11. 水相二级反应按下式进行 A→R，$r_A=C_A^2$ mol/(L · h)，$C_{A0}=1$mol/L，若在间歇反应器中进行此反应，辅助生产时间为 1h，为获得最大 R 量时的生产速率应如何操作?

12. 在 2atm、含有 20%惰性气体的等温间歇反应器中，进行一级均相气相分解反应：A→2.5R。20min 后体积增加 60%(恒压、变容)。若在等容间歇反应器中进行此反应，初始压力是 5atm(绝)，其中惰性气体压力为 2atm(绝)，求总压达到 8atm(绝)，需要多少时间?

13. 在间歇反应器中进行反应：A→R，$r_A=C_A^2$kmol/(m³ · h)，两批反应中间隔 1h 用于卸料、清洗与加料操作，已知反应物 A 为 1000 元/批，产物 R 为 2000 元/批，$x_A=1$，$C_{A0}=1kmol/m^3$，问在下述四种情况下应如何确定反应时间?(1) 使单位时间产物的产量最大；(2)使利润最大(不考虑未反应物回收)；(3) 使利润最大(未反应物 A 可以无条件回收)；(4)使利润最大(未反应物 A 以 500 元/批成本回收)。

14. 乙酸和乙醇的反应为二级反应，在间歇反应器中进行。反应 5min 转化率达 0.5，问转化率为 0.75 需要再反应多少时间?

15. 证明一级反应在等温条件下转化率达 99.9%所需反应时间为转化率达 50%所需时间的 10 倍。

16. 在等温间歇釜式反应器中进行下列液相反应：

$$A+B\rightarrow P\quad r_P=2C_A\,kmol/(m^3\cdot h)$$

$$2A\rightarrow R\quad r_R=0.5C_A^2\,kmol/(m^3\cdot h)$$

A、B 的初始浓度均为 $2.5kmol/m^3$，P 为目的产物，试计算反应 2h 后 A 的转化率和产物 P 的收率。

第4章 釜式反应器的搅拌与传热

精细化工过程的各种化学变化，是以参加反应物质的充分混合以及维持适宜的反应温度等工艺条件为前提的。就釜式反应器而言，达到充分混合的根本条件是对反应混合物进行充分的搅拌；满足适宜的反应温度的根本途径是良好的传热。所以，搅拌装置、传热构件就成为釜式反应器不可缺少的组成部分。

搅拌的方法很多，使用最早且仍在广泛使用的方法是机械搅拌(或称叶轮搅拌)。在某种特殊场合下，有时也采用气流搅拌、射流搅拌和管道混合等。

本章内容：搅拌器的型式及应用、搅拌器功率的计算、搅拌系统的传热计算。

4.1 搅拌器型式及其液体流型

4.1.1 搅拌器的一般型式

由于搅拌过程种类繁多，介质千差万别，搅拌的目的不尽相同，为适应各种不同过程的要求，在典型搅拌器的基础上出现了许多改型，致使搅拌器型式多种多样。有些改型的适应性不一定很广，但对某种搅拌过程可能有针对性，搅拌效果较好。搅拌器主要有桨式、推进式、涡轮式、布鲁马金式、齿片式、框式、锚式、螺带式、螺杆式等。其结构见图4-1。

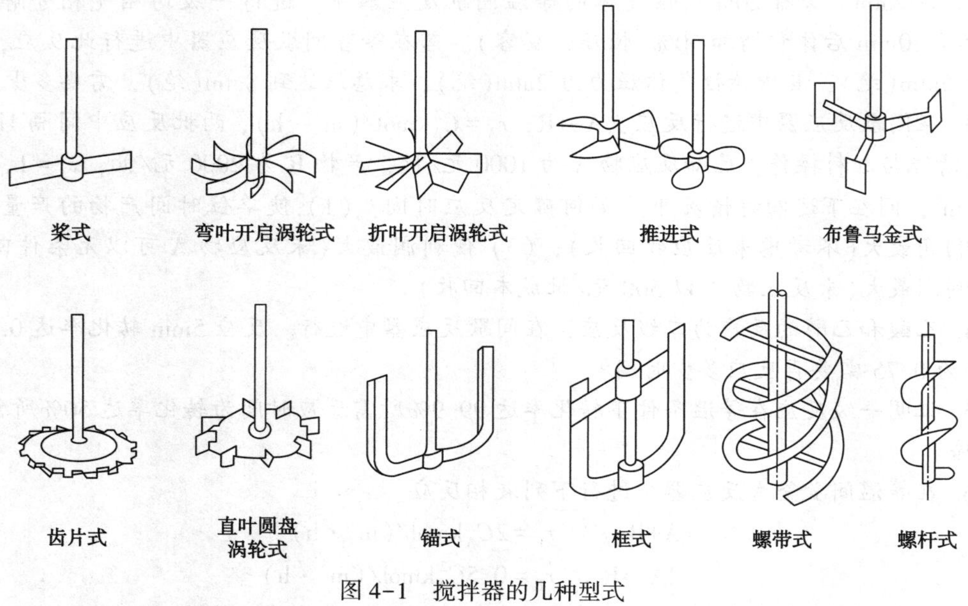

图4-1 搅拌器的几种型式

还有一类组合式的搅拌器。有的将快速型叶轮和慢速型叶轮适当地组合在一起，可适用于黏度有变化的搅拌过程。有的将剪切型叶轮和排出型叶轮组合在一起，以利用两者的长处，如将具有强剪切功能、高速旋转的齿片式叶轮和慢速旋转的、属于切线流型的锚式叶轮以及中速旋转的、属于轴向流型的螺杆式叶轮三者组合在一起。

常见搅拌器的特性及应用如下：

（1）浆式搅拌器

浆式搅拌器结构简图见图 4-2。

浆式搅拌器结构简单，一般由两块平浆叶组成，即浆叶个数 $z=2$，常用尺寸为搅拌器直径与搅拌釜内径之比 $d_j:D=0.35\sim0.80$，浆叶宽度与浆叶直径之比 $b:d_j=0.10\sim0.25$，折叶转角 $\theta=45°$、60°；转速一般为 10～100r/min；叶端线速度 $u=1\sim5$m/s。可以在较宽的黏度范围内使用，通常可用于黏度小于 2 Pa·s 的液体搅拌；平直叶浆式搅拌器低速运转时，以水平切线流为主；高速运转时以水平径向流为主；有挡板时为上下循环流。对于折叶浆式搅拌器有轴向分流、径向分流及环向分流，宏观混合效果较好。浆式搅拌器多在层流及过渡流操作。特殊情况下，当 $d_j:D=0.9$ 以上，并设置多层桨叶时，可用于高黏度液体的低速搅拌。在层流区操作，其适用介质黏度可达 100Pa·s，叶端线速度 $v=1\sim3.0$m/s。

（2）开启涡轮式搅拌器

开启涡轮式搅拌器结构简图见图4-3。

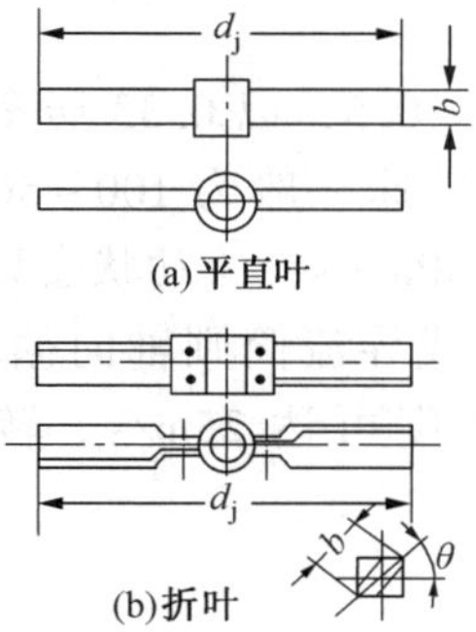

图 4-2　浆式搅拌器结构简图

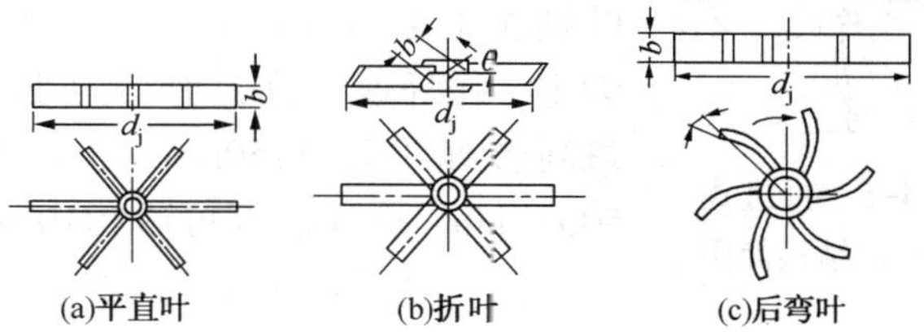

图 4-3　开启涡轮式搅拌器结构简图

开启涡轮式搅拌器常用尺寸为：$d_j/D=0.20\sim0.50$，以 0.33 居多；浆叶个数 $z=3\sim16$，以 3、4、6、8 居多；$b:d_j=0.15\sim0.30$，以 0.2 居多；斜叶 $\theta=30°$、45°、60°，后弯角 $\alpha=$ 30°、50°、60°、80°；转速一般为 10～300r/min；叶端线速度 $u=4\sim10$ m/s，斜叶式 $u=2\sim6$m/s；介质黏度 $<5\times10^4$mPa·s，(b)、(c)适应的介质黏度 $<10^4$mPa·s。流动状态：(a)、(c)以径向流为主，有挡板时以桨叶为界形成上下两个循环流为主；(b)还有轴向分流，近似轴流型。最高转速可达 600r/min，斜叶角度 60°的用于 3 叶开启涡轮搅拌效果与 3 叶推进式类似。高黏度时 α 宜取大值，以降低功耗。

（3）圆盘涡轮式搅拌器

圆盘涡轮式搅拌器结构简图见图4-4。

圆盘涡轮式搅拌器常用尺寸为：$d_j/l/b=20:5:4$，桨叶个数 $z=4$、6、8，$d_j/D=0.2\sim$ 0.5，以 0.33 居多；$\theta=45°$、60°，后弯角 $\alpha=45°$；转速一般为 10～300r/min，叶端线速度 $u=4\sim10$m/s，斜叶式 $u=2\sim6$ m/s；介质黏度 $<5\times10^4$ mPa·s；(b)、(c)适应的介质黏度 $<10^4$mPa·s。流动状态：(a)、(c)为径向流为主，有挡板时以桨叶为界形成上下两个循环

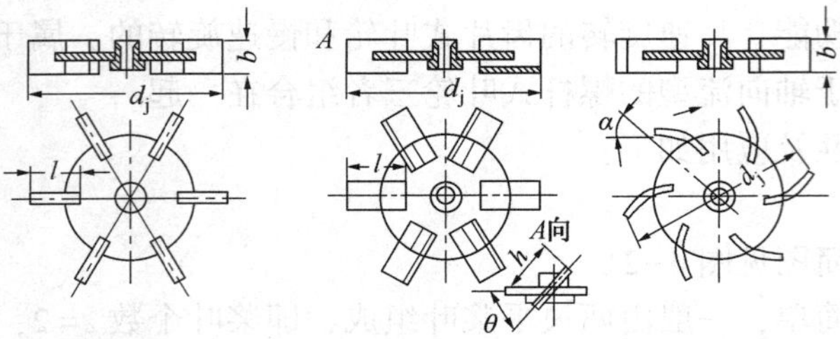

图 4-4　圆盘涡轮式搅拌器结构简图

流；(b)有轴向分流，最高转速可达600r/min，圆盘上下流体混合不及开启涡轮。

涡轮式搅拌器的循环速率高，剪切作用也大。既产生很强径向流，又产生强的轴向流。圆盘涡轮式搅拌器与开启涡轮式搅拌器相比，由于圆盘的存在使得圆盘涡轮式搅拌器的循环速率低于开启涡轮式搅拌器。折叶涡轮式搅拌器与平直涡轮搅拌器比较，由于折叶涡轮式搅拌器轴向流强而剪切作用相对较小。弯叶涡轮与平直涡轮式搅拌器比较，主要在于弯叶涡轮式搅拌器叶轮不易磨损，且功率消耗低。

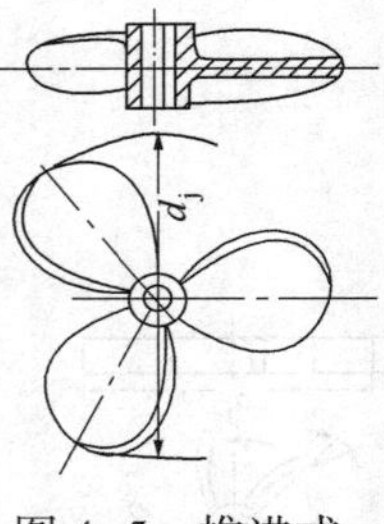

图 4-5　推进式搅拌器结构简图

(4) 推进式搅拌器

推进式搅拌器结构简图见图 4-5。

推进式搅拌器常用尺寸为：$d_j/D=0.2\sim0.5$，以 0.33 居多；$s/d=1$、2；桨叶个数 $z=2$、3、4，以 3 居多；转速一般为 100~500r/min，叶端线速度 $u=3\sim15$m/s；介质黏度<2000mPa·s；流动状态以轴流型为主，循环速率高，剪切力小，采用挡板或导流筒则轴向循环更强。最高转速可达 1750r/min，最高叶端线速度可达 25m/s。转速低于 500r/min，介质黏度可达5×10^4mPa·s。

(5) 锚式和框式搅拌器

锚式和框式搅拌器结构简图见图 4-6。

锚式和框式搅拌器常用尺寸为：$d_j/D=0.9\sim0.98$；$b/D=0.1$；$h/D=0.48\sim1.0$；转速一般为 1~100r/min，叶端线速度 $u=1\sim5$m/s；介质黏度<10^5mPa·s；流动状态以水平切线流为主，层流态操作。可加立叶及横梁。

(6) 螺带式搅拌器

螺带式搅拌器结构简图见图 4-7。

螺带式搅拌器常用尺寸为：$d_j/D=0.9\sim0.98$；$s/d_j=0.5$、1、1.5；$b/D=0.1$；$h/d_j=1.0\sim3.0$；转速一般为 0.5~50r/min，叶端线速度 $u<2$m/s；介质黏度<10^5mPa·s；流动状态以轴流型为主，一般是流体沿反应器壁上升再沿桨轴而下，层流态操作。

(7) 螺杆式搅拌器

螺杆式搅拌器结构简图见图 4-8。

螺杆式搅拌器常用尺寸为：$d_j/D=0.4\sim0.5$；$s/d_j=1$、1.5；$b/D=0.1$；$h/d_j=1.0\sim3.0$；转速一般为 0.5~50r/min，叶端线速度 $u<2$m/s；介质黏度<10^5mPa·s；流动状态以轴流型为主，有导流筒时，一般导流筒内流体向下，导流筒外流体向上流动，层流态操作。

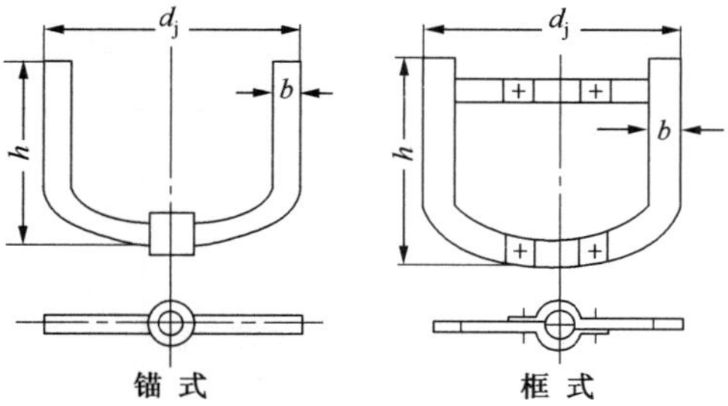

图 4-6　锚式和框式
搅拌器结构简图

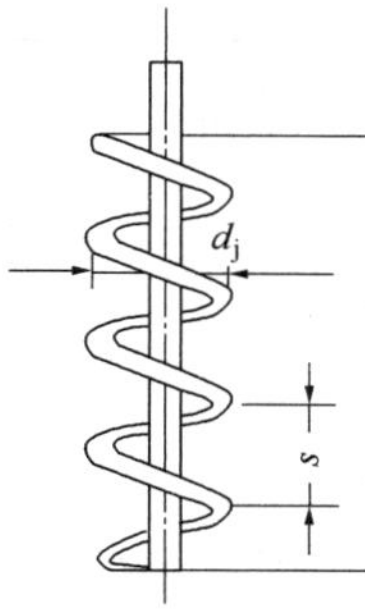

图 4-7　螺带式
搅拌器结构简图

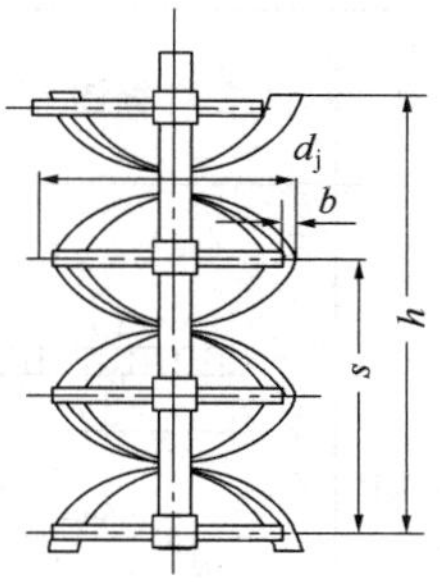

图 4-8　螺杆式
搅拌器结构简图

（8）其他类型搅拌器

其他类型搅拌器的特性及应用见表 4-1。

表 4-1　其他类型搅拌器型式与重要参数

桨型	简图	常用尺寸	常用运转条件	常用介质黏度范围	流动状态	备注
MIG 式	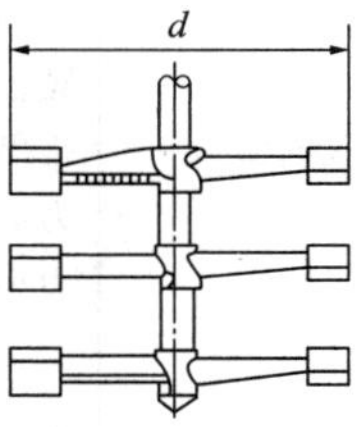	$d/D=0.5\sim0.98$	$v=1\sim12$m/s	小于 10000mPa·s	低转速时为水平环向流和轴向流；高转速时为径向流和轴向流。叶轮前端有较强的涡流。可在层流区和湍流区操作	属于折叶桨的改型，叶轮前端增加一个与主桨倾斜 90°的小桨。多用多层式
INTER-MIG 式	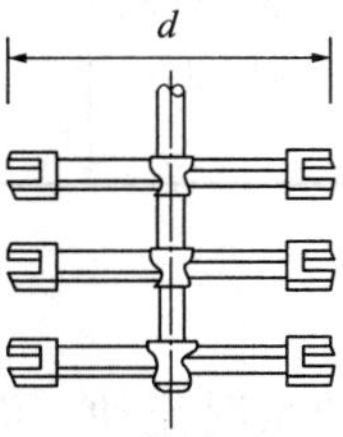	$d/D=0.5\sim0.98$	$v=1\sim12$m/s	小于 10000mPa·s	低转速时为水平环向流和轴向流；高转速时为径向流和轴向流。叶轮前端有较强的涡流。可在层流区和湍流区操作。叶轮前端的涡流更强，混合效果更好	属于 MIG 型的改型，叶轮前端改成双折叶小桨。多用多层式

续表

桨型	简图	常用尺寸	常用运转条件	常用介质黏度范围	流动状态	备注
锯齿圈盘式	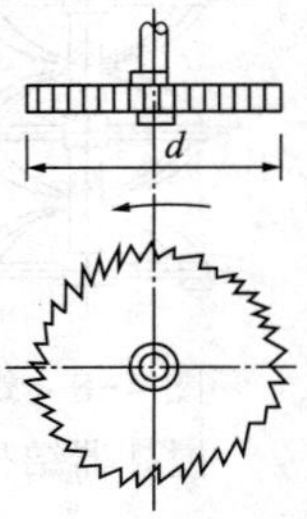	$d/D=0.2\sim0.5$	$v=5\sim20$m/s	小于2000mPa·s	径向流。湍流状态操作	
三角形往复回转式	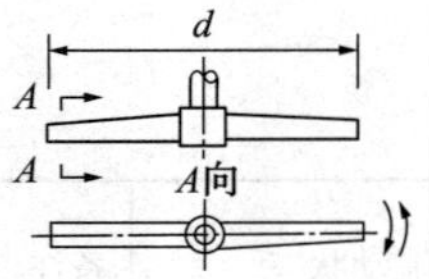				轴向流	往复回转，回转角度为90°
布鲁马金式	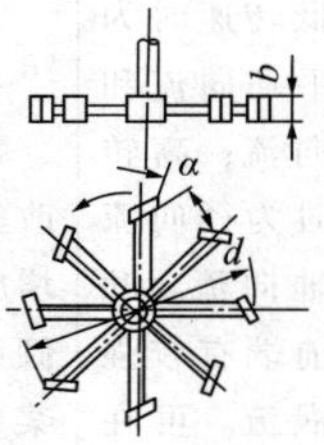	$d/D=0.2\sim0.5$ $b/d=0.1$ $\alpha=70°$ $n_P=6$、8	$N=10\sim300$r/min	小于50000mPa·s	径向流	叶轮前端加宽，有后掠角。排出性能好，动力消耗少，剪切力小
三叶后掠式	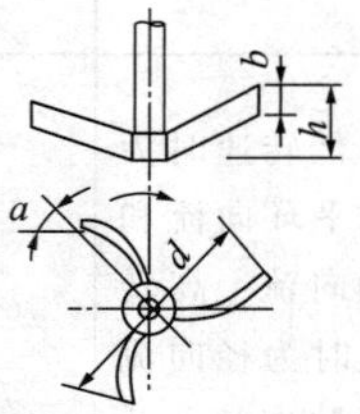	$d/D=0.5$ $b/h=2/5$ $b/d=0.05$ $a=30°$、50° 上翘角为15°~20° $n_P=3$	$N=80\sim150$r/min $v\leqslant10$m/s	小于10000mPa·s	径向流，配合指形挡板可得上下循环流。循环量大，在挡板配合下，剪切作用也好	最高叶端线速可达15m/s

注：内容参考全国化工设备技术中心站搅拌工程技术委员会编《搅拌设备》，P26-27。

4.1.2 搅拌流体的流型

概括地讲，搅拌器的作用是赋予流体以机械能，并使之以适宜的状况流动。而流体的流动状态也因搅拌器的型式、搅拌附件的有无及其种类而异。搅拌器的流型与搅拌效果、搅拌功率密切相关。搅拌器的改进和新型搅拌器的开发，往往从流型着手。搅拌釜内的流体流型主要取决于搅拌方式、搅拌器、容器现状、挡板等几何特征，以及流体性质、转速等因素。一般而言，搅拌流体的流型(见图4-9)可归纳为以下几类：

(1) 轴向流

流体沿搅拌轴的方向流动，流体由桨叶推动，使流体上下流动，碰到器底再翻上，形成上下循环流。轴向流的产生是由于流体对旋转叶片产生的升力的反作用力引起的。分为轴向流和分区轴向流。

(2) 径向流

流体的流动方向垂直于搅拌轴，沿反应器的半径方向流动，碰到容器壁面分成两股分别向上、向下流动，再回到叶端，不穿过叶片形成上、下两个循环流动。搅拌器的圆盘是产生径向流的主要原因。

(3) 切线流(环向流)

无挡板的容器内，流体绕轴作旋转运动，流速高时，液体表面会形成漩涡。此时流体从桨叶周围周向卷吸至桨叶区的流量很小，混合效果很差。

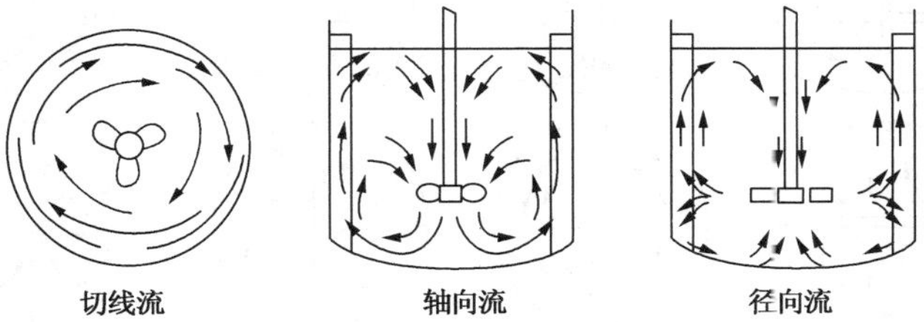

图 4-9 搅拌流体的流动模型

搅拌流体的流型对传质传热有着显著的影响，也是搅拌器的重要特性之一，搅拌器型式不同，其对应的流体流型也显著不同。一般而言，轴向流剪切作用小而循环速率高，径向流剪切作用大而循环速率低，二者对混合起主要作用。切线流的优点是可以提高夹套的传热速率，但对其他过程往往产生不利影响，使搅拌效率降低。尤其是当搅拌器置于容器中心搅拌黏度不高的液体时，只要叶轮旋转速度足够高，液体便会在离心力的作用下形成漩涡。叶轮转速愈大，漩涡愈深，不发生轴向的混合作用，且当物料是多相系统时，还会发生分层或分离，甚至产生从表面吸进气体的现象，使被搅拌物料的表观密度和搅拌效率降低，加剧了搅拌器的振动，因此必须制止这种现象的产生。切线流、液面下陷见图 4-10。

加挡板可抑制切线流，使切线流动变为轴向和径向流动，同时增大液体湍动程度，减小液面下陷深度，消除打漩，改善搅拌效果。加挡板的流动状况见图 4-11。

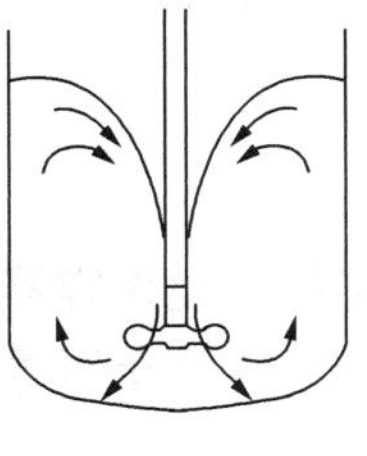

图 4-10 打漩现象

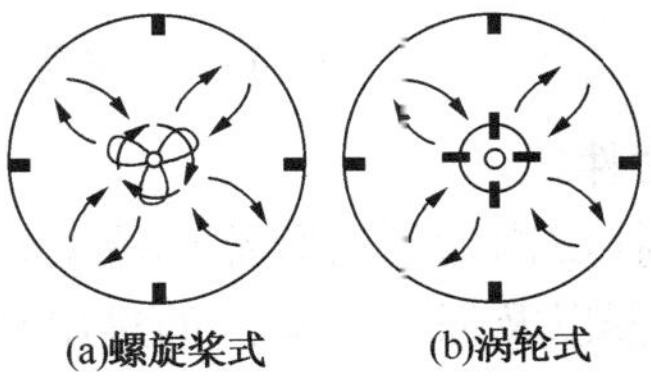

图 4-11 加挡板的流动状况

改变搅拌器的安装方式，如将搅拌器偏心安装，可以改变被搅拌流体的流动状况，从而在一定程度上达到消除切线流，抑制液面下陷，减小流动死角，强化传质、传热的目的。见图 4-12。

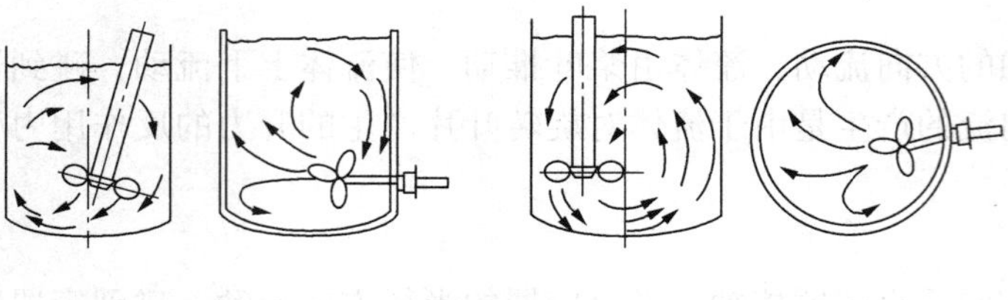

图 4-12 搅拌器偏心安装破坏循环回路的对称性

不同类型搅拌器的流体流型见图 4-13。

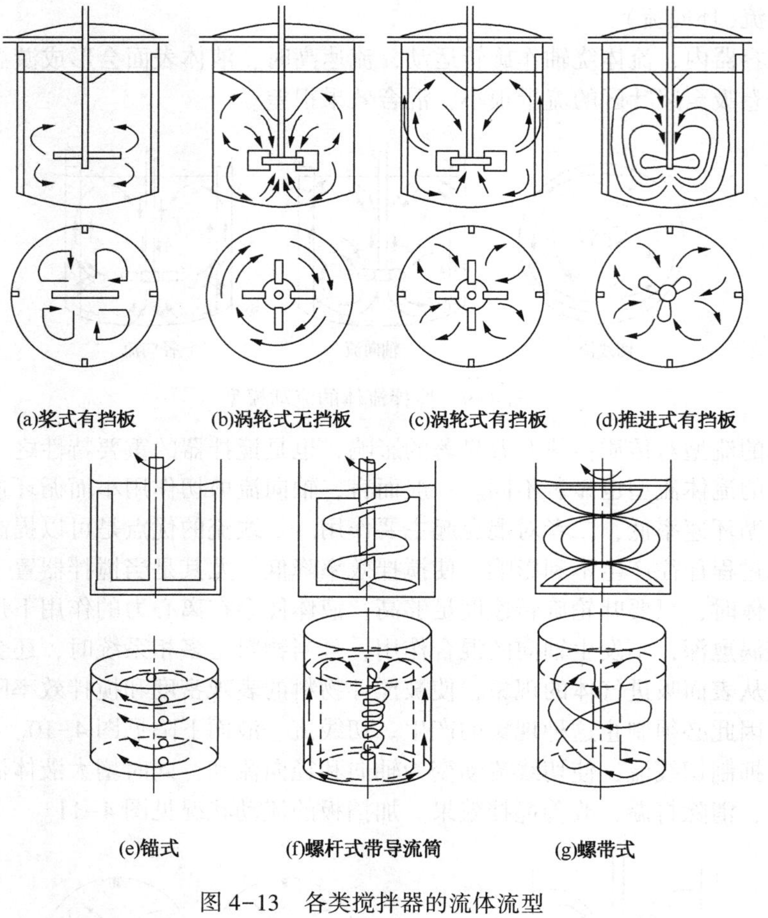

图 4-13 各类搅拌器的流体流型

4.1.3 搅拌附件

搅拌附件指搅拌釜内为了改善流体流动状况而增设的零件，搅拌容器的附件很多，有挡板、导流筒、稳定器以及插入容器内的进出料管、温度计、气体分布器等。在此主要介绍挡板和导流筒。

（1）挡板

一般是长条形竖向固定在搅拌釜内壁上的板。安装在容器内壁上挡板可把回转的切向流改变为径向和轴向流，加剧流体的湍动程度，提高搅拌器的剪切性能，从而改善搅拌效果。因而设置挡板主要是为了消除漩涡，改善主体循环；增大湍动程度，改善搅拌效果；同时还能搅拌载荷的波动，使搅拌功率消耗保持稳定。

挡板的结构和数量对混合效果的影响很大。过多的挡板将减少容器内流体的流动，把混合限制在局部区域，导致不良的混合性能。通常板宽 $W=(1/20\sim1/10)D$，视黏度高低而减增；数目依釜径尺寸而异，小直径釜一般 2~4 个，大者一般 4~8 个。通常以 4~6 个居多，要求达到全挡板条件(挡板数目足够，再增加数目，搅拌效率也不再增加，此时称为全挡板条件)。

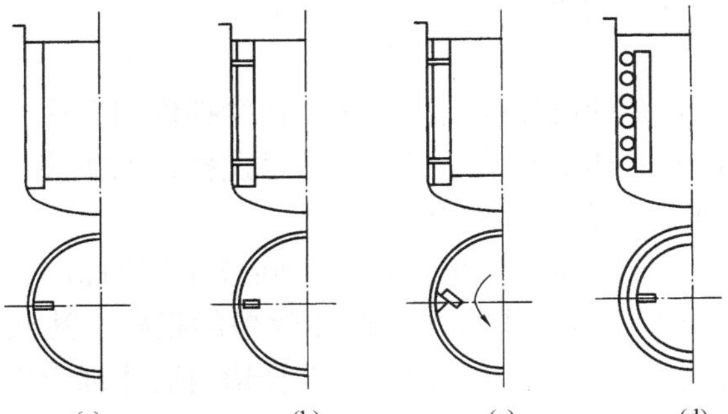

图 4-14　挡板的安装方式

(a) 挡板与筒体无间隙；(b) 挡板与筒体有间隙；(c) 挡板与筒体倾斜固定；(d) 盘管内设置挡板

当搅拌高黏度流体(7000 ~ 10000 mPa · s)或固液多相操作时，挡板一般要离壁安装，离壁距离通常为板宽的 1/5~1 倍。对于中等黏度液体挡板离开釜壁，挡板与器壁间距为0.1~0.15 板宽，用以防止固体在挡板后聚合形成停滞区；对高黏度液体挡板离开釜壁成一定角度。釜内有传热蛇管时，挡板一般安装在蛇管内侧。挡板上缘一般与液面平齐，下缘可到釜底。如需沉降固体物料，其下缘可在桨叶之上，使底部出现切线流，以利固体沉降。挡板安装方式见图 4-14。除挡板外，通常一些传热构件也可起到挡板作用，图 4-15 为一些传热挡板示意图。

(2) 导流筒

在搅拌容器内，流体可沿各个方向流向搅拌器，流体的行程长短不一，在需要控制回流的速度和方向、用于确定某一流况时可使用导流筒。导流筒为上下开口的圆筒，紧包着桨叶安装在容器内，可使桨叶排出的流体在导流筒内外形成上下循环流，从而更严格地控制流体流型，既可提高容器内流体的搅拌程度，加强搅拌器对流体的直接剪切作用，又造成一定的循环流，使容器内流体均可通过导流筒内强烈混合区。安装导流筒后，限定了循环路径，减少了流体短路机会，并可得到高速涡流和高倍循环量，达到强化传质传热的目的。导流筒主要用于推进式及螺杆式搅拌器的导流，涡轮式搅拌器有时也用。图 4-16 为推进式搅拌器的导流筒示意图。

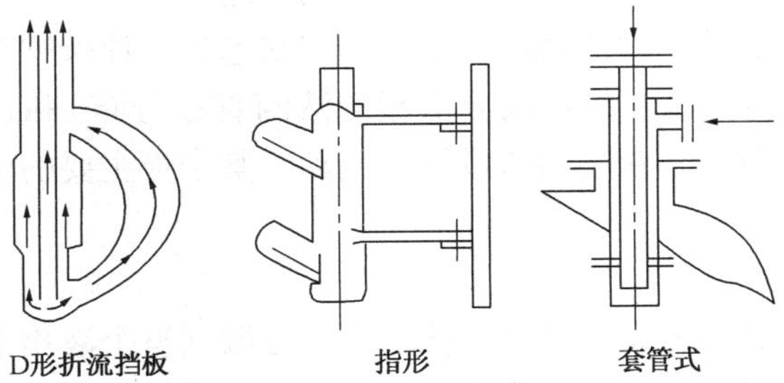

图 4-15　传热挡板示意图

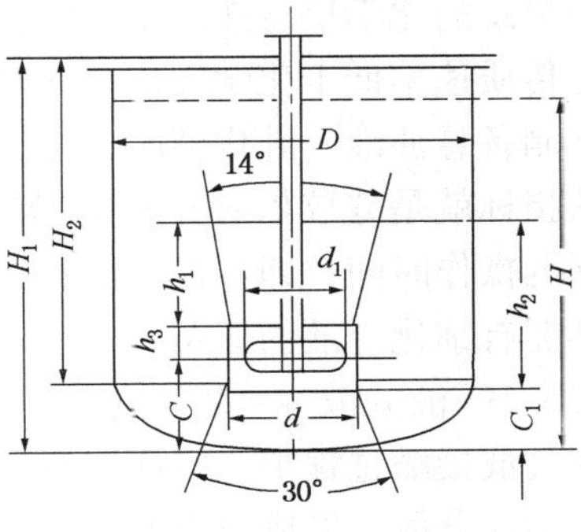

图 4-16　推进式搅拌器的导流筒示意图

此外，某些情况下，这些附件的功能可由其他非附件工艺接管实现，如传热蛇管可起导流筒的作用；传热挡板、小容积反应器的压料管和热电偶可起挡板作用等。

4.2 搅拌过程的种类及搅拌器的选型

4.2.1 搅拌过程的种类

精细化工生产中用到的搅拌操作，按搅拌目的大致可以分为以下几类：

(1) 均相液体混合——均一化

均相液体即是互溶液体，均相液体的混合是两种或数种互溶液体，在搅拌作用下达到浓度或密度或温度以及其他物性的均匀状态的过程。如配制硝化混酸，通过搅拌，把能够互溶的硝酸、硫酸和水充分混合，使之尽可能达到分子规模均匀程度。

混合过程都应规定搅拌液体达到均匀状态(有无混合死角、停留时间分布)的标准，因此，通常以在搅拌作用下达到这个标准的混合时间(θ_m)作为评价搅拌效果的指标。达到同样标准所用的混合时间越短，搅拌器的相对混合性能就越好。混合要求全罐内液体都产生对流循环，为了快速混合，缩短混合时间，要求在搅拌作用下的液体对流循环速度快。循环时间要短，这就要求搅拌器产生的液体循环流量要大。不过这只是一方面，因为，实践与研究都证明，仅是液体循环量大未必就能说液体一定混合得好。因为在液体循环时，内部的混合还取决于液体湍流扩散的程度，所以要达到液体的混合，还要求搅拌器造成的液体湍流强度或剪切速率要大。在功率一定的条件下，要求一个搅拌器既具有很高的循环流量，又要有很高的湍流强度，这是比较困难的(见搅拌的混合机理)。只有分析混合过程的特点，看搅拌器最需要哪种能力，必要时只要照顾主要的方面。对于互溶液体的混合，由于没有互相间的分界面，对剪切速率要求不高，可以靠全罐内的液体对流循环来达到混合，这样，对流循环量的要求就是主要的。

(2) 液-液分散——均一化

把互不相溶的两种液体混合起来，使其中的一相液体以微小液滴状态均匀分散到另一相液体中去，如甲苯制备悬浊液、乳浊液被分散的一相液体叫分散相，另一相液体叫连续相。被分散的液滴尺寸越小，两相接触面积越大。如混酸硝化工艺中，通过搅拌，把被硝化物(如苯、甲苯等)以油珠态分散到混酸中，从而增大两相接触面积，也就是增大相际传质面积。如果总的化学反应速度受传质控制的话，则搅拌有利于提高硝化反应速度。对于化学反应只有传质速率低于化学反应速率时才有利用搅拌来强化反应过程的问题。

在制备悬浊液、乳化液时，是通过分散达到罐内的两相液体均匀状态的。评价这个搅拌操作的指标就是分散相的分散度(如分散相的比表面积或分散相的液滴直径分布)和达到这个指标的操作时间，即：使分散相细化分散，并在罐内造成循环流动，其中最主要的就是要求搅拌器有细化分散的作用。

(3) 气-液分散——均一化

在气液接触过程中，搅拌器把大气泡打碎成微小气泡并使之均匀分散到整个液相中，在液相中均匀分散，形成稳定的分散质，以增大气液接触面积。另一方面，搅拌器还应造成液相的剧烈湍动，以降低液膜的传质阻力。气-液分散的典型例子是液体吸收气体操作及某些气-液化学反应过程，如烃类的液相氧化。

气体一般在搅拌器的下部通入罐内。当不进行搅拌时，气体自然成为一股股逐渐增大的气泡，自罐的底部上升到液面，由于气体不能充分分散，不能达到与液体的充分接触，也就不能进行有效的传质过程，形成气体跑空现象，称作气泛。当进行搅拌，并将搅拌转数提高到一定程度时，在叶轮附近由于剪切力使气体分散成气泡，并随着液体的循环流动，进而散布到全部容积内。气泡的大小和数量决定了气-液相的接触面积。液体的单位体积的气泡表面积大小及比表面积大小，以及达到这一指标的搅拌操作时间，可以作为气液相搅拌的评价指标。对于一定的搅拌罐，在某一给定的气体空罐速度下，搅拌器有一个最低的适用转速，若低于这个转速，则搅拌就不足以产生有效的气-液相分散。同时，在一定的搅拌转速下，气体流速有一个最适宜的范围。在这个范围内气-液分散相的分散效果最好、传质速率最高。气体速度过低，不能产生足够的接触面积；气体速度过高，由于搅拌功率不足，也不能达到充分的分散，以致气体会逐渐变成大泡而跑掉，这些都不是良好的操作状态。

(4) 固-液分散——均一化

所谓固-液分散，就是让固体颗粒悬浮于液体中。如硝基物的液相加氢还原反应，一般以骨架镍作固体催化剂，反应时需把固体催化剂均匀悬浮于液料中，才能使反应顺利进行。

(5) 结晶

从过饱和溶液中析出固体晶体的操作叫结晶。有些结晶过程需通过搅拌使晶体悬浮于液体中，以控制晶型、晶体大小及晶粒的成长。

(6) 固体溶解——传质

固体溶解时，固体颗粒需悬浮于液体中；另外，搅拌还可加强固-液间的传质，以促进固体溶解。

上述的固-液分散、结晶、固体溶解均涉及固体颗粒，它们的共同要求是，固体颗粒不能沉积在容器底部，而应在搅拌器的作用下悬浮起来均匀分散在液相中。

这就要考虑固体颗粒在液相中的沉降速度。如果固体颗粒很小，浓度也不高，而且其密度与液体的几乎相同，则固体颗粒也可近似看作就是液体的一部分，这时的搅拌操作基本上类似于均相液体的搅拌。如果固体颗粒的密度较大，即固-液相的密度差较大，则固体颗粒的沉降速度必然较大，这就必须进行更充分的搅拌，才能保持固体颗粒的悬浮状态。从理论上看，只要搅拌液流的上升速度等于或大于固体颗粒的沉降速度，就可使固体颗粒悬浮。

固体颗粒的沉降速度除受到固-液相密度差影响外，还受到固体颗粒的几何形状、固相在液体中的浓度以及液相黏度大小（当流动状态是层流时）等影响。固相悬浮操作多数处于湍流状态下，而固体颗粒在湍流区的沉降规律比在静止液中要复杂得多。许多实验都证明在固相悬浮过程中存在一个使固相悬浮的最低搅拌转速，称为固相悬浮的临界搅拌转速。这个临界搅拌转速与固-液相的密度差、液相密度、固相密度、液相黏度、粒径等物性有关，也与搅拌设备、搅拌器的几何形状有关。当然，固相悬浮有不同的悬浮程度。例如，最低程度是允许槽底仍有部分固相暂时停留，称为部分悬浮，最高级程度是使颗粒在罐中均匀悬浮。

在固体溶解时，不仅有固相悬浮问题，还有传质问题。实验研究结果表明，这种搅拌操作也有一个临界搅拌速度的关系，在搅拌转速低于这个临界值时，随着搅拌转速上升，溶解速率也迅速上升，当搅拌超过临界转速之后，溶解速率的提高就不显著了。一种看法认为，搅拌对传质的影响较弱，搅拌的主要作用是全部悬浮起固体颗粒，靠增大固-液相间的传质面积来增高传质速率，所以当固体颗粒全部悬浮之后，再增加搅拌转速，传质速率的增加也就不明显了。从固体溶解目的来看，并不要求固体颗粒在液相中达到均匀悬浮，只要将罐底部堆积的固体颗粒全部搅起即可，过大的搅拌强度只是消耗动力，对于过程并不十分有效。

(7) 强化传热

有些物理或化学过程对传热有很高的要求，或是需要消除釜内物料系统的温度差，或是需要提高釜内壁的给热系数。搅拌作用可以达到上述强化传热的要求。

虽然搅拌目的可以分为上述几类，但实际的搅拌操作有时需要同时达到好几种目的。如硝基物的液相加氢还原反应，要求搅拌器不仅达到固-液悬浮目的，即让固体催化剂悬浮于液相中，还要达到气液分散目的，让氢气呈细小气泡状分散于液相中；另外还要达到强化传热目的，以便能及时移走反应热。

4.2.2 搅拌的混合机理

搅拌器之所以能起到液-液分散、气-液分散、固-液分散等搅拌效果，主要在于搅拌器的混合作用。搅拌器运转时，叶轮把能量传给周围的液体，使这些液体以很高的速度运动起来。当这些高速运动的液体掠过静止或运动速度较低的液体时，产生强烈的剪切作用。在这种剪应力的作用下，静止或低速运动的液体也跟着以很高的速度运动起来，从而带动所有液体在设备范围内流动。这种设备范围内的循环流动称为“宏观流动”。由此造成的设备范围内的扩散混合作用称作“主体对流扩散”，简称“对流扩散”。在产生宏观流动的同时，处于高速液流和静止或低速液流界面的液体，由于受到强烈的剪切作用被卷起而形成漩涡。这些高速旋转的漩涡又对它周围的液体造成强烈的剪切作用，从而产生更多的漩涡。众多的漩涡一方面把更多的液体夹带到做宏观流动的主体液流中去，同时形成局部范围内液体快速而紊乱的对流运动，即局部的湍流流动。这种局部范围内的漩涡运动称为“微观流动”，由此造成的局部范围内的扩散混合作用称作“涡流对流扩散”，也称作“湍流扩散”。

搅拌设备里不仅存在涡流对流扩散和主体对流扩散，还存在分子扩散，其强弱程度依次减小。实际的混合作用是上述三种扩散作用的综合。但从混合的范围和混合的均匀程度来看，三种扩散作用对实际的混合过程的贡献是不同的。主体对流扩散只能把物料破碎分裂成微团在设备范围内均匀分布，而通过微团之间的涡流扩散，可以把微团的尺寸降低到涡流本身的大小。搅拌越剧烈，涡流运动就越强烈，湍流程度就越大，分散程度就越高，即漩涡的尺寸就越小。在通常的搅拌条件下，漩涡的最小尺寸为几十微米。然而，这种最小的漩涡也比分子大得多。因此，主体对流扩散和涡流对流扩散都不能达到分子水平上的完全均匀混合。分子水平上的完全均匀混合程度只有通过分子扩散才能达到。我们把在设备范围内呈微团均匀分布的混合过程称作“宏观混合”，把达到分子规模分布均匀的混合称作“微观混合”。可见，主体对流扩散和涡流对流扩散只能进行宏观混合，只有分子扩散才能进行微观混合。但是，漩涡运动不断更新微团的表面，大大增加分子扩散表面积，减少了分子扩散的距离，因此，提高了微观混合的速度。

不同的搅拌过程对宏观混合和微观混合的要求是不相同的。对于某些化学反应过程要求达到微观混合，否则就不可避免地发生反应物的局部浓集，其后果是对主反应不利，收率下降。对于液-液分散或固-液分散，不存在相间的分子扩散，只能达到宏观混合，并依靠漩涡的湍流运动减小微团的尺寸。而对于均相液体的混合，由于分子扩散速率很快，混合速率受宏观混合控制，应设法提高宏观混合速率。

4.2.3 循环流量

由前面的介绍可知，实际的混合过程是由宏观混合和微观混合共同造成的。搅拌器只能产生宏观混合。但是，它可以通过强烈的剪切作用所引起的漩涡运动来减小微团的尺寸，促进微观混合。所以，搅拌器应具有两方面的性能。

（1）能产生强大的液体循环流量

所谓液体循环流量是指单位时间内在设备范围内进行循环流动的液体体积，用 Q 表示。显然，液体循环流量 Q 是宏观混合的表征。Q 越大，宏观混合效果越好，所需的混合时间就越短。

（2）能产生强烈的剪切作用

剪切作用越强烈，漩涡运动及其所造成的湍流流动就越剧烈，分散的微团尺寸就越小。所以，要求得到高分散度的搅拌过程，如气-液分散、液-液分散、固体溶解就应该选用能产生强烈剪切作用的搅拌器。

值得指出的是，液体循环流量是叶轮的排液量与由它所吸引夹带的液体量之和。由于搅拌叶轮的作用和离心泵的叶轮相似，其差别仅在于搅拌叶轮没有泵壳及出、入口。按离心泵原理，叶轮的排液量与叶轮转速的一次方及叶轮直径的三次方成正比。所以，液体循环流量也与搅拌叶轮转速的一次方及搅拌叶轮直径的三次方成正比，即

$$Q \propto nd^3 \tag{4-1}$$

式中 Q——液体循环流量，m^3/s；

n——搅拌叶轮转速，1/s；

d——搅拌叶轮直径，m。

引进一个无因次准数-循环流量数 N_Q，式(4-1)变为

$$Q = N_Q nd^3 \tag{4-1a}$$

循环流量数 N_Q 与搅拌雷诺数 Re、叶轮型式、叶轮直径、叶片数目等许多因素有关。

当 $Re \gg 10^4$、有挡板时：推进式搅拌器：$N_Q = 0.68 \sim 6.975$

涡轮式搅拌器：$N_Q = 1.19 \sim 5.655$

4.2.4 叶轮的剪切性能

搅拌器运转时，叶轮把能量传给液体，叶轮传给单位重量液体的能量称作叶轮的压头，用 H 表示。压头 H 转化为液体的速度头，即

$$H = \frac{u_1^2}{2g}$$

式中 u_1——液体离开叶轮的速度，m/s；

g——重力加速度，m/s^2。

由于液体离开叶轮的速度正比于叶轮的叶端速度，即

$$u_1 \propto u$$

式中 u——搅拌叶轮的叶端速度，m/s。

而
$$u = \pi nd$$

所以

$$H = \frac{u_1^2}{2g} \propto u^2 \propto n^2 d^2 \tag{4-2}$$

即压头与叶轮速度的二次方及叶轮直径的二次方成正比。

根据能量守恒原理，压头 H 必定等于液体作循环流动时的阻力损失之和，而这种阻力损失就是剪切应力所引起的漩涡运动及湍流流动所造成的能量损失。所以，压头 H 是叶轮所产生的剪切作用大小程度的度量。

4.2.5 搅拌功率的分配

根据功率的概念，可得出搅拌功率 P_s 与液体循环流量 Q、压头 H 的关系：

$$P_s = \rho g Q H$$

式中 P_s——搅拌功率，W；

ρ——液体密度，kg/m^3；

H——压头，m。

上式可写成：

$$P_s \propto QH \tag{4-3}$$

把式(4-1)、式(4-2)结合到式(4-3)中，可得：

$$P_s \propto n^3 d^5 \tag{4-4}$$

由式(4-4)可见，搅拌功率与叶轮转速的三次方、叶轮直径的五次方成正比。

式(4-3)则表明，搅拌功率 P_s 分为两部分，一部分用于产生液体的循环流动，造成宏观混合；一部分用于产生液体的剪切流动，减少微团的尺寸。

不同的搅拌过程对宏观混合和剪切作用各有不同的要求。如果搅拌目的希望宏观混合好，则搅拌器应有较大的 Q 和较小的 H，即提高 $\frac{Q}{H}$ 的值，让更多的功率用于产生循环流量；如果搅拌目的是希望得到高分散度的微团，则搅拌器应有较小的 Q 和较大的 H，即降低 $\frac{Q}{H}$ 的值，让更多的功率用于产生剪切作用。

由式(4-1)、式(4-2)得

$$\frac{Q}{H} \propto \frac{d}{n} \tag{4-5}$$

当搅拌功率 P_s 一定时，$n^3 d^5$ = 常数，则

$$n \propto d^{\frac{5}{3}} \text{ 或 } d \propto n^{\frac{3}{5}} \tag{4-6}$$

将式(4-6)代入式(4-5)得

$$\frac{Q}{H} \propto d^{\frac{8}{3}} \text{或} \frac{Q}{H} \propto n^{\frac{8}{5}} \tag{4-7}$$

式(4-7)表明，在一定的搅拌功率条件下，采用大直径、低转速的搅拌器能产生大的循环流量和小的剪切力，有利于宏观混合；采用小直径、高转速的搅拌器能产生小的循环流量和大的剪切，有利于造成湍流流动。因此，按照这个原则进行搅拌器的选型和设计，有利于合理使用能量，提高搅拌效果。

4.2.6 搅拌器的选型

搅拌目的的多样性，物料性质的多样性，以及搅拌设备型式的多样性，再加上物料在搅拌设备内的复杂性，使搅拌设备的选型、设计难以在一个严密的理论指导下完成，仍在很大程度上依赖于经验。设计的优劣可使搅拌设备的效益相差很大，为此有必要在明确搅拌目的

和物料性质的基础上，对搅拌设备的各个要素，例如叶轮的形状、叶轮直径、叶轮的层数、叶轮的安装位置、转速、设备的形状、挡板的尺寸和个数等进行优化。

一般情况下，搅拌设备的设计顺序为搅拌条件的设定和确定、搅拌叶轮型式及内构件的选定、确定叶轮尺寸及转速、计算搅拌功率、搅拌装置机械设计。

要设定的参数包括搅拌罐内物料的性质、搅拌目的、操作温度和压力，是分批式操作还是连续式操作等。无疑，这是设计搅拌设备的基础，通常需由搅拌设备的用户提供。然而，对于有些项目，用户往往不能确切地提出，需要与设计者进行沟通后才能确定。特别是对于物料的性质和搅拌目的两项。例如，对于固-液悬浮、气-液分散等操作搅拌设备，设计者需要用户提出所需的搅拌强度等级，而这些等级又往往是设计者人为划分的，遇到这些情况，设计者与用户之间必须协调和沟通，最终双方对搅拌条件进行确定。

在搅拌条件确定后，搅拌叶轮型式的选定是非常重要的一步，然而这是最依赖于经验的一步，需仔细探讨。

各种搅拌过程对搅拌的要求有共性，而各种搅拌器的性能也有共性，这样往往是适于某一种搅拌操作的，可能有几种形式的搅拌器，而同一种搅拌器，也可用于几种搅拌过程。当然，严格地说还是各有所长的，诸如黏度高低、容积大小、转速范围等都会影响搅拌器的使用效果。

选择搅拌器型式主要考虑搅拌目的、工艺过程对搅拌的要求以及被搅拌流体的流体力学性质，同时也要考虑动力消耗问题。另外搅拌器的结构也是选型需要考虑的问题。所以，一个好的选型方案应经济合理、安全可靠，符合工艺要求。

选型方法最好具备两个条件，一是选型结果合理，二是选型方法简单。而这两点往往难以同时具备。

(1) 根据搅拌目的选型

弄清楚搅拌目的、工艺过程对搅拌的要求是选型的关键。

对于低黏度均相液体混合，要求达到微观混合程度，已知均相液体的分子扩散速率很快，控制因素是宏观混合速率，亦即循环流量。各种搅拌器的循环流量按从大到小顺序排列：推进式、涡轮式、桨式。因此，应优先选择推进式搅拌器。

对于非均相液-液分散过程，要求被分散的“微团”越小越好，以增大两相接触表面积；还要求液体涡流湍动剧烈，以降低两相传质阻力。因此，该类过程的控制因素为剪切作用，同时也要求有较大的循环流量。各种搅拌器的剪切作用按从大到小的顺序排列：涡轮式、推进式、桨式。所以，应优先选择涡轮式搅拌器。特别是平直叶涡轮搅拌器，其剪切作用比折叶和弯叶涡轮搅拌器都大，且循环流量也较大，更适合于液-液分散过程。

对于气-液分散过程，要求得到高分散度的“气泡”，从这一点来说，与液-液分散相似，控制因素为剪切作用，其次是循环流量。所以，可优先选择涡轮式搅拌器。但气体的密度远远小于液体，一般情况下，气体由液相的底部导入，如何使导入的气体均匀分散，不出现短路跑空现象，就显得非常重要。开启式涡轮搅拌器由于无中间圆盘，极易使气体分散不均，导入的气体容易从涡轮中心沿轴向跑空。而圆盘式涡轮搅拌器由于圆盘的阻碍作用，圆盘下面可以积存一些气体，使气体分散很均匀，也不会出现气体跑空现象。因此，平直叶圆盘涡轮搅拌器最适合气-液分散过程。

对于固体悬浮操作，必须让固体颗粒均匀悬浮于液体之中，主要控制因素是总体循环流量。但固体悬浮操作情况复杂，要具体分析。如固液密度差小，固体颗粒不易沉降的固体悬浮，应优先选择推进式搅拌器。当固液密度差大，固体颗粒沉降速度大时，应选用开启式涡轮搅拌器。因为推进式搅拌器会把固体颗粒推向釜底，不易浮起来，而开启式涡轮搅拌器可以把固体颗粒抬起来。在釜底呈锥形或半圆形时更应注意选用开启式涡轮搅拌器。当固体颗粒对叶轮的腐蚀性较大时，应选用开启弯叶涡轮搅拌器，因弯叶可减小叶轮的磨损，还可降低功率消耗。

对于固体溶解，除了要有较大的循环流量外，还要有较强的剪切作用，以促使固体溶解。因此，开启式涡轮搅拌器最适合。在实际生产中，对一些易溶的块状固体则常用桨式或框式等搅拌器。

对于结晶过程，往往需要控制晶体的形状和大小。对于微粒结晶，要求有较强的剪切作用和较大的循环流量，所以应选择涡轮式搅拌器。对于粒度较大的结晶，只要求有一定的循环流量和较低的剪切作用，因此可选择桨式搅拌器。

对于以传热为主的搅拌操作，控制因素为总体循环流量和换热面上的高速流动。因此，可选用涡轮式搅拌器。

上面介绍的综合考虑物料黏度、搅拌目的及搅拌器性能特征的选型方法，是在大量的实验、实践基础上总结出来的，可供一般搅拌过程选型用。对于那些搅拌操作要求严格或选不到合适的搅拌器的情况，则应通过小型搅拌器试验来确定，不能盲目选择。搅拌器选型参见表 4–2。

表 4–2 搅拌器选型表

<table>
<tr><th colspan="2" rowspan="2">用途</th><th rowspan="2">搅拌器型式</th><th rowspan="2">适用范围</th><th colspan="3">搅拌器设计的形状关系</th></tr>
<tr><th>壳体直径与搅拌器直径之比</th><th>壳体高径比</th><th>搅拌器数和装设位置</th></tr>
<tr><td rowspan="4">主要用途</td><td>混合</td><td>涡轮
螺旋桨
桨式</td><td>反应釜容积/m³
0~2000
0~4000
0~500</td><td>(3：1)~(6：1)</td><td>无限制</td><td>单个或多个</td></tr>
<tr><td>分散
(不溶混系统)</td><td>涡轮
螺旋桨
桨式</td><td>流量/(m³/min)
0~4
0~1.5
0~0.3</td><td>(3：1)~
(3.5：1)</td><td>1：1
在多级混合器中为 1：2</td><td>搅拌器靠近或低于液体进料口中心线</td></tr>
<tr><td>溶液反应
(混溶系统)</td><td>涡轮
螺旋桨
桨式</td><td>进料体积/m³
0~80
0~40
0~5</td><td>(2.5：1)~
(3.5：1)</td><td>(1：1)~(3：1)</td><td>单个或多个</td></tr>
<tr><td>溶解</td><td>涡轮
螺旋桨
桨式</td><td>进料体积/m³
0~40
0~10
0~40</td><td>(1.6：1)~
(3.2：1)</td><td>(1：2)~(2：1)</td><td>搅拌器靠近或低于液体进料口中心线</td></tr>
</table>

续表

用途		搅拌器型式	适用范围	搅拌器设计的形状关系		
				壳体直径与搅拌器直径之比	壳体高径比	搅拌器数和装设位置
主要用途	固体颗粒悬浮	涡轮 螺旋桨 桨式	固体颗粒含量/% 0～100 0～50 70～90	(2∶1)～(3.5∶1)	(1∶1)～(1　2)	根据颗粒直径而定： (1) 离底距离等于搅拌器直径； (2) 紧靠釜底
次要用途	气体应用	涡轮 螺旋桨 桨式	气体体积/m^3 0～140 0～25 0～10	(2.5∶1)～(4∶1)	(4∶1)～(1　1)	(1) 多个，最低一个离釜底距离等于搅拌器直径； (2) 自吸刚好在液面之下
次要用途	高黏度应用	涡轮 螺旋桨 桨式	黏度/(Pa·s) 0～10^3 0～10^2 7×10^2～7×10^3	(1.5∶1)～(2.5∶1)	(1∶2)～(2　1)	单个或多个
次要用途	传热	涡轮 螺旋桨 桨式	进料体积/m^3 0～80 0～40 0～25	随其他相关用途而定	随其他相关用途而定	单个或多个，当使用蛇管时，搅拌器与传热面相对
次要用途	结晶或沉淀	涡轮 螺旋桨 桨式	进料体积/m^3 0～80 0～40 0～80	(2∶1)～(3.2∶1)	(2∶1)～(1　1)	单个，位于液体进料中心线上或以下

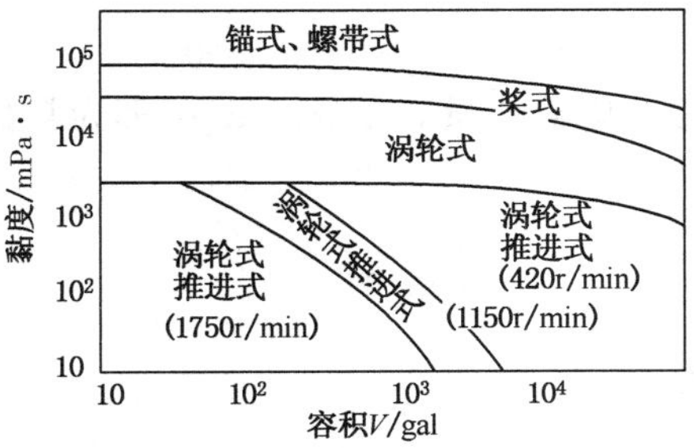

图 4-17　根据黏度选型图

注：1UK gal = 4.5461L；1US gal = 3.7854L

(2) 根据黏度选型

在影响搅拌状态的诸物理性质中，液体黏度的影响最大。所以，可根据液体黏度来选型。对于低黏度液体，应选用小直径、高转速搅拌器，如推进式、涡轮式；对于高黏度液体，应选用大直径、低转速搅拌器，如锚式、框式和桨式。图 4-17是根据黏度选型图。

4.3 搅拌器功率的计算

4.3.1 搅拌器功率的计算

搅拌液体时产生循环流量及克服流体摩擦阻力所需的功率叫搅拌器功率，亦称搅拌功率或轴功率(不包括消耗于机械传动和轴密封部分的功率)。

由于影响搅拌功率的因素较多，搅拌釜中液体流的状况十分复杂，搅拌功率目前尚不能由理论算出，所以，目前通常采用相似论和因次分析的方法，将与搅拌功率有关的几何变量、操作变量和物理变量转换成少数有物理意义的可作为设计基础的无因次数群，通过准数关联求得搅拌功率。

与搅拌功率有关的因素很多。可分为几何因素和物理因素两大类。

影响搅拌功率的物理因素有：

① 搅拌器的转速 n。

② 液体密度 ρ、液体黏度 μ。

③ 重力加速度 g。因为当出现“打漩”时，必有部分液体被推到高于平均液面的位置，该部分液体需克服重力做功。

影响搅拌功率的几何因素有：

① 搅拌器的直径 d。

② 搅拌器叶片数 Z、搅拌器形状、叶片宽度 B、搅拌器叶轮离釜底距离 C。

③ 搅拌釜内径 D、釜内所装液体深度 h、挡板数目、挡板宽度 W。

显然，搅拌功率是搅拌器叶轮形状、尺寸和转速、被搅拌流体的密度和黏度、搅拌釜的大小和内部构件(挡板或其他障碍物)情况以及搅拌器在反应釜内的位置的函数。

对于特定的搅拌装置，通常用搅拌器直径 d 作为特征尺寸，而把其他的几何尺寸用无因次的比变量来表示。

即：

$$\alpha_1 = \frac{D}{d},\ \alpha_2 = \frac{h}{d},\ \alpha_3 = \frac{C}{d}\cdots$$

所以，搅拌功率 P_s 可表示为上述诸因素的函数：

$$P_s = f(n,\ d,\ \rho,\ \mu,\ g,\ \alpha_1,\ \alpha_2,\ \alpha_3\cdots)$$

如果在不同规模的一系列搅拌装置中保持几何相似，则对比量 α_1、α_2、$\alpha_3\cdots$都为常数，上式可化简为：

$$P_s = f(n,\ d,\ \rho,\ \mu,\ g)$$

假定此函数关系是最简单的指数函数，令

$$P_s = Kn^{\alpha}d^{\beta}\rho^{\gamma}\mu^{\delta}g^{\varepsilon}$$

式中 K 为常数，是搅拌器几何构型的总形状系数。

用长度-质量-时间(L-M-θ)单位制进行因次分析得出如下关系式：

$$\frac{P_s}{\rho n^3 d^5} = K\left(\frac{\rho n d^2}{\mu}\right)^x\left(\frac{n^2 d}{g}\right)^y$$

或
$$N_P = \frac{P_s}{\rho n^3 d^5} = KRe^x Fr^y \tag{4-8}$$

式中　N_P——功率数，$N_P = \frac{P_s}{\rho n^3 d^5}$；

Re——搅拌雷诺数，$Re = \frac{\rho n d^2}{\mu}$；

Fr——佛鲁德数，$Fr = \frac{n^2 d}{g}$；

P_s——搅拌功率，W；

n——搅拌器转速，r/s；

d——搅拌器直径，m；

ρ——液体密度，kg/m^3；

μ——液体黏度，Pa · s；

g——重力加速度，$9.81m/s^2$。

这些无因次准数的物理意义是，功率数 N_p 含有搅拌功率 P_s，代表输入功率；雷诺数 Re 表示流体的惯性力与黏滞力之比；佛鲁德数 Fr 表示流体的惯性力与重力之比。

式(4-8)也可写成：

$$\Phi = \frac{N_P}{Fr^y} = KRe^x \tag{4-9}$$

式中　Φ——功率函数。

上述关联式只与搅拌器的各项尺寸比例有关，而与反应釜的大小无关，因此对于一定形状的搅拌器进行实验，测定不同操作条件下的搅拌功率，以 Φ 或 N_P 之值对 Re 之值在双对数坐标纸上标绘，得到一条曲线，该曲线叫功率曲线。对于几何相似的一系列搅拌装置来说，具有相同的功率曲线。因此，在实际应用时，可利用功率曲线来计算几何相似搅拌装置的搅拌功率。

许多学者对均相液体的搅拌功率进行了深入研究，发表了许多不同几何构型搅拌器的功率曲线。“标准尺寸涡轮搅拌器”的几何构型见图 4-18。以图 4-19(标准尺寸涡轮搅拌器的功率曲线和同一搅拌器无挡板时的功率曲线)来说明搅拌功率的一般规律。

① 六平直叶圆盘涡轮搅拌器，圆盘直径为 S；

② 叶轮直径 d 与搅拌槽内径 D 之比 $\frac{d}{D} = \frac{1}{3}$；

③ 叶轮离槽底距离 $C=d$；

④ 叶片宽度 $B = \frac{1}{5}d$；

⑤ 叶片长度 $l = \frac{1}{4}d$；

⑥ 液体深度 $h=D$；

⑦ 挡板数目=4；

⑧ 挡板宽度 $W = \frac{1}{10}D$。

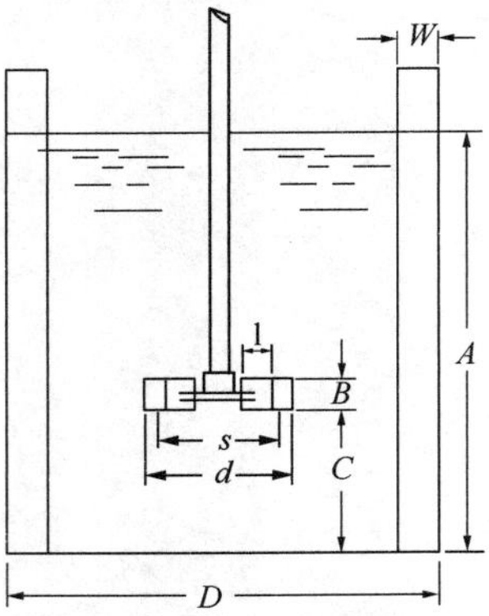

图 4-18 标准尺寸涡轮搅拌器

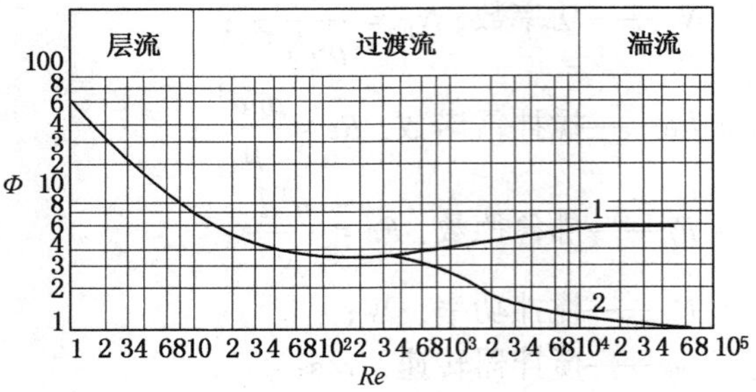

图 4-19 功率曲线

曲线 1：标准尺寸涡轮搅拌器的功率曲线；

曲线 2：无挡板时的功率曲线

（1）当 $Re<10$ 时

由图 4-19 可见，该层流区域内的功率曲线是一段直线，液体的黏滞力控制着系统内的流动，重力影响可以忽略，因而可以不考虑佛鲁德数，此时 $y=0$，式(4-9)变形为：

$$\Phi = N_P = \frac{P_s}{\rho n^3 d^5} = KRe^x \tag{4-10}$$

把式(4-10)写成对数形式得：$\lg N_P=\lg K+x\lg Re$。

实验表明，该区域内直线的斜率 $x=-1.0$，则式(4-10)成为：

$$\Phi = N_P = k_1 Re^{1.0} = \frac{P_s}{\rho n^3 d^5}$$

所以

$$P_s = K_1\left(\frac{\rho n d^2}{\mu}\right)^{1.0} \rho n^3 d^5 = K_1 \mu n^2 d^3 \tag{4-11}$$

上式表明，层流区域内的搅拌功率与液体的黏度、搅拌器的转速的二次方、搅拌器直径的三次方成正比。式(4-11)中总形状系数 K_1 见表 4-3。

表 4-3 一些搅拌器的 K_1 和 K_2 值

搅拌器型式	K_1	K_2	搅拌器型式	K_1	K_2
三叶推进式，$s/d=1$	41.0	0.32	圆盘涡轮，六弯叶	97.5	1.08
三叶推进式，$s/d=2$	43.5	1.00	双叶单平桨式，$d/b=4$	43.0	2.25
涡轮式，四平叶	70.0	4.50	双叶单平桨式，$d/b=6$	36.5	1.60
涡轮式，六平叶	71.0	6.10	六叶 45°涡轮式，有导流筒	172.5	1.12
涡轮式，六弯叶	70.0	4.80			

（2）$Re=10\sim10000$，有挡板

搅拌雷诺数逐渐增大时，流动进入过渡流。当 Re 达到 300 以后，有足够的能量传给液体并引起打漩。但对于装有挡板的系统，挡板能有效地抑制打漩，因此可以忽略佛鲁德数，功率数仅随 Re 变化。所以，对于过渡流有挡板的情况，仍使用式(4-10)，即：

$$P_s = N_P \rho n^3 d^5 = \Phi \rho n^3 d^5 \tag{4-10a}$$

由图 4-19 可见，该区域内有挡板时的功率曲线(曲线 1)呈曲线状，表明 x 值不再是常数，而是随 Re 变化。

(3) $Re>10000$，有挡板

当 $Re>10000$ 以后，流动变为充分湍流，有挡板时的功率曲线(曲线 1)变成水平线，Φ 和 N_P 为定值，此时，流动与雷诺数和佛鲁德数无关。对于充分湍流的液体，由于惯性力很大，黏性力的影响可以忽略。

由于 $\Phi = N_P = K_2 =$ 常数，所以：

$$P_s = K_2 \rho n^3 d^5 \tag{4-12}$$

式中 K_2 见表 4-3。

(4) $Re=10\sim300$，无挡板

由图 4-19 可见，直到 $Re=300$，无挡板时的功率曲线(曲线 2)才与有挡板时的功率曲线(曲线 1)分开，表明当 $Re<300$ 时，无挡板系统与有挡板系统完全一致，即 $\Phi = N_P$，所以：

$$P_s = N_P \rho n^3 d^5 = \Phi \rho n^3 d^5$$

(5) $Re>300$，无挡板

当 $Re>300$ 时，液体打漩现象加剧，佛鲁德数的影响也增大，功率数 N_P 同时受 Re 和 Fr 的作用影响。如图 4-19 所示，功率曲线(曲线 2)开始陡然下降，曲线有一个变化的负斜率，当 $Re>100000$ 后，曲线沿着负的斜率逐渐趋于水平。

对于无挡板的情况，佛鲁德数的指数 y 可用下式表示：

$$y = \frac{\xi - \lg Re}{\eta}$$

式中，ζ、η 为由实验确定的无因次常数。表 4-4 列出了一些搅拌器在无挡板且 $Re>300$ 时的 ζ、η 值。

表 4-4　一些搅拌器的 ζ 和 η 值

搅拌器类型	ζ	η	搅拌器类型	ζ	η
推进式 $d/D=0.48$	2.6	18.0	$d/D=0.22$	0	18.0
$d/D=0.37$	2.3	18.0	六叶涡轮 $d/D=0.30$	1.0	40.0
$d/D=0.33$	2.1	18.0	$d/D=0.33$	1.0	40.0
$d/D=0.30$	1.7	18.0			

所以，无挡板且 $Re>300$ 时的搅拌功率由下式确定：

$$\begin{aligned} P_s &= N_P \rho n^3 d^5 \\ &= \Phi Fr^y \rho n^3 d^5 \\ &= \Phi \rho n^3 d^5 \left(\frac{n^2 d}{g}\right)^{\frac{\xi - \lg Re}{\eta}} \end{aligned} \tag{4-13}$$

图 4-20、图 4-21、图 4-22 是几种常用搅拌器的功率曲线。

图 4-20 中曲线说明见表 4-5。

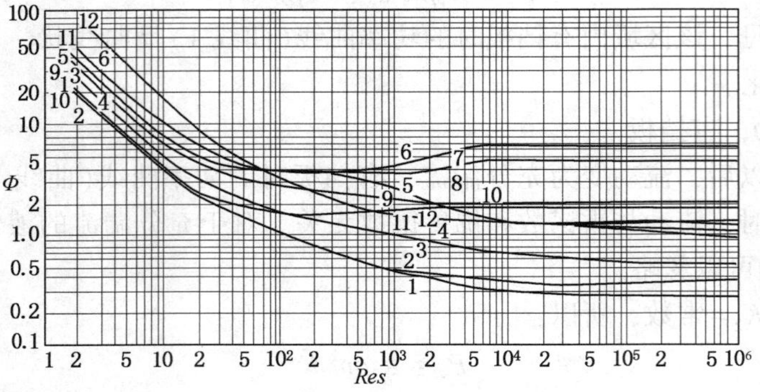

图 4-20　几种搅拌器的功率曲线

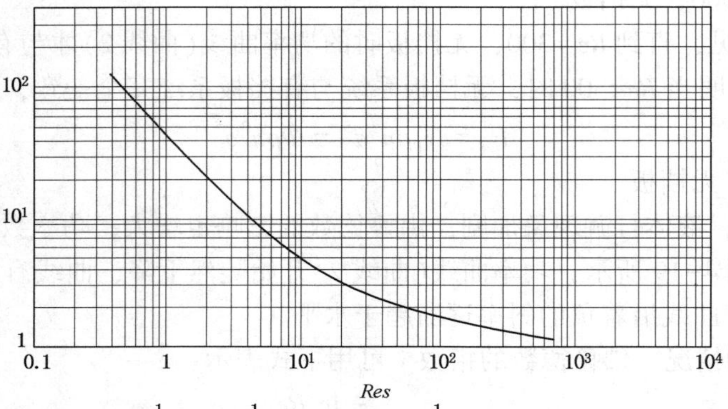

$B/d=\frac{1}{8}$, $d/D=\frac{1}{3}$, $h/D=1$, $C/d=\frac{1}{3}$, $z=6$, $\theta=45°$

图 4-21　开启折叶涡轮式搅拌器(无挡板)的功率曲线

表 4-5　图 4-20 中曲线说明

曲　线	桨型及几何参数	曲　线	桨型及几何参数
1	三叶推进式，螺距 = d，无挡板	7	六弯叶涡轮，全挡板
2	三叶推进式，螺距 = d，全挡板	8	六箭叶涡轮，全挡板
3	三叶推进式，螺距 = $2d$，无挡板	9	六折叶涡轮，全挡板
4	三叶推进式，螺距 = $2d$，全挡板	10	双叶平桨，全挡板
5	六叶平直涡轮，无挡板	11	六叶闭式涡轮，全挡板
6	六叶平直涡轮，全挡板	12	六叶闭式涡轮，有导流筒

注：曲线 5、6、7、8、11、12 为 $d:l:b=20:5:4$；曲线 10 为 $b:d=1:6$，其中，d 为搅拌器直径，b 为桨叶宽，l 为涡轮轮长。

利用这些功率曲线可计算几何相似的搅拌器的功率，步骤如下：

① 根据搅拌器的操作条件计算搅拌雷诺数 Re。

② 根据搅拌器的型式、几何相似条件、Re 在相应的功率曲线上求取功率函数 Φ 值。

③ 根据流动状态(层流、湍流)、挡板情况(有、无挡板)和 Φ 求取功率数 N_P。

由前面的介绍已知，对于任何搅拌器来说，只有在无挡板且 $Re>300$ 的情况下，重力影响不能忽略，此时：

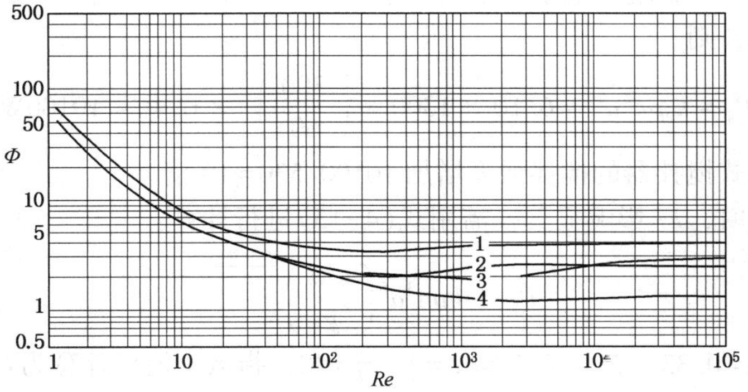

图 4-22　开启涡轮式搅拌器(全挡板)的功率曲线

曲线 1：开启平直叶涡轮式，$B/d=\frac{1}{5}$

曲线 2：开启平直叶涡轮式，$B/d=\frac{1}{8}$

曲线 3：开启弯叶涡轮式，$B/d=\frac{1}{8}$

曲线 4：开启折叶涡轮式，$B/d=\frac{1}{8}$

$d/D=\frac{1}{3}$，$C/D=\frac{1}{3}$

$h/D=1$；$Z=6$

折叶 $\theta=45°$

$$N_P = \Phi Fr^y = \Phi\left(\frac{n^2 d}{g}\right)^{\left(\frac{\xi-\lg Re}{\eta}\right)}$$

其他情况：

$$N_P = \Phi$$

④ 计算搅拌器功率 P_s

$$P_s = N_P \rho n^3 d^5$$

另外，当 $Re<10$ 时，P_s 也可通过式(4-11)求取。当 $Re>10000$ 且有挡板时，P_s 也可通过式(4-12)求取。

除了功率曲线以外，有些学者还用经验公式来表示 N_P 或 Φ 与 Re 的关系。在此不做介绍。

【例 4-1】 直径 1.2m、液深 2m 的四挡板反应釜内，采用三叶推进式搅拌器以300r/min 的转速搅拌。已知反应液密度为 1300kg/m³，黏度为 0.013Pa·s，桨叶直径 0.4m，$s/d=1$。求：

(1) 搅拌功率为多少？

(2) 若采用六平叶涡轮桨搅拌，其他条件不变，结果如何？

(3) 仍采用六平叶涡轮桨搅拌，若釜内不设挡板，其结果又如何？

解：(1) 先计算雷诺数

湍流，所以

$$Re = \frac{nd^2\rho}{\mu} = \frac{1300 \times \frac{300}{60} \times 0.4^2}{0.013} = 8 \times 10^4 > 10^4$$

$$P_s = k_2 \rho n^3 d^5 = 0.32 \times 1300 \times \left(\frac{300}{60}\right)^3 \times 0.4^5 = 530\text{W}$$

(2) 若采用六平叶涡轮桨搅拌，由于 n、d 不变，故 Re 不变，仍按上式计算，此时查表 4-1得 K_2=6.10，则

$$P_s = k_2 \rho n^3 d^5 = 6.10 \times 1300 \times \left(\frac{300}{60}\right)^3 \times 0.4^5 = 10100\text{W}$$

可见它比推进式搅拌器的搅拌强度增加 10100/530=19 倍。

(3) 不用挡板时，Fr 影响显著，需用式(4-13)进行计算：

$$P_s = \Phi \rho n^3 d^5 \left(\frac{n^2 d}{g}\right)^{\frac{\xi - \lg Re}{\eta}}$$

d/D=0.4/1.2=0.33，查表 4-2 得 $\zeta=1$，$\eta=40$，指数 y 值可计算为：

$$y = (1 - \log 80000)/40 = -3.9$$

$$Fr = n^2 d/g = [(300/60)^2 0.4] = 1.02$$

$$Fr^y = 1.02^{(-3.9)} = 1.08$$

由 Re=80000 查图得 Φ=1.2，所以

$$P_s = 1.2 \times 1300 \times (300/60)^3 \times 0.4^5 \times 1.08 = 2200\text{W}$$

4.3.2 附件的附加搅拌功率

当搅拌釜内装有压料管、温度计套管、导流筒、支架等附件时，会增大搅拌器的功率。各种附件使搅拌功率增大的增加率用 q 表示。各种附件的 q 值见表 4-6。装有附件的搅拌功率 P'_s 为：

$$P'_s = P_s(1 + \sum m_i q_i) \tag{4-14}$$

式中 P_s——未装附件时的搅拌功率；

m_i——同一种附件的个数；

q_i——每一种附件的功率增加率。

表 4-6 附件的功率增加率

序号	附件种类	q 值			
		推进式	桨 式	涡轮式	框 式
1	压料管	0.10	0.20	0.20	0.20
2	温度计套管或浮标液面计	0.05	0.10	0.10	0.10
3	两根中心角大于 90 的直立管	0.15	0.30	0.30	0.30
4	沿槽壁安装的右旋蛇管		0.20		
5	分布在槽底部的螺旋管，管径为 0.033~0.054 槽径		2.5~3.0		
6	导流筒的支撑零件	0.05			

4.3.3 电动机功率

电动机的功率除了要满足搅动液体所需要的搅拌功率外，还要考虑轴封装置所产生的摩擦阻力以及传动装置所产生的功率损失。如果电动机的功率过小，不仅达不到预期的搅拌效果，还会使电动机烧毁；如果电动机的功率过大，则会使操作成本和投资费用增加。电动机的功率可按下式确定：

$$P = \frac{P'_s + P_m}{\eta} \tag{4-15}$$

式中　P——电动机功率；

P'_S——搅拌功率；

P_m——轴封装置的摩擦损失功率，详细计算可参见有关资料，对于填料密封，其摩擦损失功率可取为搅拌功率的 10%，但不能小于 373W，对于机械密封，其摩擦损失功率约为填料密封的 10%～15%；

η——传动装置的机械效率，与其结构有关，一般为 0.7～0.98，详见表 4-7。

表 4-7　传动装置的机械效率

类　　别	传动形式	效率 η
圆柱齿轮传动	开式传动、铸齿(考虑轴承损失)	0.9～0.93
	开式传动、铣齿(考虑轴承损失)	0.95
	单级圆柱齿轮减速器	0.97～0.98
	双级圆柱齿轮减速器	0.65～0.96
	行星齿轮减速器	0.95～0.98
圆锥齿轮传动	开式传动、铸齿(考虑轴承损失)	0.88～0.92
	开式传动、铣齿(考虑轴承损失)	0.94
	单级圆锥齿轮减速器	0.95～0.96
	双级圆锥-圆柱齿轮减速器	0.94～0.95
蜗杆传动	自锁的	0.4～0.45
	单头蜗杆	0.7～0.75
	双头蜗杆	0.75～0.82
	三头和四头蜗杆	0.80～0.92
圆弧蜗杆传动		0.85～0.95
皮带传动(平皮带和三角皮带)		0.95～0.96
链传动	开式传动	0.92～0.94
	在油池中传动	0.95～0.97
无级变速器		0.92～0.95
轴承	滚动	0.99～0.995
	滑动	0.98～0.995

4.3.4　搅拌器的放大

工业搅拌装置的设计主要包括以下内容：

① 确定搅拌器的类型以及搅拌釜的几何形状；

② 确定搅拌器的具体尺寸、转速和搅拌功率；

③ 确定电动机的型号和功率以及减速机的型号等。

对于具有丰富经验的设计工程师来说，在对给定搅拌系统的特性和要求有充分了解的基础上，可以根据已有的文献资料进行工业搅拌装置的设计，而不需进行小型实验和逐级放大试验。一般做法是，先根据搅拌器的选型原则来确定搅拌器的类型，再按照搅拌器的常用尺寸范围和常用转速范围来确定搅拌器的尺寸及转速。但在特殊情况下，若没有很大的把握，或是工业装置的规模很大，或是现有资料不足，或是搅拌效果对工艺过程的影响极大，为了寻求最佳的设计方案，必须进行小型实验，以确定搅拌器的类型和搅拌釜的几何形状，再按一定的放大准则放大到工业规模，即确定工业搅拌装置的尺寸、转速和搅拌功率等。当没有合适的放大准则可利用时，还须通过逐级放大试验来确定放大规律。

（1）小型实验

小型实验的目的主要包括：

① 确定搅拌器的类型和搅拌釜的几何形状；

② 在满足工艺要求的前提下，确定最佳的搅拌操作条件；

③ 测定功率曲线。

小型实验装置的大小视功率测量误差和投资大小而定，一般为工业装置的 0.05%～0.10%为宜，但不小于 $0.04m^3$。小型实验的具体做法是首先按照搅拌器的选型原则制造几种不同类型的小型搅拌器，然后分别加入与实际生产相同的物料，并保持与实际生产相同的工艺条件，在不同的搅拌器转速下进行实验，同时测定搅拌功率，最后比较实验结果，从而确定最佳的搅拌器类型和搅拌釜的形状。

实验结果的比较主要是考察工艺结果，如化学反应过程，主要是比较反应速率、反应收率及产品质量等；其次考察搅拌功率以比较操作费用。

前已指出，在几何相似的条件下，功率数不受设备大小的影响。因此，小型实验测得的功率曲线可用于计算工业搅拌装置的搅拌功率。

（2）搅拌器的放大准则

通过小型实验，确定了搅拌器的类型和搅拌釜的几何形状，下一步工作就是要在相似理论的指导下将小型实验的结果按一定的准则放大到工业规模，即确定工业搅拌装置的尺寸、转速、功率等。所选用的放大准则应能保证在放大后工艺结果保持不变。

根据相似理论，要推广试验参数，必须使两个系统具有相似条件：

① 几何相似：小型设备与生产设备相应尺寸的比例都相等。

② 运动相似：小型设备与生产设备除了几何相似外，对应位置的流体运动速度之比为常数。

③ 动力相似：小型设备与生产设备除几何相似外，对应位置上所受的力的比例为常数。

④ 热相似：小型设备与生产设备除几何相似外，对应位置上的温度差之比为常数。

⑤ 化学相似：小型设备与生产设备除几何相似外，对应位置上的浓度差之比为常数。

由于相似条件很多，许多条件又往往对过程有矛盾的影响关系，要做到同时满足所有相似条件是不可能的。这就要根据具体的搅拌过程以达到满意的工艺结果为前提，寻找对过程最有影响的相似条件而舍弃次要因素。这种左右搅拌过程的相似条件就称为“放大准则”。对于不同的搅拌过程和搅拌目的，有以下一些放大准则可供选择。

① 保持搅拌雷诺数 Re 不变。对于一些如传热、传质过程的搅拌操作，在几何相似条件下，由搅拌引起的各种流动因素通常可用 Re 表示。因为搅拌器造成的流动场是由桨叶、釜的几何特性、Re 和 Fr 所决定的。但 Fr 在层流和有挡板条件下都是可以忽略的，几何相似又意味着大小装置中的桨叶、釜的几何特性相同。所以，流动场唯一地由 Re 所决定。如果 Re 相同，则它们就是运动相似和动力相似的。

保持搅拌雷诺数 Re 不变，即大小装置应满足下式：

$$\frac{\rho_1 n_1 d_1^2}{\mu_1} = \frac{\rho_2 n_2 d_2^2}{\mu_2} \tag{4-16}$$

下标 1、2 分别表示小型装置和大型装置。由于大小装置中的物料相同，工艺条件相同，故式(4-16)可写成：

$$n_1 d_1^2 = n_2 d_2^2 \tag{4-17}$$

式中 d_2 由几何相似条件求出，n_2 则由上式确定。

② 保持单位体积物料的搅拌功率(P_s/V_0)不变。这里的 V_0 系指釜内物料体积。单位体积物料的搅拌功率(P_s/V_0)是直接反映搅拌系统经济性的重要参数。对于主要依赖流体湍动程度的分散搅拌操作，按(P_s/V_0) 不变的准则放大，一般能得到较好的结果。

因为　$V_0 \propto D^3 \propto d^3 \qquad P_s \propto n^3 d^5$

则　$(P_s/V_0) \propto n^3 d^5$

所以
$$n_1^3 d_1^5 = n_2^3 d_2^5 \tag{4-18}$$

③ 保持搅拌器叶端速度不变。由式(4-6)可知，压头 H 是剪切力或湍动程度的量度，而压头 H 的大小与搅拌器叶端速度 u 的平方成正比。因此，叶端速度 u 是衡量搅拌程度的重要指标。保持搅拌器叶端速度 u 不变的放大准则主要适用于需要高剪切作用(即高$\frac{H}{Q}$)的搅拌操作。

因为　$u = \pi n d$

所以
$$n_1 d_1 = n_2 d_2 \tag{4-19}$$

④ 保持搅拌器的流量和压头之比值(Q/H)不变。由前述已知，搅拌功率一部分产生循环流量 Q，一部分产生压头 H，保持 $\frac{H}{Q}$ 不变就意味着搅拌功率用于产生宏观混合和剪切作用的比例保持恒定。根据式(4-5)，得：

$$\frac{d_1}{n_1} = \frac{d_2}{n_2} \tag{4-20}$$

微混合技术与静态微混合器

4.4　釜式反应器的传热

化学反应常常伴随有热效应，即放热或吸热，所以常常需要在反应过程中移出或输入热量。提高反应温度一般能提高反应速度，缩短反应达到化学平衡所需的时间，进而提高生产能力。合理的温度及温度分布又常常能够抑制副反应，强化主反应，进而通过提高生成目标产物的选择性而提高产品收率，降低原料消耗。有些反应涉及的物料对温度敏感，控制好反应温度能提高操作的安全性。因此多数搅拌设备要设置传热元件。搅拌过程的传热性能主要取决于传热元件、搅拌物料的物性、容器的几何形状、搅拌器的结构尺寸与转速、容器的材料与壁厚以及操作参数等，并根据相应传热元件的传热膜系数关联式计算所需设置的换热面积。

4.4.1　传热装置

搅拌设备常用的传热元件有夹套、蛇管(横向盘管和竖式盘管)、内附件(导流筒和挡板)以及搅拌器本身。根据所需换热面积的大小，选择传热元件的一般顺序为：当夹套换热面积能满足传热要求时，首先选用夹套，这样可减少容器内构件，便于清洗，且不占用容器的有效容积；当夹套的换热面积不足时，可在容器内设置增加内盘管(横向盘管和竖式盘管，当横向盘管的螺距设计较小时可起导流筒的作用，而竖式盘管可起挡板作用)；当换热面积仍不足时，可选用挡板或搅拌器本身做成空心结构，内通入载热介质进行换热。

(1) 夹套传热

所谓夹套就是在容器的外侧，用焊接或法兰的连接方式装设各种形状的钢结构，使其容器外壁形成密闭的空间。在此空间内通入载热介质，加热或冷却容器内的物料。夹套的主要结构型式有整体夹套、型钢夹套、半管夹套、蜂窝夹套和螺旋板蜂窝式夹套等。其优点是结构简单、耐腐蚀、适应性强；但传热面积受到反应器容积的限制，传热系数一般较小，而且整体夹套耐压低。

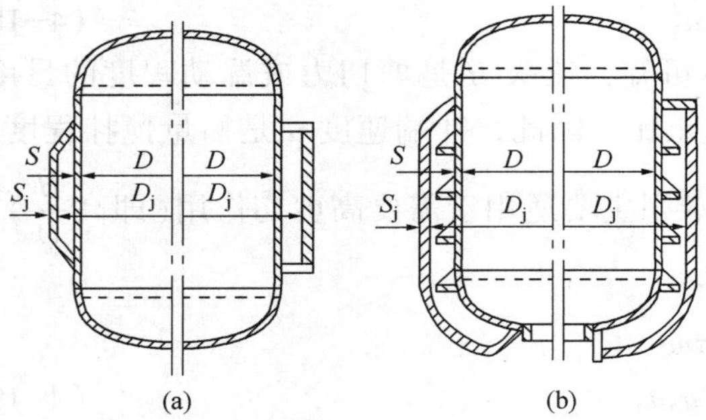

图 4-23　整体夹套传热

常用的整体夹套型式有圆筒形和 U 形两种，如图 4-23 所示。图 4-23(a)所示的圆筒夹套仅在圆筒部分有夹套，传热面积较小，适用于换热量要求不大的场合。U 形夹套是筒部分和下封头都包有夹套，传热面积大，是最常用的结构，如图 4-23 (b)所示。为有利于传热，当夹套用作冷却时，冷却水从夹套的底部进入，夹套的上部排出；当夹套用蒸汽加热时，蒸汽从夹套上部进入，底部出口排出。整体夹套适用于传热速率要求不高和传热剂的工作压力较低的场合，其适用温度和压力分别为 350℃、0.6MPa，300℃、1.6MPa。

根据夹套与筒体的连接方式不同，夹套又分为可拆卸式和不可拆卸式两种结构。工程中使用较多的是不可拆卸式夹套。当夹套内载热介质易结垢、需经常清洗，或者搅拌容器内操作条件较恶劣，要求定期检查筒体外表面时，必须采用可拆卸式夹套结构。此外，当筒体与夹套采用不同材料制造，两者又不能焊接时，也应采用可拆卸式夹套结构。

载热介质流过夹套时，其流动横截面积为夹套与筒体的环形面积，流道面积大、流速低、传热性能差。为提高传热效率，常采取以下措施：①在筒体上焊接螺旋导流板，以减小流道截面积，增加冷却水流速；②进口处安装扰流喷嘴，使冷却水呈湍流状态，提高传热效果，搪玻璃搅拌釜常采用此法；③夹套的不同高度处安装切向进口，提高冷却水的流速，增加传热系数。

当反应器的直径较大或采用的加热蒸汽压力较高时，夹套必须采取加强措施。图 4-24 为几种加强的夹套传热结构。

图 4-24(a)为短管加强蜂窝夹套，在夹套和反应器壁之间焊接支撑短管，提高筒体的刚度和夹套承压能力，减少流道面积，从而减薄筒体壁厚。这样使传热介质流速得以提高，传热系数增大，强化传热效果。其适用温度和压力分别为 200℃和 2.5MPa。

图 4-24(b)为冲压式蜂窝夹套，可耐更高的压力。

图 4-24(c)为焊接半圆旋管结构，由半圆管或弓形管制成。半圆管或弓形管一般布置在

筒体外壁，既可螺旋缠绕在筒体上，也可沿筒体轴向平行焊在筒体上或沿筒体圆周方向平行焊接在筒体上。半圆管或弓形管一般由带材压制而成，加工方便。当载热体流量小时宜采用弓形管。半管夹套的缺点是焊缝多、焊接工作量大，且筒体较薄时易造成焊接变形。其适用温度和压力分别为 350℃ 和 6.4MPa。

图 4-24(d)为角钢夹套，由角钢焊在釜外壁上而成。角钢主要有两种布置方式，沿筒体外壁轴向布置和沿筒体外壁螺旋布置。由于角钢的刚度大，因而与整体夹套相比，角钢夹套能承受更高的压力，但其制造难度也相应增加。其适用温度和压力分别为 200℃ 和 2.5MPa。

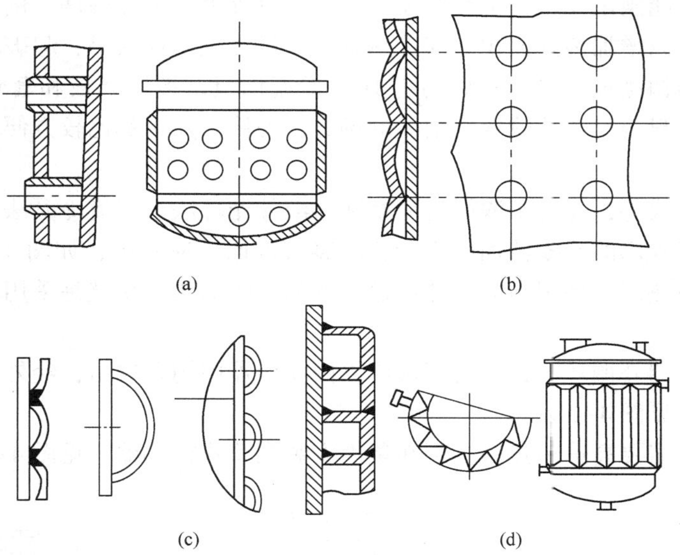

图 4-24　几种加强夹套

夹套同反应器器壁的间隙视反应器直径的大小采用不同的数值，一般取 25~100mm。夹套的高度取决于传热面积，而传热面积由工艺要求确定。但须注意夹套高度一般应高于料液的高度，比内液面高出 50~100mm 左右，以保证充分传热。

根据装料系数 φ，则物料容积为 $V_a\varphi$，因此，夹套高度 H 可由下式估算。

$$H \geqslant \frac{V_a\varphi - V_{封}}{f} \tag{4-21}$$

式中　f——筒体横截面积；

V_a——反应器容积；

$V_{封}$——封头容积。

(2) 蛇管传热

当需要的传热面积较大而仅仅采用夹套不能满足热交换要求时，或由于工艺要求不宜采用夹套时，往往采用蛇管传热。蛇管浸没在被搅拌的流体中，热量损失小；而且由于蛇管内传热介质流速高，因此其传热系数比夹套大得多。例如甲苯混酸硝化，夹套的传热系数为 420~840kJ/m^2·h·℃，而蛇管的传热系数则为 2100~2500 kJ/m^2·h·℃。

工业上多采用水平蛇管和立式蛇管，排列紧密的水平蛇管可起导流筒作用，排列紧密的立式蛇管可起挡板作用，它们都能改善液体的流动状况，减少漩涡，强化搅拌强度，提高传热效率。

蛇管在含有固体颗粒或黏稠的物料换热时容易挂料，影响传热效率，还要考虑物料的腐蚀性。因此，蛇管适用于黏度较小的洁净物料系统的传热，直立式蛇管的传热效率比水平管高。

(3) 传热构件

随着反应器容积的增大，或强烈放热过程而又要求反应温度较低时，传热问题显得更为突出，光靠夹套不能满足要求，常常要在反应器内设置附加传热构件。例如蛇管、传热挡板等。传热挡板既可以增加传热面积、移走热量，又可强化搅拌效果，起破坏涡流控制流型的作用。传热挡板结构型式很多，常见的有 D 形折流挡板、指形挡板和套管等。这些插入式结构还适合反应物料容易在传热壁上结垢的场合，检修、除垢都比较方便。

(4) 其他

除上述传热方式外，还可采取回流冷凝和料液外循环法。回流冷凝法是把反应器内产生的蒸汽通过反应器外部的冷凝器加以冷凝，冷凝液返回反应器中，如图 4-25 所示。这种用蒸汽冷凝的方式散热能得到很高的传热系数。例如苯的沸腾氯化就是采用回流冷凝法进行传热的。

料液循环法即器外循环法，它是将反应物由反应器内用泵抽出，经外部换热器冷却或加热后进入反应器，见图 4-26。

大型反应器，需要高速传热时，可在釜内安装列管式换热器，见图 4-27。

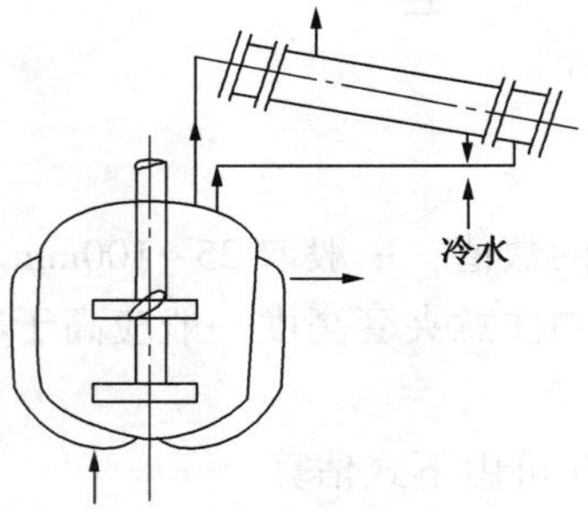

图 4-25　回流冷凝法

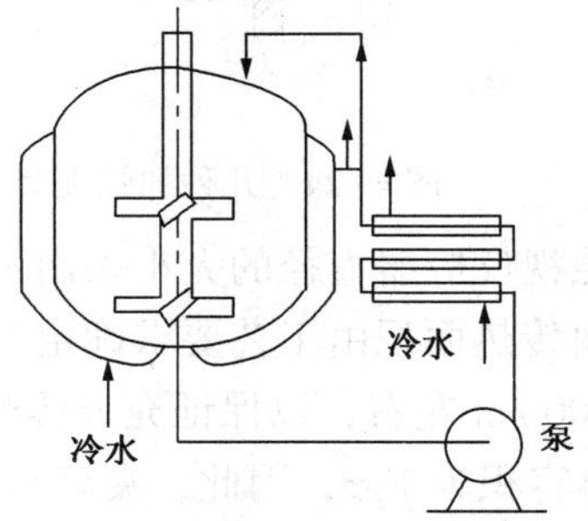

图 4-26　外循环冷凝法

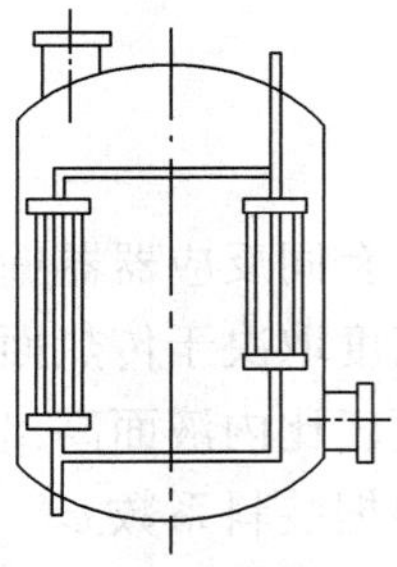

图 4-27　内装列管式换热器的反应器

当使用铸铁锅并使用锚式搅拌器，又需要较高的加热温度时，既不能在锅内安装传热构件，又不能在锅壁上焊角钢夹套或蜂窝夹套。在这种情况下可将蛇管盘在夹套中，使套内灌以高温液体载热体或低熔点合金，蛇管内通以高压蒸汽加热。

在沸点下进行的放热反应，反应热量可使挥发性反应物料或溶剂蒸发并通过回流冷凝器移除热量。

4.4.2　高温热源的选择

用一般的低压饱和水蒸气加热时最高只能达 150~160℃，需更高加热温度时则需要考虑高温热源的选择问题。在化工厂常用的高温热源介绍如下。

(1) 压力高的饱和水蒸气

其来源有高压蒸汽锅炉、利用反应热的废热锅炉或热电站的蒸汽透平。蒸汽压力可达数兆帕。用高压蒸汽作为热源的缺点是需高压管道输送蒸汽，其建设投资费用大，尤其需远距离输送时热损失也大，更不经济。

(2) 高压汽水混合物

当车间内有个别设备需高温加热时，设置一套专用的高压汽水混合物作为高温热源，可能是比较经济合理的。这种加热装置的原理如图 4-28 所示，由焊在设备外壁上的高压蛇管(或内部蛇管)1、空气冷却器 2 和高温加热炉 3 等部分构成一个封闭的循环系统。管内充满 70%的水和 30%的蒸汽，形成汽水混合物。从加热炉到加热设备这一段管道内，蒸汽比例高，水的比例低，而从冷却器返回加热炉这一段管道内蒸汽比例低，水的比例高，于是形成一个自然循环系统。循环速率的大小决定于加热的设备与加热炉之间的高位差及汽水比例。

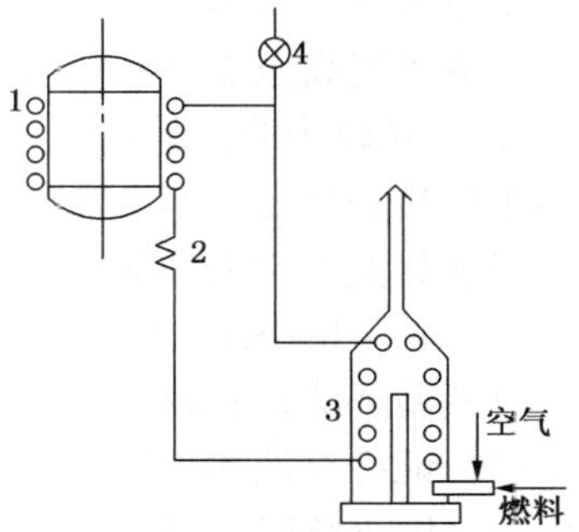

图 4-28 高压汽水混合物的加热装置
1—加热蛇管；2—空气冷却器；3—加热炉；4—排气阀

这种高温加热装置可用于温度为 200~250℃的加热要求。当汽水混合物的温度为 250℃时，管内压力达 20MPa。汽水混合物的给热系数可达 33500~41900kJ/(m^2·h·K)。加热炉的燃料可用气体燃料或液体燃料，炉温达 800~900℃，炉内加热蛇管用耐温耐压合金钢管。

(3) 有机载热体

利用某些有机物常压沸点高、熔点低、热稳定性好等特点可提供高温热源。如，联苯道生油、YD 导热油、SD 导热油等都是良好的高温载热体。联苯道生油是含联苯 26.5%、二苯醚 73.5%的低共沸点混合物，熔点 12.3℃，沸点 258℃。它的突出优点是能在较低的压力下得到较高的加热温度。在同样的温度下，它的饱和蒸气压力只有水蒸气压力的几十分之一。有机载热体的使用方式分为气相和液相两种。气相方式使用的特点为：气相为冷凝传热，传热系数大，一般为水蒸气的 1/5。适用于各种结构复杂的设备，冷凝温度恒定，加热均匀。反应器和加热炉之间需要一定的位差以克服管线和加热炉的压力降，使冷凝的液相返回加热炉。气相容易泄漏，要求管道、阀门、法兰等连接紧密。液相方式使用的特点为：一个加热源(加热炉)可同时供多个不同加热温度的反应器，控制方便，反应器的位置不受限制。有机载热体多以液相方式使用，其传热系数小，需要较大的传热面积，载热体体积流量较大，泵送功率消耗较大。气相有机载热体多安排在反应器的夹套内，液相有机载热体多安排在蛇管内。

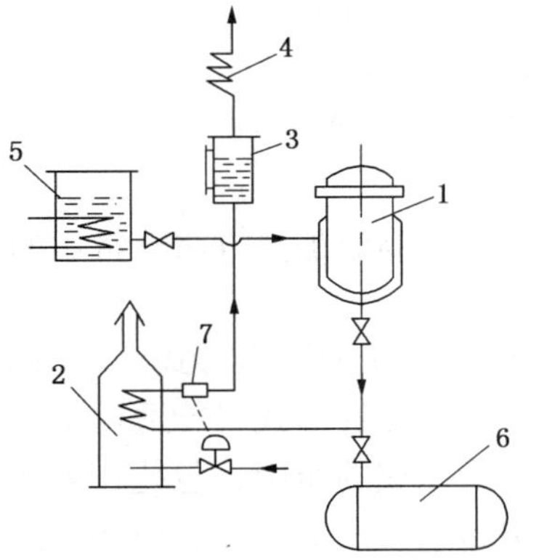

图 4-29　液体联苯混合物自然循环加热装置
1—被加热设备；2—加热炉；3—膨胀器；4—回流冷凝器；5—熔化槽；6—事故槽；7—温度自控装置

当加热温度在 250℃以下时，可采用液体联苯混合物加热。可有三种加热方案：

① 液体联苯混合物自然循环加热(图 4-29 所示)。加热设备与加热炉之间保持一定的高位差才能使液体有良好的自然循环，其给热系数约为 837~2093kJ/(m^2·h·K)。

② 液体联苯混合物强制循环加热法。可采用屏蔽泵或者液下泵使液体做强制循环，其给热系数可提高至2093~8370kJ/(m^2·h·K)。

③ 一种较为简便的加热方法是在夹套内盛联苯混合物，将管状电热器插入液体内加热，应用于传热速率要求不太高的场合，如图4-30所示。

当加热温度超过250℃时，可采用联苯混合物的蒸气加热，其给热系数约为4190~8370kJ/(m^2·h·K)。根据其冷凝液回流方法的不同，也可分为自然循环与强制循环两种方案。自然循环法设备较简单，可避免循环泵的麻烦，但要求加热器与加热炉之间有一定的位差，以保证冷凝液的自然循环。位差的高低决定于循环系统阻力的大小，一般可取3~5m。如厂房高度不够时，可以适当放大循环液管径以减少阻力。

当受条件限制不能达到自然循环要求时或者加热设备较多，操作中容易产生互相干扰等情况下，可用强制循环流程。整套装置较为复杂，设备能力较大。

另一种较为简易的联苯混合物蒸气加热装置，是将蒸气发生器直接附设在加热设备上面。用电热棒加热液体联苯混合物，使它沸腾发生蒸气，见图4-31。当加热温度小于280℃，蒸气压力低于0.7kg/cm^{2}时，采用这种方法较为方便。

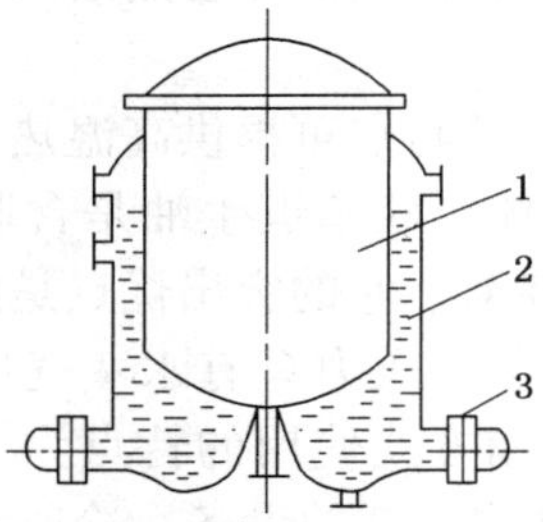

图4-30 液体联苯混合物夹套浴电加热装置

1—加热设备；2—加热夹套；3—管式电热器

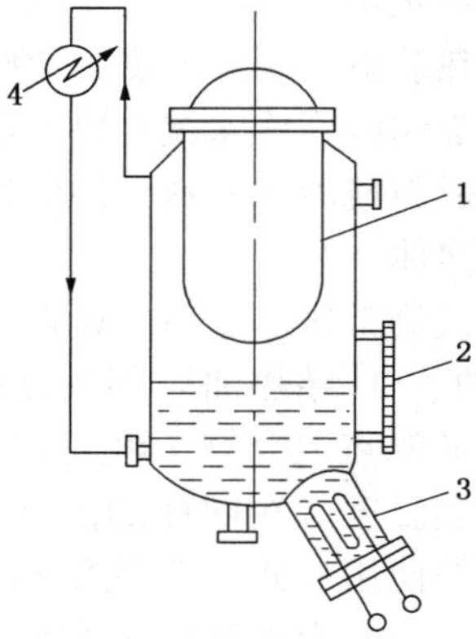

图4-31 联苯混合物蒸气夹套浴加热装置

1—加热设备；2—液面计；3—电加热棒；4—回流冷凝器

(4) 电加热法

这是一种操作方便、热效率高、便于实现自控和遥控的一种高温加热方法。常用的电加热方法可以分为以下三种类型。

① 电阻加热　电流通过电阻产生热量实现加热。可采用以下几种结构形式：辐射加热，即把电阻丝暴露在空气中，借辐射和对流传热直接加热反应锅。此种形式只能适用于不是易燃易爆的操作过程；电阻夹布加热，将电阻丝夹在用玻璃纤维织成的布中，包扎在被加热设备的外壁。这样可以避免电阻丝暴露在大气中，从而减少引起火灾的危险性。但必须注意的是电阻夹布不允许被水浸湿，否则将引起漏电和短路的危险事故；插入式加热法，将管式或棒状电热器插入被加热的介质中或夹套浴中实现加热(见图4-30和图4-31)。这种方法仅适用于小型设备的加热。

电阻加热可采用可控硅电压调节器自动调节加热温度，实现较为平稳的温度控制。

② 感应电流加热　这是利用交流电路所引起的磁通量变化在被加热体中感应产生的磁

通量而变为热能。感应电流在加热体中透入的深度与设备的形状以及电流的频率有关。在化工生产中应用较方便的是普通的工业交流电产生感应电流加热，称为工频感应电流加热法，它适用壁厚在 5~8mm 以上的圆筒形设备加热(高径比最好在 2~4 以上)，加热温度在 500℃以下均可适用。其优点是施工简便、无明火，在易燃易爆环境中使用比其他加热形式安全，升温快，温度分布均匀。应用实例：间苯二磺酸钠的碱熔锅(340℃)、癸二酸的氨化锅(280℃)、锦纶的聚合锅(290℃)、尼龙 66 的聚合锅(240℃)等。

③ 短路电流加热　将低电压，例如 36V 的交流电直接通到被加热的设备上，利用短路电流产生的热量进行高温加热。这种电加热法适用于加热细长的反应器。

(5) 烟道气加热法

用煤气、天然气、石油加工废气或燃料等燃烧时产生的高温烟道气作为热源加热设备，可用于 300℃以上的高温加热。如用于苯酚、甲苯酚及萘酚生产中的碱熔锅、某些高温缩合反应锅的加热。缺点是热效率低，给热系数小，温度不易控制。

当物料的温度大于 500℃以上时，可选用直接火、电加热方式。直接火加热可分为釜式和管式加热炉，釜式常用于处理量少且为间歇操作的情况；对于处理量大的连续操作采用管式加热炉。电加热在间歇操作过程中一般采用电阻加热，电阻加热是将电阻丝绕在设备的外面，电阻丝和设备用绝缘材料隔开。由于电加热费用较高，一般用于处理量小且经济价值高的产品生产及试验设备中。

当物料的加热温度介于 150~300℃之间，一般采用有机载热体作为加热介质。选用时，以在有机载热体的最高使用温度下运转 8000h、分解不超过 30%为基准。在该温度下运转 8000h，分解量不超过 10%则更为理想。

当加热温度低于 150℃一般采用水蒸气加热，水蒸气为冷凝传热，其传热系数很高，是应用最为广泛的加热介质。

冷却时主要采用水或冷冻盐水(氯化钙的水溶液)作为冷却介质。

4.4.3　釜式反应器的传热系数计算

釜式反应器的传热计算目的是解决传热面积和传热时间问题。传热面积由式 $Q = KA(\Delta t)$ 给出。其中传热量 Q 由热量衡算确定，温度差 Δt 由工艺条件确定。所以，在确定了总传热系数 K 之后，就可以求传热面积。

夹套传热总传热系数 K 由式(4-22)计算。

$$\frac{1}{K_{夹}} = \frac{1}{\alpha_i} + \frac{A_i\delta}{A_m\lambda} + \frac{A_i}{A_o\alpha_o} \tag{4-22}$$

式中　A_i——釜内壁表面积，m^2；

A_m——釜内壁与外壁平均表面积，m^2；

A_o——釜外壁表面积，m^2。

由于搅拌釜夹套传热类似平面壁传热，所以，可用式(4-23)计算。

$$\frac{1}{K_{夹}} = \frac{1}{\alpha_i} + \frac{\delta}{\lambda} + \frac{1}{\alpha_o} + R_{si} + R_{so} \tag{4-23}$$

式中　α_i——物料与传热壁(釜内壁)之间的给热系数，$W/(m^2 \cdot K)$；

δ——传热壁(釜壁)厚，m；

λ——传热壁(釜壁)导热系数，$W/(m \cdot K)$；

α_o——传热介质与传热壁(釜外壁)之间的给热系数，$W/(m^2 \cdot K)$；

R_{si}，R_{so}——内、外壁污垢热阻，$(m^2 \cdot K)/W$。

蛇管传热总传热系数 K 的计算与列管换热器的计算方法相同。由式(4-24)计算。

$$\frac{1}{K_{蛇}} = \frac{d_o}{\alpha_i d_i} + \frac{d_o \delta}{d_m \lambda} + \frac{1}{\alpha_o} + R_{si} + R_{so} \tag{4-24}$$

式中 α_i——传热介质与传热壁(蛇管内壁)之间的给热系数，$W/(m^2 \cdot K)$；

δ——传热壁(蛇管壁)厚，m；

λ——传热壁(蛇管壁)导热系数，$W/(m \cdot K)$；

d_i——蛇管内径，m；

d_o——蛇管外径，m；

d_m——蛇管内外壁平均直径，m；

α_o——物料与传热壁(蛇管外壁)之间的给热系数，$W/(m^2 \cdot K)$；

R_{si}、R_{so}——内、外壁污垢热阻，$(m^2 \cdot K)/W$。

所以，求给热系数就成为求总传热系数的关键。

搅拌釜式反应器内的液体和釜壁或管间的传热主要是传导和强制对流。传热速率取决于被搅拌液体和加热(或冷却)介质的物理性质、容器的几何形状、器壁的材料和厚度以及搅拌的程度。通常将这些影响因素用因次分析的方法组成一系列的无因次准数，建立准数关联式，以求出在特定条件下的给热系数。这些准数关联式应用范围较广，但目前仍属半经验公式，只能在一定范围内应用才能得到可靠的数值。

在搅拌系统中，通过大量实验工作得出以下一般给热系数关联式：

$$Nu = A(Re)^a (Pr)^b \left(\frac{d}{D}\right)^c \left(\frac{b}{D}\right)^d \left(\frac{\mu}{\mu_w}\right)^e \tag{4-25}$$

式中 $Nu = \frac{\alpha D}{\lambda}$，努赛尔数；

$Pr = \frac{C_p \mu}{\lambda}$，普兰特数；

$Re = \frac{d^2 n \rho}{\mu}$，雷诺数；

α——对流给热系数，$kJ/(m^2 \cdot h \cdot ℃)$；

λ——流体导热系数，$kJ/(m \cdot h \cdot ℃)$；

μ——流体主体温度下的黏度，$Pa \cdot h$；

μ_w——流体在壁温下的黏度，$Pa \cdot h$；

ρ——流体密度，kg/m^3；

D——反应釜内径，m；

d——搅拌器直径，m；

b——搅拌器桨叶宽，m；

n——搅拌器转速，h；

C_p——流体比定压热容，$kJ/(kg \cdot ℃)$；

A 及指数 a、b、c、d、e——常数。

(1) 夹套内壁给热系数的计算

夹套内壁给热系数 α_0 可用下列通式计算：

$$\frac{\alpha_0 D}{\lambda}=A\ (Re)^a\ (P_r)^b\left(\frac{\mu}{\mu_w}\right)^e \tag{4-26}$$

式(4-26)中常数 A 及指数 a、b、c、d、e 的值与搅拌器型式、Re 的范围、釜内有无挡板、釜的几何形状等因素有关，见表 4-8。

表 4-8　常数 A 及指数 a、b、c、d、e 的取值

搅拌器型式	Re 范围	挡板	A	a	b	e	备　注
桨　式	$300\sim4\times10^5$	无	0.36	0.67	0.33	0.14	
桨　式	$20\sim4\times10^3$	有	0.42	0.67	0.33	0.24	或无挡板
涡轮式	<400	无	0.54	0.67	0.33	0.14	碟形底
涡轮式	>400	无	0.74	0.67	0.33	0.14	碟形底
涡轮式	$200\sim4\times10^4$	有	0.73	0.65	0.33	0.24	平底釜
涡轮式	$\frac{\alpha D}{\lambda}=1.15(Re)^{0.65}(Pr)^{0.33}\left(\frac{\mu}{\mu_w}\right)\left(\frac{H_i}{D}\right)^{0.4}\left(\frac{H_L}{D}\right)^{0.56}$ H_i 叶轮离釜底高度，m；H_L 釜内液面高度，m						其他构型
推进式		无	0.54	0.67	0.25	0.14	
锚　式	$30\sim300$	无	1.0	0.50	0.33	0.18	
锚　式	$300\sim4000$	无	0.38	0.67	0.33	0.18	

（2）蛇管外壁给热系数 α_o 的计算

① 涡轮式，无挡板，$Re=300\sim3\times10^6$

$$Nu=1.01Re^{0.62}Pr^{0.33}\left(\frac{\mu}{\mu_w}\right)^{0.14} \tag{4-27}$$

② 圆盘涡轮式，有挡板，$Re=400\sim1.5\times10^6$

$$Nu=0.17Re^{0.67}Pr^{0.37}\left(\frac{d}{D}\right)^{0.1}\left(\frac{d_o}{D}\right)^{0.5}\left(\frac{\mu}{\mu_w}\right)^R,\ R=\mu^{0.2} \tag{4-28}$$

③ 平桨式，无挡板，$Re=300\sim4\times10^5$

$$Nu=0.87Re^{0.62}Pr^{0.33}\left(\frac{\mu}{\mu_w}\right)^{0.14},\ d/D=0.6;\ D_o/D=0.8;\ s/D=0.0154 \tag{4-29}$$

（3）夹套侧给热系数的计算

如果夹套内通冷却水，可用如下的关联式计算：

$Re<4400$：

$$\alpha_{夹}=400\frac{u^{0.2}}{d_e^{0.5}}\Delta t^{0.10}\mathrm{W/(m^2\cdot K)} \tag{4-30}$$

$Re>3600$ 时还可用：

$$\alpha_{夹}=9300\frac{u^{0.8}}{d_e^{0.2}}\mathrm{W/(m^2\cdot K)} \tag{4-31}$$

式中　u——水在夹套中的流速，m/s；

d_e——夹套的当量直径，m；

Δt——夹套壁温与水温间的温度差。

（4）蛇管内侧给热系数的计算

$$\alpha_{内} = \left(1 + 3.5\frac{d_t}{d_c}\right)\alpha_{直管} \tag{4-32}$$

式中 d_t——管子直径，m；

d_c——蛇管圈直径，m；

$\alpha_{直管}$——液体在直管内的给热系数，W/(m^2·K)。

（5）物料的垢层阻力

可参见表 4-9 列出的部分数据。

表 4-9 热交换表面的垢层系数 $R_z = \dfrac{1}{\alpha_z}$

载热体	流速<1m/s	流速>1m/s	载热体	流速<1m/s
水<323K(50℃)			煤气	0.002
井水	0.0002	0.0002	空气	0.0001
河水	0.0001~0.0006	0.0001~0.0004	有机蒸汽	0.0001
硬水	0.0006	0.0006	有机液体	0.0002
蒸馏水	0.0001	0.0001	纯水蒸气	0
软化水	0.0002	0.0001	带油水蒸气	0.0002
水>323K(50℃)			冷却剂	0.0002
井水	0.0004	0.0004	盐溶液	0.0002
河水	0.0006~0.0008	0.0006~0.0006	锅炉燃料	0.001
硬水	0.001	0.001	机油	0.0002
蒸馏水	0.0001	0.0001	植物油	0.0006
软化水	0.0002	0.0002		

【例 4-2】 蛇管冷却的釜式反应器。已知釜内径为 1.0m，蛇管外壁温 30℃，反应物温度为 50℃，密度为 860kg/m^3，热容为 1.96kJ/(kg·℃)，导热系数为 0.5kJ/(m·h)，黏度为 0.16Pa·s(30℃)、0.075Pa·s(50℃)。平直桨搅拌，桨径 0.6m，转速 60r/min，无挡板。求蛇管外壁给热系数。

解：

$$Re = \frac{d^2 n\rho}{\mu} = \frac{0.6^2 \times (60/60) \times 860}{0.075} = 4128$$

$$Pr = \frac{C_p\mu}{\lambda} = \frac{1.96 \times 0.075}{0.5/3600} = 1058$$

$$Nu = \frac{\alpha D}{\lambda} = 0.87Re^{0.62}P_r^{0.33}\left(\frac{\mu}{\mu_w}\right)^{0.14} = 1359$$

所以

$$\alpha = \frac{1359\lambda}{D} = 680\text{W/(m}^2\cdot\text{K)}$$

【例 4-3】 求氯苯硝化反应锅夹套传热系数 K。桨式搅拌，无挡板(所需数据在题中给出)。

解：（1）求锅侧的给热系数

已知锅内物料的物性数据为：

$\rho=1.43\times10^3\text{kg/m}^3$

$\lambda=0.263\text{W/(m}\cdot\text{K)}$

$\mu=1.72\times10^{-3}\text{Pa}\cdot\text{s}$

$C_p=1766.5\text{J/(kg}\cdot\text{K)}$

$D=1\text{m}$

$d=0.3\text{m}$

$N=250/60=4017$

$$Re=\frac{4.17\times0.3^2\times1430}{1.72\times10^{-3}}=312000$$

$$Pr=\frac{1766.5\times1.72\times10^{-3}}{0.263}=11.55$$

因为 $300<Re<4\times10^5$，所以

$$\alpha=0.36\frac{\lambda}{D}(Re)^{0.67}(P_r)^{0.33}\left(\frac{\mu}{\mu_w}\right)（先取\mu_w=\mu）$$

$$=0.36\times0.263\times(312000)^{0.67}(11.55)^{0.33}\times1$$

$$=1019\text{W/(m}^2\cdot\text{K)}$$

（2）求夹套侧的给热系数

水温：293K→303K

已知夹套内水的物性数据为：

$\rho=997.1\text{kg/m}^3$

$\lambda=0.606\text{W/(m}\cdot\text{K)}$

$\mu=8.957\times10^{-4}\text{Pa}\cdot\text{s}$

$C_p=4178\text{J/(kg}\cdot\text{K)}$

$u=0.02\text{m/s}$

$d_e=0.15\text{m}$

所以

$$Re=\frac{d_e u\rho}{\mu}=\frac{0.15\times0.02\times997.1}{8.937\times10^{-4}}=3347<4400$$

$$\alpha_{夹}=400\frac{u^{0.2}}{d_e^{0.5}}(\Delta t)^{0.1}$$

根据水在夹套中一般传热膜系数的范围，先假定 $\alpha_{夹}=600\text{W/(m}\cdot\text{K)}$

（3）设垢层阻力取 $R_z=0.0004$(井水)

因此总热阻为

$$R=\frac{1}{\alpha_{锅}}+\frac{1}{\alpha_{夹}}+\frac{\delta}{\lambda_{铸铁}}+R_z$$

$$=\frac{1}{1019}+\frac{1}{600}+\frac{0.018}{62.8}+0.0004$$

$$=0.000981+0.001667+0.000287+0.0004=0.00334$$

总温差　　$\Delta t=323-\dfrac{293+303}{2}=25\text{K}$(已知锅内温度为323K)

则　　$\alpha_{夹}=400\times\dfrac{0.02^{0.2}}{0.15^{0.5}}\times(7.34)^{0.1}=578\text{W/(m}^2\cdot\text{K)}$

此数据与假定接近，故

$$\alpha_{夹}=578\text{W/(m}^2\cdot\text{K)}$$

$$\frac{1}{K}=\frac{1}{1019}+\frac{1}{578}+0.000287+0.0004=0.0034$$

$$K=294\text{W/(m}^2\cdot\text{K)}$$

【例4-4】 按例4-3工艺数据求氯苯硝化锅蛇管传热的传热系数。已知蛇管圈直径为0.46m。

解： $\alpha_{外}=0.87\dfrac{\lambda}{D}Re_{0.62}Pr^{0.33}\left(\dfrac{\mu}{\mu_w}\right)^{0.14}$

$$=0.87\times\frac{0.263}{1}\times\left(\frac{4.17\times0.3^2\times1430}{1.72\times10^{-3}}\right)^{0.62}\left(\frac{1766.5\times1.72\times10^{-3}}{0.263}\right)^{0.33}\times1$$

$$=1380\text{W/(m}^2\cdot\text{K)}$$

蛇管内侧给热系数计算：

$$d=0.035\text{m},\ u=0.4\text{m/s}$$

$$Re=\frac{du\rho}{\mu}=\frac{0.035\times0.4\times997.1}{8.973\times10^4}=15620$$

查得水在293K和303K时的 Pr 值分别为7.06和5.5，则298K时 Pr 值为：

$$Pr=(7.06+5.2)/2=6.28$$

所以

$$\alpha_{内}=\left(1+3.5\frac{d_t}{d_c}\right)\left(0.023\frac{\lambda}{D}Re^{0.8}Pr^{0.4}\right)$$

$$=\left(1+3.5\times\frac{0.035}{0.46}\right)\left(0.023\times\frac{0.606}{0.035}\times15620^{0.8}\times6.28^{0.4}\right)=2381\text{W/(m}^2\cdot\text{K)}$$

又蛇管壁厚 $\delta=5\text{mm}$，$\lambda_{钢}=44.9\text{W/(m}^2\cdot\text{K)}$，$R_z=0.0004$，所以蛇管传热系数为：

$$\frac{1}{K}=\frac{1}{1318}+\frac{1}{2381}+\frac{0.005}{44.9}+0.0004$$

$$K=592\text{W/(m}^2\cdot\text{K)}$$

4.5　搅拌系统传热时间

对于间歇操作的搅拌系统，假定液体受到充分搅拌，其温度在任何时间均一致。

(1) 内蛇管或外夹套，加热介质为恒温

$$\theta=\frac{WC_p}{KA}\ln\frac{t_h-t_{c_1}}{t_h-t_{c_2}}\tag{4-33}$$

式中　θ——传热时间/h；

W——被加热流体的质量，kg；

C_p——被加热流体的比定压热容，kJ/(kg·℃)；

K——总传热系数，kJ/(m^2·h·℃)；

A——传热面积，m^2；

t_h——热载体温度，℃；

t_{c_1}——被加热流体初温；

t_{c_2}——被加热流体终温,℃。

（2）蛇管或夹套，冷却介质为恒温

$$\theta = \frac{WC_p}{KA}\ln\frac{t_{h_1} - t_c}{t_{h_2} - t_c} \tag{4-34}$$

式中　t_{h_1}——被冷却流体的初温,℃；

t_{h_2}——被冷却流体的终温,℃；

t_c——冷却介质的温度,℃。

（3）蛇管或夹套，加热介质非恒温

$$\theta = \frac{WC_p}{MC'_p}\left(\frac{\varphi}{\varphi - 1}\right)\ln\frac{t_{h_1} - t_{c_1}}{t_{h_1} - t_{c_2}},\quad \varphi = \exp\frac{KA}{MC'_p} \tag{4-35}$$

式中　M——热载体质量流量，kg/h；

C'_p——比定压热容，kJ/(kg·℃)；

t_{h_1}——加热介质的入口温度,℃；

t_{c_1}、t_{c_2}——被加热流体的初温、终温,℃。

（4）蛇管或夹套，冷却介质非恒温

$$\theta = \frac{WC_p}{MC'_p}\left(\frac{\varphi}{\varphi - 1}\right)\ln\frac{t_{h_1} - t_{c_1}}{t_{h_2} - t_{c_1}},\quad \varphi = \exp\frac{KA}{MC_p'} \tag{4-36}$$

式中　M——冷却介质的质量流量，kg/h；

C'_p——比定压热容，kJ/(kg·℃)；

t_{c_1}——冷却介质的入口温度,℃；

t_{h_1}、t_{h_2}——被冷却流体的初温、终温,℃。

【例 4-5】 试推导加热介质为恒温时加热时间的计算公式 $\theta=\frac{WC_p}{KA}\ln\frac{t_h-t_{c_1}}{t_h-t_{c_2}}$

解： 热通量 $Q = KA\Delta t_m\theta$ 即

$$\frac{dQ}{d\theta} = KA\Delta t_m$$

釜内物料吸热

$$\frac{dQ}{d\theta} = WC_p\frac{dt_c}{d\theta}$$

于是

$$\frac{dt_c}{d\theta} = \frac{KA\Delta t_m}{WC_p}$$

其中

$$\Delta t_m = t_h - t_c$$

代入上式，分离变量，积分得

$$\int_0^\theta d\theta = \frac{WC_p}{KA}\int_{t_{c_1}}^{t_{c_2}} \frac{dt_c}{t_h - t_c}$$

所以

$$\theta = \frac{WC_p}{KA}\ln\frac{t_h - t_{c_1}}{t_h - t_{c_2}}$$

本章小结

1. 以工业搅拌器为主线，展开搅拌器的结构、混合机理、搅拌器的选择与搅拌功率的计算。
2. 以反应器的换热为主线，展开反应器换热结构与换热介质的选择及其换热面积的计算。

思 考 题

1. 釜式反应器内物料湍流时，搅拌功率的计算公式为 $P_s = K_2(\rho n^3 d^5)$，这是否表明搅拌功率与反应器的几何尺寸无关？为什么？

2. 同蛇管相比，夹套传热有哪些优缺点？

3. 搅拌器选型时需要考虑的因素有哪些？

4. 釜式反应器，蛇管或夹套传热，加热介质为恒温，加热时间的计算公式为 $(WC_p/KA)\ln[(t_h-t_{c_1})/(t_h-T_{c_2})]$，这是否表明加热时间与载热体的流量无关？说明原因。

5. 挡板的作用是什么？全挡板条件是否指挡板无限多？

习 题

1. 一无挡板反应釜直径 0.6m，采用双叶单平桨搅拌器搅拌，已知搅拌器桨叶直径 0.2m，宽 0.05m，转速 30r/min；反应液密度 960kg/m^3，黏度 2Pa·s。求搅拌功率。

2. 某搅拌反应釜采用开启式六叶涡轮搅拌器。搅拌器直径 0.5m，叶片宽度 0.1m，搅拌转速 250r/min。釜内径 1.5m，釜内液面高度 1.5m，搅拌器叶片距釜底 0.5m，液体混合物黏度 1.32×10^{-3}Pa·s，密度 1000kg/m^3。全挡板条件。求搅拌功率。

3. 一装有冷却蛇管和温度计套管的反应釜内，管内水流速为 0.5m/s。使用平直叶桨式搅拌器，全挡板，反应釜直径 1.2m，搅拌器直径 0.4m，转速为 120r/min，$d/b=5:1$，$c/d=1:3$，$h/d=1$，密度 860kg/m^3，黏度 0.075Pa·s。求搅拌功率。

4. 有一六平片涡轮式搅拌器，直径 0.5m，位于反应器中心，转速 100r/min。釜径为 1.5m，平底无挡板。釜内液深 1.5m，叶轮距釜底 0.5m，液体黏度 0.2Pa·s，密度 945kg/m^3。试计算搅拌功率。

5. 在乙醇介质中进行某化学反应，采用推进式搅拌器。搅拌器直径 0.4m，叶片螺距 0.4m，搅拌转速 240r/min。反应釜内径 1.2m，液面高度 1.2m，液面到釜底距离 0.4m，液体混合物黏度 0.1Pa·s，密度 1100kg/m^3，无挡板，求搅拌功率。

6. 在直径 1.1m 的反应釜内，装有直径为 0.4m 的三叶推进式搅拌器，无挡板，搅拌转速 400r/min，$s/d=1$，$c/d=1$，密度为 1020kg/m^3，黏度 1.6×10^{-3}Pa·s。液体高度 1.1m。求搅拌功率。

7. 试推导加热介质非恒温的加热时间计算公式。

第5章 连续釜式反应器

5.1 连续釜式反应器的特点及应用

连续釜式反应器是一种以釜式反应器实现连续生产的操作方式。与间歇釜式反应器相比，由于不存在间歇操作中的辅助时间问题，具有生产效率高、劳动强度低、操作费用小、产品质量稳定、易实现自控等优点，适合于大规模生产。

在连续釜式反应器中，物料随进随出，连续流动。原料进入反应釜后，立即被釜内物料稀释，使反应物浓度降低，物料不断搅拌。所以，连续釜式反应器的反应推动力较小，反应速率较低，不存在热量的积累引起局部过热问题，可使某些对温度敏感的快速放热反应得以平稳进行。由于釜式反应器的物料容量大，当进料条件发生一定程度的波动时，不会引起釜内反应条件的明显变化，稳定性好，操作安全，特别适宜像芳烃硝化那样的强放热反应在比较缓和的条件下进行。稳态操作时，反应器内所有参数不随时间变化，符合理想混合假设，这是连续釜式反应器的基本特征。

在连续釜式反应器中实现理想混合假设的必要条件是：叶轮的排料速率(循环量)为进料流量的5~10倍。该判据可由以下公式表示：

$$Q_R/Q_F > 5 \sim 10 \tag{5-1}$$

式中 Q_F——进料流量；

Q_R——叶轮的排料速率，可由以下经验公式估算：

$$Q_R/nd^3 = N_{QR} \tag{5-2}$$

式中 n——搅拌器转数；

d——搅拌器叶轮直径；

N_{QR}——无因次数。

在有挡板的条件下，对于推进式叶轮 $N_{QR}=0.5$；对于涡轮式叶轮(六叶，宽径比为1∶5)，$N_{QR}=0.93D/d$ (用于 $Re>10^4$，D 为反应器内径，d 为搅拌器桨径)。

连续釜式反应器在结构上通常与间歇釜式反应器相同。其常见的进出料方式见图5-1。

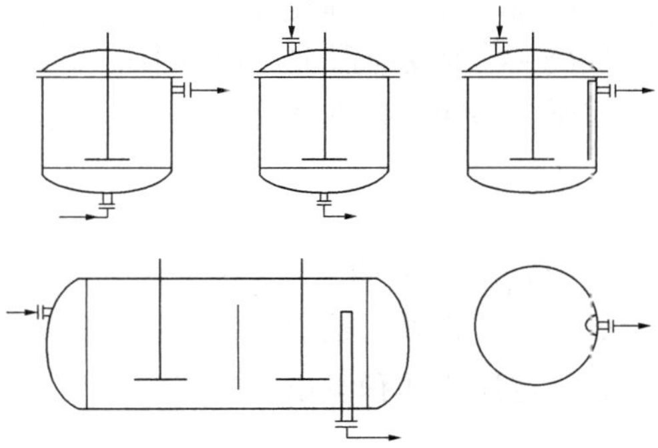

图5-1 连续釜式反应器的进出料方式

5.2 连续釜式反应器的设计

5.2.1 反应体积

实际生产中的连续釜式反应器几乎都是在稳态下操作，各股物流以及连续釜式反应器内物料的浓度、温度、压力等操作参数不随时间变化，因此，不存在时间自变量，符合理想混合假设。由于不存在时间变量，可取整个反应釜作为衡算单元(控制体积)，对关键组分 A 作物料衡算(图 5-2)。

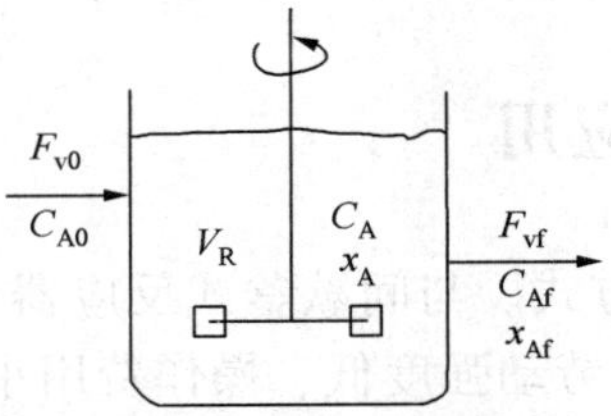

图 5-2 全混釜衡算模型建立示意图

输入量 $=F_{V0}C_{A0}$

输出量 $=F_{Vf}C_{Af}$

反应量 $=r_AV_R$

累计量 $=0$

由物料衡算式：

输入量=输出量+反应量+累计量

所以 $F_{V0}C_{A0}=F_{Vf}C_{Af}+r_AV_R$

这类反应器多用于在液相中进行的反应，反应过程中液体体积的变化不显著，完全可以视为恒容反应，因此可假定 $F_{V0}=F_{Vf}$；而且稳态操作时，由理想混合流动模型可知，$x_A=x_{Af}$，$C_A=C_{Af}$，于是：

$$V_R=\frac{F_{V0}(C_{A0}-C_A)}{r_A} \tag{5-3}$$

由 $x_A=\dfrac{C_{A0}-C_A}{C_{A0}}$ 可得反应体积与转化率的关系式，即：

$$V_R=\frac{F_{V0}C_{A0}x_A}{r_A} \tag{5-4}$$

这就是恒容液相连续釜式反应器的设计方程。稳态操作的连续釜式反应器是在等温、等浓度下进行的反应，因此也是在等反应速度下反应，即式(5-3)和式(5-4)中的 r_A 在整个反应进程中均为常数。因此，只要原料的处理量、组成和反应的动力学方程已知，即可由式(5-3)或式(5-4)用简单的代数计算求得满足输出要求时的反应体积。这是等速操作时连续釜式反应器不同于其他反应器的一个显著特点。

式(5-4)为反应器进口物料中不含反应产物，即 $x_A=0$ 时推导得到的。如果反应器的进料转化率 $x_{A0}\neq 0$，根据转化率的定义 $C_{A0}-C_A=C_{A0}(x_A-x_{A0})$，得到

$$V_R=\frac{F_{V0}C_{A0}(x_A-x_{A0})}{r_A} \tag{5-5}$$

其中 r_A 一般具有 $r_A=A_0\exp(-E_a/RT)C_A^mC_B^n\cdots$ 的形式。另外，r_A 应按反应器内的反应物料组成计算，也就是按出口物料组成计算。当同时进行数个反应时，需求解代数方程组才可以计算一定反应体积下出口物料的组成，需求组分 A 的总反应速率 $\sum\gamma_{ij}\bar{r}_j$，式(5-5)可表示为：

$$V_R=\frac{F_{V0}C_{A0}(x_A-x_{A0})}{\sum\gamma_{ij}\bar{r}_j} \tag{5-5a}$$

如果原料的处理量、进出口组成已知，则无论同时发生多少个反应，只通过一个式子就可以计算反应体积。

5.2.2　停留时间

为了对连续反应器的生产能力作比较，往往引用空间时间（空时）这一概念。其定义为反应体积与物料的进料体积流量之比，用 τ 表示，$\tau=\dfrac{V_R}{F_{V0}}$。而反应体积与物料的体积流量之比定义为停留时间，也以 τ 表示，$\tau=\dfrac{V_R}{F_{Vf}}$。对于连续釜式反应器，由于物料的停留时间并不相同，所以由上述定义计算得到的停留时间称为平均停留时间。显然空时具有时间的因次。空时越小，表示该反应器的处理物料量越大，空时大则相反。若在进出口组成相同的条件下比较两个连续反应器，空时小者，生产能力大，当然，两者的进料体积流量必须按相同的温度和压力计算。对于恒容过程，因为 $F_{V0}=F_{Vf}$，所以空时也等于物料在反应器内的平均停留时间。

$$\tau=\frac{V_R}{F_{V0}}=\frac{C_{A0}x_A}{r_A} \tag{5-6}$$

或

$$\tau=\frac{V_R}{F_{V0}}=\frac{C_{A0}(x_A-x_{A0})}{r_A} \tag{5-6a}$$

可用代数法求式(5-6)和式(5-6a)的解析解。例如在连续釜式反应器中，进行二级不可逆反应 $r_A=kC_A^2=k[C_{A0}(1-x_A)]^2$，则停留时间：

$$\tau=\frac{x_A}{kC_{A0}(1-x_A)^2}$$

$$k\tau C_{A0}(1-x_A)^2+(1-x_A)-1=0$$

$$x_A=1-\frac{-1+\sqrt{1+4k\tau C_{A0}}}{2k\tau C_{A0}}$$

由此可见，对于给定的化学反应，若其动力学方程已知，则 V_R、τ 仅为转化率 x_A 的函数，即

$$\tau=f(x_A) \text{ 或 } x_A=f(\tau)$$

如果 r_A 的表达式较为复杂，如三级反应或非整数级反应，求其解析解可能比较困难，此时，可借助计算机求其数值解，或采用图解法求解。

5.2.3　平均停留时间的图解法求解

给定转化率求停留时间以及给定停留时间求转化率，实际上是求下列方程组的解：

$$r_A=kC_{A0}^n(1-x_A)^n \tag{5-7}$$

$$\tau=\frac{C_{A0}x_A}{r_A} \tag{5-8}$$

方程(5-8)可变形为：

$$r_A=\frac{C_{A0}}{\tau}x_A \tag{5-9}$$

由方程组的解的几何意义可知，其解就是方程所代表的曲线的交点，因此，上述方程组

可采用图解法求解。

图解法求解的方法如下：

于 $r_A \sim x_A$ 直角坐标系中描绘方程(5-7)的曲线 MN(动力学曲线)，见图 5-3a。

① 已知停留时间 τ，求终点转化率 x_{Af}。

过原点 O 作斜率为 C_{A0}/τ 的直线交 MN 于 P 点，P 点的横坐标即为终点转化率，直线 OP 称为物料衡算线或操作线。

② 已知终点转化率 x_{Af}，求停留时间 τ。

在 x_A 轴上截取 $OQ=x_{Af}$，过 Q 作垂线，交 MN 于 P 点，由直线 OP 的斜率可计算出 τ，进而求得反应体积 V_R。

若以反应速率 r_A 为纵坐标，反应物浓度 C_A 为横坐标进行图解计算，其方法与此类似。见图 5-3b。

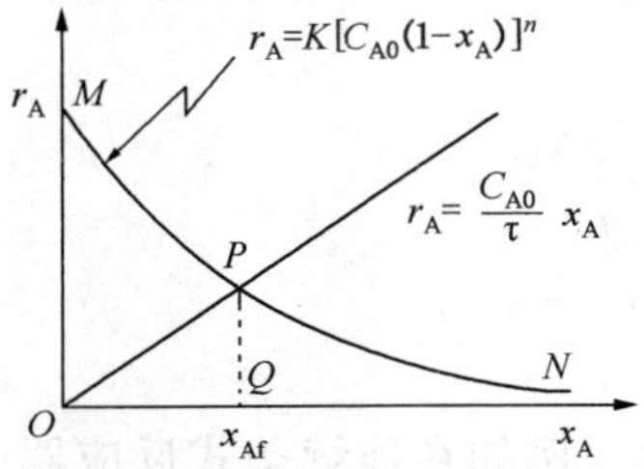

图 5-3a 图解法示意图

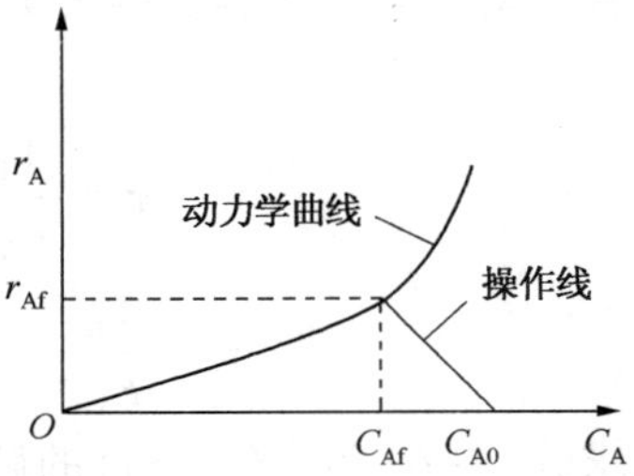

图 5-3b 图解法示意图

图解法的优点在于既可用已知的动力学方程作图，也可以用实验数据作图，因此，在缺乏动力学数据的情况下，图解法尤其显示出其优越性。

【例 5-1】 等温条件下，一液相分解反应 A→B+C，$r_A=kC_A$，已知操作条件下速率常数 $k=0.6$/h。A 的起始浓度为 1.0kmol/m³，恒容，要求 A 的转化率达到 60%，试计算物料的处理量为 2.0m³/h 的连续釜式反应器的反应体积。

解：(1) 解析法

已知动力学方程式 $r_A=kC_A=kC_{A0}(1-x_A)$，由式(5-6)得

$$\tau=\frac{C_{A0}}{r_A}x_A=\frac{x_A}{k(1-x_A)}=\frac{0.6}{0.6(1-0.6)}=2.5\text{h}$$

$$V_R=F_{V0}\cdot\tau=5.0\text{m}^3$$

(2) 图解法

以 r_A 为纵坐标，x_A 为横坐标作图：由动力学方程式 $r_A=kC_A=kC_{A0}(1-x_A)$ 知，r_A 与 x_A 的关系为一直线，因此取两点很容易地就可以在 $r_A \sim x_A$ 图上绘出动力学曲线 MN，见图 5-4。

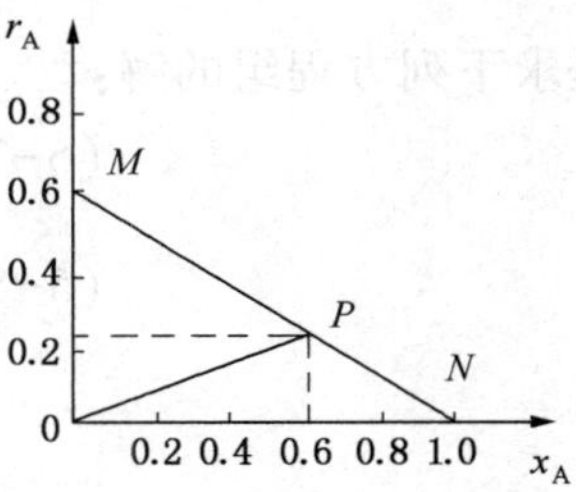

图 5-4 例 5-1 图解

由物料衡算式 $r_a=\frac{C_{A0}}{\tau}x_A$ 在横坐标上取 $x_A=0.6$ 一点做垂线交于 MN 线上于一点 P，因进口物料中不含反应产物，即 $x_{A0}=0$，过 O 连接 P 点得物料衡算线(又称操作线) OP，其斜率为

C_{A0}/τ，查图得

$$\frac{C_{A0}}{\tau}=\frac{0.24}{0.6}$$

已知 $C_{A0}=1\text{kmol/m}^3$，则 $\tau=1\times\frac{0.24}{0.6}=2.5\text{h}$，$V_R=F_{V0}\cdot\tau=5.0\text{m}^3$

【例 5-2】 有液相反应 $A+B\underset{k_2}{\overset{k_1}{\rightleftharpoons}}P+R$，在 120℃时，正、逆反应的速率常数分别为 $k_1=8\text{L/(mol}\cdot\text{min)}$，$k_2=1.7\text{L/(mol}\cdot\text{min)}$。若反应在连续流动釜式反应器中进行，其中物料容量为 100L。两股进料流同时等量导入反应器，其中一股含 3.0mol A/L，另一股含 2.0mol B/L，求当 B 的转化率为 0.8 时，每股料液的进料流量应为多少？

解：假定在反应过程中物料的密度恒定不变，当 B 的转化率为 0.8 时，在反应器进口流和出口流中各组分的浓度应为

$$C_{A0}=1.5\text{mol/L},\quad C_{B0}=1.0\text{mol/L}$$

$$C_B=C_{B0}(1-x_B)=1.0\times0.2=0.2\text{mol/L}$$

$$C_A=C_{A0}-C_{B0}x_B=1.5-0.8=0.7\text{mol/L}$$

所以

$$C_P=0.8\text{mol/L},\quad C_R=0.8\text{mol/L}$$

对于可逆反应，有

$$\begin{aligned}r_A=r_B&=k_1C_AC_B-k_2C_PC_R\\&=8\times0.7\times0.2-1.7\times0.8\times0.8\\&=1.12-1.088=0.032\text{mol/(L}\cdot\text{min)}\end{aligned}$$

对于连续流动釜式反应器

$$\tau=\frac{V}{F_{V0}}=\frac{C_{A0}-C_A}{r_A}=\frac{C_{B0}-C_B}{r_B}$$

$$F_{V0}=\frac{Vr_A}{C_{A0}-C_A}=\frac{Vr_B}{C_{B0}-C_B}=\frac{100\times0.032}{0.8}=4\text{L/min}$$

所以，两股进料流中每一股进料流量应为 2L/min。

5.3 连续釜式反应器的并联与串联

连续釜式反应器在工业上有着广泛的应用。但在反应器设计过程中，常常遇到这样的问题，即：是使用一个较大的反应器完成生产任务，抑或是用若干个较小的反应器实现反应；采取什么样的联结方式效果才最好，这样的反应器组又如何计算，这是本节要解决的问题。

假如在连续釜式反应器中进行单一反应，则反应器体积由式(5-5)计算。下面讨论一下式(5-5)的几何意义。根据反应速率方程，可将 x_A 对 $1/r_A$ 作图，见图 5-5。一般地，对于正级数的反应 r_A 总是随着 x_A 的增加而降低，则 $1/r_A$ 随着 x_A 的增加而升高，见图 5-5(a)；而对于负级数的反应 r_A 总是随着 x_A 的增加而增加，则 $1/r_A$ 随着 x_A 的增加而降低，见图 5-5(b)。

当用一个釜式反应器操作使反应物 A 的转化率从 0 增加到 x_{A2} 时，由式(5-5)知所需的反应体积为 $\frac{F_{V0}C_{A0}x_{A2}}{r_{A2}}$，而由图 5-5(a)可看出 $\frac{x_{A2}}{r_{A2}}$ 等于矩形 $OADK$ 的面积，由图 5-5(b)可

看出 $\frac{x_{A2}}{r_{A2}}$ 等于矩形 $OLNP$ 的面积。所以，对于一定的进料条件而言，反应体积与此矩形面积成正比。

当用两个釜式反应器串联操作，假设第一釜中转化率为 x_{A1}，第二釜中转化率为 x_{A2}。由图 5-5(a)可以看出，两釜串联需要体积小于单釜操作，串联操作有利；图 5-5(b)的情况则为两釜串联需要体积大于单釜操作，串联操作不利。

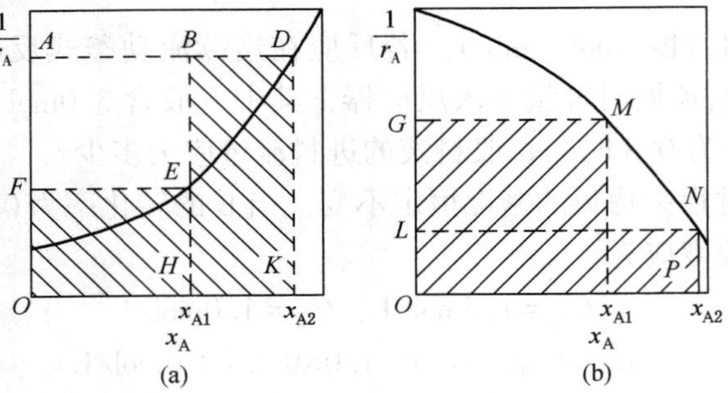

图 5-5 连续釜式反应器反应体积的几何图示

5.3.1 并联

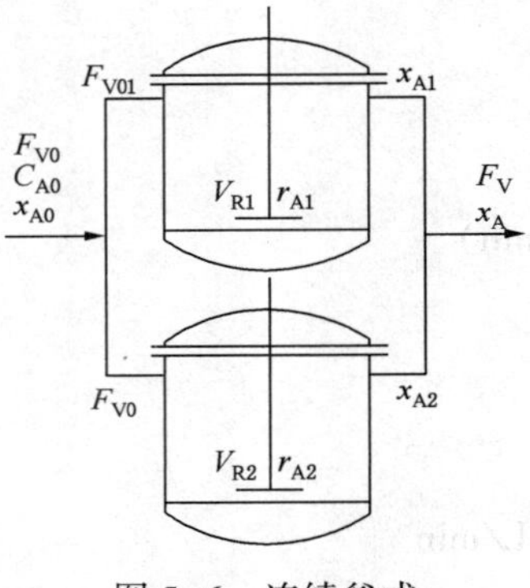

图 5-6 连续釜式反应器的并联

当需要用单釜进行连续操作，其体积过大而难于加工制造时，常常用若干个体积较小的反应釜并联操作，见图 5-6。其设计方法与单釜连续相同，但存在流量分配问题。

为能稳定地控制产品质量，通常使并联各釜的出口转化率相同，即

$$x_{A1}=x_{A2}=\cdots=x_{An}$$

由釜式反应器的设计方程可知，为使各釜的出口转化率相同，应使反应物在各釜的停留时间相同，即 $\tau_1=\tau_2=\cdots=\tau_n$。

由于 $\tau_i=V_{Ri}/F_{V0i}$，所以，要使各釜的出口转化率相同，应使各釜的进料流量与其对应的反应体积比相同，就是

$$\frac{V_{R1}}{F_{V01}}=\frac{V_{R2}}{F_{V02}}=\cdots=\frac{V_{Rn}}{F_{V0n}} \tag{5-10}$$

实际生产中，通常采用等体积的反应釜并联，并平均地分配进料流量。但如果并联的数量过多，设备及操作费用会增加，应从经济角度出发，确定并联的台数。

5.3.2 串联

多釜串联是工业上一种常见的操作方式，是一种介于理想混合和理想置换的流动模型，设计时同样要解决反应体积和台数的问题。其计算方法是采用单釜连续的计算方法进行多次计算，也可以用图解法。

(1) 解析法

如图 5-7 所示的多釜串联，恒容条件下，对第 i 釜进行物料 A 的衡算得：

$$F_{V0}C_{A0}(1-x_{i-1})=F_{V0}C_{A0}(1-x_i)+r_{Ai}V_{Ri}$$

或

$$F_{V0}C_{Ai-1} = F_{V0}C_{Ai} + r_{Ai}V_{Ri}$$

于是

$$V_{Ri} = \frac{F_{V0}C_{A0}(x_{Ai} - x_{Ai-1})}{r_{Ai}} \text{ 或 } V_{Ri} = \frac{F_{V0}(C_{Ai-1} - C_{Ai})}{r_{Ai}}$$

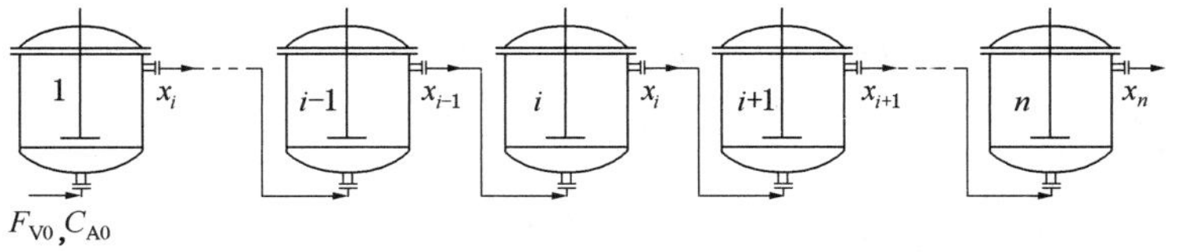

图 5-7　多釜串联反应器示意图

第 i 釜的平均停留时间为：

$$\tau_i = \frac{C_{A0}(x_{Ai} - x_{Ai-1})}{r_{Ai}} \tag{5-11}$$

或

$$\tau_i = \frac{C_{Ai-1} - C_{Ai}}{r_{Ai}} \tag{5-12}$$

因此：

① 在给出 F_{V0}、V_{Ri}、C_{A0}及串联数目 n 后，可依次求出第 1、2…n 釜的出口浓度或转化率；

② 在各釜的反应体积已定时，可确定达到指定转化率所需要的反应器台数。

例如，n 釜串联的反应器中，进行一级恒容不可逆反应，$r_A = kC_A$

由 $\tau_i = \dfrac{C_{Ai-1} - C_{Ai}}{r_{Ai}}$ 得 $\dfrac{C_{Ai}}{C_{Ai-1}} = \dfrac{1}{1 + k_i\tau_i}$

即：

$$\frac{C_{A1}}{C_{A0}} = \frac{1}{1 + k_1\tau_1}、\frac{C_{A2}}{C_{A1}} = \frac{1}{1 + k_2\tau_2}、\frac{C_{A3}}{C_{A2}} = \frac{1}{1 + k_3\tau_3}\cdots\frac{C_{An}}{C_{An-1}} = \frac{1}{1 + k_n\tau_n}$$

连乘之，得

$$\frac{C_{An}}{C_{A0}} = \prod_{i=1}^{n}\frac{1}{1 + k_i\tau_i} \tag{5-13}$$

若 x_{An}为终点转化率，则依转化率的定义：

$$x_{An} = \frac{C_{A0} - C_{An}}{C_{A0}} = 1 - \frac{C_{An}}{C_{A0}}$$

所以

$$x_{An} = 1 - \prod_{i=1}^{n}\frac{1}{1 + k_i\tau_i} \tag{5-14}$$

工业上一般采用等体积的反应釜串联，故 $\tau_1 = \tau_2 = \cdots = \tau_n = \tau$；又若各釜的反应温度相同，则 $k_1 = k_2 \cdots = k_n = k$，于是，对于等温恒容的一级反应，在等体积串联时，反应物浓度、转化率与每釜的停留时间的关系为：

$$C_{An} = \frac{C_{A0}}{(1 + k\tau)^n} \text{ 及 } x_{An} = 1 - \frac{1}{(1 + k\tau)^n}$$

所以

$$\tau=\frac{1}{k}\left[\left(\frac{1}{1-x_{An}}\right)^{\frac{1}{n}}-1\right] \tag{5-15}$$

此时，总反应时间为

$$\tau_T=n\tau=\frac{n}{k}\left[\left(\frac{1}{1-x_{An}}\right)^{\frac{1}{n}}-1\right] \tag{5-16}$$

总反应体积为

$$V_R=\sum_{i=1}^{n}V_{Ri}=nF_{V0}\tau=\frac{nF_{V0}}{k}\left[\left(\frac{1}{1-x_{An}}\right)^{\frac{1}{n}}-1\right] \tag{5-17}$$

由此可见对于一级反应，在满足等温、恒容和等体积串联的情况下，可由终点转化率求出平均停留时间及反应体积，反之亦可。那么对于非一级反应呢？

【例 5-3】 在理想混合反应器中进行液相等温恒容反应 A+B→R，A 和 B 按等摩尔配成，$r_A=kC_AC_B$，$k=9.92\text{m}^3/(\text{kmol}\cdot\text{s})$，进料速率 $0.278\text{m}^3/\text{s}$，A 的初浓度为 0.08kmol/m^3。要求 A 的转化率为 87.5%，问分别以①一个反应釜②两个等体积的反应釜③三个等体积的反应釜串联操作时，总的反应体积各是多少？

解： $r_A=kC_AC_B=9.92C_A^2=9.92C_{A0}^2(1-x_A)^2$；$x_{Af}=0.875$；$F_{V0}=0.278\text{m}^3/\text{s}$；$C_{A0}=0.08\text{kmol/m}^3$

① 一个反应釜 $x_{A0}=0$

$$\tau=\frac{C_{A0}(x_{Af}-x_{A0})}{r_A}=\frac{0.875}{9.92\times0.08\times(1-0.875)^2}=70.6\text{s}$$

$$V_R=F_{V0}\tau=0.278\times70.6=19.6\text{m}^3$$

② 两个等体积的反应釜串联

$$\tau_1=\frac{C_{A0}(x_{A1}-x_{A0})}{r_{A1}}=\frac{x_{A1}-x_{A0}}{kC_{A0}(1-x_{A1})^2}$$

$$\tau_2=\frac{C_{A0}(x_{Af}-x_{A1})}{r_{A2}}=\frac{x_{Af}-x_{A1}}{kC_{A0}(1-x_{Af})^2}$$

相除得

$$\frac{x_{A1}-x_{A0}}{(1-x_{A1})^2}=\frac{x_{Af}-x_{A1}}{(1-x_{Af})^2}$$

由于 $x_{A0}=0$；$x_{Af}=0.875$，所以

$$(1-0.875)^2x_{A1}=(0.875-x_{A1})(1-x_{A1})^2$$

其数值解为 $x_{A1}=72.5\%$

$$\tau_1=\frac{x_{A1}-x_{A0}}{kC_{A0}(1-x_{A1})^2}=\frac{0.725}{9.92\times0.08(1-0.725)^2}=12.08\text{s}$$

$$V_R=2F_{V0}\tau_1=2\times0.278\times12.08=6.72\text{m}^3$$

③ 三个等体积的反应釜串联

$$\tau_1=\frac{C_{A0}(x_{A1}-x_{A0})}{r_{A1}}=\frac{x_{A1}-x_{A0}}{kC_{A0}(1-x_{A1})^2}$$

$$\tau_2=\frac{C_{A0}(x_{A2}-x_{A1})}{r_{A2}}=\frac{x_{A2}-x_{A1}}{kC_{A0}(1-x_{A2})^2}$$

$$\tau_3=\frac{C_{A0}(x_{Af}-x_{A2})}{r_{A3}}=\frac{x_{Af}-x_{A2}}{kC_{A0}(1-x_{Af})^2}$$

三元方程组，其数值解为

$$x_{A1}=62.9\%$$

$$x_{A2}=80.4\%$$

$$\tau_1=\tau_2=\tau_3=5.76\text{s}$$

$$V_R=3F_{V0}\tau_1=3\times0.278\times5.76=4.80\text{m}^3$$

单釜连续 $V_R=19.6\text{m}^3$；双釜连续 $V_R=6.72\text{m}^3$；三釜连续 $V_R=4.80\text{m}^3$

（2）图解法

由上可见，采用解析法计算非一级反应的多釜串联问题是比较繁复的。此时，可采用图解法。

图解法的方法如下：

描绘动力学曲线 $r_A=f(x_A)-MN$ 于直角坐标系中。

① 已知反应釜串联的个数 n 以及反应体积 V_R（也就是停留时间 τ），求终点转化率 x_{Af}。

由 $\tau_i=\dfrac{C_{A0}(x_{Ai}-x_{Ai-1})}{r_{Ai}}$ 得 $r_{Ai}=\dfrac{C_{A0}}{\tau_i}(x_{Ai}-x_{Ai-1})$ 是斜率为 C_{A0}/τ，过点（x_{Ai-1}，0）的直线（可称为物料衡算线），交动力学曲线于一点，该点横坐标为 x_{Ai}，为第 i 釜的出口转化率，从第一釜开始作到第 n 釜，得终点转化率。见图 5-8，过原点作斜率为 C_{A0}/τ 的直线交 MN 于 P_1，过 P_1 的垂线交横轴于（x_{A1}，0），x_{A1} 为第 1 釜的出口转化率；过（x_{A1}，0）作斜率为 C_{A0}/τ 的直线交 MN 于 P_2，过 P_2 的垂线交横轴于（x_{A2}，0），x_{A2} 为第 2 釜的出口转化率；依此类推，可求第 n 釜的出口转化率；即终点转化率 x_{Af}。

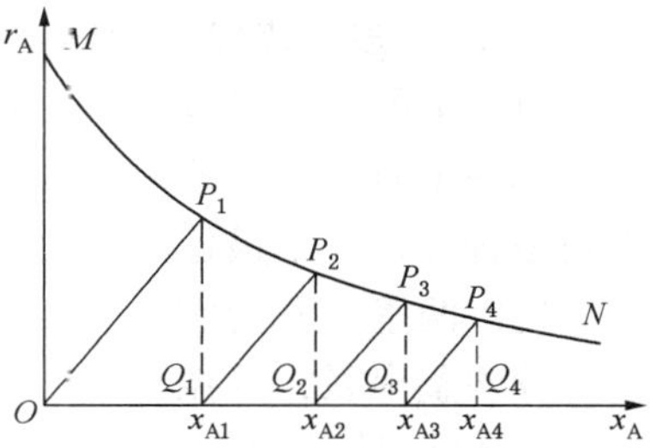

图 5-8　多釜串联的图解法

② 已知终点转化率 x_{Af}，求串联的个数 n（已知反应体积，即停留时间 τ）。

过原点作斜率为 C_{A0}/τ 的直线交 MN 于 P_1，过 P_1 的垂线交横轴于（x_{A1}，0），x_{A1} 为第 1 釜的出口转化率；过（x_{A1}，0）作斜率为 C_{A0}/τ 的直线交 MN 于 P_2，过 P_2 的垂线交横轴于（x_{A2}，0），x_{A2} 为第 2 釜的出口转化率；依此类推，直到第 n 釜的出口转化率 x_{An} 大于或等于指定的终点转化率 x_{Af}，此时的 n 即为所求串联的个数。

③ 已知终点转化率 x_{Af}，求反应体积 V_R（已知串联的个数 n）。

过原点作一直线交 MN 于 P_1，过 P_1 的垂线交横轴于 Q_1，过 Q_1 作 OP_1 的平行线交 MN 于 P_2，过 P_2 的垂线交横轴于 Q_2，…，依此作下去，如果第 n 釜的出口转化率 x_{An} 刚好等于指定的终点转化率 x_{Af}，由此时的斜率 C_{A0}/τ 可求出停留时间 τ。如果第 n 釜的出口转化率 x_{An} 不等于指定的终点转化率 x_{Af}，则重新从原点开始作直线，直到第 n 釜的出口转化率 x_{An} 刚好等于指定的终点转化率 x_{Af}，由此时的斜率 C_{A0}/τ 可求出停留时间 τ，进而求出反应体积。可称之为试差法。

【例 5-4】　用图解法解决例 5-3 中的两等体积釜串联问题。

解：属图解法的第③种情况，应采用试差法。

由已知条件知 $r_A=9.92C_{A0}^2(1-x_A)^2$，据此描绘出动力学曲线 MN；过原点 O 作直线 OP'_1 交动力学曲线于 P'_1 点(OP'_1 为第一釜的物料衡算线)；

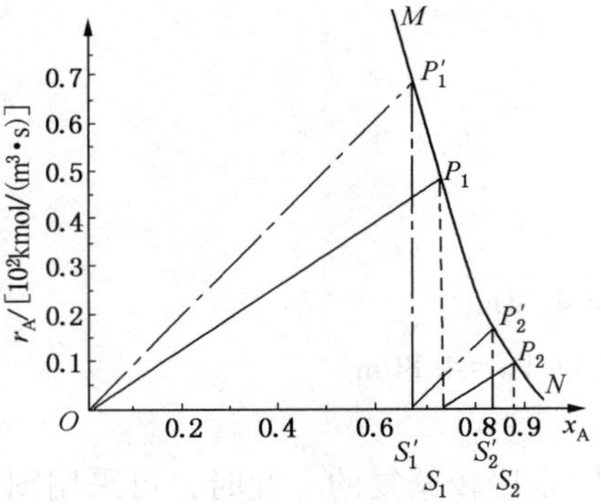

图 5-9　图解法例题示意图

过 P'_1 作垂线 $P'_1S'_1$ 交横轴于 S'_1 点，过 S'_1 作 OP'_1 的平行线 $S'_1P'_2$ 交动力学曲线于 P'_2 点，过 P'_2 作横轴的垂线 $P'_2S'_2$ 交横轴于 S'_2 点，于图上读得点 S'_2 的横坐标(第二釜的转化率)为 $0.73\neq0.875$，表明第一次所作的物料衡算线的斜率偏大，即停留时间过短。按上述方法重新作图，直到第二釜的出口转化率为 0.875，如图 5-9 所示的物料衡算线 OP_1、S_1P_2，此时 P_1 点对应的第一釜的转化率为 0.725。量取 P_1 点的纵坐标，计算出直线 OP_1 的斜率为 0.0066，所以

$$\tau=\frac{0.08}{0.0066}=12.1\text{s}$$

于是，总反应体积为

$$V_R=2\times0.278\times12.1=6.72\text{m}^3$$

5.3.3　多釜串联反应器组的各釜转化率的最佳分配

由以上的讨论可以看出，对于多釜串联反应器组，当物料处理量、物料的初浓度及终点转化率一定时，反应器的台数、各釜的反应体积和转化率之间存在一定关系，那么，在各釜之间是否存在一个最佳的转化率分配，使得总的反应体积为最小呢？

先以两釜串联为例：

设两釜串联，等温恒容，一级不可逆反应，$r_A=kC_{A0}(1-x_A)$，要求终点转化率达到 80%。总反应体积为：

$$V_R=V_{R1}+V_{R2}=\frac{F_{V0}}{k}\left(\frac{x_{A1}}{1-x_{A1}}+\frac{x_{A2}-x_{A1}}{1-x_{A2}}\right)$$

如图 5-10 所示，描绘 $V_Rk/F_{V0}\sim x_{A1}$ 于直角坐标系中，可见总反应体积随着 x_{A1} 的变化而变化，当 $x_{A1}=0.55$ 时，V_R 达到最小。

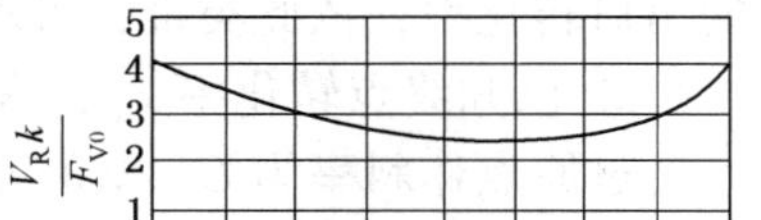

图 5-10　两台全混釜串联转化率的最佳分配

多釜串联时，仍设各釜温度相同，进行一级不可逆反应，则总反应体积 V_R：

$$V_R=\sum_{i=1}^{n}V_{Ri}=\frac{F_{V0}}{k}\left(\frac{x_{A1}-x_{A0}}{1-x_{A1}}+\cdots+\frac{x_{An}-x_{An-1}}{1-x_{An}}\right)\tag{5-18}$$

为使总反应体积 V_R 最小，将上式分别对 x_{A1}、$x_{A2}\cdots x_{An}$ 求导，于是

$$\frac{\partial V_R}{\partial x_{Ai}}=\frac{F_{V0}}{k}\left[\frac{1-x_{Ai-1}}{(1-x_{Ai})^2}-\frac{1}{1-x_{Ai+1}}\right],\ (i=1,2,\cdots,n-1)\tag{5-19}$$

令 $\dfrac{\partial V_R}{\partial x_{Ai}}=0$，则

$$\frac{1 + x_{Ai-1}}{(1 + x_{Ai})^2} + \frac{1}{1 + x_{Ai+1}} = 0,\ (i = 1,\ 2,\ \cdots,\ n - 1) \tag{5-20}$$

此式为总反应体积最小应满足的条件。共有 $n-1$ 个方程(因 x_{An} 已确定)，联立求解可算出各釜转化率。将上面的方程变形：

$$\frac{1 - x_{Ai-1}}{1 -_{Ai}} = \frac{1 - x_{Ai}}{1 - x_{Ai+1}},\ (i = 1,\ 2,\ \cdots,\ n - 1) \tag{5-21}$$

等式两端再同时减 1，得

$$\frac{x_{Ai} - x_{Ai-1}}{1 - x_{Ai}} = \frac{x_{Ai+1} - x_{Ai}}{1 - x_{Ai+1}},\ (i = 1,\ 2,\ \cdots,\ n - 1) \tag{5-22}$$

即
$$\frac{F_{V0}}{k}\frac{x_{Ai} - x_{Ai-1}}{1 - x_{Ai}} = \frac{F_{V0}}{k}\frac{x_{Ai+1} - x_{Ai}}{1 - x_{Ai+1}},\ (i = 1,\ 2,\ \cdots,\ n - 1) \tag{5-23}$$

也就是 $V_{Ri} = V_R(i+1)$，这说明要保证总反应体积最小，应使各釜反应体积相等。但此结论不可无条件推广，对于非一级反应，应采用类似方法另行处理。

5.4　釜式反应器的热量衡算与定态操作

强烈搅拌进行液相反应的连续釜式反应器可视为理想混合反应器。反应釜内物料温度均匀一致，若为定态操作，反应是在等温下进行的。如为非定态操作，仍属变温过程，即反应温度系随时间而变，但不随空间而变，无论是定态操作或是非定态操作，反应过程的温度均需由反应器的热量衡算式和物料衡算式来决定。这会出现定态不唯一的问题，即同时存在多个定态操作温度都能满足反应器的热量及物料衡算式。既然如此，必然会联想到哪一个定态在实际生产中是可行的，哪一个是不可行的，这就是本节要讨论的定态稳定性问题。

5.4.1　连续釜式反应器的热量衡算方程

若忽略反应流体的密度和比定压热容随温度的变化，反应器在定常态下操作时无须考虑时间自变量，且以整个反应体积为控制体积时，对反应器作单位时间的热量衡算。其热量衡算式为：

$$n_0 C_p (T - T_0) = V_R r_A q_r - KF(T - T_s) \tag{5-24}$$

式中　T_0——物料进口温度；

T——反应温度；

T_s——换热介质温度；

C_p——温度在 T 与 T_0 之间的平均比定压热容；

n_0——物料进口的总摩尔流量；

q_r——摩尔反应热；

K——传热系数；

F——传热面积。

因

$$V_R r_A = n_{A0}(x_A - x_{A0})$$

代入上式可得反应过程的温度与转化率的关系如下：

$$n_0 C_p (T - T_0) = n_{A0} q_r (x_A - x_{A0}) - KF(T - T_s) \tag{5-25}$$

以上二式便是连续釜式反应器的热量衡算式。因进料在一定温度下反应，达到所规定的转化率时所需移走或供给的热量，可由式(5-25)算出，从而可确定必需的换热介质用量。

若在绝热条件下进行反应，上式右端的第二项为零，式(5-25)简化成

$$T - T_0 = \frac{n_{A0}q_r}{n_0 C_p}(x_A - x_{A0}) \tag{5-26}$$

或

$$T - T_0 = \frac{y_{A0}q_r}{C_p}(x_A - x_{A0}) = \lambda(x_A - x_{A0}) \tag{5-26a}$$

这与绝热间歇反应器的绝热方程无论在形式上还是在实质上都是一样的，只是在符号使用上不同，所以，不管是间歇还是连续，在釜式反应器中绝热条件下反应，反应温度与转化率的关系相同。对于连续釜式反应器，虽然是在绝热条件下反应，仍然是等温下反应，由式(5-26)可以确定达到规定转化率时的绝热反应温度。但间歇反应则不然，绝热条件下反应，反应温度是时间的函数，即随反应时间而升高(放热反应)或降低(吸热反应)的。

将式(5-24)或式(5-25)与全混流反应器的设计方程式(5-5)联立求解来确定反应器容积、传热面积或有关反应温度、流体入口温度等操作参数。

【例 5-5】 有一有效容积为 $0.75m^3$ 的搅拌釜反应器，其内设置有换热面积为 $5.0m^2$ 的冷却盘管。现欲利用该反应器来进行 $A \xrightarrow{k} R$ 的一级不可逆液相反应，其速率常数 $k=1.0788\times10^9\exp(-5525.9/T)(h^{-1})$，反应热 $q_r=20921J/mol$，原料液中 A 的浓度 $C_{A0}=22mol/L$，但不含 R。此原料液的密度 $\rho=1050g/L$，比定压热容 $C_p=2.929(J/g\cdot℃)$。要求原料液的进料速率为 $F_{V0}=3m^3/h$，反应器出口的反应液中 $C_A=0.04mol/L$。经实测得器内换热器的总的传热系数 $K=209.2kJ/(m^2\cdot h\cdot ℃)$。所用的冷却介质的温度为 25℃。试求满足上述反应要求所需的反应温度以及料液的起始温度 T_0。

解：(1) 计算所需反应温度 T

全混流反应器：$\tau = \dfrac{V_R}{F_{V0}} = \dfrac{C_{A0}(x_A - x_{A0})}{r_A}$；

一级不可逆液相反应：$r_A = kC_A$

$$\tau = \frac{V_R}{F_{V0}} = \frac{0.75}{3} = 0.25h \qquad k = \frac{\dfrac{C_{A0}}{C_A} - 1}{\tau} = \frac{\dfrac{0.22}{0.04} - 1}{0.25} = 18h^{-1}$$

根据阿伦尼乌斯方程有 $\ln k = \ln A_0 - \dfrac{E}{RT}$

所以 $T = \dfrac{E}{-(\ln k - \ln A_0)R} = \dfrac{5525.9}{\ln(1.0788\times10^9) - \ln 18} = 308.6K$

所以，反应应在 308.6℃(或 35.4℃)下操作。

(2) 原料液起始温度 T_0 的计算

$$T_0 = T - \frac{V_R r_A q_r - KF(T - T_S)}{n_0 C_p} = T - \frac{V_R r_A q_r - KF(T - T_s)}{F_{V0}\rho C_p}$$

$$T_0 = 308.6 - \frac{18\times0.04\times0.75\times20921 - 209.2\times5\times(308.6 - 298.16)}{3\times1050\times2.929} = 297.4K$$

原料液的起始温度为 297.4K（或 24.2℃）。

5.4.2　连续釜式反应器操作的热稳定性分析

一般来说为使反应器保持在给定的温度条件下操作，它必须具备足够的传热能力以便把反应产生的热量带走，即要求反应的放热速率等于移除速率，保持热平衡状态。如果反应器的传热问题，只是要求选择适当的传热温差，确定传热系数和计算传热面积，那么它在一般的化学工程中已经解决了，无须在反应工程中再做专门讨论。化学反应器内的传热问题与一般的加热、冷却或换热过程中的传热问题不同，反应器内的反应过程和传热过程之间具有相互交联作用。实际上，由于工业反应过程不可能恒定在一个操作点上操作而不出现任何波动或者受到扰动，当传热过程与放热反应同时进行而发生相互交联时，就会出现两个新的问题——热稳定性和参数灵敏性问题。对于强放热反应，这两个问题往往是反应器设计和操作的关键。即在反应器设计和操作中不仅要确定反应器的大小尺寸，考虑热平衡问题，而且要着重考虑热稳定条件和参数灵敏性，即考虑如何控制温度和确定操作条件。

如对定态操作的放热反应过程，放热速率与换热速率达到平衡。当某些外界因素使反应温度升高时，因反应速率随温度上升呈非线性的指数函数关系，与此同时进行的热交换率则与温度呈线性关系，两者增加的幅度是不同的，可能的结果是反应放热速率大于换热速率。尤其对快速、温度敏感性强的、反应热效应大的化学反应，在散热条件不能满足及时传热要求时，很容易出现“飞温”或“温度失控”，这就是热不稳定性现象。这种不稳定现象往往会导致反应器正常运转的破坏，甚至发生事故。因此，设计和操作时都需考虑反应器的热稳性问题。

如果一个反应器是在某一平衡状态下设计并进行操作的，那么就传热而言，这个反应器就是处于热平衡状态，即反应的放热速率应该等于换热速率。只要这个平衡不被破坏，反应器内各处温度将不随时间而变化，处于定常状态。

但是，反应器在操作过程中的各有关参数不可能始终严格保持在给定值，总会有各种偶然的原因而引起波动，这种波动常常称为扰动。扰动表示如流量、进口温度、冷却介质温度等参数短暂的变动，它不是人为的调节，而是自然的变动。如果某个短暂的扰动使反应器内的温度产生了一个微小的变化，例如有一个微小的上升，那么扰动消失之后，原来处于平衡状态下的反应器会发生怎样的变化呢？当然，其变化无外乎两种情况：一是反应温度会自动返回到原来的平衡状态，此时称该反应器是热稳定的，或是有自衡能力的；二是该温度将继续上升，直到另一个平衡状态为止，此时称该反应器是不稳定的，或无自衡能力的。二者虽然都是热平衡的，但是一个是稳定的，另一个是不稳定的。可见平衡和稳定是两个不同的概念。平衡不等于稳定。平衡有两种，稳定的平衡和不稳定的平衡。

反应器的稳定与否对反应器操作有极为重要的意义。如果反应器是稳定的，那么只要有关参数基本上保持在给定值，即使短暂的扰动使反应器温度发生了偏离，也无须对温度进行专门的调节。因为在扰动消失后，它能自动返回原来的平衡状态。对于不稳定的反应器，则必须增设附加的调节装置，使它回到原来的平衡状态，否则它将自动地愈离愈远而无法正常操作。

一般说来，稳定条件要比平衡条件苛刻得多。热平衡条件要求热速率等于反应的放热速率，因此可以采用很大的传热温差，以减少必需的传热面积，从而简化了反应器的结构。而热稳定条件则给传热温差以限制，要求传热温差小于某个给定值，因而大大增加了所需的传热面积，使反应器结构大为复杂化。

当然，为了简化反应器结构，也可以不满足热稳定条件而通过自控措施随时间调节，实现所谓闭环稳定。但是，此时设计者必须确保反应器是可控的或易控的，否则对自控系统会有过高的或不切实际的要求，反而得不偿失。

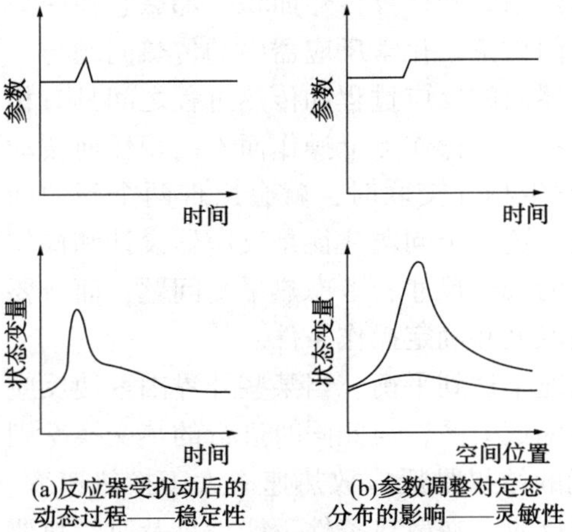

图 5-11 化学反应器稳定性和灵敏性的区别

即使反应器满足热稳定条件，还有一个参数灵敏性问题。所谓参数灵敏性指的是各有关参数如流量、进口温度和冷却介质温度等做微小调整时，反应器内温度或反应结果将会有多大的变化。

值得注意的是参数灵敏性和热稳定性是两个不同的概念。热稳定性是对微小的、短暂的扰动而言的；参数灵敏性则是对微小的但是持久的调整而言。其差别如图 5-11 所示。

参数灵敏性对反应器的操作同样具有重要的现实意义。如果反应器的参数灵敏性过高，那么对参数的调整就会有过高的精度要求，使反应器的操作变得十分困难。因此，在反应器的设计中，确定设备尺寸和工艺条件时必须设法避免过高的参数灵敏性。

总之，无论是热稳定性还是参数灵敏性，两者都给反应器的设计施加了限制。如果不予重视，往往会使设计的反应器无法操作。

下面以理想混合反应器为例，介绍有关热稳定性的问题。设一个简单放热反应

$$A \xrightarrow{k} P$$

其动力学方程为 $r_A = kc_A^n$，稳定操作时，其热平衡方程如下：

$$r_A V_R q_r = n_0 C_p (T - T_0) + KF(T - T_s)$$

方程的左边为化学反应热，设为 Q_r，右边为系统与外界的热交换，设为 Q_g，则

$$Q_r = r_A V_R q_r,\ Q_g = n_0 C_p (T - T_0) + KF(T - T_s)$$

因为 $$r_A = kC_A^n = A_0 \exp(-E_a/RT) C_A^n$$

故 Q_r、Q_g 又可写成：

$$Q_r = V_R q_r A_0 \exp(-E_a/RT) C_A^n \quad (5-27)$$

$$Q_g = (n_0 C_p + KF) T - n_0 C_p T_0 - KFT_s \quad (5-28)$$

从 Q_r-T 和 Q_g-T 关系式可以看到，Q_r 和 T 是指数函数关系，Q_r 随反应温度的变化呈 S 形曲线，如果略去反应过程 C_p 随 T 的变化，则 Q_g 和 T 是线性关系，分别作图得两条曲线，如图 5-12 所示。

S 型曲线的前半部分的剧烈上升是由于反应速率随温度呈指数关系而增加。而 S 型曲线的后半部分则是由于反应物消耗殆尽，反应转化率已趋近于 1，这时反应放热速率几乎不再随温度升高而增大，曲线区趋于平坦。显然，前半部分属于低转化率区，而后半部分属于高转化率区。直线斜率为 n_0C_p+KF。增加 KF 将使换热速率线斜率变陡，改变冷却介质温度 T_s 和进料温度 T_0，将使直线发生平移。反应器设计的任务正是要确定 KF、T_s 和 T_0，即要确定

换热速率线的位置。在 Q_r 曲线和 Q_g 直线的交点处 $Q_r=Q_g$，此时反应器的放热速率和换热速率相等，达到了热平衡要求，因此交点就是反应系统的定态操作点。图上反应放热曲线和散热线相交于 a、b、c 三点，也就是在同样操作条件下，反应器内可能出现三种不同的操作温度 T_a、T_b 和 T_c，这就是反应器的多态现象，在数学上称为多解。实际出现哪一个操作温度将取决于它的起始状态。反应系统的多态操作点都满足 $Q_r=Q_g$ 的热平衡条件，是系统的定态操作点，但却具有不同的特性。

下面就分析这三个点的稳定情况及操作态的选择。

a 点：当有扰动使 T 略大于 T_a 时($d\mathrm{T}>0$)，有 $Q_r<Q_g$，$\mathrm{d}Q_r<\mathrm{d}Q_g$，移热速率大于放热速率，体系温度下降，自动恢复到 a 点。当有扰动使 T 略小于 T_a 时($\mathrm{d}T<0$)，有 $Q_g>Q_T$，$\mathrm{d}Q_r>\mathrm{d}Q_g$，移热速率小于放热速率，体系温度上升，自动恢复到 a 点。

b 点：当有扰动使 T 略大于 T_b 时($\mathrm{d}T>0$)，有 $Q_g<Q_r$，$\mathrm{d}Q_r>\mathrm{d}Q_g$，移热速率小于放热速率，体系继续温度上降，直至到 c 点。当有扰动使 T 略小于 T_b 时($\mathrm{d}T<0$)，有 $Q_g>Q_r$，$\mathrm{d}Q_r<\mathrm{d}Q_g$，移热速率大于放热速率，体系温度继续下降，直至到 a 点。

c 点：当有扰动使 T 略大于 T_c 时($\mathrm{d}T>0$)，有 $Q_r<Q_g$，$\mathrm{d}Q_r<\mathrm{d}Q_g$，移热速率大于放热速率，体系温度下降，自动恢复到 c 点。

当有扰动使 T 略小于 T_c 时($\mathrm{d}T<0$)，有 $Q_g<Q_r$，$\mathrm{d}Q_r>\mathrm{d}Q_g$，移热速率小于放热速率，体系温度上升，自动恢复到 c 点。

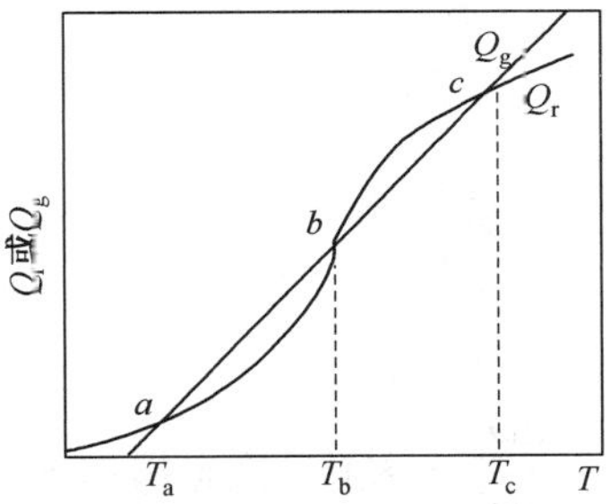

图 5-12　放热反应的 Q_r 和 Q_g 线

从上面的分析可知 a、c 点是定态稳定点，b 点为不稳定的定态点。通常又称 a 为下操作点，对应于低转化率，称 c 为上操作点，对应于高转化率。设计连续釜式反应器时，应选择在稳定的定态点操作，一般选择上定态点，即图 5-12 中的 c 点。a 点虽稳定，但转化率低，失去了实际价值。

由图可见，在稳定的定态点 a 及 c 处，换热线 Q_g 的斜率大于放热曲线 Q_r 的斜率，即：

$$\frac{\mathrm{d}Q_g}{\mathrm{d}T}>\frac{\mathrm{d}Q_r}{\mathrm{d}T} \tag{5-29}$$

这是定态操作稳定的必要条件，但不是充分条件，也就是说，如果满足上式，则定态可能是稳定的；若不满足该式，则定态一定是不稳定的。

定态稳定的必要条件是：① $Q_r=Q_g$；② $\dfrac{\mathrm{d}Q_g}{\mathrm{d}T}>\dfrac{\mathrm{d}Q_r}{\mathrm{d}T}$。

对于可逆放热反应，全混釜反应器中放热速率 Q_g 与温度的关系曲线如图 5-13 所示。由于受化学平衡的限制，Q_r 曲线有一极大值。放热速率随温度的升高而增加，到一定数值后，随温度升高而降低。当进料温度 T_0 为某一数值时，Q_r 曲线与散热速率 Q_g 直线也可能有三个交点，其中 a、c 是热稳定的操作点，而 b 则是不稳定的操作点。

吸热反应的吸热曲线与不可逆放热反应的放热曲线相似，但由于吸热为负值，所以绘成如图 5-14 所示的形状。吸热反应的一个特点是定态为唯一的，不存在多态。由于供热曲线的斜率永远大于吸热曲线的最大斜率，所以总是热稳定的。

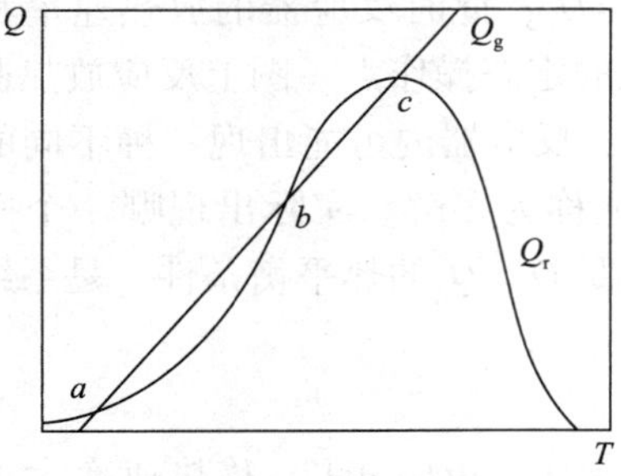

图 5-13 可逆放热反应的放热曲线

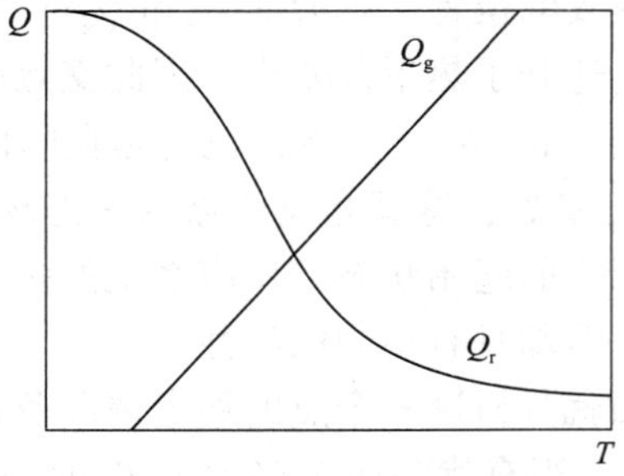

图 5-14 吸热反应的定态点

由于需要很多参数才能确定上述微分式，故上述判据的应用受到一定的限制。

对于等温反应，设进料温度 T_0 等于反应器内的反应温度 T，并设 $r_A=kC_A^n$。由

$$\begin{cases}Q_r = V_R q_r r_A \\ Q_g = n_0 C_p (T - T_0) + KA(T - T_s)\end{cases}$$

得

$$\begin{cases}Q_r = V_R q_r r_A \exp\left(-\frac{E}{RT}\right) C_A^n \\ Q_g = KA(T - T_s)\end{cases}$$

于是

$$\frac{dQr}{dT} = V_R q_r A_0 \exp\left(-\frac{E}{RT}\right) C_A^n \frac{E}{RT^2}$$

$\frac{dQ_g}{dT} = KA$，稳态操作下，应满足式(5-29)，所以，

$$KA > V_R q_r A_0 \exp\left(-\frac{E}{RT}\right) C_A^n \frac{E}{RT^2}$$

稳态操作下，$Q_g=Q_r$，所以

$$KA(T - T_S) = V_R q_r A_0 \exp\left(-\frac{E}{RT}\right) C_A^n$$

代入式(5-29)得：

$$\frac{RT^2}{E} > T - T_s = \Delta T \tag{5-30}$$

可见，热稳定的必要条件是反应温度与传热剂的温差小于 RT^2/E。因此传热剂的温度不应任意选择，反应的活化能越大，容许的温差越小，需要的 A/V_R 越大。

在实际生产中，希望只在一种稳定工况下操作，同时希望在反应速率较大的工况下操作，要做到这一点可通过改变进料温度 T_0 和其流量 n_0 来实现。

改变全混流反应器的操作参数，如进料流量 n_0、进料温度 T_0、冷却介质温度 T_s 与传热系数等都会对热稳定性产生影响。

如果按式(5-27)和式(5-28)，当其他参数一定时，改变进料温度 T_0(或冷却剂温度 T_s)，则 Q_r~T 线保持不变，而 Q_g~T 线将发生平行位移，如图 5-15 所示。图中相互平行的

五条 Q_g 线，表示 5 个不同的进料温度。最左边的 A 线表示进料温度较低，它与 Q_r 线仅有一个交点 1，表明只有一个定常态。B 线与 Q_r 线有二个交点 2 和 6，表明有两个定常态，而当 Q_g 线移至 C 线时则有三个定常态点 3、5、7。当进料温度逐渐提高而使 Q_g 线移至 D 线时，它与 Q_r 线交于 4、8 两点，此时只要略超过 D 线，反应器内温度就将迅速骤增至点 8，这时只有一个定常态。

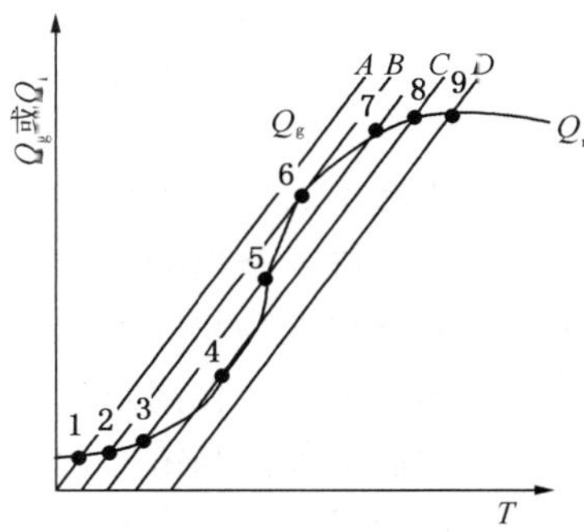

图 5-15　改进进料温度得到不同的操作状态

根据这一特点，若反应所要求的温度是 8 点的温度，我们可以使反应器的开车操作沿 D 线迅速达到反应所要求的温度，故在 D 线时的进料温度一般称为着火温度或起燃温度，相应的点 4 称为着火点或起燃点。

在 4 点附近操作时，冷却介质温度的微小上升，传热系数的微小下降，将使操作点急剧移动，温度剧升，此系称为飞温。

相反，在反应器停车操作时，可逐渐降低进料温度 T_0，Q_g 线将沿 D、C、B、A 平行位移，在降至 B 线时，从 6 点骤降至 2 点，B 线温度为熄火温度，点 6 为熄火点。在 4、6 点之间不可能获得稳定操作点。此外，冷却介质温度 T_s 的微小变化将导致反应温度和反应结果的剧烈变化，显示出很强的灵敏性。

在 6 点操作时，如果传热系数稍有增大，例如搅拌强度或冷却介质流速增大，换热线斜率 K 就增大，同样会使操作点急剧移至下操作点而表现出极大的灵敏性。

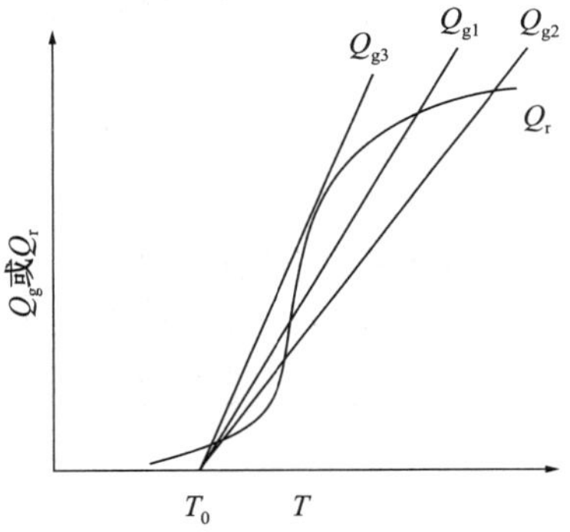

图 5-16　加料流率对全混釜反应器热稳定性的影响

当其他操作参数不变时，增大进料流量 n_0，由换热速率计算可知，Q_g 直线的斜率增大，如图 5-16 所示。当移热速率由 Q_{g1}变到 Q_{g3}时，反应过程就不再有热稳定的上操作点了。Q_{g3}是开始不能热稳定操作的极限位置。反之，当移热速率线由 Q_{g1}变到 Q_{g2}时，全混釜反应器的热稳定性增强。

当全混釜反应器中冷却介质温度 T 降低，传热面积 A 及传热系数 K 增大时，都会增大移热速率，但超过一定的限度后，将使全混釜反应器处于低温稳定状态。为了使反应器稳定操作，必须采取有效措施，例如采用尽可能小的传热温差。

着火与熄火现象对于反应器操作控制甚为重要，特别是开停工的时候。例如，若操作温度在着火点附近，进料温度稍有改变，便会产生超温，从而破坏操作，可能出现烧坏催化剂或者可能产生爆炸等事故；在熄火点附近操作时，则易产生突然降温以致反应终止。

为了使反应器操作稳定，应使用尽可能大的传热面积和尽可能小的传热温差等。至于釜式反应器，如果调节手段适当，不一定非要在稳定的定态下操作，完全可以利用简单的手控式自控装置实现闭环稳定。

当然，如果调节过于滞后，仍然会出现失控现象，造成飞温或熄火。聚合反应釜操作不当时发生的爆聚现象即属于此例。

5.5 返混对复杂反应产品分配的影响

对连续釜而言，进口物料固然具有高浓度，但一旦进入反应釜内，由于釜内存在剧烈的混合作用，进入釜内的高浓度反应物料立即被迅速分散到反应釜的各个部位，并与原先存留在该处的低浓度物料相混合，从而使高浓度完全消失。因此，在连续釜中由于剧烈搅拌混合，必然不可能存在高浓度区。

既然连续釜内高浓度的消失是由于搅拌混合所造成的，那么为什么在间歇釜中同样存在剧烈搅拌与混合而不会导致高浓度的消失？这是因为混合对象是不同的。在间歇釜中彼此混合的物料是在同一时刻进入反应器的，又在釜内同样条件下经历了相同的反应时间，因此它们具有相同的性质、相同的浓度，这种浓度相同的物料之间的彼此混合，当然不会使原有的高浓度消失。连续釜中则不然，连续釜内存在的都是早先进入反应器并经历了不同反应时间的物料，其浓度已经下降。新进入反应器的高浓度物料一旦与这种已经反应过的物料相混合，会使高浓度消失。因此，间歇釜和连续釜虽然同样存在剧烈的搅拌与混合，但参与混合的物料是不同的。前者是同一时刻进入反应器的物料之间的混合，也就是相同浓度、相同性质的物料之间的混合，并不改变原有的物料浓度；后者则是不同时刻进入反应器的物料之间的混合，也就是不同浓度、不同性质物料之间的混合，这种混合，常称为返混，以区别于一种混合。正是连续釜内存在着的这种返混，改变了反应器内的浓度分布，造成了生产能力的下降。

返混对反应的利弊视具体的反应特征而异。要使反应过程由间歇操作转为连续操作时，若返混对反应结果不利，应当考虑返混可能造成的危害。因而在选择反应器的型式时就应当尽量避免选用可能造成返混的反应器。特别应当注意有些反应器内的返混程度会随其几何尺寸的变化而显著增强。

返混不但对反应过程产生不同程度的影响，也给反应器的工程放大带来问题。由于放大后的反应器中流动状况的改变，导致了返混程度的变化，给反应器的放大设计带来很大的困难。因此，在分析各种反应器的特征及选用反应器时都必须把反应器的返混状况作为一项重要特征加以考虑。

综上所述，可简要归纳为：

① 返混不是一般意义上的混合，它专指不同时刻进入反应器内的物料之间的混合。

② 返混是连续化后才出现的一种混合现象。因此在间歇搅拌釜反应器中不存在返混。理想流动管式反应器是没有返混的一种典型的连续反应器，而连续流动釜式反应器(或称全混釜)则是返混达到极限状态的一种反应器型式。

③ 返混改变了反应器内浓度分布，返混的结果使反应器内反应物的浓度下降，反应产物的浓度上升。这种浓度分布的改变对反应的利弊则取决于反应过程的动力学特征——浓度效应。

④ 返混是连续反应器中一个重要的工程因素。任何过程在连续化时，必须充分考虑这个因素的影响，否则不但不能强化生产，反而有可能导致生产能力或反应选择率的下降。在实际工作中，应首先研究清楚反应的动力学特征，然后根据它的浓度效应确定采用何种型式的连续反应器。

前面讨论了单一反应，证明了反应器的性能受物料流动状况的影响；而就复杂反应而言，物料的流动状况不仅影响反应器的大小，而且还影响反应产物的分布。反应过程中主副产物生成量的相对多少，主要取决于主副反应的竞争速率。如果不考虑温度对化学反应的影响，则产品分布主要决定于反应物的浓度分布（由于不同级数的反应对浓度的敏感程度不同），而返混恰恰可以通过影响反应物的浓度分布而影响产品分布。

下面分别讨论返混对平行反应和串联反应的影响。

5.5.1　平行反应

设在等温下进行下列平行反应：

$$A \xrightarrow{k1} R \qquad R\text{ 为主产品}$$

$$A \xrightarrow{k2} S \qquad S\text{ 为副产品}$$

速率方程分别为：

$$r_R = \frac{dC_R}{dt} = k_R C_A^m, \quad r_S = \frac{dC_S}{dt} = k_S C_A^n$$

目的产物 R 和副产物 S 的生成量的比取决于两者生成速率之比，即

$$\frac{r_R}{r_S} = \frac{dC_R}{dC_S} = \frac{k_R}{k_S} C_A^{m-n}$$

显然，比值越大，目标产物 R 的生成量就越多；反之，副产物 S 的生成量就越多。在一定的温度下，由于 k_R/k_S 为定值，所以 r_R/r_S 的比值取决于 C_A^{m-n} 的大小。在连续釜式反应器中，由于存在物料的返混现象，使反应物的浓度降低，从而影响 C_A^{m-n} 的大小。

① $m>n$，即主反应的级数大于副反应级数。

C_A 降低之后使 C_A^{m-n} 的值减小，使得 r_R/r_S 变小，表明返混对生成主产物 R 不利。

② $m<n$，即主反应的级数小于副反应级数。

C_A 降低之后使 C_A^{m-n} 的值增加，使得 r_R/r_S 变大，表明返混对生成主产物 R 有利。

③ $m=n$，即主反应的级数等于副反应级数。

r_R 与 r_S 的比值与 C_A 无关，表明返混对这类平行反应的产品分配无影响。

由上述分析可知改变反应物浓度是控制平行反应中目标化合物收率的重要手段。

一般而言，高的反应物浓度对高级数反应有利，而对于主副反应级数相同的平行反应，浓度的高低不影响产品分配。所以在选择反应器的型式时，除考虑物料相态等一般性因素之外，对于平行反应，还应尽量使目标产物的收率提高。一般而言，对于第①种情况，应采用间歇反应器、管式连续反应器或多釜连续反应器；对于第②种情况，宜采用单釜连续操作。

【例 5-6】 已知平行反应：

$$A+B \rightarrow R, \quad r_R = k_R C_A^{0.5} C_B^{1.7}$$

$$A+B \rightarrow S, \quad r_S = k_S C_A^{1.5} C_B^{0.5}$$

试确定①为提高主产品 R 的收率，对反应物浓度有何要求？②应选择哪种类型的反应器，如何加料？

解：由 $r_R = k_R C_A^{0.5} C_B^{1.7}$　　$r_S = k_S C_A^{1.5} C_B^{0.5}$

得
$$\frac{r_R}{r_S}=\frac{k_R}{k_S}\frac{C_B^{1.2}}{C_A}$$

所以：

① 为提高主产品 R 的收率，应降低 A 的浓度，提高 B 的浓度；

② 考虑到反应物浓度对目标产物 R 的收率的影响，应采用管式连续或多釜连续反应器，加料方式如图 5-17 所示。

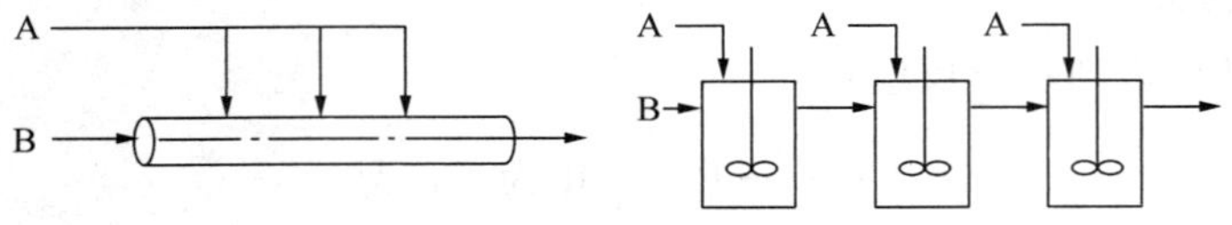

图 5-17　平行反应，主副反应级数不同时反应器型式及加料方式的选择

5.5.2　串联反应

当串联反应在理想置换反应器(管式反应器)中进行时，在反应器入口处，反应物浓度高，生成目的产物 R 的速率较大，而 R 的浓度却较小，故生成 S 的速率较低；随着反应的进行，R 的浓度逐渐降低。总之，可以控制合适的停留时间使 R 的收获量为最大。

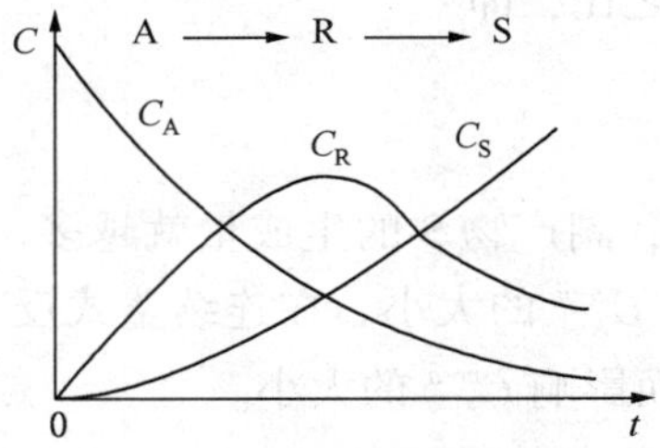

图 5-18　串联反应的组分浓度与反应时间的关系

当串联反应在理想混合反应器(连续釜式反应器)中进行时，由于返混现象的存在，反应物进入反应器后立即被稀释到出口浓度，生成目的产物 R 的速率较小，而为使 R 的收率尽量高，又要使 R 的浓度尽量高，此时，生成副产物 S 的速率则比较大。所以，当反应物的转化率相同时，从理想混合反应器所获得的目的产物 R 的收率要比从理想置换反应器的低。见图 5-18。

本章小结

1. 满足全混流假定的理想流动釜式反应器(CSTR)，其基本设计方程式为：

$$\tau=\frac{V_R}{F_{V0}}=\frac{C_{A0}x_A}{r_A}=\frac{C_{A0}-C_A}{r_A}$$

上式是一代数方程。在进行设计型或操作型计算时，有时还需要结合热量衡算式联立求解。

2. 引出了一个重要的宏观动力学因素——返混。

① 返混是不同时刻进入反应器物料间的混合。

② 返混是连续化时伴生的现象。它起因于空间的反向运动和不均匀的速度分布。

3. 返混造成两种孪生的结果：

① 改变了反应器内的浓度分布。对设计型问题(规定出口浓度)，它使反应器内各处反应物浓度普遍下降，产物浓度普遍上升。

② 造成物料的停留时间分布。

4. 返混的利弊取决于反应的特征：反应速率的浓度效应和选择率的浓度效应。在反应器选型时，应首先根据反应特征确定应当加强返混还是抑制返混。

思　考　题

1. 为什么连续釜式反应器比其他型式的连续反应器更容易控制？操作稳定性高？

2. 分别在间歇釜式、连续釜式反应器中进行绝热操作，二者的温度有何不同？

3. 在满足物料衡算和热量衡算的前提下，对一放热反应进行釜式连续操作，其冷却介质的温度是否可以任意选择？为什么？

4. 以连串反应和平行反应为例说明逆向混合对产品分布的影响。

习　题

1. 液相恒容连续反应釜式反应器之中进行一二级不可逆反应 A+B→C，$r_A=kC_AC_B$，已知反应条件下 $k=40m^3/(kmol\cdot h)$，$C_{A0}=0.08kmol/m^3$，$C_{B0}=0.1kmol/m^3$，产品产量为 0.05kmol/h，求转化率为 90%时所需要的反应停留时间及反应体积。

2. 连续釜式反应器中进行下列反应 A→R，处理量为 $2.5m^3/h$，$r_A=kC_A$，反应条件下 $k=5h^{-1}$，要使 $x_A=0.90$，$5m^3$ 的釜(装料系数为 0.8)可否完成任务？

3. 流量为 1L/min 的 A(含量为 0.01mol/L)与流量为 3L/min 的 B(含量为0.02mol/L)，在容量为 1L 的全混流反应器中，反应生成产物 R，如果在出口的物流中 $C_A=0.001mol/L$，$C_R=0.0005mol/L$，试求反应速率 r_A 与 r_R，并求此过程的停留时间。

4. 含有反应组分 A($C_{A0}=1mol/L$)的水溶液，在容积为 2L 的全混流反应器中，按下式进行反应：2A→R，其速率方程为 $r_A=0.05C_A^2mol/(L\cdot s)$，如果要求出口物料中，反应组分 A 的浓度为 $C_{Af}=0.5mol/L$，其进料容量应为多少？

5. 体积流量为 400L/min 的反应物含组分 A 与 B 的浓度分别为 10mol/L 与 2mol/L，在全混流反应器中进行反应：A + B → R。速率方程为 $r_A=200C_AC_B\ mol/(L\cdot min)$。若要求组分 B 的转化率为 99.9%，则反应体积应为多少？

6. 温度为 326K 的 A 和 B 的混合液，以 $0.01m^3/s$ 的流量连续地进入反应体积为 $2.65m^3$ 的绝热釜式反应器进行反应，进料液中 A 和 B 的浓度分别为 $4.55kmol/m^3$ 和 $5.34kmol/m^3$，$k=1.37\times10^{12}\exp(-12628/T)m^3/(kmol\cdot s)$，试计算反应器出口的转化率和温度。(由 364K 开始试差。)

7. 在理想混合反应器中进行下列反应 A+B→R+S，动力学方程为 $r_A=kC_AC_B=kC_A^2$，$k=9.92m^3/kmol\cdot s$，液体加料速度为 $0.278m^3/s$，反应物 A 的浓度为 $0.08kmol/m^3$，25℃恒温反应，当 A 的转化率达到 0.875 时，采用两个大小不同的全混釜串联使用，使所需的反应总体积最小，两釜的体积各为多少？

8. 对于下述的液相连串反应：$A\xrightarrow{k_1}B\xrightarrow{k_2}C$，$k_1=0.25h^{-1}$，$k_2=0.13h^{-1}$，两个反应均为一级反应。在反应原料中只有 A，$C_{A0}=40mol/m^3$，$C_{B0}=C_{C0}=0$，反应混合物的密度为一常数。(1)若采用理想管式反应器进行上述反应，那么要使 A 的转化率为 50%，停留时间为多少？在反应器的出口处，B 的浓度 C_B 为多少？(2)若采用全混釜反应器使 A 的转化率为 50%，平均停留时间为多少？在反应器的出口处，B 的浓度 C_B 为多少？

9. 连续釜式反应器中进行下列异构化反应 A→R。物料处理量为 $2.0m^3/h$，$r_A=kC_A^2$，$k=5.0m^3/(kmol\cdot h)$，A 的初浓度为 $4.0kmol/m^3$，要使转化率到达 90.0%，问 $10.0m^3$ 的反

应釜(装料系数取0.8)可否完成任务?

10. 在一全混反应器中进行一级不可逆反应A→B，$k=1.8\times10^{5}\exp(-6039.25/T)$，反应混合物的密度和比定压热容均为常数，$\rho=1.2g/cm^3$，$C_p=3.768J/(g\cdot℃)$。在20℃液料以$200cm^3/s$的速度进入反应釜。原料为纯A，初始浓度为4.0mol/L，反应釜体积为10L。反应在绝热下进行。已知该反应的热效应为$q_r=192.59kJ/mol$。试确定该反应体系的稳定工作点和相应的转化率。

11. 如果两个串联全混反应器的总体积为V，请确定一级和二级反应的两个反应器的最佳体积分配。

12. 在一全混流反应器中进行不可逆液相反应A→R，其反应速率为$r_A=kC_A^2$，A的转化率为50%。如果反应器的体积增大到原来的6倍，其他条件不变，那么转化率为多少?如果采用条件相同的平推流反应器，其他条件不变，那么转化率又为多少?

13. 乙酸酐的水解反应为$(CH_3CO)_2O(A)+H_2O\rightarrow2CH_3COOH$，该反应在全混流反应器中进行，温度为15℃。反应的速率方程为$r=kC_A$，$k=0.0806min^{-1}$。已知进料速度为$378cm^3/min$，乙酸酐的初始浓度为$2.1\times10^{-4}mol/cm^3$，反应体积为$1800cm^3$，试求在反应器出口处乙酸酐的转化率;如果欲使转化率增大1倍，那么反应体积应为多少?(其他条件不变。)

14. 在全混流反应器种进行连串反应：$A\xrightarrow{k_1}B\xrightarrow{k_2}C$，已知$k_1=0.15min^{-1}$，$k_2=0.05min^{-1}$。反应料液的体积流量为5L/min，在原料中不含B、C。B的产量最大，下述哪种反应体系最为合适:(1)单一全混流反应器，体积为10L;(2)两个体积均为5L的全混流反应器串联使用;(3)两个体积均为5L的全混流反应器并联，且每一釜的进料量为$1/2F_{V0}$。

15. 在25℃下的乙酸酐水解反应，反应速度为$r_A=0.158C_A mol/(cm^3\cdot min)$，式中$C_A$为乙酸酐的浓度。反应在连续釜式反应器中进行，乙酸酐的进料速度为$500cm^3/min$，其初始浓度为$1.5\times10^{-4}mol/cm^3$。试计算在下列各情况中乙酸酐的转化率:(1)使用单一全混釜反应器;(2)两个2.5L的全混釜串联使用;(3)两个2.5L的全混釜并联使用，每个釜进料速度为$250cm^3/min$;(4)使用体积为5L的管式反应器;(5)一个2.5L的全混釜和一个2.5L管式反应器串联使用。

16. 在串联全混釜反应器进行下列反应$A\xrightarrow{k_1}B\xrightarrow{k_2}C$，所有各个反应釜均在相同的温度下操作，液体的密度可以看作是常数。该反应速度常数为$k_1=0.1h^{-1}$，$k_2=0.05h^{-1}$，总停留时间为1.5h。(1)如果有两个等体积反应釜串联，那么$C_B/C_{A0}=$?(2)当串联反应釜的个数n为多大时，C_B/C_{A0}有最大值?

17. 在一个反应体积为2000L的全混流反应器中进行某液相反应，反应动力学方程为：$r_A=kC_A(mol/L\cdot min)$，$k=4.7\times10^{13}\exp(-11323.6/T)$。将初浓度为5mol/L，温度为27℃的原料液体以60L/min的速度送入，反应在绝热下进行，物料的密度、比定压热容分别为$\rho=1.0$ kg/L和$C_p=4.18$ kJ/(kg·℃)，反应热为$\Delta H_r=-41.8kJ/mol$，选出稳定操作温度和相应的转化率。

第6章　管式反应器

长度远远大于其直径的反应器，一般称为管式反应器，而釜式反应器的高度与其直径则近似相等或稍有超过。管式反应器可用于均相反应，也可用于多相反应。管式反应器多数采用连续操作，少数采用半间歇操作，使用间歇操作的极罕见。本章的内容是提供此类反应器第一种情况的分析和设计的基本方法。

6.1　物料在反应器中的流动

6.1.1　管式反应器的特点、型式及其应用

管式反应器具有结构简单、加工方便、传热面积大、传热系数高、耐高压、生产能力大、易实现自动控制等特点。由于管段较长，可以采取分段控制，便于创造最适宜的温度梯度和浓度梯度。这类反应器既可用于均相反应又可用于多相反应。管式反应器可常压操作也可加压操作。因管材耐压性能好，比高压釜可节省大量设备材料，特别适宜于加压下的反应过程。管式反应器常用于对温度不敏感的快速反应。对于那些强烈放热而对温度又比较敏感的快速反应，不宜采用细长的管式反应器，因放热量将集中在管道的某一段不能及时移出，使温度剧烈上升易导致事故。

为保证管式反应器内有良好的传质和传热条件，并使流体接近于理想置换流型，一般要求流体在管道内作高速湍流运动。因此，这类反应器内物料的停留时间不长(水平管式反应器一般不超过0.5h)，对于那些反应时间长的缓慢反应不宜采用管式反应器，除非采取物料循环措施。

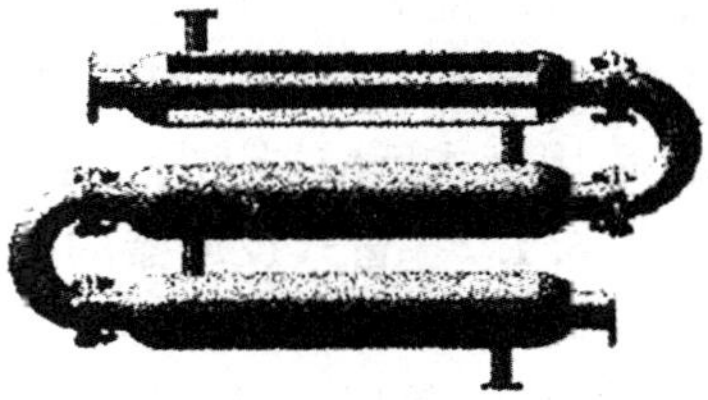

图6-1　水平管式反应器

管式反应器有各种型式，常见型式有水平、立式、盘管、U形管等。图6-1～图6-5列出了不同管式反应器的结构示意图。

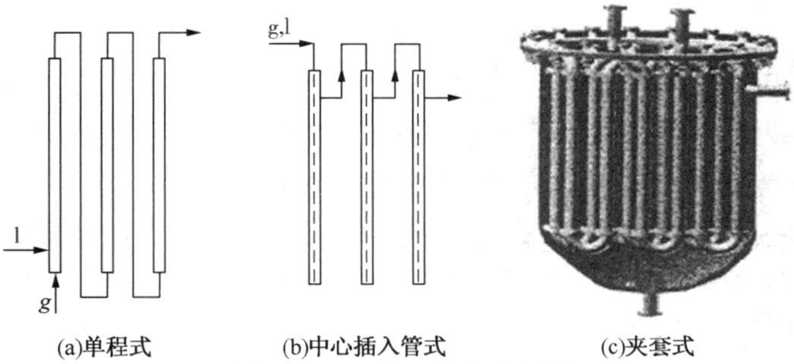

图6-2　几种立管式反应器

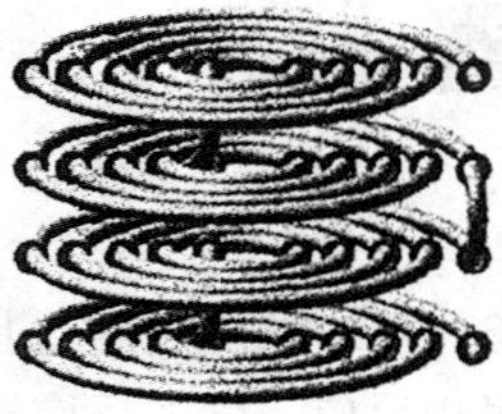

图 6-3　盘管式反应器

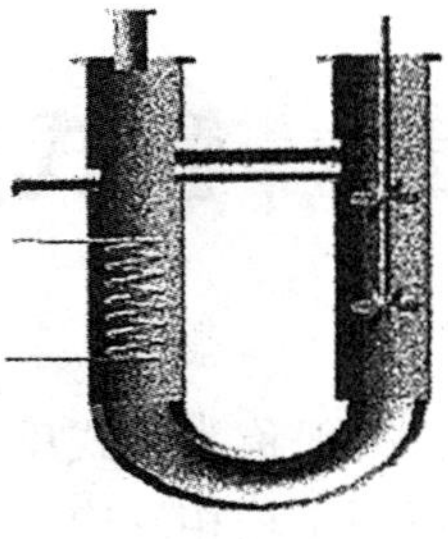

图 6-4　U 形管式反应器

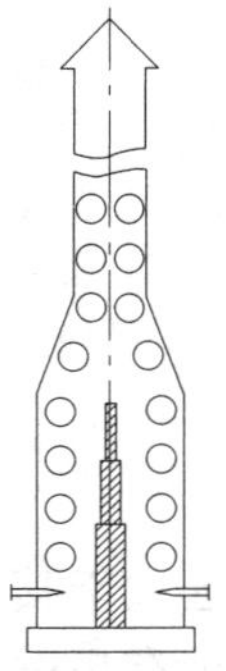

图 6-5　圆筒式管式炉

水平管式反应器通常由无缝钢管与 U 形管连接而成。如图 6-1 所示，这种结构易于加工制造和检修。高压反应管道的连接采用标准槽对焊钢法兰，可承受 1.6~10MPa 压力。如用透镜面钢法兰，承受压力可达 10~10MPa。

立管式反应器被应用于液相氨化反应、液相加氢反应、液相氧化反应等工艺中。

图 6-3 所示的盘管式反应器设备紧凑，节省空间，但检修和清洗管道困难。每一根管是由许多半径不同的半圆形管子相联结成螺旋形式，螺旋中央留出 ϕ400mm 的空间，便于安装和检修。

U 形管式反应器的管内设有多孔挡板或搅拌装置，以强化传热与传质过程。U 形管的直径大，物料停留时间长，可应用于反应速度较慢的反应。例如带多孔挡板的 U 形管式反应器，被应用于己内酰胺的聚合反应，带搅拌装置的 U 形管式反应器适用于非均液相物料或液固悬浮物料，如甲苯的连续硝化、蒽醌的连续磺化等反应。图 6-4 所示的是一种内部设有搅拌和电阻加热装置的 U 形管式反应器。

管式反应器可用于气相、液相、非均液相、气液相、气固相、固相等反应。例如：乙酸裂解制乙烯酮、乙烯高压聚合、对苯二甲酸酯化、邻硝基氯苯胺化制邻硝基苯胺、氯乙醇氨化制乙醇胺、椰子油加氢制脂肪醇、石蜡氧化制脂肪酸、单体聚合以及某些固相缩合反应均已采用管式反应器进行工业化生产。

6.1.2　管式反应器的换热

管式反应器的加热或冷却可采用各种方式：①套管或夹套传热，如图 6-1、图 6-2(a)、图 6-2(b)等所示反应器，均可用套管或夹套传热结构。②套筒传热，如图 6-2(c)、图 6-3 所示反应器可置于套筒内进行换热。③短路电流加热，将低电压、大电流的电源直接通到管壁上，使电能转变为热能。这种加热方法升温快、加热温度高，便于实现遥控和自控。短路电流加热已应用于邻硝基氯苯的氨化和乙酸热裂解制乙烯酮等管式反应器上。④烟道气加热，利用气体或液体燃烧产生的烟道气辐射直接加热管式反应器，可达数百度的高温，此法在石油化工中应用较多。图 6-5 表示一种采用烟道气加热圆筒式管式炉。

6.1.3　物料在管式反应器中的流动(理想置换假设)

流体在连续反应器中的流动是一种极其复杂的物理现象，而这种现象又直接影响到反应器内化学反应进行的速率和程度，考察一下反应器内流体的流速分布，便可以察觉到这一影响。众所周知，流体在管内的径向流速分布是不均匀的，以中心处的流速最大，靠壁处最小。流体呈层流时，其径向流速分布为抛物面状，如图 6-6(a)所示；而呈湍流时则随湍动的程度不同流速分布变得扁平，如图6-6(b)所示。显然，中心部分的流体停留时间短，靠近管壁处的流体停留时间长。停留时间不同，反应程度自然就不一样。除了流速分布外，器内的流体混合也是一个极其重要的因素。因为流体混合的形式和程度直接影响到反应器内各处流体的浓度和温度，而这两者又是决定反应速率的因素。正因为这种流动现象错综复杂，互为因果，就有必要对其作出合理的简化，不失真地建立起描述管内流动状况的物理模型，即流动模型。

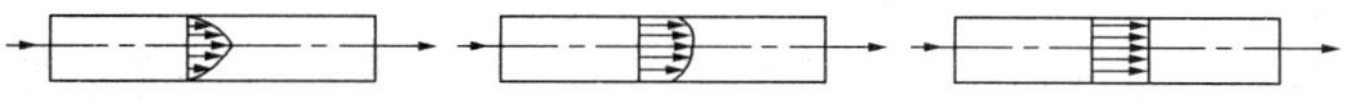

图6-6 径向流速分布

(a)层流；(b)湍流；(c)活塞流

理想置换模型是最基本的一种流动模型。其基本假定是径向流速分布均匀，如图6-6(c)所示，即所有流体粒子均以相同速度从进口向出口运动，就像一个活塞一样有序地向前移动，又称之为活塞流。另外还假定在垂直于流体流动方向的任何横截面上，浓度均匀，温度均匀，即径向混合均匀；并假设在流体流动方向即轴向上不存在流体的混合，这种混合叫作轴向混合，又称逆向混合，或简称返混。虽然不存在返混，但由于流体的主体流动和发生化学反应的结果，各个横截面上反应物料的浓度和温度则可以是各不相同的。所谓逆向混合指的是时间概念上的逆向，即不同停留时间的流体粒子之间的混合。既然径向流速分布均匀，那么在同一横截面上所有流体粒子的停留时间必然相同，自然不存在逆向混合。就整个反应器而言，如符合活塞流假设，则同一时刻进入反应器的流体粒子必定在另一时刻里同时离开，即所有流体粒子在反应器内的停留时间相同。由此不难想象，符合理想置换假定的反应器与间歇反应器应具有相同的效果，即当停留时间相同时，两者所达到的最终转化率及最终收率应一样。

上一章对连续釜式反应器问题的处理涉及的是全混流模型，即理想混合，其基本假定是无论径向混合还是轴向混合都达到最大。最大的径向混合保证了同一横截面上物系参数如温度、浓度等的均一，而最大的轴向混合，则消除了各个横截面间温度及浓度的差异，从而达到整个反应器内反应物料的浓度均一、温度均一。

由此可见，活塞流和全混流的根本差别是，前者无返混存在，后者的返混程度则达到最大，以致反应物料间不存在浓度差，也不存在温度差。

活塞流和全混流都属于理想化了的流动，所以这两种模型又称为理想流动模型。如上所述，从返混程度看这又属于两种理想状态情况，一是无返混，另一则返混最大。在下一章里还要对这两种流动模型作进一步的讨论。

凡是能用活塞流模型来描述其流动状况的反应器，不论其结构如何，均称为活塞流反应器；同样，凡是符合全混流假定的反应器则称为全混流反应器。事实上，与这两个模型的假定丝毫不差的反应器在现实生活中是不存在的，只要大体上接近就可以了，因为模型总是近似的，如果与原型一模一样，那就无所谓模型。正是因为原型极其复杂，才提出模型。模型只能反映原型的主要方面，而忽略次要方面，更不可能反映全部。

湍流操作($Re>10^4$)时，上述假设与实际情况基本吻合。据此，可对管式反应器进行设计计算。

6.2 等温管式反应器的计算

由前所述，管式流动反应器可用于液相反应和气相反应，当用于液相反应和反应前后物质的量无改变的气相反应时，反应前后物料的密度变化不大，可视为等容过程；当用于反应前后物质的量改变的气相反应时，就必须考虑物料密度的变化，按变容过程处理。温度也有类似情况，如反应过程中利用适当的调节手段能使温度维持基本不变，则为等温操作，否则即为非等温操作。等温等容过程计算比较简单，但实际过程中必须考虑变容和非等温情况。

6.2.1 反应体积

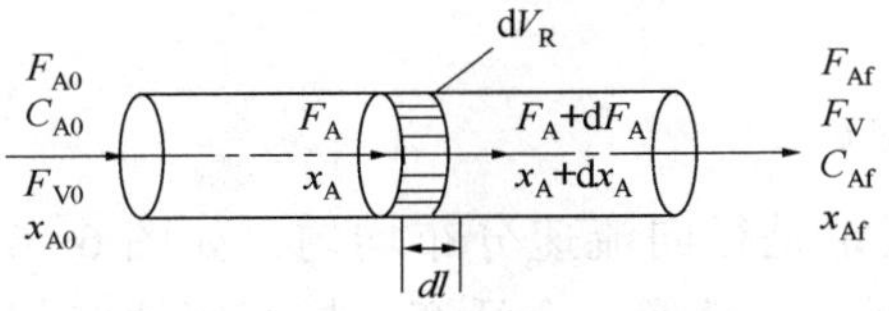

图 6-7 理想管式反应器物料衡算图

在管式反应器内，达到稳态后，反应器内各点的反应组分浓度、温度、转化率均不随时间而变，但随物料流动的轴向而变化，故可取任意时间间隔某微元体积 dV_R 作为控制体积。根据理想置换假设，对此微元体积对关键组分 A 作物料衡算，见图 6-7。

设反应器入口处物料 A 的摩尔流量为 F_{A0} kmol/h，体积流量为 F_{V0} m^3/h，初始浓度为 C_{A0}，转化率 $x_{A0}=0$，进入微元体积的组分 A 的转化率为 x_A，离开该体积时的转化率为 x_A+dx_A，则微元体积内单位时间内物质各项的量为：

输入量：$F_A = F_{A0}(1 - x_A)$

输出量：$F_A + dF_A = F_{A0}[1 - (x_A + dx_A)]$

反应量：$r_A dV_R$

达到稳定状态时，微元体积内组分 A 的累计量为 0。于是列出微元体积的物料衡算式为：

$$F_{A0}(1 - x_A) = F_{A0}[1 - (x_A + dx_A)] + r_A dV_R \tag{A}$$

化简之得：

$$F_{A0}dx_A = r_A dV_R \tag{B}$$

又

$$F_{A0} = C_{A0}F_{V0} \tag{C}$$

其中 F_{A0}、C_{A0}为已知的常量，r_A 为反应速率，等温时可表达为转化率 x_A 的函数，分离变量后积分得：

$$V_R = F_{V0}C_{A0}\int_0^{x_{Af}} \frac{dx_A}{r_A} \tag{6-1}$$

这便是基于理想置换模型管式反应器的设计方程，是一个常用而又极其重要的方程。该方程适合于任何情况，从这个方程出发可以解决许多问题。

要积分上式，必须将 r_A 表示为 x_A 的函数。为此，要注意两点：第一，反应速率 r_A 中的速率常数 k 与温度有关，如等温反应 k 为常数，否则要结合热量衡算式建立 k 与 x_A 的关系；第二，反应过程中是否有体积变化，如有体积变化，也需要将反应物的体积表示成 x_A 的函数关系。本节首先讨论等温恒容反应过程。

设在理想置换管式反应器中进行等温恒容 n 级不可逆反应，$r_A=kC_A^n$。设 A 的浓度为 C_A 时，A 的摩尔流量为 F_A，则结合转化率的定义，有：

$$C_A = F_A/F_{V0} = [F_{A0}(1 - x_A)]/F_{V0} = C_{A0}(1 - x_A)$$

所以 $r_A=kC_{A0}^n(1-x_A)^n$，代入反应体积的积分式(6-1)得：

$$V_R = F_{V0}C_{A0}\int_0^{x_{Af}}\frac{dx_A}{r_A} = \frac{F_{V0}[1-(1-x_{Af})^{n-1}]}{k(n-1)C_{A0}^{n-1}(1-x_{Af})^{n-1}} \tag{6-2}$$

上式适于 $n\neq1$ 的情况。当 $n=1$ 时，积分结果为

$$V_R = F_{V0}C_{A0}\int_0^{x_{Af}}\frac{dx_A}{r_A} = -\frac{F_{V0}}{k}\ln(1-x_{Af}) \tag{6-3}$$

对于连续操作的反应系统，定义反应体积 V_R 与物料体积流量 F_V 之比称为接触时间，亦称为停留时间，用 τ 表示：

$$\tau = \frac{V_R}{F_V} = \frac{\text{反应体积}}{\text{反应器中物料的体积流量}} \tag{6-4}$$

对于连续操作的反应器，还常用另两个概念即空时与空速。空时的定义为：在操作条件下，进入反应器的物料通过反应体积所需的时间，称为空时，用 τ 表示，并可写成：

$$\tau = \frac{V_R}{F_{V0}} = \frac{\text{反应体积}}{\text{进料的体积流量}} \tag{6-5}$$

显然空时是有时间的因次，这是质量连续流动反应器生产强度的一个参数。空时越小，表示该反应器的处理物料量越大；空时大则相反。若在进、出口物料组成相同的条件下比较两个连续反应器，空时小者，生产能力大。当然，两者的进料流量必须按相同的温度和压力计算。

空时的倒数为空速，其意义是单位反应体积、单位时间内所处理的物料量，因次为[时间]$^{-1}$，用 S_V 表示：

$$S_V = \frac{F_{V0}}{V_R} = \frac{1}{\tau} = \frac{F_{A0}}{C_{A0}V_R} \tag{6-6}$$

在连续操作的反应器中，对于恒容过程，物料的停留时间也可看作是空时，两者在数值上是相等的；若为变容过程，情况就不一样了。因为在变容过程中，反应器内物料的体积流量 F_V 随反应转化率而变化，在一定的反应体积 V_R 下，按初始进料的体积流量计算的停留时间，并不等于体积起变化时的真实停留时间，而且，停留时间与空时也有差异。为此，在应用时应予以注意。

将式(6-1)代入式(6-5)得反应器空时的计算公式：

$$\tau = C_{A0}\int_0^{x_{Af}}\frac{dx_A}{r_A} \tag{6-7}$$

比较第 3 章间歇釜式反应器的反应时间 $t=C_{A0}\int_0^{x_{Af}}\frac{dx_A}{r_A}$。二者右边形式完全一样，是否就可以得出 $t=\tau$ 的结论呢？

要准确回答这个问题，主要是看 r_A 与转化率的函数关系两者是否一样。因为形式相同，实质未必一样。间歇釜式反应器，一般在等容下进行，而管式反应器则不一定，如果都是在等容下反应，这两者的 r_A 是一样的。此时 $\tau=t$。若管式反应器在变容下反应，则 $\tau\neq t$。例如，等容下气相一级反应的反应速率为：$r_A=kC_{A0}(1-x_A)$

变容实则为：
$$r_A=\frac{kC_{A0}(1-x_A)}{1+y_{A0}\delta_A x_A}$$

可见两者是不一样的。由此可知，管式反应器在等容下反应达到一定的转化率所需的空时，与相同温度下间歇釜式反应器达到相同转化率所需的时间相等，其积分结果表达式完全相同见表3-3；但变容下的管式反应器此结论不成立。虽然 $\tau=t$ 的结论只局限于等容过程，但很有用，因为它沟通了连续反应与间歇反应的关系。在此情况下，间歇反应所得到的结论亦适用于活塞流反应器。

设 u 为该反应器进口处流体的流速，则式(A)可改写成转化率与轴向距离 l 的关系式：

$$uC_{A0}\frac{dx_A}{dl}=r_A \tag{D}$$

若为等容过程，可把式(D)写成走轴向浓度分布方程：

$$u\frac{dC_A}{dl}=r_A \tag{E}$$

相对应的间歇釜式反应器则为：

$$\frac{dC_A}{dt}=r_A \tag{F}$$

由式(D)可看出，对于定态操作的活塞流反应器，反应物系的浓度随轴向距离 l 而变，与时间无关。而式(F)则说明间歇釜式反应器反应物系的浓度则随时间而变，与位置无关，这是两者的基本差别。

6.2.2 管径与管长的确定

在反应体积 V_R 确定后，便可进行管径和管长的设计，由 $V_R=\pi d^2L/4$ 可知，d、L 可有多解，但应使 $Re>10^4$，满足湍流操作。通常有以下几种算法：

① 先规定流体的 $Re(>10^4)$，据此确定管径 d，再计算管长 L。

由 $Re=\dfrac{du\rho}{\mu}$，其中 $u=\dfrac{4F_{V0}}{\pi d^2}$

所以

$$d=\frac{4F_{V0}\rho}{\mu\pi Re};\ L=\frac{4V_R}{\pi d^2}$$

② 先规定流体流速 u，据此确定管径 d，再计算管长 L，再检验 Re 是否 $>10^4$。

$$L=u\cdot\tau;\quad d=\left(\frac{4V_R}{\pi L}\right)^{\frac{1}{2}}$$

③ 根据标准管材规格确定管径 d，再计算管长 L，再检验 Re 是否 $>10^4$。

$$L=\frac{4V_R}{\pi d^2}\ 或\ L=u\cdot\tau=\frac{4F_{V0}\tau}{\pi d^2}$$

④ 对于传热型的管式反应器，可根据热量衡算得出的传热面积 A，确定管径 d 和管长 L，再检验 Re 是否 $>10^4$。

$$A=\pi dL,\ V_R=\frac{\pi d^2L}{4}$$

所以

$$d=\frac{4V_R}{A};\ L=\frac{A}{\pi d}$$

【例 6-1】 化学反应 A+2B→C+D 在管式反应器中实现，$r_A=1.98\times10^{-2}C_AC_B$ kmol/(m^3·min)。已知 A、B 的进料流量分别为 0.08m^3/h 和 0.48m^3/h；混合后的初浓度分别为 1.2kmol/m^3 和 15.5kmol/m^3；A、B 的密度分别为 1350.0kg/m^3 和 881.0kg/m^3；混合物黏度为 1.5×10^{-2} Pa·s。要求使 A 的转化率达到 0.98，求需要的反应体积，并从 ϕ24mm×6mm，ϕ35mm×9mm，ϕ43mm×10mm 三种管材中选择一种。

解：反应物的体积流量 $F_{V0}=F_{VA}+F_{VB}=0.56\text{m}^3$

$$\text{密度}\ \rho=(F_{VA}\rho_A+F_{VB}\rho_B)/(F_{VA}+F_{VB})=948.0\text{kg/m}^3$$

反应器任意位置

$$C_A=c_{A0}(1-x_A)$$

$$C_B=C_{B0}-2C_{A0}x_A$$

所以

$$r_A=kC_AC_B=C_{A0}(1-x_A)(C_{B0}-2C_{A0}x_A)$$

$$V_R=F_{V0}C_{A0}\int_0^{x_A}\frac{dx_A}{r_A}$$

$$=F_{V0}\int_0^{x_A}\frac{dx_A}{k(1-x_A)(C_{B0}-2C_{A0}x_A)}$$

$$=\frac{F_{V0}}{k(2C_{A0}-C_{B0})}\ln\frac{1-x_A}{1-2C_{A0}x_A/C_{B0}}$$

代入已知数据得 $V_R=0.134\text{m}^3$

分别计算三种管材的管长、*Re* 值列入表 6-1 中。

表 6-1　计算结果

管材	V_R/m^3	d/m	L/m	$Re/\times10^{-4}$
ϕ24mm×6mm		0.012	1184.8	10.4
ϕ35mm×9mm	0.134	0.017	590.4	7.4
ϕ43mm×10mm		0.023	322.5	5.4

可见，三种管材均可满足 $Re>10^4$ 的要求，但采用 ϕ24mm×6mm 管长太长，而采用 ϕ43mm×10mm 管材时，*Re* 值偏小，所以采用 ϕ35mm×9mm 管材。

6.2.3　等温变容管式反应器

对于液相反应，认为反应物在反应前后的体积不变，即恒容反应系统，是符合绝大多数实际情况的近似。但对于管式反应器中进行的气相反应，温度、压力和反应前后分子数不变的反应也属于恒容反应系统，但多数情况是反应前后分子数发生变化。这种近似与实际情况的出入往往很大，其原因是管式反应器在恒压下操作，由化学反应而导致反应体系摩尔数的变化必然引起反应体积的变化，故这种情况不能作为恒容处理，属于非恒容或变容反应系统。

表征反应前后分子数变化程度的方法有膨胀率法和膨胀因子法。

（1）膨胀率法

膨胀率(ε)法是表征分子数变化程度的一种比较简单的方法。它是基于物系体积随转化率呈线性关系，即：$V=V_0(1+\varepsilon_Ax_A)$

上式表示反应在等温等压下进行，反应混合物的瞬时体积 V 为其起始体积 V_0 加上由于化学反应而引起的反应混合物的体积变化。膨胀率 ε_A 的定义是反应组分 A 全部转化后系统体积变化的百分比，即：$\varepsilon_A=\dfrac{V_{x_A=1}-V_{x_A=0}}{V_{x_A=0}}$

例如乙醛分解反应为：

$$CH_3CHO \longrightarrow CH_4+CO，\ A \longrightarrow P+S$$

对于纯乙醛进料，则：$\varepsilon_A=\dfrac{2-1}{1}=1$

若开始时的反应物除 A 以外，还有 50%的惰性物质，初始反应混合物的体积为 2，完全转化后生成产物的混合物体积则为 3，因此在恒压情况下不发生反应的惰性物质体积也不发生变化，$\varepsilon_A=\dfrac{3-2}{2}=0.5$。

此例说明以膨胀率表征变容程度时，不但应考虑反应的计量关系，而且还应考虑系统内是否含有惰性物料。而在下面讨论的以膨胀因子 δ 的表达时，则与惰性物料是否存在无关。

对于不同转化率，组分 A 的摩尔流率为 $F_A=F_{A0}(1-x_A)$。

反应物 A 的浓度为 $C_A=\dfrac{F_A}{V}=\dfrac{F_{A0}(1-x_A)}{V_0(1+\varepsilon_A x_A)}=C_{A0}\dfrac{(1-x_A)}{(1+\varepsilon_A x_A)}$。

对于反应 $aA+bB \longrightarrow pP+sS$

其他组分浓度为：$C_B=\dfrac{F_B}{V}=\dfrac{C_{B0}-\dfrac{b}{a}C_{A0}x_A}{(1+\varepsilon_A x_A)}$，$C_P=\dfrac{F_p}{V}=\dfrac{C_{P0}+\dfrac{p}{a}C_{A0}x_A}{(1+\varepsilon_A x_A)}$，$C_s=\dfrac{F_s}{V}=\dfrac{C_{s0}+\dfrac{s}{a}C_{A0}x_A}{(1+\varepsilon_A x_A)}$

当压力不高时，可作为理想气体，这时也可用分压表示。

$$p_A=p_{A_0}\left(\frac{(1-x_A)}{(1+\varepsilon_A x_A)}\right)=\frac{y_{A0}(1-x_A)}{(1+\varepsilon_A x_A)}p，\ p_B=\frac{p_{B0}-\dfrac{b}{a}P_{A_0}x_A}{(1+\varepsilon_A x_A)}=\left(\frac{y_{B0}-\dfrac{b}{a}y_{A_0}x_A}{(1+\varepsilon_A x_A)}\right)p$$

$$p_p=\frac{p_{p0}+\dfrac{p}{a}P_{A_0}x_A}{(1+\varepsilon_A x_A)}=\left(\frac{y_{p0}+\dfrac{p}{a}y_{A_0}x_A}{(1+\varepsilon_A x_A)}\right)p，\ p_s=\frac{p_{s0}+\dfrac{s}{a}P_{A_0}x_A}{(1+\varepsilon_A x_A)}=\left(\frac{y_{s0}+\dfrac{s}{a}y_{A_0}x_A}{(1+\varepsilon_A x_A)}\right)p$$

需要指出，膨胀率法适用于体积与转化率呈线性关系的场合。

(2) 膨胀因子法

例如下列气相反应，设停留时间为 τ，反应物 A 的转化率为 x_A，于是

	aA	+	bB	$\longrightarrow$	sS	+	rR
$\tau=0$ 时	n_{A0}		n_{B0}		0		0
$\tau=\tau$ 时	$n_{A0}(1-x_A)$		$n_{B0}-bn_{A0}x_A/a$		$sn_{A0}x_A/a$		$rn_{A0}x_A/a$

n_{A0}、n_{B0} 分别为 A、B 的起始摩尔数。

可见，反应开始($\tau=0$)时，反应体系的总摩尔数为：$n_0=n_{A0}+n_{B0}$

在反应进行了 τ 时间($\tau=\tau$)后时，反应体系的总摩尔数为：

$$n_t = n_{A0}(1 - x_A) + n_{B0} - bn_{A0}x_A/a + sn_{A0}x_A/a + rn_{A0}x_A/a$$
$$= n_{A0} + n_{B0} + n_{A0}x_A[(s + r - b)/a - 1]$$
$$= n_0 + n_{A0}x_A \frac{(s + r) - (a + b)}{a}$$

定义 $\delta_A = \dfrac{(s + r) - (a + b)}{a}$ 为 A 的摩尔膨胀系数或称为膨胀因子，其物理意义为变化 1mol 反应物 A 时，引起的反应物系的总摩尔数的变化量。

于是，$\tau=\tau$ 时，$n_t = n_0 + n_{A0}x_A\delta_A = n_0(1 + \delta_A y_{A0} x_A)$

定义 $\tau=0$ 时，反应物 A 在气相中的摩尔分率为 y_{A0}，$y_{A0} = \dfrac{n_{A0}}{n_0}$；

定义 $\tau=\tau$ 时，反应物 A 在气相中的摩尔分率为 y_A，

$$y_A = \frac{n_A}{n_t} = \frac{n_{A0}(1 - x_A)}{n_0 + n_{A0}\delta_A x_A}$$
$$= \frac{y_{A0}(1 - x_A)}{1 + y_{A0}\delta_A x_A}$$

对于等压等温过程，初始摩尔数 n_0 与 τ 时摩尔数 n_t 之间的关系满足

$$\frac{n_t}{n_0} = \frac{V}{V_0} = 1+\delta_A y_{A0} x_A$$
$$= 1+\varepsilon_A x_A$$

因此膨胀因子 δ_A 和膨胀率 ε_A 的关系为：$\delta_A y_{A0} = \varepsilon_A$

设 $\tau=\tau$ 时，A 转化率为 x_A，对应的反应混合物的体积流量为 F_V，于是

$$F_V = F_{V0} + F_{V0}y_{A0}\delta_A x_A = F_{V0}(1 + y_{A0}\delta_A x_A)$$

此时 A 组分的浓度为 C_A，所以：

$$C_A = \frac{n_A}{F_V} = \frac{n_{A0}(1 - x_A)}{F_{V0}(1 + y_{A0}\delta_A x_A)} = \frac{C_{A0}(1 - x_A)}{1 + y_{A0}\delta_A x_A}$$

用类似的方法可以得到 $\tau=\tau$ 时 A 组分的分压为 p_A

$$p_A = \frac{p_{A0}(1 - x_A)}{1 + y_{A0}\delta_A x_A}$$

式中　p_{A0}——A 组分起始分压；

　　p_A——转化率为 x_A 时反应物 A 的分压。

由此可以看出，对于等温等压而又连续操作的气相反应，反应物浓度不但是转化率的函数，而且还是摩尔总数变化率的函数，这也是连续操作和间歇操作的不同所在。

对于摩尔总数变化率为 δ_A 的连续气相反应可以得出：

$$x_A = \frac{y_{A0} - y_A}{y_{A0}(1 + y_A\delta_A)}$$

或

$$x_A = \frac{C_{A0} - C_A}{C_{A0}(1 + y_{A0}\delta_A)}$$

$$x_A = \frac{p_{A0} - p_A}{p_{A0}(1 + y_{A0}\delta_A)}$$

于是，对于 n 级不可逆反应 $r_A = kC_A^n$，其速率方程可表达为：

$$r_A = k\left[\frac{C_{A0}(1 - x_A)}{1 + y_{A0}\delta_A x_A}\right]^n \tag{6-8}$$

对于恒容情况，$\delta_A = 0$，速率方程还原为：

$$r_A = k[C_{A0}(1 - x_A)]^n \tag{6-9}$$

由此可见，在流动体系中假若物料的总体积流量不因化学反应而有变化，其动力学方程的形式同非流动体系是完全一样的，只是流动体系中有关反应时间的物理量用空间时间或接触时间表示。

对于气相反应，如果反应物的初浓度以分压 p_{A0}（摩尔分数）给出，则根据理想气体状态方程知：

$$C_A = \frac{p_{A0}}{RT} = \frac{py_{A0}}{RT}$$

式中 p——操作压力；

p_{A0}——A 组分起始分压；

y_{A0}——A 组分起始摩尔分数；

R——气体常数；

T——操作温度，K。

于是，对于 n 级不可逆反应 $r_A = kC_A^n$，其速率方程又可表达为：

$$r_A = k\left(\frac{1}{RT}\right)^n\left[\frac{p_{A0}(1 - x_A)}{1 + y_{A0}\delta_A x_A}\right]^n = k_p p_A^n \tag{6-10}$$

其中：

$$k_P = k\left(\frac{1}{RT}\right)^n,\quad p_A = \frac{p_{A0}(1 - x_A)}{1 + y_{A0}\delta_A x_A}$$

或

$$r_A = k\left(\frac{p}{RT}\right)^n\left[\frac{y_{A0}(1 - x_A)}{1 + y_{A0}\delta_A x_A}\right]^n = k_y y_A^n \tag{6-11}$$

其中：

$$k_y = k\left(\frac{p}{RT}\right)^n,\quad y_A = \frac{y_{A0}(1 - x_A)}{1 + y_{A0}\delta_A x_A}$$

在得到停留时间与转化率的关系后，反应体积可由 $V_R = F_{V0}\tau$ 算出。

【例 6-2】 在理想置换管式反应器中进行等温二级不可逆反应 A+B→R，已知气体物料的起始流量为 360.0m³/h，A 和 B 的初浓度均为 0.8kmol/m³，其余的惰性气体的浓度为 2.4kmol/m³，速率常数为 8.0m³/(kmol · min)。要使 A 的转化率达到 0.90，求空时和反应体积。

解：$C_A = \dfrac{C_{A0}(1 - x_A)}{1 + y_{A0}\delta_A x_A}$，$r_A = kC_A C_B = kC_A^2$，所以

$$\tau = \frac{1}{kC_{A0}}\int_0^{x_A}\left(\frac{1 + y_{A0}\delta_A x_A}{1 - x_A}\right)^2 dx_A$$

积之得

$$\tau=\frac{1}{kC_{A0}}\left[2y_{A0}\delta_A(1+y_{A0}\delta_A)\ln(1-x_A)+(y_{A0}\delta_A)^2x_A+(1+y_{A0}\delta_A)^2\frac{x_A}{1-x_A}\right]$$

其中　$\delta_A=1$；$y_{A0}=\dfrac{0.8}{0.8\times2+2.4}=0.2$

于是：

$$\tau=1.02\text{min}\ ;\ V_R=F_{V0}\tau=\frac{360\times1.02}{60}=6.12\text{m}^3$$

若按恒容过程计算，则 $\tau=\dfrac{1}{kC_{A0}}\cdot\dfrac{x_A}{1-x_A}=1.41\text{min}$，$V_R=8.44\text{m}^3$

6.3　变温管式反应器

化学反应经常伴有热效应，有些反应的热效应还较大，工业上实现等温操作比较困难；化学反应通常要求温度随着反应进程有一个适当的分布，以获得较好的反应效果。

变温操作时，尽管反应器内物料径向混合均匀，但沿轴向(物料流动的方向)，物料的浓度、温度都发生变化，而速率常数又是温度的函数。因此，要对反应进程进行数学描述，需要联立物料衡算方程(速率方程)和热平衡方程。

为方便模型化，可将反应温度和关键组分的转化率表达为反应器轴向位置的函数。

(1) 物料平衡方程

设反应器的内径为 d，距反应器入口的轴向坐标为 l，于是微元反应体积为

$$dV_R=d\left(\frac{\pi d^2}{4}l\right)=\frac{\pi d^2}{4}dl$$

其物料衡算方程为：

$$F_{V0}C_{A0}(1-x_A)=F_{V0}C_{A0}[1-(x_A+dx_A)]+r_A\frac{\pi d^2}{4}dl$$

即

$$F_{V0}C_{A0}dx_A=r_A\frac{\pi d^2}{4}dl \tag{6-12}$$

(2) 热平衡方程

设 Q_1、Q_4 分别为单位时间内物料带入、带出微元体积的热量；Q_2 表示单位时间内间壁传热量；Q_3 表示单位时间内化学反应产生的热；热累积为零。

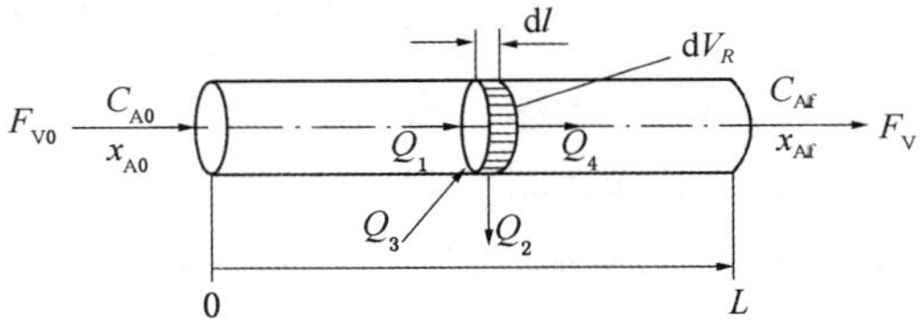

图 6-8　变温管式反应器热量衡算示意图

因此，稳态操作下，热平衡方程为：

$$Q_1+Q_3=Q_4+Q_2$$

其中反应的热效应 Q_3 包括反应热 Q_R 和物理变化热 Q_P，设物理变化热 $Q_P=0$，所以：

$$Q_4-Q_1=Q_R-Q_2 \tag{6-13}$$

各项热量的计算方法如下：

① 物料通过微元体积时显热的变化量

$$Q_4 - Q_1 = \sum n_i C_{pi} \mathrm{d}T \tag{6-13a}$$

式中 n_i——进入微元体积的组分 i 的摩尔流量，kmol/h；

C_{pi}——组分 i 的定压摩尔热容，kJ/(kmol·K)；

$\mathrm{d}T$——物料经过微元体积时温度的变化，K。

② 间壁传热量

$$Q_2 = K(T - T_s)\mathrm{d}A = K(T - T_s)\pi d \mathrm{d}l \tag{6-13b}$$

式中 K——总传热系数，kJ/m^2·h·K；

$\mathrm{d}A$——微元体积的传热面积，m^2；

d——管内径，m；

T——反应物温度，K；

T_s——传热介质温度，K。

③ 化学反应热

$$Q_r = q_r r_A \mathrm{d}V_R = q_r n_{A0} \mathrm{d}x_A \tag{6-13c}$$

式中 q_r——为以组分 A 为基准的摩尔反应热，kJ/kmol；

n_{A0}——为 A 组分的起始摩尔流量，kmol/h。

将上面的具体算式代入热平衡方程式(6-13)，得

$$\sum n_i C_{pi} \mathrm{d}T = q_r n_{A0} \mathrm{d}x_A - K(T - T_s)\pi d \mathrm{d}l \tag{6-14}$$

这就是变温操作时理想置换型管式反应器的热量衡算式。将物料平衡方程式(6-12)和式(6-14)联立即可求解得 $x_A \sim T \sim l$ 之间的关系。由于反应速率 r_A 是温度和转化率的函数，很难得到解析解，故可沿轴向用逐步差分法求解或用电子计算机计算。

特别地，当间壁传热量 Q_2 为零时，即绝热下操作，式(6-14)变形为：

$$\sum n_i C_{pi} \mathrm{d}T = q_r n_{A0} \mathrm{d}x_A \tag{6-14a}$$

假设在反应器中物料温度从 T_0 变化到 T，忽略反应过程中物系总摩尔数的变化，上式左端可积分为：

$$\int_{T_0}^{T} \sum n_i C_{pi} \mathrm{d}T = \int_{T_0}^{T} n_0 \overline{C_p} dT = n_0 \overline{C_p}(T - T_0) \tag{6-14b}$$

式中 n_0——反应物系起始的摩尔流量，kJ/kmol；

$\overline{C_p}$——反应物系在 $T_0 \sim T$ 之间的平均定压热容，kJ/kmol·K。

又设 $n_{A0} = n_0 y_{A0}$（y_{A0} 为反应开始时 A 组分的摩尔分率），相应于温度从 T_0 到 T 的变化，组分 A 的转化率从 x_{A0} 变化到 x_A，则上式右端可积分为：

$$\int_{x_{A0}}^{x_A} q_r n_{A0} \mathrm{d}x_A = q_r n_0 y_{A0}(x_A - x_{A0}) \tag{6-14c}$$

所以

$$n_0 \overline{C_p}(T - T_0) = q_r n_0 y_{A0}(x_A - x_{A0}) \tag{6-14d}$$

也就是

$$T - T_0 = \frac{q_r y_{A0}}{\overline{C_p}}(x_A - x_{A0}) \tag{6-15}$$

令 $\lambda = \frac{q_r y_{A0}}{\overline{C_p}}$ 称为绝热温升(降)，其物理意义为反应物中的A组分完全转化时，引起物系温度变化的度数。

于是

$$T - T_0 = \lambda(x_A - x_{A0}) \text{ 或 } x_A - x_{A0} = \frac{1}{\lambda}(T - T_0) \tag{6-16}$$

此式称为绝热方程，说明了绝热反应过程中A组分的转化率 x_A 和反应温度 T 之间的关系。

该式与间歇釜式反应器、连续釜式反应器导出的绝热方程完全一样，两者均反映了绝热反应过程中温度与转化率的关系。所以绝热方程既适用于间歇反应器，也适用于连续反应器，只是在符号使用上不同。

以 x_A 对温度 T 作图可得一条直线，如图6-9所示，直线的斜率等于 $1/\lambda$。

若放热反应，$\lambda>0$，直线斜角<90°；若吸热反应，$\lambda<0$，直线斜角>90°；若等温反应，$\lambda=0$，直线斜角=90°。

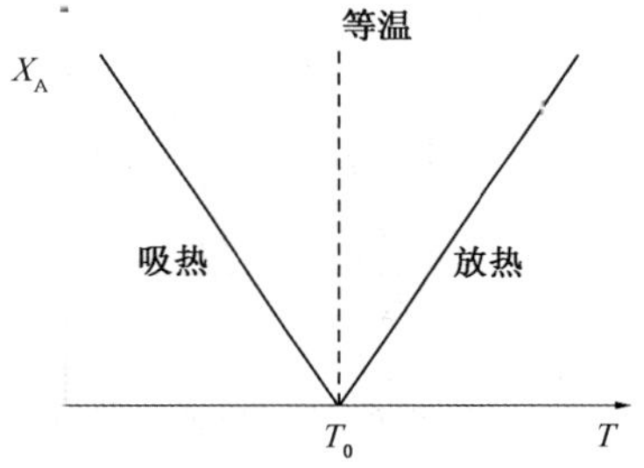

图6-9 绝热反应过程转化率与温度的关系

值得注意的是，虽然绝热方程反映了三类反应器在绝热条件下操作温度与转化率的关系，但本质上还是有区别的：

① 平推流反应器：反映的是绝热条件下，不同轴向位置温度与转化率的关系；

② 间歇反应器：反映的是绝热条件下，不同反应时间温度与转化率的关系；

③ 全混流反应器：反映的是绝热条件下，出口转化率与操作温度的关系。

由图6-9可见，绝热条件下进行吸热反应时，反应温度随转化率的增加而下降，进行不可逆放热反应时则相反，反应温度随转化率的增加而升高。所以对于绝热管式反应器，一般情况下选择较高的进料温度是有利的。然而，对于可逆放热反应，还需做具体分析。图6-10为可逆放热反应的转化率与温度的关系，图中AD、BE和CF分别是管式反应器进料温度为T_A、T_B和T_C时的绝热操作线。对于一定的转化率，当反应温度低于最佳温度时，反应速率总是随温度的升高而增加，高于最佳温度时，则随温度的升高而降低。按B线操作，其平均反应速率要大于AD线操作，但是再提高进料温度至T_C，则按CF线操作并不见得比BE线好，因为反应后期太接近平衡了，所以以最佳的进料温度所需的反应体积最小。图6-11为反应体积与进料温度的关系示意图。图中每条曲线是对一定的最终转化率作出的。最终转化率越高，则最佳进料温度越低，即$x''_{Af}>x'_{Af}>x_{Af}$，而相应的最佳进料温度则为$T''_0<T'_0<T_0$。

当化学反应的热效应很大时，无论是放热的还是吸热的，采用绝热操作将会使反应器进出口的反应物料的温差太大。对于放热反应，温度沿轴向而升高，这对于不可逆反应来说问题不大，但由于其他原因反应温度一定要控制在一定范围内时，绝热反应器的应用就会受到限制；如果反应是可逆的，温度升高则平衡转化率降低，应用绝热反应器就不可能得到较高的转化率。在绝热反应器中进行吸热反应时，无论是可逆还是不可逆的，反应温度总是沿轴向而降低，使反应速率越来越慢，若反应是可逆的，还使平衡转化率下降，从而不可能获得高的转化率。上面所说的这些情况，在化学反应进行的同时必须与环境进行热交换，若为放热反应需要将反应器冷却，吸热反应则要加热，使反应过程的温度控制在要求的范围内，以获得较好的转化率和安全的操作，特别是那些温度过高会发生爆炸，或者会损坏催化剂或设备的反应更为重要。

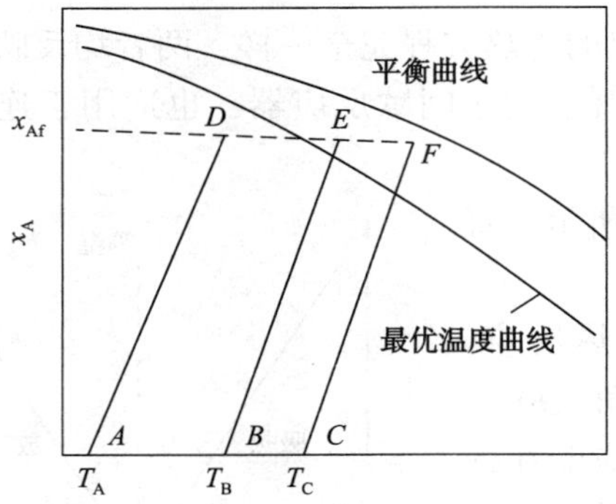

图 6-10 可逆放热反应的转化率与温度的关系

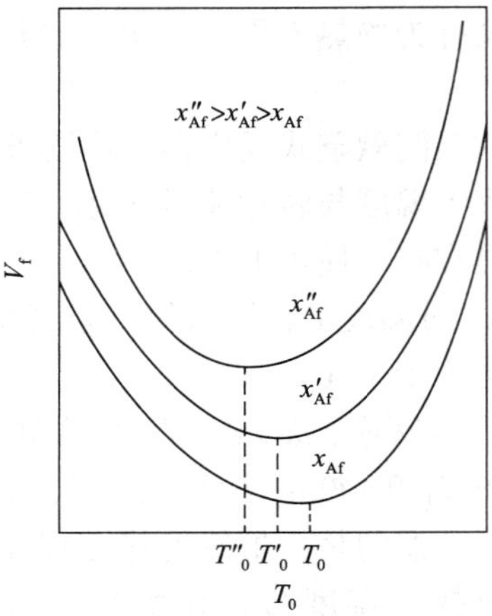

图 6-11 绝热管式反应器的最佳进料温度

(3) 具体解题步骤

绝热反应器的求解要用下面三个式子联立：

$$T - T_0 = \frac{q_r y_{A0}}{\overline{C_p}}(x_A - x_{A0}) \quad ①$$

$$V_R = F_{V0}C_{A0}\int_0^{x_A}\frac{dx_A}{r_A} \text{ 或 } \frac{\pi d^2}{4}l = F_{V0}C_{A0}\int_0^{x_A}\frac{dx_A}{r_A} \quad ②$$

$$k = A\exp\left(-\frac{E}{RT}\right) \quad ③$$

① 给出 x_{Ai} 用①式求 T_i；

② 由 T_i 用③式计算 k_i，r_{Ai}；

③ 由 Δx_{Ai} 等用②式计算 V_{Ri} 或 l_i。

【例 6-3】 对于反应 A+2B→C+D，已知下列条件：反应热效应：$q_r = 151.9\times10^3$kJ/kmol，232℃；动力学方程式：$r_A = kC_AC_B$kmol/m^3·min，$\lg k = 7.2 - \frac{4482}{T_3}$(m^3/kmol·min)。

工艺条件：A、B 的进料流量分别为 0.08m^3/h 和 0.48m^3/h；初浓度分别为 1.2kmol/m^3 和 15.6kmol/m^3；密度分别为 1350.0kg/m^3 和 881.0kg/m^3；混合物黏度为 1.5×10^{-2}Pa·s；$C_{pA} = 1.66$kJ/kg·℃，$C_{pB} = 4.20$kJ/kg·℃。

采用 ϕ35mm×9mm 的水平管式反应器分三段加热：

① 蒸汽预热段：A 与 B 分别用蒸汽加热到 150℃，然后互相混合进入电预热段。

② 电预热段：用电加热，保持管壁温度为 235℃，使混合物升温到 232℃。

③ 恒温反应段：用电加热，保持管壁温度为 235℃，物料温度为 232℃。电加热管壁传热系数 $K=6300\text{kJ/m}^2\cdot\text{h}\cdot℃$。求算：

(1) 电预热段物料温度及转化率沿管长的变化规律；

(2) 转化率为 0.98 时的管子长度；

(3) 恒温段每米管长的放热量。

解：(1) 电预热段的计算

应用差分法计算，令管长 Δl 中 A 的转化率为 Δx_A，物料与热量衡算式为

$$F_{V0}C_{A0}\Delta x_A = \frac{\pi}{4}d^2 r_A \Delta l \tag{1}$$

$$\sum G_i C_{pi}\Delta T = K\pi d\Delta l(T_s - T) + q_r r_A\left(\frac{\pi}{4}d^2\Delta l\right) \tag{2}$$

其中 G_i 为各组分的质量流量。合并式(1)和式(2)，得

$$GC_p\Delta T = K\pi d\Delta l(T_s - T) + q_r F_{V0}C_{A0}\Delta x_A \tag{3}$$

$$C_p = \frac{881\times0.48\times4.2+1350\times0.08\times1.66}{881\times0.48+1350\times0.08} = 3.69\text{kJ/(kg}\cdot℃)$$

$$G = F_{VA0}\rho_A + F_{VB0}\rho_B = 0.08\times1350+0.48\times881 = 531\text{kg/h}$$

将数据代入式(3)得

$$531\times3.69\Delta T = 6300\times\pi\times0.017\Delta l(508-T) + 151.9\times10^3\times1.2\times0.56\Delta x_A$$

简化后

$$\frac{\Delta T}{\Delta l} = 0.172(508-T) + 52.2\frac{\Delta x_A}{\Delta l} \tag{4}$$

动力学方程为

$$r_A = kC_{A0}C_{B0}(1-x_A)\left(1-\frac{2C_{A0}}{C_{B0}}x_A\right) = 18.7k(1-x_A)(1-0.154x_A) \tag{5}$$

由式(1)

$$0.56\times1.2\Delta x_A = \frac{\pi}{4}(0.017)^2\times60r_A\Delta l$$

整理得

$$\Delta x_A = 0.020r_A\Delta l \tag{6}$$

将式(5)代入式(6)，消去 r_A

$$\Delta x_A = 0.38k(1-x_A)(1-0.154x_A)\Delta l \tag{7}$$

将 k 值代入式(7)

$$\Delta x_A = 0.38\times10^{\left(7.2-\frac{4482}{T}\right)}(1-x_A)(1-0.154x_A)\Delta l \tag{8}$$

将式(4)写成

$$\Delta T = 0.172(508-T)\Delta l + 52.2\Delta x \tag{9}$$

联解式(8)、式(9)，可用差分法逐段求算 Δx 与 ΔT。

取各段管长度 $\Delta l = 1\text{m}$，由始点 $T_0 = 150+273 = 423\text{K}$，$x_{A0} = 0$ 开始计算。

$$\Delta x_{A1} = 0.38 \times 10^{\left(7.2 - \frac{4482}{423}\right)} \times 1 = 1.5 \times 10^{-4}$$

$$x_{A1} = x_{A0} + \Delta x_{A1} = 1.5 \times 10^{-4}$$

$$\Delta T_1 = 0.172(508 - 423) + 52.3(1.53 \times 10^{-4}) = 14.7\text{K}$$

$$T_1 = T_0 + \Delta T_1 = 423 + 14.7 = 437.7\text{K}$$

同样方法逐段计算，其结果如表 6-2 所示。

(2) 恒温反应段管长计算

$$\tau = C_{A0} \int_{x_{A1}}^{x_{A2}} \frac{dx_A}{r_A} = C_{A0} \int \frac{dx_A}{kC_{A0}(1 - x_A)(C_{B0} - 2C_{A0}x_A)}$$

积分结果

$$\tau = \frac{1}{k(2C_{A0} - C_{B0})} \left(\ln \frac{1 - x_{A2}}{1 - \frac{2C_{A0}}{C_{B0}} x_{A2}} - \ln \frac{1 - x_{A1}}{1 - \frac{2C_{A0}}{C_{B0}} x_{A1}} \right)$$

表 6-2 电预热段物料温度等随管长变化情况

l/m	T/K	$x_A \times 10^2$	$\Delta x_A \times 10^2$	ΔT/K
0~1	423.0	0.000	0.015	14.7
1~2	437.7	0.015	0.034	12.1
2~3	449.8	0.049	0.065	10.0
3~4	459.8	0.114	0.109	8.3
4~5	468.0	0.223	0.159	6.9
5~6	474.9	0.382	0.220	5.8
6~7	480.8	0.602	0.285	4.8
7~8	485.6	0.887	0.353	4.0
8~9	489.6	1.240	0.424	3.4
9~10	493.0	1.664	0.469	2.8
10~11	495.8	2.143	0.539	2.4
11~12	498.2	2.682	0.589	2.0
12~13	500.2	3.271	0.641	1.6
13~14	501.8	3.912	0.679	1.4
14~15	503.2	4.591	0.711	1.2
15~16	504.4	5.302	0.728	1.0
	505.4	6.030	0.765	0.8

由表中数据可知，管长 16m，温度为 232.4℃，转化率为 6.03%。

已知条件：$C_{A0} = 1.20\text{kmol/m}^3$，$C_{B0} = 15.6\text{kmol/m}^3$

$$x_{A1} = 6.03 \times 10^{-2}, \quad x_{A2} = 0.98$$

$$k = 10^{-\left[7.2 - \frac{4482}{505}\right]} = 2.11 \times 10^{-2}$$

代入上式，得

$$\tau=\frac{10^2}{2.11(2\times1.20-15.6)}\left(\ln\frac{1-0.98}{1-\frac{2\times1.20}{15.6}\times0.98}\ln\frac{1-0.0603}{1-\frac{2\times1.20}{15.6}\times0.0603}\right)$$

$=13.3\text{min}$

令 $$u=\frac{0.56}{\frac{1}{4}\pi\times0.017^2}=2.47\times10^3\text{m/h}$$

恒温段管长 $$l=\tau\cdot u=13.3\times\frac{2.47\times10^3}{60}=550\text{m}$$

反应器总长 16+550=566m

(3) 计算恒温段放热速率沿管长的变化情况

反应时间与转化率的关系为

$$\tau=\frac{10^2}{2.11(2\times1.20)}\left(\ln\frac{1-x_A}{1-\frac{2\times1.20}{15.6}x_A}-\ln\frac{1-0.0603}{1-\frac{2\times1.20}{15.6}\times0.0603}\right)$$

$$=-3.6\left(\ln\frac{1-x_A}{1-0.154x_A}+0.054\right)$$

$$l=\tau u=\frac{-3.6\times2.47\times10^3}{60}\left(\ln\frac{1-x_A}{1-0.154x_A}+0.054\right)$$

$$l=-14.8\left(0.054+\ln\frac{1-x_A}{1-0.54x_A}\right)$$

取 l=10，20，30，…，100，150，200，…，500m，求算 x_A 与 Δx_A 各段管长间的值。并根据 Δx_A 值，按下式计算每米管长的放热速率，计算结果见表 6-3。

$$q=\frac{F_{V0}C_{A0}\Delta x_A q_r}{\Delta l}=\frac{0.56\times1.2\times151.9\times10^3\Delta x_A}{\Delta l}=102.1\times10^3\frac{\Delta x_A}{\Delta l}$$

从表 6-3 中可以看出，恒温段的开头数十米，需要移出的热量较大，实际上需要采取冷却措施，入吹风出热。而后面的管子，放热量已经小于热损失，这时需要加热保温。

表 6-3　恒温段物料放热速率等随管长变化情况

l/m	x_A	Δx_A	q/[kJ/(h·m)]
0	0.060	0.072	730.8
10	0.132	0.065	659.4
20	0.197	0.060	613.2
30	0.257	0.055	562.8
40	0.312	0.040	457.8
50	0.362	0.045	428.4
60	0.407	0.084	351.5

续表

l/m	x_A	Δx_A	q/[kJ/(h·m)]
80	0.491	0.700	275.1
100	0.561	0.135	184.0
150	0.695	0.090	132.7
200	0.785	0.065	87.8
250	0.850	0.043	65.5
300	0.893	0.032	42.8
350	0.925	0.021	32.8
400	0.946	0.016	22.3
450	0.962	0.011	16.4
500	0.973	0.008	16.4
530	0.980		

6.4 管式反应器与连续釜式反应器的比较

【例 6-4】 一级反应，$r_A=kC_A$，已知 A 的初浓度为 1.0kmol/m^3，速率常数为1.0/min。要求转化率达到90.0%，分别采用单釜连续、两等体积釜连续和管式反应器实现，反应时间分别是多少？

解：① 单釜连续时

$$\tau=\frac{C_{A0}(x_A-x_{A0})}{r_A}=\frac{C_{A0}x_A}{kC_{A0}(1-x_A)}=9.0\text{min}$$

② 两等体积釜连续时

$$\tau=2\tau=\frac{2}{k}\left[\left(\frac{1}{1-x_A}\right)^{\frac{1}{2}}-1\right]=4.3\text{min}$$

③ 采用管式反应器时

$$\tau=C_{A0}\int_0^{x_A}\frac{dx_A}{r_A}=C_{A0}\int_0^{x_A}\frac{dx_A}{kC_{A0}(1-x_A)}$$

$$=C_{A0}\int_0^{x_A}\frac{dx_A}{kC_{A0}(1-x_A)}=\frac{1}{k}\ln\left(\frac{1}{1-x_A}\right)$$

$$=2.3\text{min}$$

由以上例题可以看出，对于一定的化学反应，当物料处理量、物料的初浓度及终点转化率一定时，完成反应所需要的反应时间按多釜连续、单釜连续、管式连续反应器的次序递减。

究其原因，主要是因为就釜式连续这种操作方式而言，存在物料返混现象，致使反应物浓度降低，使得反应的推动力降低，其结果就是反应时间长。

不同形式的反应器主要从两个方面进行比较：第一，生产能力，即单位时间、单位体积反应器所能得到的产物量，也叫生产强度。换言之，生产能力的比较也就是在得到同等产物量时，所需反应器体积大小的比较。第二，反应的选择性，即主、副反应产物的比例。对简单反应，不存在选择性问题，只需要进行生产能力的比较。对于复杂反应，不仅要考虑反应器的大小，还要考虑反应的选择性。副产物的多少，影响着原料的消耗量、分离流程的选择及分离设备的大小。因此反应的选择性往往是复杂反应的主要矛盾。

6.4.1　生产能力的比较——容积效率分析

实现同一个化学反应，当反应条件、物料处理量、物料的初浓度及终点转化率相司时，理想置换型反应器的反应体积 V_{RP}（或停留时间 τ_P）与有返混的反应器的反应体积 V_{RC}（或停留时间 τ_C）之比定义为容积效率，用 E 表示。

$$E=\frac{V_{RP}}{V_{RC}}=\frac{\tau_P}{\tau_C} \tag{6-17}$$

可以把容积效率理解为衡量单位反应体积的反应器生产能力的大小的指标。

$E<1$，其值越小，说明反应器的容积效率越低，偏离理想置换反应器的程度越高。返混的程度不同，反应器的容积效率就不同。

（1）单釜连续反应器的容积效率

在理想置换反应器内，反应物浓度随着反应的进行而逐渐降低，反应速率也因此逐渐变低；而在理想混合反应器内，进料中的反应物立即被釜内的生成物稀释到出口的低浓度，整个反应始终在低浓度、低速率下进行。如图 6-12 所示。

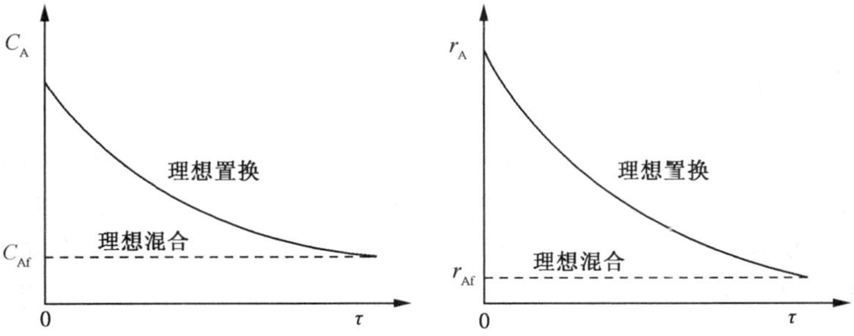

图 6-12　理想混合与理想置换反应器的比较

因此，若在上述两种反应器内进行相同的化学反应，采用相同的进料组成、反应条件并达到相同的转化率，理想混合反应器内的反应速率与理想置换反应器内速率最慢处（出口）的速率相等，整个反应都在低推动力下进行，因而完成同一个化学反应所需的反应时间就更长，反应体积也更大，容积效率就低。

该结论也可以从图 6-13 图解得出。

由釜式反应器的停留时间计算公式 $\tau_C=\frac{C_{A0}x_A}{r_A}$ 和管式反应器的停留时间计算公式 $\tau_P=C_{A0}\int_0^{x_A}\frac{dx_A}{r_A}$ 得单釜连续反应器的容积效率为：$E=\frac{\tau_P}{\tau_C}=\frac{\frac{x_A}{r_A}}{\int_0^{x_A}\frac{dx_A}{r_A}}$。

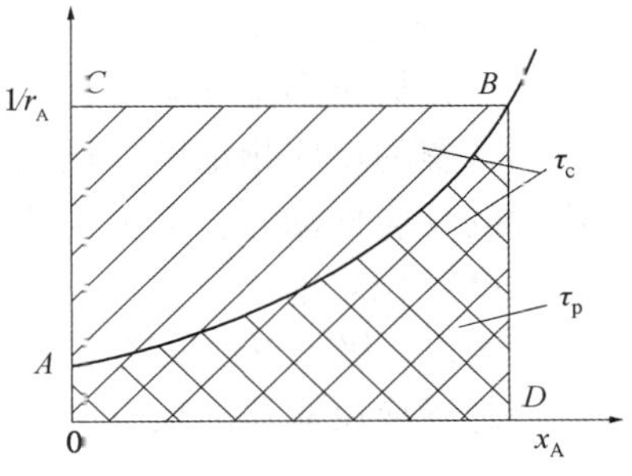

图 6-13　理想反应器的比较

将 $1/r_A$ 对 x_A 作图，则图 6-13 中左斜线部分面积为理想混合反应器的反应时间；右斜线部分面积为理想置换反应器的反应时间。由此可见 E 小于 1。

下面讨论不同反应级数下的容积效率。

在理想置换和理想混合反应器内反应物的浓度分布不同，而不同级数的反应对浓度分布的敏感程度不同，因此，讨论反应级数对容积效率的影响对反应器的设计、分析具有重要的实际意义。

零级反应：零级反应的反应速率不受反应物浓度的影响，故零级反应的容积效率为 1。

一级不可逆反应：理想置换反应器的反应时间：

$$\tau_P = \frac{1}{k}\ln\frac{1}{1 - x_A}$$

理想混合反应器的反应时间：$\tau_C = \dfrac{x_A}{k(1 - x_A)}$

因此，$E = \dfrac{\tau_P}{\tau_C} = \dfrac{1 - x_A}{x_A}\ln\dfrac{1}{1 - x_A}$

二级不可逆反应：理想置换反应器的反应时间：$\tau_P = \dfrac{x_A}{kC_{A0}(1 - x_A)}$

理想混合反应器的反应时间：$\tau_C = \dfrac{x_A}{kC_{A0}(1 - x_A)^2}$

因此，$E = \dfrac{\tau_P}{\tau_C} = 1 - x_A$

以转化率 x_A 为横坐标，容积效率 E 为纵坐标，描绘 $E \sim x_A$ 曲线于直角坐标系中(见图 6-14)，可以看到：①反应级数越高，容积效率越低；②低转化率时，容积效率较为接近；③高转化率时，容积效率接近 0。这是因为：①反应级数越高，反应速率对浓度的敏感程度越高；②低转化率时，理想混合反应器内反应物浓度与理想置换的较为接近。但低转化率操作本身有利有弊。

(2) 多釜连续反应器的容积效率

多釜连续操作时，化学反应是在多个反应釜内完成。随着反应的进行，反应物浓度从第一釜开始逐次降低，反应速率也随之逐渐降低，因此，在其他条件相同的情况下，多釜连续的平均推动力要比单釜连续的高。

图 6-15 为 4 釜连续反应过程的 $C_A \sim \tau$ 曲线。从第 1 釜至第 4 釜的反应物浓度依次为 C_{A1}、C_{A2}、C_{A3} 和 C_{Af}。

可见，对于多釜连续过程，只有最后一釜的反应物浓度与单釜连续的反应物浓度相同，而前面各釜的反应物浓度均比最后一釜高，因此，多釜连续过程的反应平均推动力要大于单釜连续的反应推动力，多釜连续的容积效率大于单釜连续的容积效率，即多釜连续能抑制返混，提高容积效率。

下面以一级不可逆反应为例，说明等体积多釜串联的容积效率与串联的数量的定量关系。

理想置换反应器的反应时间

$$\tau_P = \frac{1}{k}\ln\frac{1}{1 - x_A}$$

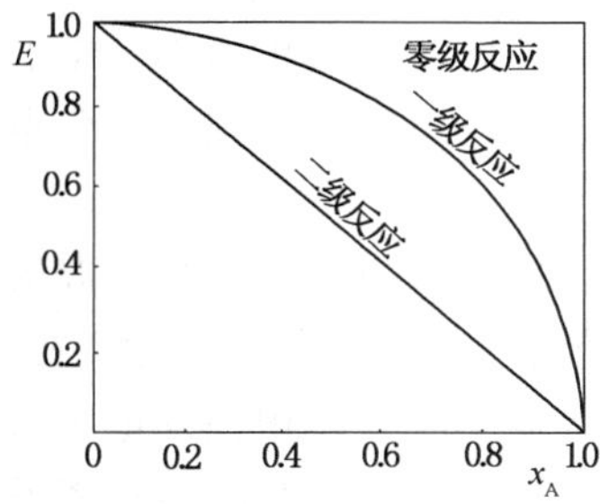

图 6-14　单釜容积效率

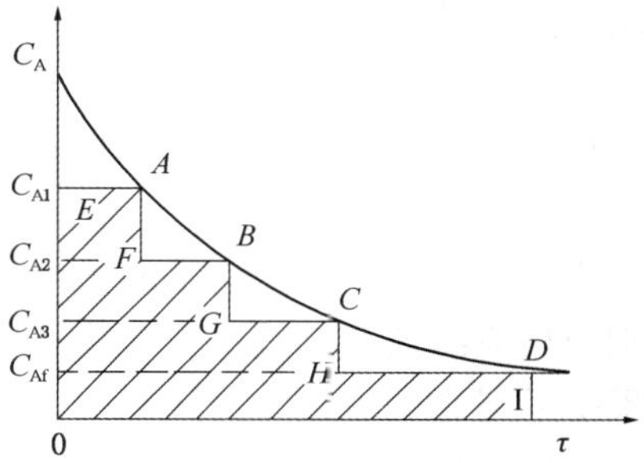

图 6-15　多釜串联反应器的推动力

多釜串联反应器的反应时间

$$\tau_C = \frac{n}{k}\left[\left(\frac{1}{1-x_A}\right)^{\frac{1}{n}} - 1\right]$$

因此,

$$E = \frac{\tau_P}{\tau_C} = \frac{\ln\frac{1}{1-x_A}}{n\left[\left(\frac{1}{1-x_A}\right)^{\frac{1}{n}} - 1\right]}$$

将由上式确定的容积效率与串联数量的关系描绘在 $E \sim n$ 图上(见图 6-16),可以看到:

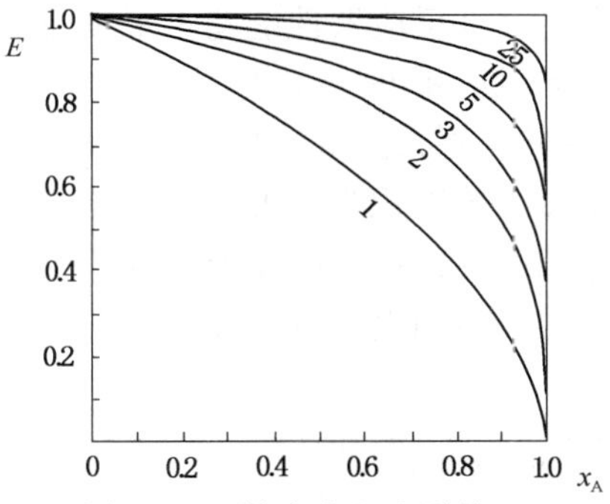

图 6-16　等容多釜串联的容积效率(一级反应)

对于一定的转化率,串联反应器的数量越多,容积效率越高。这是因为串联数量越多,越能抑制返混,提高反应推动力。

关于容积效率的几点结论:

在其他操作条件相同时:

① 要求达到的转化率越高,容积效率越低;

② 反应级数越高,容积效率越低,说明高级数反应对返混更为敏感;

③ 多釜连续操作时,串联的数目越多,容积效率越高,是因为数目增多可抑制返混,使反应过程中各釜的浓度梯度更接近理想置换。

6.4.2　简单反应过程反应器型式的比较

前面几章已经讨论了三种基本反应器类型:间歇反应器、理想置换反应器和全混流反应器。在三种不同类型反应器中进行简单反应时,表现出不同的结果。尽管工业反应器结构千差万别,然而,可以根据这三种基本反应器的返混特征进行分析。不同返混程度的反应器,在工程上总设法使其返混状态接近于返混极大或返混极小两种极端状态。间歇反应器和理想置换反应器,在操作方式上虽然一个是间歇操作,另一个是连续操作,但它们具有相同的返混特征——不存在返混。对于确定的反应过程,在这类反应器中的反应结果唯一地由反应动力学所确定。理想置换反应器和全混流反应器,虽然在操作方式上都是连续操作,但具有完全不同的返混特征。全混流反应器返混程度最大,反应器中的物料浓度和反应器出口浓度相同，即整个反应过程始终处于出口状态的浓度(或转化率)条件下操作。所以，对同一简单反应在相同操作条件下未达到相同转化率，理想置换反应器所需体积最小。全混流反应器所需体积最大。换句话说，若反应器体积相同，则理想置换反应器所达到的转化率比全混流反应器要高。

由容积效率与反应级数和转化率的关系可以看出，理想置换反应器与全混流反应器中反应结果的差别与反应级数和反应过程转化率有关。当转化率很低时，反应物浓度变化较小，因此反应结果受返混影响也较小，达到同样转化率的两类反应器体积差别也不大。随反应转化率增加，返混影响也增大，两类反应器体积比相应增大。因此，对高转化率反应过程应选用返混小的反应器。随反应级数提高，达到相同转化率，全混流反应器与理想置换反应器所需体积比也增大(参见图 6-16)。

对于零级反应，反应速率只取决于反应温度，而与浓度无关，因此两类反应器的结果相同。对于非零级反应，级数越高，反应物浓度变化对反应速率影响越敏感，为达到同样转化率，两类反应器所需体积差别越大。以转化率 0.9 为例，一级反应的两个反应器体积差 4 倍，而二级反应则差 10 倍。实际工业生产采用返混极大或返混极小的反应器受到各种因素限制。即使是简单反应，为了确定反应器型式，不仅要考虑反应级数，而且要考虑合适的转化率。对反应级数高、要求转化率也高的反应过程主要采用理想置换反应器。可是，若反应要求较长的停留时间，采用管式反应器会造成结构或操作的困难，可采用连续流动釜式反应器串联组合的形式，既可降低返混的影响，又可保证足够的停留时间。当串联釜数趋于无穷多时，其反应器性能趋于平推流反应器。例如某 1 级不可逆反应，若 $k\tau=2$ 时，则在单个全混流反应器中转化率为 0.667，在平推流反应器中转化率为 0.865。如果要求转化率为 0.865，则在全混流反应器中进行，实其 $k\tau=6.5$，即在反应温度不变时，k 值不变，则全混流反应器体积为平推流反应器体积的 3.25 倍。若根据限制返混的分割措施，要使反应器总体积不变，把反应器分成 N 个全混流反应器，串联在 $Nk\tau=2$ 时，其一级反应的釜数与转化率的关系如表 6-4 所示。

表 6-4　串联釜数 N 与转化率 x_A 的关系

串联釜数 N	1	2	3	5	∞
转化率 x_A	0.67	0.75	0.78	0.81	0.87

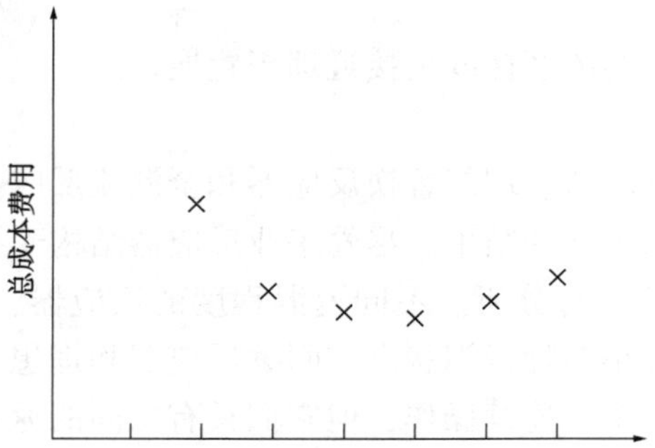

图 6-17　反应釜个数对总费用的影响

在采用多釜串联时，其串联辅助的确定取决于经济指标。达到指定转化率所要求的反应器总体积 $\sum V_R$ 随釜数 N 增加而减小。然而由于单个反应器费用与 $V_R^{0.6}$ 成正比，所以和 $NV_R^{0.6}$ 成正比的总费用在图 6-17 上呈现一个最小值，最小值约在 $N=4$ 处。在 $N<5$ 的范围内总体积出现明显的减少。随着釜数 N 增加，当串联釜数 N 大于 5 时，继续增加釜数 N，对返混限制的效果已不甚明显。而当釜数增加时，在生产操作上困难也随之增加，因此串联釜数的最优选择一般不超过 4 个。

6.4.3　反应选择性的比较

(1) 平行反应

① $A \xrightarrow{k_1} R$ 主反应

$A \xrightarrow{k_2} S$ 副反应

怎样才能较多地得到目的产物 R？可以通过动力学分析，写出反应速率方程式。

根据选择性的定义，可以写出该平行反应的选择性表达式：

$$S = \frac{r_R}{r_R + r_S} = \frac{1}{1 + \frac{k_1}{k_2} C_A^{\alpha_1 - \alpha_2}} \tag{6-18a}$$

式(6-18a)中 $C_A^{\alpha_1-\alpha_2}$ 是选择性的浓度效应，$\frac{k_1}{k_2}$ 为选择性的温度效应。在反应过程中，各个时间或反应器中各处物料浓度不同，选择性也不一定相同，因此式(6-18a)定义的选择性为瞬时选择性。

为了便于分析和讨论平行反应的浓度效应(反应器的选择)和温度效应(操作温度的确定)，将式(6-18a)改写为式(6-18b)。

$$r_R = \frac{dC_R}{d\tau} = k_1 C_A^{\alpha_1}, \quad r_S = \frac{dC_S}{d\tau} = k_2 C_A^{\alpha_2}$$

$$\frac{r_R}{r_S} = \frac{dC_R}{dC_S} = \left(\frac{k_1}{k_2}\right) C_A^{\alpha_1 - \alpha_2} \tag{6-18b}$$

若要提高 R 的选择性，就要设法使 $\frac{r_R}{r_S}$ 比值增大。因为对于一定反应体系和温度，k_1、k_2、α_1、α_2 都是常数，故可调节 C_A，以得到较大的 $\frac{r_R}{r_S}$ 值。由式(6-18b)看出：

当 $\alpha_1 > \alpha_2$ 时，即主反应级数较高时，选择性将随反应物浓度 C_A 的升高而增大，即提高 C_A，$\frac{r_R}{r_S}$ 比值增大，选择性高。要提高整个反应过程或反应器的反应物浓度水平，可以采用提高反应物初始浓度或降低转化率的办法。因为管式反应器内反应物的浓度较连续釜式反应器为高，故管式反应器、间歇釜式反应器优于全混流反应器；在不可能采用管式反应器和间歇釜式反应器时，可选用多级串联全混流反应器或多段连续釜式反应器。

当 $\alpha_1 < \alpha_2$ 时，即主反应级数较低时，选择性将随反应物浓度 C_A 的升高而降低，则降低 C_A 可以提高 R 的选择性，可以采用降低反应物初始浓度或提高转化率的办法。为此，采用连续釜式反应器优于管式反应器、间歇釜式反应器。但所需反应器体积较大，可以权衡利弊，作出选择。如果主、副反应级数的相对大小随反应物浓度 C_A 的大小而变化，则可以在反应的前期采用全混流反应器，后期采用平推流反应器，这样的组合最容易理解。因为对于选择性随反应物浓度 C_A 降低而增加的过程，全混流反应器的返混使反应器内反应物浓度下降，避免了高浓度区域，充分利用了返混的作用。在反应后期，选择性随反应物浓度的减少而下降，则应选用管式反应器。

当 $\alpha_1 = \alpha_2$ 时，即主副反应级数相等时，选择性大小与反应物浓度 C_A 无关。

在反应器选型的判断中，主反应级数高于副反应级数时，显然采用间歇反应器或管式反应器是有利的。然而，当由于各种因素必须采用全混流反应器时，除了增加串联釜数以提高选择性外，也可固定串联全混流反应器个数，采用各釜的体积从第一个起逐渐增大的措施。如图6-18(a)所示，在主反应级数比较低时，则要求反应物的浓度尽可能低，此时可采用与上述相反的串联顺序，即体积大的釜在前，而体积小的釜在后，如图6-18(b)所示。

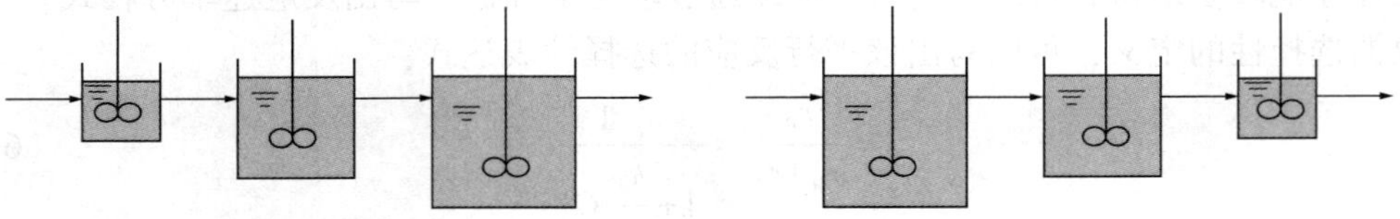

(a)主反应的级数较高 (b)主反应的级数较低

图6-18 在釜的数目一定时各釜的最优尺寸组合

平行反应主副反应级数的相对大小决定反应物浓度水平的高低。工程上可以通过改变物料初始浓度、控制转化率以及选择合适的加料方式等措施来调节反应器的浓度水平。对于单组分的平行反应，当需要提高反应过程中反应物料浓度水平，以提高选择性时，在间歇反应器操作中可以采用一次投料，而在管式反应器中，反应物全部由反应器入口加入。相反，当副反应级数高于主反应级数时，则可采用间歇操作的分批加料(即半间歇操作)或管式反应器的分段加料的方式，以降低整个反应过程或反应器中反应物的浓度水平，提高反应过程的选择性。

总之，对平行反应而言，提高反应物浓度有利于级数高的反应，降低反应物浓度有利于级数低的反应。

除了选择反应器型式外，还可以采用适当的操作条件以提高目的产物收率。如主反应级数高，可采用浓度较高的原料或对气相反应增加压力等办法，以提高反应器内反应物的浓度；反之则降低反应物的浓度，以达到能获得高收率的反应物浓度条件。此外，还可以改变温度，以改变$\dfrac{k_1}{k_2}$比值，即：

$$\frac{k_1}{k_2}=\frac{A_1\exp(-E_1/RT)}{A_2\exp(-E_2/RT)}=\frac{A_1}{A_2}\exp\left[\frac{-(E_1-E_2)}{RT}\right] \tag{6-19}$$

当主反应活化能大于副反应，即$E_1>E_2$时，提高温度有利于提高R的选择性；反之，$E_1<E_2$时，降低温度有利于选择性的提高。总之，以选择性为目标时，最优反应温度在过程约束条件的极值上。若最优温度取低温，反应速率必然很低。在这种情况下，反应温度的确是需要在选择性和反应速率这两项目标之间进行协调。当然，更有效的方法是选择或开发高选择性的催化剂。

② $A+B \xrightarrow{k_1} P$

$A+B \xrightarrow{k_2} S$

$$r_P=\frac{dC_P}{d\tau}=k_1C_A^{n_1}C_B^{m_1},\quad r_S=\frac{dC_S}{d\tau}=k_2C_A^{n_2}C_B^{m_2}$$

$$\frac{r_P}{r_S}=\frac{k_1}{k_2}C_A^{n_1-n_2}C_B^{m_1-m_2} \tag{6-20}$$

为提高 P 的选择性，应使 $\frac{r_P}{r_S}$ 的比值尽可能大，也可按上述方法进行分析。只要知道反应物主副反应中级数的相对大小，就能根据反应过程对各反应物浓度高低的要求选择反应器，并决定各组分的加料方式。见表 6-5。

【补充例 6-1】

表 6-5　平行反应不同级数时反应器型式的选择

反应级数大小	对浓度要求	适宜的反应器型式和操作方式
$\alpha_1>\alpha_2$ $\beta_1>\beta_2$	C_A 高 C_B 高	管式流动反应器、间歇釜式反应器、多段连续釜式反应器
$\alpha_1<\alpha_2$ $\beta_1<\beta_2$	C_A 低 C_B 低	单段连续釜式反应器
$\alpha_1>\alpha_2$ $\beta_1<\beta_2$	C_A 高 C_B 低	管式流动反应器，沿管长分几处连续加入 B；半间歇釜式反应器，A 一次加入，B 连续加；A 在第一釜加入，B 分别在各段加入的多段连续釜式反应器
$\alpha_1<\alpha_2$ $\beta_1>\beta_2$	C_A 低 C_B 高	管式流动反应器，沿管长分几处连续加入 A；半间歇釜式反应器，B 一次加入，连续加 A；B 在第一釜加入，A 分别在各段加入的多段连续釜式反应器

（2）串联反应　情况更为复杂，在此只讨论一级反应。

$$\mathrm{A}\xrightarrow{k_1}\mathrm{R}\xrightarrow{k_2}\mathrm{S}$$

$$r_R=\frac{\mathrm{d}C_R}{\mathrm{d}\tau}=k_1C_A-k_2C_R,\quad r_S=\frac{\mathrm{d}C_S}{\mathrm{d}\tau}=k_2C_R$$

$$S=\frac{r_R}{r_A}=\frac{k_1C_A-k_2C_R}{k_1C_A}=1-\frac{k_2}{k_1}\frac{C_R}{C_A}=1-\frac{A_{20}}{A_{10}}e^{\left(\frac{E_{a1}-E_{a2}}{RT}\right)}\frac{C_R}{C_A} \tag{6-21a}$$

式(6-21a)也可简化为：

$$\frac{r_R}{r_S}=\frac{k_1C_A-k_2C_R}{k_2C_R} \tag{6-21b}$$

如 R 为目的产物，当 k_1、k_2 值一定时，为使 $\frac{r_R}{r_S}$ 比值变大，应使 C_A 高、C_R 低，串联反应的选择性随反应过程的进行不断下降，即凡是使 C_R 增大和 C_A 降低的因素对选择性总是不利的。显然对串联反应过程，返混对选择性总是不利的。如果 S 为目的产物，则应使 C_A 低、C_R 高。

提高串联反应选择性的工程措施与平行反应相仿，可以通过反应物初始浓度和转化率的适当选择来实现。但串联反应中的情况要比平行反应复杂。以初始浓度而言，初始浓度对串联反应选择性的影响也取决于主、副反应级数的相对大小。主反应级数高时，增加初始浓度才能提高选择性。反之，副反应级数高时，降低初始浓度可以提高选择性。主副反应级数相等时，初始浓度对选择性没有影响。为定量分析串联反应选择性，将管式反应器与全混流反应器进行一级不可逆串联反应的浓度计算，归纳如下：

管式反应器：

$$C_A=C_{A0}e^{-k_1\tau},\quad C_R=\left(\frac{k_1}{k_1+k_2}\right)C_{A0}\left(e^{-k_1\tau}-e^{-k_2\tau}\right) \tag{6-22a}$$

全混流反应器：

$$C_A=\frac{C_{A0}}{1+k_1\tau},\ C_R=\frac{C_{A0}e^{-k_1\tau}}{(1+k_1\tau)(1+k_2\tau)} \tag{6-22b}$$

选择性为：

$$S=\frac{C_R}{C_{A0}-C_A} \tag{6-22c}$$

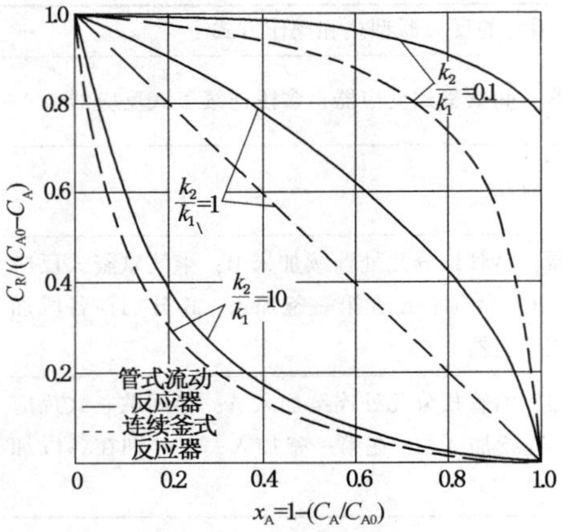

图 6-19　两种理想反应器进行连串反应比较

将几种不同 k_1/k_2 值代入式(6-22a)和式(6-22b)进行计算，可以求得不同条件下的选择性，将其结果标于图 6-19，图中实线为间歇反应器或管式反应器中的选择性与转化率的关系曲线，虚线为全混流反应器中选择性与转化率的关系曲线。由图可以看出：①管式反应器的转选择性高于全混流反应器；②串联反应的平均选择性随反应转化率的增大而减小；③选择性与主副反应的速率常数比值 k_2/k_1 密切相关，比值 k_2/k_1 越大，其选择性随转化率的增加而减小的趋势越严重。

根据以上分析可知，串联反应转化率的控制十分重要，不能盲目追求反应的高转化率，在工业生产上经常使反应在低转化下操作，以获得较高的选择性，而把未转化的原料经分离后返回反应器循环使用。此时应采用反应分离系统的优化经济目标来确定最适宜的反应转化率。

由于串联反应的选择性随转化率增加而降低，因此可以采用低转化率操作，并将未反应原料回收循环使用，以提高原料利用率，降低单耗。但是在某些工艺过程中，反应物和产物之间的分离，可能由于存在技术上的困难或经济上的不合理，而必须以反应过程收率高低来评价这一过程的优劣。根据串联反应动力学，分析串联反应的收率存在极值。管式反应器和全混流反应器中进行的串联反应具有不同的最大收率。根据求极值的原理分别对式(6-22a)和式(6-22b)求导，令 $\frac{dC_P}{d\tau}=0$，可分别求得管式反应器和全混流反应器的最大收率及相应的最适宜的平均停留时间 τ_{opt}。

管式反应器：

$$\varphi_{max}=\frac{C_{P,max}}{C_{A0}}=\left(\frac{k_1}{k_2}\right)^{\frac{k_2}{k_2-k_1}},\ \tau_{opt}=\frac{\ln\frac{k_2}{k_1}}{k_2-k_1} \tag{6-23a}$$

全混流反应器：

$$\varphi_{max}=\frac{C_{P,max}}{C_{A0}}=\frac{1}{\left[\left(\frac{k_2}{k_1}\right)^{\frac{1}{2}}+1\right]^2},\ \tau_{opt}=\frac{1}{\sqrt{k_1k_2}} \tag{6-23b}$$

由式(6-23a)和式(6-23b)可以看出，一级串联反应的最大收率及其相应的最适宜停留时间都与反应物初始浓度无关，而唯一的由该反应速率常数比值 k_2/k_1 所决定。对于同一串联反应，管式反应器的最大收率高于全混流反应器的最大收率。如图 6-19 所示。

根据上述分析，可以知道任何使反应器内反应产物浓度 C_P 增大和原料浓度 C_A 减小的因素都不利于串联反应过程选择性的提高。由此得出结论，返混对于串联反应过程的选择性是不利因素。因而管式反应器或多级串联反应器的选择性总是优于全混流反应器，尤其是 k_2 比 k_1 值大的反应，应特别注意限制返混。不难理解，在反应器的加料方式上，分段加料或分批加料将使反应器中原料浓度 C_A 降低，也不利于选择性的提高。在反应器操作中，转化率的确定，应根据 k_2 比 k_1 的比值而定。以单程收率为目标的串联反应过程，可根据 k_2 比 k_1 值确定所选反应器中获得最大收率所对应的反应时间，计算求得应该控制的转化率。

温度的选择同平行反应，当 $E_1>E_2$ 时，提高温度有利于主产物 R 的生成；当 $E_1<E_2$ 时，则降低温度有利于 R 选择性提高。其余复杂反应均可按上法讨论分析。

6.5 循环反应器

问题的提出：前面讨论了单一理想反应器或同类理想反应器组合的精细化工反应过程与设备设计与分析的方法。

把不同流动模型的理想反应器组合在一起，形成理想反应器组，循环操作，往往能够提高单位反应体积的反应器的生产能力，实现单一反应器难以实现的反应或达到促进主反应、抑制副反应、提高原料利用率的目的，因而讨论这种理想反应器组合有较大的实际意义。

6.5.1 带循环回路的恒容等温管式反应器

带循环回路的管式反应器内物料流动可用理想置换描述，但由于有物料循环，从宏观上看，又存在物料返混，故是一种介于理想置换和理想混合之间的反应器类型。

按照取微元体积列微分式再积分的方法可获得其设计方程，但积分的边界条件要发生变化。如图 6-20 所示。

$$V_R = F'_{V0}C'_{A0}\int_{x'_{A0}}^{x_{Af}}\frac{dx_A}{r_A}$$

若定义 $a = F_R/F_{V0}$ 为循环比，当 $x_{A0}=0$ 时，

$$F'_{V0}=F_{V0}(1+a),\ C'_{A0}=\frac{1+a(1-x_{Af})}{1+a}C_{A0},\ x'_{A0}=\frac{a}{1+a}x_{Af}$$

于是

$$V_R = F_{V0}C_{A0}[(1+a(1-x_{Af})]\int_{\frac{ax_{Af}}{1+a}}^{x_{Af}}\frac{dx_A}{r_A} \tag{6-24}$$

$$\tau = C_{A0}[(1+a(1-x_{Af})]\int_{\frac{ax_{Af}}{1+a}}^{x_{Af}}\frac{dx_A}{r_A} \tag{6-25}$$

从上述方程可以看出 τ、x_{Af}、a 之间的制约关系：在停留时间 τ 不变的情况下，增加循环比 a，可使积分区间变窄，从而使得终点转化率降低；同时，由于增加了返混程度，降低

了反应器中反应物的浓度，对那些低级数反应显然是有利的。

若外循环物料停留时间较长，其间进行的反应不能忽略时，就构成了管式和管式反应器的组合，见图 6-21。仍定义 $a = F_R/F_{V0}$ 为循环比，当 $x_{A0}=0$ 时，$F'_{V0}=F_{V0}(1+a)$，$C'_{A0}=\dfrac{1+a(1-x'_{Af})}{1+a}C_{A0}$；$x'_{A0}=\dfrac{a}{1+a}x'_{Af}$，于是：

对于主管

$$V_R = F'_{V0}C'_{A0}\int_{x'_{A0}}^{x_{Af}}\frac{dx_A}{r_A}$$

$$= F_{V0}C_{A0}[1+a(1-x'_{Af})]\int_{\frac{ax'_{Af}}{1+a}}^{x_{Af}}\frac{dx_A}{r_A}$$

$$\tau = C_{A0}[1+a(1-x'_{Af})]\int_{\frac{ax'_{Af}}{1+a}}^{x_{Af}}\frac{dx_A}{r_A} \tag{6-26}$$

对于循环管

$$\tau' = C_{Af}\int_{x_{Af}}^{x'_{Af}}\frac{dx_A}{r_A} \tag{6-27}$$

解方程组(6-24)和(6-25)可求出终点转化率同 τ、τ'的关系。

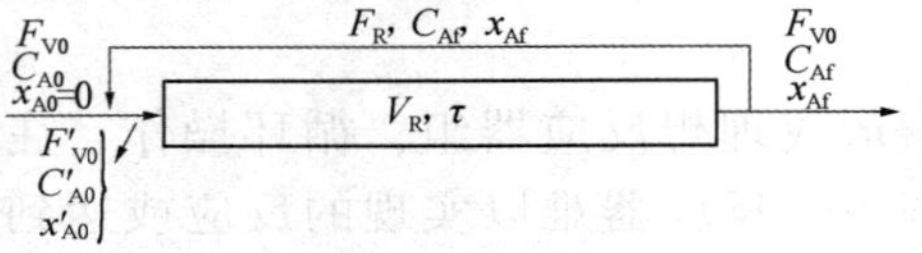

图 6-20 带循环回路的管式反应器示意图

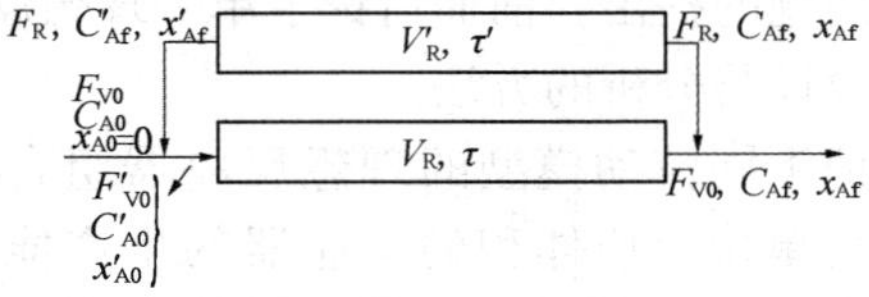

图 6-21 带循环回路的管式反应器示意图

6.5.2 带循环回路的间歇釜式反应器

间歇釜式反应器与物料的外循环结合常用来移出反应热。当外循环的停留时间较长，其间进行的反应不能忽略时，就构成了间歇釜式和管式反应器的组合，见图 6-22。

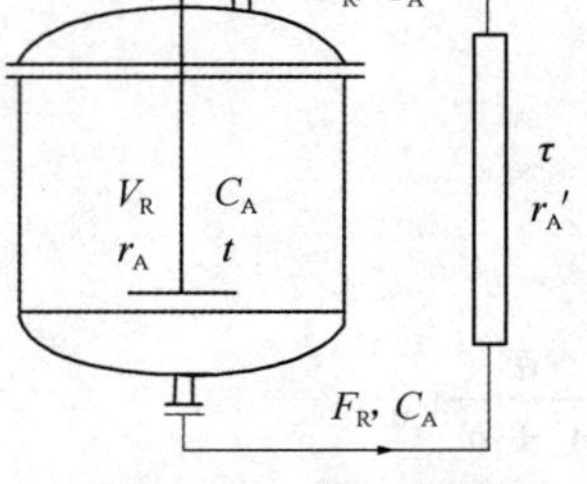

图 6-22 带循环流的间歇釜式反应器

间歇反应釜的物料衡算：

输入量 $=F_RC'_A$

输出量 $=F_RC_A$

反应量 $=V_Rr_A$

累积量 $=V_R dC_A/dt$

所以

$$F_RC'_A = F_RC_A + V_Rr_A + V_R\frac{dC_A}{dt}$$

即

$$-\frac{dC_A}{dt} = r_A + \frac{F_R}{V_R}(C_A - C'_A)$$

定义 $\tilde{\tau} = \dfrac{V_R}{F_R}$ 为拟停留时间，则

$$\frac{dC_A}{dt}=r_A+\frac{1}{\tilde{\tau}}(C_A-C'_A) \qquad (6-28)$$

管式反应器的微元体积 dV'_R 作物料衡算(见图 6-23)：

输入量 $=F_RC_A$；

输出量 $=F_R(C_A+dC_A)$

反应量 $=r_AdV_R$

累积量 $=0$

所以 $r'_AdV'_R=-F_RdC_A$

即 $-\frac{dC_A}{d\tau}=r'_A$

积分得：

$$\tau=-\int_{C_A}^{C'_A}\frac{dC_A}{r'_A} \qquad (6-29)$$

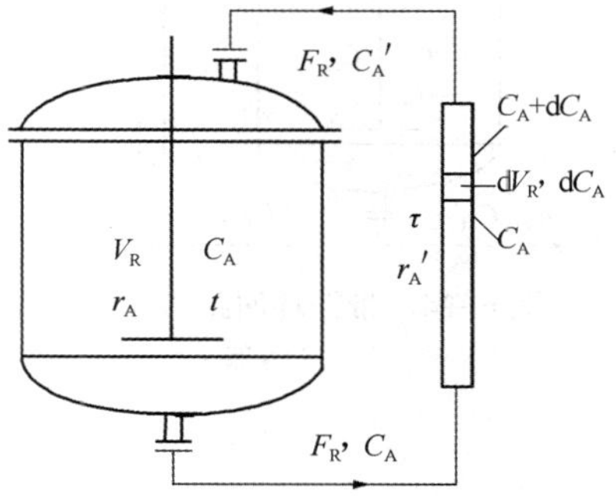

图 6-23　带循环流的间歇釜式反应器物料衡算

将式(6-29)与间歇釜式反应器的物料衡算式(6-28)联立即可求出间歇釜式反应器的反应时间。

现以等温一级反应为例说明其具体建模过程。

① 对于管式反应器

$$\tau=-\int_{C_A}^{C'_A}\frac{dC_A}{r'_A}=-\int_{C_A}^{C'_A}\frac{dC_A}{r'_A}$$

所以　$C'_A=C_A\exp(-k\tau)$

② 将此式代入间歇釜式反应器的设计方程(6-28)得：

$$-\frac{dC_A}{dt}=kC_A+\frac{1}{\tilde{\tau}}[C_A-C_A\exp(-k\tau)]$$

$$-\frac{dC_A}{dt}=\left\{k+\frac{1}{\tilde{\tau}}[1-\exp(-k\tau)]\right\}C_A$$

分离变量

$$-\frac{dC_A}{C_A}=\left\{k+\frac{1}{\tilde{\tau}}[1-\exp(-k\tau)]\right\}dt$$

积之得

$$C_{Af}=C_{A0}\exp\left\{-\left\{k+\frac{1}{\tilde{\tau}}[1-\exp(-k\tau)]\right\}t\right\}$$

也就是

$$x_{Af}=1-\exp\left\{-\left\{k+\frac{1}{\tilde{\tau}}[1-\exp(-k\tau)]\right\}t\right\}$$

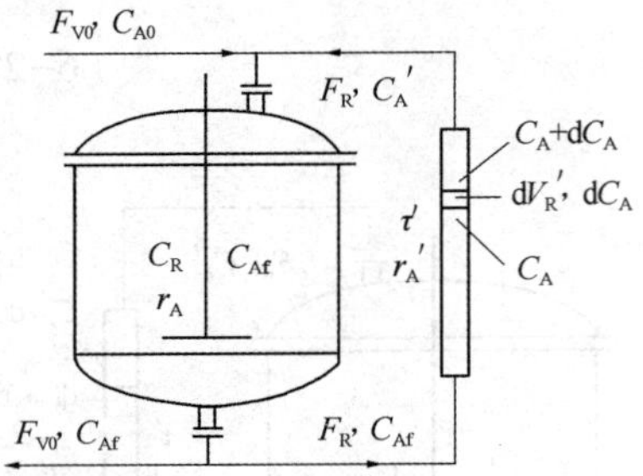

图 6-24　带循环回路的连续釜式反应器

6.5.3　带循环回路的连续釜式反应器

连续釜式反应器与物料的外循环结合常用来移出反应热。当外循环的停留时间较长，其间进行的反应不能忽略时，就构成了连续釜式和管式反应器的组合，见图 6-24。

反应釜的物料衡算：

输入量 = $F_{V0}C_{A0}+F_RC_A'$

输出量 = $F_{V0}C_{Af}+F_RC_{Af}$

反应量 = V_Rr_A

累积量 = 0

所以

$$V_R=\frac{F_{V0}(C_{A0}-C_{Af})+F_R(C'_A-C_{Af})}{r_A}$$

定义 $a=\dfrac{F_R}{F_{V0}}$ 为循环比，则

$$V_R=\frac{F_{V0}[(C_{A0}-C_{Af})+a(C'_A-C_{Af})]}{r_A}$$

即

$$\tau=\frac{V_R}{F_{V0}}=\frac{(C_{A0}-C_{Af})+a(C'_A-C_{Af})}{r_A} \tag{6-30}$$

对于管式反应器

$$\tau'=-\int_{C_{Af}}^{C'_A}\frac{dC_A}{r'_A} \tag{6-31}$$

所以，解下面的方程组即可求出反应釜的平均停留时间 τ。

$$\begin{cases}\tau=\dfrac{(C_{A0}-C_{Af})+a(C'_A-C_{Af})}{r_A}\\[2ex]\tau'=-\displaystyle\int_{C_{Af}}^{C'_A}\frac{dC_A}{r'_A}\end{cases}$$

仍以等温一级反应为例。

① 对于管式反应器

$$C'_A=C_A\exp(-k\tau')$$

② 将此式代入连续釜式反应器的设计方程(6-30)得：

$$\tau=\frac{(C_{A0}-C_{Af})+aC_{Af}[\exp(-k\tau')-1]}{r_A}$$

其中 $r_A=kC_{Af}$

$$C'_{A0}=\frac{F_{V0}C_{A0}+F_RC_{A0}(1-x_{Af})}{F_{V0}+F_R}$$

由于 $F_R=aF_{V0}$，所以

$$C'_{A0}=\frac{1+a(1-x_{Af})}{1+a}C_{A0}$$

$$x'_{A0}=\frac{F_{V0}C_{A0}\dfrac{F_{V0}+F_R}{F_{V0}}-F_{V0}C_{A0}-F_RC_{A0}(1-x_{Af})}{F_{V0}C_{A0}\dfrac{F_{V0}+F_R}{F_{V0}}}$$

由于 $F_R=aF_{V0}$，所以

$$x'_{A0}=\frac{a}{1+a}x_{Af}$$

$$x'_{A0}=\frac{a(C_{A0}-C'_{Af})}{(1+a)C_{A0}}$$

6.6　管式反应器的最佳温度序列

正确选择操作温度是管式反应器设计的一个十分重要的内容。合适的操作温度或温度序列会影响到生产中能量的合理利用，也影响到原料的充分利用及副产物的生成。对于单一反应，通常是根据生产强度最大来确定操作温度。而对于复合反应往往还以目的产物的收率最大为目标。下面分别按这两种类型来进行讨论。

6.6.1　单一反应

先从等温管式反应器着手，考察在什么温度下操作，生产强度最大。对于不可逆反应或可逆吸热，温度越高，反应速率越快，显然，温度越高，反应器的生产强度也越大。因此，高温操作有利。实际上能够采用多高的操作温度，还受到反应器的构成材料、能源、催化剂的耐热性能等方面的限制，需要结合这些因素来考虑，其最优温度应落在上述约束条件所规定的边界极值上。

至于可逆放热反应，就不是操作温度越高，反应器的生产强度越大了。设反应 $A \rightleftharpoons P$ 为一级可逆放热反应，其速率方程为：

$$r_A=\vec{k}C_{A0}[(1-x_A)-x_A/K]$$

式中　K——化学平衡常数。

代入式(6-1)得：

$$V_R=F_{V0}C_{A0}\int_0^{x_{Af}}\frac{dx_A}{r_A}$$

$$=\frac{F_{V0}}{\vec{k}}\int_0^{x_{Af}}\frac{dx_A}{1-(1+1/K)x_A}=\frac{F_{V0}}{\vec{k}(1+1/K)}\ln\frac{1}{1-(1+1/K)x_A}$$

因为反应速率常数 $\vec{k}$ 和化学平衡常数 K 均为温度的函数，对于一定的物料处理量 F_{V0} 及一定的最终转化率 x_A，当温度升高时，$\vec{k}$ 增大而 K 减小，上式右边的对数值增大，但该对数前面的因子值则减小。因此，两者的乘积即所需的反应体积 V_R 随着反应温度的升高可能增大，也可能减小。从而可知必存在一最佳操作温度，此时所需的反应体积最小，或者说当反应体积及处理物料量一定时，达到的最终转化率最大。

也可以从另一角度来分析这个问题。反应初期及中期，提高反应温度可以加快反应速度；然而可逆放热反应的后期，温度越高，越接近于平衡，则反应的净速率越小。故此存在最佳操作温度，使反应过程以最大的平均反应速率进行。如果反应的速率方程以及反应速率常数和化学平衡常数与温度的关系已知，则不难求出 V_R 与 T 的关系式。例如上式，只需将此关系式对 T 求导，并令 $dV_R/dT=0$，即可求出最佳操作温度。

以上是针对等温情况进行讨论，实际上大多数管式反应器均属变温操作，这就需要确定最佳操作温度序列，即反应器的最佳轴向温度分布。对于不可逆反应和可逆吸热反应，其最佳操作温度序列应遵循先低后高这一原则，也就是说管式反应器的反应温度从进口到出口逐渐升高。这是因为反应过程中由于反应物浓度逐渐降低而导致反应速率下降，如果保持反应过程的温度逐渐上升，则可补偿由于浓度降低而引起的反应速率减小，这样可使过程的平均反应速率最大，自然就能获得较大的生产强度。另外，从可逆吸热反应的情况看，只有保持反应器出口的温度较高，才有可能获得较大的平衡转化率，否则最终转化率将受到化学平衡的约束而不能提高。

如果管式反应器中进行的是可逆放热反应，其最佳操作温度序列则是由高温到低温，与上述情况正好相反。由第 2 章可知，可逆放热反应存在最佳温度，此温度系随转化率的增加而降低。按此关系来控制管式反应器的反应温度，将可保证其生产强度最大。因为反应器内每一点都以最大的反应速率进行，总的结果也必然最大。当然，要完全按最佳温度曲线操作，实行起来会困难不少，但应力图接近。

绝热管式反应器由于其自身的特点，反应温度总是单调地改变。对于放热反应，反应温度单调上升，吸热反应则单调下降。显然，除不可逆放热反应外，这与上述的最佳操作温度序列的要求相反，就这一点而言，绝热管式反应器对这些类型的反应是不合适的。但要注意，反应器的型式及操作条件需要通过多方案计算和评比之后方能确定，而不能根据个别的不足而全盘否定。另外，绝热管式反应器的反应温度序列系随进入反应器的物料温度而改变，因此，正确选定进口温度是获得适宜的反应温度条件的关键。

6.6.2 复合反应

上面关于单一反应最佳温度序列的讨论，是以生产强度最大为出发点。工业反应过程往往是由平行反应、串联反应和连续反应组合而成的复合反应。前已指出，对于复合反应，除此以外还可以目的产物收率或选择性最大作为目标。目标函数不同，最佳温度对策往往也不同。下面以平行反应

$$A+B \xrightarrow{1} P$$

$$A+B \xrightarrow{2} Q$$

为例加以说明。设 P 为目的产物且第一个反应的活化能 E_1 小于第二个反应的活化能 E_2。如从生产强度最大的观点看，应先低温后高温。原因是低温有利于 P 的生成，反应前期采用低温可以生成更多的 P，后期由于反应物浓度下降而导致反应速率降低，采用高温则可以抵偿而不致反应速率太慢。当然副产物 Q 的量相应也增加了。这是使单位时间、单位体积目的产物 P 的产量最大所采用的对策。但从 P 的收率或选择性最大来考虑，则应使整个反应过程在较低的温度下进行，以减少 Q 的生成。这样必然使所需的反应体积增大，生产强度下降，但总选择性提高。

这两种出发点到底哪一种可取，视原料、目的产物及副产物的价格高低与综合利用、回

收的可能性以及反应器的造价而定，归根到底是取决于经济因素以及对环境的影响。

第 3 章里研究了在等温间歇反应器中进行连串反应

$$A \xrightarrow{k_1} P \xrightarrow{k_2} Q$$

的问题，若 P 为目的产物，则存在最佳反应时间，可使 P 的收率最大。这一结论同栏适用于活塞流反应器，控制空时使之与最佳反应时间相等便能达到同样的目的。对于等温反应，从收率最大的观点出发，不存在最佳操作温度问题，若 P 为目的产物，$E_1<E_2$ 时，在一定范围内使反应温度越低越好；$E_1>E_2$ 时，则在一定范围内反应温度越高越好。但是，若为非等温操作，$E_1<E_2$ 时，采取先高后低呈下降型的操作温度序列，先高温是为了加快第一个反应，促使 P 的生成，待 P 累积到一定的量后，降低温度以减小副产物 Q 的生成。

再看更复杂一点的例子

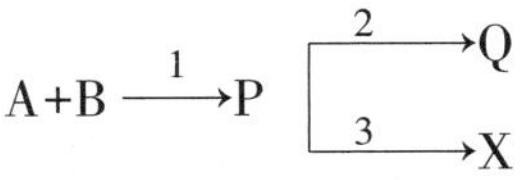

设 P 为目的产物，且 $E_2<E_1<E_3$。就第 1 与第 2 个反应而言，高温有利于 P 的生成；但对第 1 与第 3 个反应而言，则低温有利，因为温度高有利于 P 转化成副产物 X。所以，温度不宜太高也不宜太低，应来个折中方能使 P 的选择性最大，这就是最佳温度。

下面是一个著名的化学反应工程优化问题。

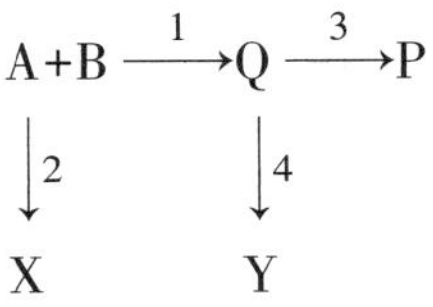

设 P 为目的产物，且 $E_1<E_2$，$E_3>E_4$。为了获得更多的 P，必须生成更多的 Q。由于 $E_1<E_2$，低温有利于生成 Q，而不利于生成 X，但是因为 $E_3>E_4$，低温只有利于 Q 转化为副产品 Y 而不利于转化为 P，所以低温操作并达不到提高 P 的选择性的目的。高温操作只能使反应物转化为更多的副产物 X，却不利于 Q 的生成，自然也就不可能获得更多的 P。由此可知，采用等温操作无论选定什么温度，P 的选择性都不会高。在管式反应器中只有保持由低到高的温度序列，才能获得较高的目的产物选择性。这样做是先创造多生成 Q 的条件，然后提高温度使 Q 更多地向 P 转化。若各反应的活化能相对大小改变，最佳操作温度序列也相应改变。仿照上面的方法进行分析，不难得出下列结论：若 $E_1>E_2$ 及 $E_3>E_4$，整个反应过程应保持高温；$E_1<E_2$ 及 $E_3<E_4$，则保持低温操作；$E_1>E_2$ 及 $E_3<E_4$，采用由高到低的温度序列。

以上对管式反应器的最佳温度序列作了定性的讨论，但仅仅是针对一些相对来说比较简单的情况。定量处理则需要应用适当的优化方法。一些较复杂的反应过程连作定性的分析也很困难，往往要通过复杂的计算后才能知道其最佳温度序列。

本章小结

1. 平推流是一种无逆向运动、也不存在不均匀流速分布的理想流动状态。满足平推流假定的理想流动管式反应器(PFR)，其基本设计方程式为：

$$F_{A0}\mathrm{d}x_A = r_A \mathrm{d}V_R, \quad \tau = C_{A0}\int_0^{x_A} \frac{\mathrm{d}x_A}{r_A}$$

等温过程可用解析法、数值法和图解法求解；非等温过程应结合热量衡算式联立求解。

2. 在理想流动管式反应器中进行液相反应或反应前后分子数不变的气相反应，其空时和间歇反应器中的反应时间 t 相对应。空时 τ 和反应时间 t 与残余浓度 C 和转化率 x_A 的关系完全相同。

3. 理想流动管式反应器中进行变容气相反应过程，其基本设计方程式不变，只需要把分子数变化因素考虑进去。此时反应物浓度以膨胀率法和膨胀因子法分别表示为：

$$C_A=\frac{C_{A0}(1-x_A)}{1+\varepsilon_A x_A}=\frac{C_{A0}(1-x_A)}{1+\delta_A y_{A0} x_A}$$

将上式代入基本设计方程式，并进行求解，可以获得变容过程的反应器体积或空时，此时空时与停留时间不相等。

4. 反应过程优化的主要内容是化学反应器的选型、确定操作条件和操作方式。优化的基本技术指标是反应速率和选择性，工业反应过程多数是复杂反应，其反应选择性更为重要。优化过程必须综合考虑反应的动力学特性和反应器的返混特性。

5. 平行或串联反应活化能的相对大小，决定了反应过程优化的温度水平或温度序列。

6. 化学反应速率的浓度效应决定了反应过程对浓度的要求及转化率水平。反应器的返混特征则决定了反应器型式。根据反应过程浓度效应，对反应器的优化作出下列优化决策：反应器型式、进料浓度水平、进料配比、加料方式及转化率要求等。

思考题

1. 何谓理想置换模型？适用于哪种反应器的工艺计算？

2. 管式反应器中，物料浓度是什么的函数？空时与停留时间是否相等？

3. 管式反应器的空时表达式与间歇釜式反应器的反应时间表达式相同，在数值上二者是否相等？

4. 工业生产上，化学反应在变温下进行的原因是什么？

5. 管式反应器的绝热方程是什么？有哪些应用？举例说明。

习题

1. 氯苯水解生产苯酚，在理想置换反应器中进行水解反应时间 30min，每天处理物料量 $25m^3$，湍流操作时速为 0.3m/s，求反应容积、管径和管长。

2. 在理想间歇反应器中进行均相反应，A+B→P。实验测得反应速率方程为 $r_A=2.78C_A C_B$ (kmol/L·s)，当反应物 A 和 B 的初始浓度 $C_{A0}=C_{B0}=4$mol/L，而 A 的转化率 $x_A=0.8$ 时，该间歇反应器平均每分钟可处理 0.684kmol 的反应物 A。若该反应为液相反应，将反应移到一个管径为 125mm 的理想流动管式反应器中进行，仍维持 348K 等温操作，且处理量和所要求的转化率相同，求所需管式反应器的管长。

3. 在理想置换反应器中发生的气相裂解反应 A→R+S 为一级反应，$r_A=k_p p_A$ mol/(L·s)，若在 1atm，273℃下反应，$k_p=7.85\times10^{-4}$ mol/(L·s·atm)，求每天处理原料气 $423m^3$(操作状态)转化率为 82.6%的反应体积，若用 4″管(内径 100mm)实现该过程，其长度为多少？

4. 拟设计一等温反应器进行下列液相反应：A+B→R，$r_R=k_1C_AC_B$，2A→S，$R_s=k_2C_A^2$ 目

的产物为 R，且 R 与 B 极难分离。试问：(1)在原料配比上如何要求？(2)若采用活塞流反应器，应采用什么样的加料方式？(3)如用半间歇反应器，又应用什么样的加料方式？

5. 在管式反应器中 400℃等温下进行气相均相不可逆吸热反应，$\Delta E=39.77$kJ/mol，现拟在反应器大小、原料组成和出口转化率均保持不变的前提下(采用等温操作)，增产 35%，请拟定一具体措施(定量说明)。

6. 在活塞流反应器中，于 923K 等温下进行丁烯脱氢反应以生产丁二烯：$C_4H_8(A) \rightarrow C_4H_6(B)+H_2(C)$，$r_A=kp_A$kmol/(m^3·h)，原料气为丁烯与水蒸气的混合气，丁烯的摩尔分率为 10%，操作压力为 10^5Pa，973K 时，$k=1.079\times10^{-4}$kmol/(m^3·h·Pa)，若要求丁烯的转化率达 35%，空时为多少？

7. 对于气相反应 A→B+C，若忽略体积变化计算出来的反应体积，实际上是否够用？为什么？

8. 乙醛的气相分解反应：$CH_3CHO \rightarrow CH_4+CO$ 为二级反应，用恒温反应器进行反应，发现当乙醛的初压为 1.013×10^5Pa，反应温度为 791K 时，经过 197s 后，反应器的总压增加 50%。现改用管式流动反应器来进行这一反应。反应温度仍为 791K，反应物为纯乙醛，其进料速度为 120L/min，压力为 1.013×10^5Pa，假设该反应为不可逆反应，且反应器进口和出口之间压力降不变。那么，要使乙醛的转化率达到 80%，反应器的体积应为多少？

9. 甲苯加氢脱甲烷反应如下：A+B→C+D，在温度为 682℃时，该反应的速度为 $r_A=78.92\times10^{-3}C_AC_B^{1/2}$mol/L·s，如果该反应是在一个循环比很大的循环流动反应器中进行，反应温度为 682℃，压力为 55.12×10^5Pa，进入反应器的原料中氢气和甲苯的摩尔比为3.4∶1，平均停留时间为 30.1s。试求甲苯的转化率。写出计算过程即可。

10. 在 520℃和 1.013×10^5Pa 下，乙醛在管式反应器中发生如下反应：$CH_3CHO \rightarrow CH_4+CO$，在试验条件下反应是不可逆的，反应速率常数为 4.3m^3/(kmol·s)。如果纯乙醛以 0.1kg/s 的速度进入反应器，那么，为使 35%的乙醛分解，反应器的体积为多少？

11. 反应 $A \xrightarrow{k_1} B \xrightarrow{k_2} C$ 在管式反应器中进行反应，两步反应均为一级，$k_1=172.5\text{h}^{-1}$，进料为纯净的 A 物质，$C_{A0}=0.05$kmol/m^3，$F_{V0}=0.15$m^3/h。反应器的截面积为 0.002m^2。在下列两种情况下，计算使 B 的收率为最大的反应器的长度：(1) $k_1=2k_2$；(2) $k_1=k_2$。并分别计算在这两种情况下 A、B、C 在反应器出口的浓度。

12. 在管式反应器中进行气相反应 A→2S。反应温度为 333K，总压为 4.813×10^5Pa。进料由 50%A 和 50%的惰性气体组成，总进料速度为 4000kg/h，A 和惰性气体的相对分子质量分别为 40 和 28。反应速率常数为 2000h^{-1}，为使在反应器出口 A 的转化率达 35%，反应器的体积应为多少？

13. 请考虑在管式反应器中发生的可逆反应 A＝B。若正逆反应均为一级反应，试推导 x_A 与 V/F_{V0}之间的关系，并证明这一关系与原料中所含的惰性物质的浓度无关。

14. 工业上苯氧化生产顺丁烯二酸酐的简化模型为：

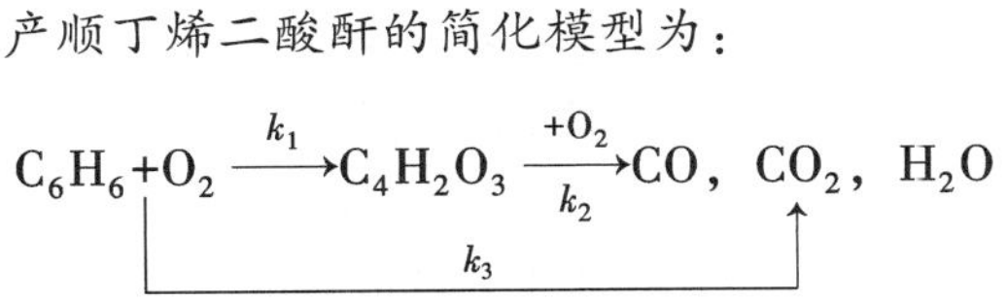

三个反应的活化能力分别为 $E_1=96.56$kJ/mol，$E_2=147.14$kJ/mol，$E_3=67.72$kJ/mol。试分析为了提高顺丁烯二酸酐的选择性，在管式反应器中操作的最佳温度序列方案。

第7章　停留时间分布与流动模型

前面已讨论了两种不同流动类型的连续流动反应器平推流和全混流或理想置换和理想混合。由于反应物料在这两种反应器中具有不同的流动模式，其反应结果具有明显的差异。当生产任务相同时，理想置换(即理想管式)反应器体积比理想混合(即理想连续釜式)反应器小。换句话说，反应器体积相同时，理想置换反应器的转化率比理想混合反应器高。同时，在放大过程中人们观察到，即使小装置与大装置的形状、结构完全相同，而反应结果也往往不同。两种理想流动反应器性能为什么存在差别？大多数工业反应器性能与理想反应器的偏差究竟有多大？如何来测定这些偏离程度？为什么在放大过程中反应结果往往恶化？要回答上述问题，需要研究反应器内流体流动现象和流体停留时间分布。

流体流动时，独立存在的基本单位叫作“流体微元”。它可以小到只有一个分子，也可以是大到由 $10^{12}\sim10^{18}$ 个分子凝集而成的分子团或分子束。流体微元通过反应器的时间叫作停留时间。不同停留时间的流体微元间发生混合的现象叫作“逆向混合”或“返混”。在间歇反应器中，各流体微元停留时间都一样，虽有混合，但这并不是逆向混合。至于在理想置换反应器中，根本不存在轴向混合现象，也就不存在逆向混合。而在理想混合流动反应器中，逆向混合程度最大。两种理想流动反应器代表了两种极端的流动型态，大多数工业反应器的流动型态介于两种理想流动型态之间，为非理想流动反应器。前面提及的问题，是由不同程度返混所致。例如，设备放大后，虽然外形和内部结构不同，由于几何尺寸改变，造成微元停留时间分布和返混程度的改变，因此，当设备放大时，反应结果往往恶化。故放大时需引起重视。

一般来说，逆向混合对化学反应是一个有害因素，它能使产物与原料混合，降低原料浓度，使化学反应速度减慢，对选择性产生一定影响。

大多数工业反应器是非理想流动反应器，它们和理想流动反应器有一定的偏差。偏差的原因是多方面的，大致可分为两类：一类是不均匀的速度分布引起的；另一类是与物料流动方向相反的流动引起的。属于第一类的原因有死角、沟流、短路、在管式反应器中流体层流动以及反应器截面突变引起的收缩膨胀等。在死角处，流体停滞不前，它和其余流体间交换量很少；沟流和短路则为反应器内流体阻力小的通道，它引起流速分布不均匀。当流体层流通过反应管时，管截面上的速度分布呈抛物线型，这些都是非理想流动产生的原因之一。属于第二类的原因有：在管式反应器中，反应产物向主流体轴向流动相反方向的运动塔式反应器或釜式反应器内的循环流以及釜式反应器中的搅拌作用等。

总的来说，造成上述两类非理想流动的原因，不外乎设备型式、操作条件和流体性质。设备的型式(即设备的形状、大小、有无内部构件和催化剂)、操作条件(诸如温度、流量等)、流体本身的性质(例如黏度、扩散系数等)，都不同程度地影响流体流动状况，因此，也影响到逆向混合的程度和化学反应的结果。

前面讲过，在许多情况下使用理想管式反应器是有利的，使流体的流动型式接近理想置换流型的措施有：增大流体的湍动程度或增加管子的长径比，对于空管 $Re>10^4$ 或 $L/D>50$ 可收到满意的效果；装填填充物(应采用合理装填方式，避免沟流及短路)，$L/D_P>100$ 即可(L 为管长，D_P 为填充物的直径)；增加设备级数或在设备内增设挡板；采用适当的气流分布装置或调节各反应管的阻力，使均匀一致。使流体流动型式接近理想混合流型的措施主要是加强搅拌，选择适宜型式的搅拌器，搅拌器的层数、安装方式都要考虑到反应器内物料的迅速、均匀混合，搅拌器的功率要足够大，反应釜的结构也要有利于消除死角，为使物料搅动剧烈可在器壁上增设挡板等。

7.1 停留时间分布

化学反应进行的完全程度与反应物料在反应器内停留时间的长短有关，反应物料在反应器内停留时间越长，反应进行得越完全。对于间歇反应器，在任何时刻下反应器内所有物料在其中的停留时间都是一样的，不存在停留时间分布问题，间歇反应器反应物料停留时间的测量与控制是轻而易举的事。

对于流动系统，由于流体是连续的，而流体分子的运动又是无序的，所有分子都遵循同一途径向前移动是不可能的，完全是一个随机过程。正因为如此，不能对单个分子考查其停留时间，而是对一堆分子进行研究。这一堆分子所组成的流体，称为流体粒子或微团，具有确切的统计平均性质。但是并不排除会存在大体相等的情况，第 6 章对管式反应器所作的活塞流假定就是基于这一情况。

由于流体在系统中流速分布的不均匀，流体的分子扩散和湍流扩散，搅拌而引起的强制对流，以及由于设备设计安装不良而产生的死角(滞流区)、沟流和短路等原因，流体粒子在系统中的停留时间有长有短，有些很快地便离开了系统，有些则经历很长的一段时间后才离开，从而形成一停留时间分布。

本节要讨论的问题：阐明流动系统的停留时间分布的定量描述。

由于物料在反应器内的停留时间分布完全是随机的，因此可以根据概率分布的概念对物料在反应器内的停留时间分布作定性的描述。本课所讨论的停留时间分布只限于有一个进出口的封闭系统，流体连续地通过导管由系统的一端输入，而在另一端流出。所谓闭式系统，其基本假定是流体粒子一旦进入系统再也不返回到输入流体的导管中，而由输出管流出的流体粒子也再不返回到系统中，简言之就是在系统进口处流体粒子有进无出，而在系统出口处则有出无进。首先做一个实验，根据实验阐明流动系统的停留时间分布的定量描述的方法。

为了简单起见，在如图 7-1 所示的闭式系统中，假定流体在流动过程中密度保持恒定，且无化学反应发生。设流入系统的流体是无色的。当流动已达定态的情况下，于某一时刻(记为 $t=0$)极快地向入口流中加入 100 个红色粒子，同时在系统出口处记下不同时间间隔内流出的红色粒子数。根据观察结果，以出口流中的红色粒子数对时间作图，得到如图7-2所示的停留时间分布直方图。

由图可见，从加入红色粒子时算起，第 5min 至第 6min 间，出口流中红色粒子的数目为 18，因此可以说 100 个红色粒子中有 18%在系统中的停留时间介于 5~6min 之间。如果假定红色粒子和主流体之间除了颜色的差别以外，其他所有性质都完全相同，那么，就可以认为主流体在系统中的停留时间，也是18%介于5~6min之间，此即所谓示踪响应技术，是下一节将要介绍的停留时间分布实验测定的基本依据，所用的红色粒子称为示踪剂。

图 7-1 封闭式系统示意图

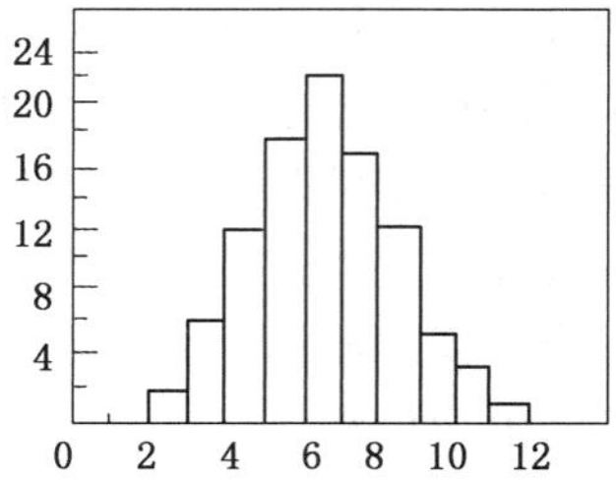

图 7-2 停留时间分布直方图

7.1.1 停留时间分布密度函数

上面以红色粒子作示踪剂，通过观察出口流中的红色粒子数得到的是离散的停留时间分布。假如改用红色流体作示踪剂，连续检测出口流中红色流体的浓度，这样就可以将观测的时间间隔缩到非常之小，得到的将是一条连续的停留时间分布曲线，如图 7-3 所示。

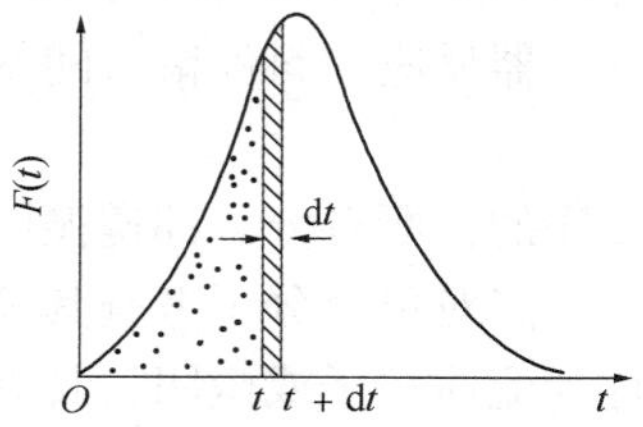

图 7-3 停留时间分布密度函数

图 7-3 中斜线所示的面积 $E(t)\mathrm{d}t$ 表示在 t 和 $t+\mathrm{d}t$ 之间离开系统的粒子占 $t=0$ 时进入系统的流体粒子的分率。或者根据概率论可知，$E(t)\mathrm{d}t$ 表示流体粒子在系统内的停留时间介于 t 到 $t+\mathrm{d}t$ 之间的概率。由此可见 $E(t)$ 是停留时间的函数，和系统的性质有关。$E(t)$ 叫作停留时间分布密度函数，其量纲是[时间]$^{-1}$。在实际应用中，与其把 $E(t)$ 作为概率密度，还不如把 $E(t)\mathrm{d}t$ 当作概率，意义更加直接。

定义：在稳定连续流动系统中，同时进入反应器的 N 个流体粒子中，其停留时间为 t~$t+\mathrm{d}t$ 的那部分粒子占总粒子数 N 的分率记作：$\frac{\mathrm{d}N}{N}=E(t)\mathrm{d}t$，$E(t)$ 被称为停留时间分布密度函数。

依此定义 $E(t)$ 函数具有归一化的性质：

$$\int_0^{\infty} E(t)\mathrm{d}t = 1.0 \tag{7-1}$$

同时下式成立：

$$E(t) = 0(t < 0) \tag{7-2}$$

$$E(t) \geqslant 0(t \geqslant 0) \tag{7-3}$$

7.1.2 停留时间分布函数

定义：在稳定连续流动系统中，同时进入反应器的 N 个流体粒子中，其停留时间小于 t 的那部分粒子占总粒子数 N 的分率记作：$F(t)=\int_0^t \frac{\mathrm{d}N}{N}$，$F(t)$ 被称为停留时间分布函数（图 7-3中带黑点部分的面积）。

由于该积分值包括了所有停留时间小于 t 的流体粒子的贡献，不难理解 $F(t)$ 的意义是停留时间小于 t 的流体粒子所占的分率，为一无量纲量。或者从概率论的角度，$F(t)$ 表示流体粒子的停留时间小于 t 的概率。

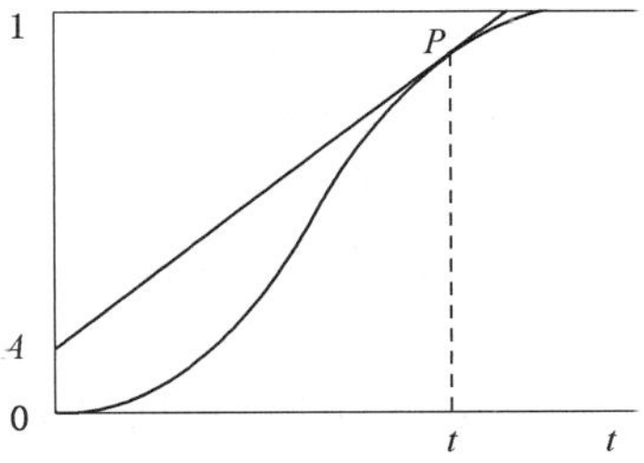

图 7-4　停留时间分布函数

图 7-4 为一典型的 $F(t)$ 图，$F(t)$ 线不同于 $E(t)$ 曲线，它是一条单调递增的曲线，其最大值为 1，或者可以写成 $F(\infty)=1$；而最小值则为零，或 $F(t)=0(t\leqslant 0$ 时)。总之，$F(t)$ 永远为正值。既然 $F(t)$ 表示流体粒子的停留时间小于 t 的概率，那么，$1-F(t)$ 表示流体粒子的停留时间大于 t 的概率。

7.1.3　$E(t)$，$F(t)$ 之间的关系

根据 $E(t)$、$F(t)$ 的定义可以得出以下关系式：

$$F(t)=\int_0^t \frac{dN}{N}=\int_0^t E(t)dt \tag{7-4}$$

$$E(t)=\frac{dF(t)}{dt} \tag{7-5}$$

$$1-F(t)=\int_0^{\infty} E(t)dt \tag{7-6}$$

以及 $t=0$ 时，$t=0 \Rightarrow \quad F(0)=0$；　$t=\infty \quad \Rightarrow \quad F(\infty)=\int_0^{\infty} E(t)dt=1.0$

由此可知，停留时间分布的两种不同方式，只要知道其中一种即可求出另一种。

除了上面两个描述停留时间分布的函数(又称作寿命分布)外，还有用年龄分布密度函数 $I(t)$ 和年龄分布函数 $y(t)$ 来描述流体在反应器内的停留时间分布。寿命与年龄是两个不同的概念，区别是前者是系统出口处的流体粒子的停留时间；后者是系统中的流体粒子的停留时间。

$$I(t)=\frac{dy(t)}{dt} \tag{7-7}$$

$$y(t)=\int_0^t I(t)dt \tag{7-8}$$

$$\int_0^{\infty} I(t)dt=1.0 \tag{7-9}$$

7.2　停留时间分布的实验测定

停留时间分布实验测定方法是示踪响应法，通过用示踪剂来跟踪流体在系统内的停留时间。根据示踪剂加入方式的不同，又可分为脉冲法、阶跃法及周期输入法三种。

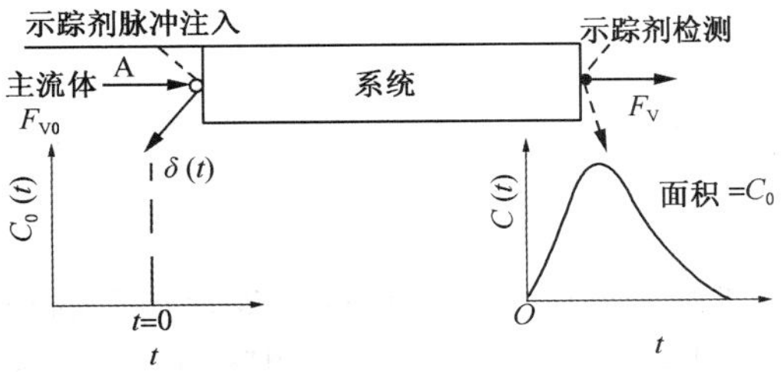

图 7-5　脉冲法测定停留时间分布示意图

7.2.1　脉冲示踪法

用极短的时间，在定常态操作的系统入口加入一定量的示踪剂，同时在系统的出口处检测示踪剂浓度的变化。图 7-5 为脉冲法测定停留时间分布示意图。极短的时间内快速将示踪剂输入是为了把全部示踪剂看成是在同一时间内加入系统，并把输入时间定为 $t=0$，这样才可以比较准确地确定停留时间，这样的脉冲称

为理想脉冲。如图 7-5 左下方的 $C_0(t)\sim t$ 图所示。在数学上可用 δ 函数来表示这种输入信号，δ 函数是处理集中于一点的物理问题常用的数学工具。

输入示踪剂后，立刻检测系统出口处流体中示踪剂浓度 $C(t)$ 随时间的变化，图 7-5 右下方的曲线为其示意图。这种检测是连续的，否则得到的将是离散的结果。

出口流中示踪剂浓度 $C(t)$ 与时间 t 的关系曲线叫作响应曲线，由响应曲线即可计算停留时间分布曲线。根据 $E(t)$ 的定义得：

$$F_{V0}C_A(t)\,dt = ME(t)\,dt \tag{7-10}$$

所以

$$E(t) = \frac{F_{V0}C_A(t)}{M} \tag{7-11}$$

设加入示踪剂 A 的量为 M，在无限长的时间，加入的示踪剂一定会完全离开系统。即：

$$M = \int_0^\infty F_{V0}C_A(t)\,dt \tag{7-12}$$

或

$$C_0 = \frac{M}{F_{V0}} = \int_0^\infty C_A(t)\,dt \tag{7-13}$$

C_0 等于 $C(t)\sim t$ 曲线下面所围的面积，如图 7-5 所示。出口物料中在系统内停留了 $t\sim t+dt$ 时间的示踪剂量为 $F_{V0}C_A(t)\,dt$，由 $E(t)$ 的定义可知：

$$E(t)\,dt = \frac{F_{V0}C_A(t)\,dt}{M} = \frac{C_A(t)}{C_0}dt \tag{7-14}$$

或

$$E(t) = \frac{C_A(t)}{C_0} \tag{7-15}$$

对于恒容稳定流动系统有：

$$\bar{t} = \frac{V_R}{F_{V0}} = \tau \tag{7-16}$$

为了验证实验数据的可靠性，必须根据 M、V_R、F_{V0} 进行一致性检验：

即：

$$C_0 = \frac{M}{F_{V0}} = \int_0^\infty C_A(t)\,dt \tag{7-17}$$

和

$$\bar{t} = \frac{V_R}{F_{V0}} = \int_0^\infty tE(t)\,dt \tag{7-18}$$

若不满足上两式，必须检查原因。

【例 7-1】 流化床催化裂化装置中的再生器，其作用是用空气燃烧硅铝催化剂上的积炭使之再生。进入再生器的空气流量为 0.84kmol/s。现用氦气作示踪剂，采用脉冲法测定气体在再生器中的停留时间分布，氦的注入量为 8.84×10^{-3}kmol。测得再生器出口气体中氦的浓度 C（用氦与其他气体的摩尔比表示）和时间的关系见表 7-1。

表 7-1　实验原始数据表

t/s	0	9.6	15.1	20.6	25.3	30.7	41.8	46.8	51.8
$C_A(t)\times10^6$	0	0	143	378	286	202	116	73.5	57.7

试求 $t=35$s 时的停留时间分布密度和停留时间分布函数。

解：用式 $E(t)=\dfrac{F_{V0}C_A(t)}{M}$ 即可求 $E(t)$。题给的流量为进口的空气流量，式中的 F_{V0} 为出口气体流量，但由于烧炭过程中消耗 1kmol 氧生成 1kmol 二氧化碳，故气体的摩尔流量不变，出口流量仍为 0.84kmol/s。$t=15.1$s 时，$C=1.43\times10^{-4}$ 代入上式得

$$E(t)=0.84\times1.43\times10^{-4}/8.84\times10^{-3}=0.0136\text{s}^{-1}$$

同理可算出其他时间下的 $E(t)$，结果列于表 7-2。

表 7-2　$E(t)$ 与 t 的关系

t/s	0	9.6	15.1	20.6	25.3	30.7	41.8	46.8	51.8
$E(t)/(\times10^3/\text{s})$	0	0	13.6	35.9	27.2	19.2	11.0	6.98	5.48

根据表中的数据以 $E(t)$ 对 t 作图如图 7-6 所示。由图上可读出 $t=35$s 时，$E(t)$ 值等于 $15.5\times10^{-3}\text{s}^{-1}$。也可以这样来求解，即以题给 $C_A(t)\sim t$ 关系作图，然后在图上读出 $t=35$s 的 $C_A(t)$ 值代入式(7-11)即得相应的 $E(t)$ 值。这样的解法要省事些，但由于还要求 $t=35$s 时的 $F(t)$ 值，从式(7-4)可知，这要对 $E(t)$ 进行积分求得，所以需要算出不同时间下的 $E(t)$ 值。

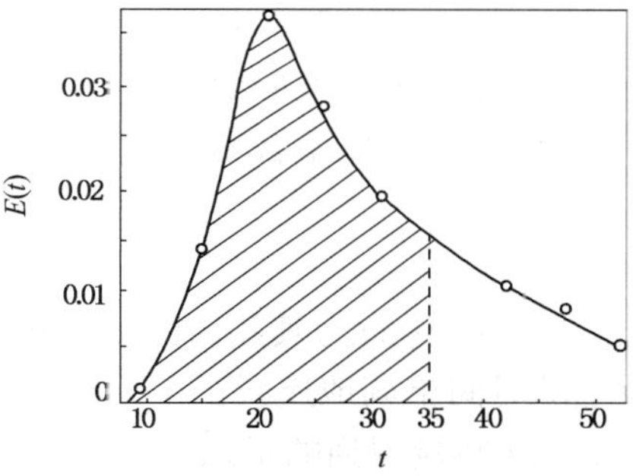

图 7-6　$E(t)$ 曲线

$$F(35)=\int_0^{35}E(t)\,\mathrm{d}t$$

右边的积分值应等于图中带斜线的面积，其值为 0.523，此即 $t=35$s 时的停留时间分布函数值。

7.2.2　阶跃示踪法

阶跃法是在某一瞬间 $t=0$，将系统中作定常流动的流体切换成流量相同的含有示踪剂的流体，并在切换成第二流体的同时，在系统出口处检测流出物料中示踪剂浓度变化。或者相反。前一种做法称为升阶法(或称正阶跃法)，后一种做法则称为降阶法(或叫负阶跃法)。阶跃法与脉冲法的区别是前者连续向系统加入示踪剂，后者则在极短的时间内一次加入全部示踪剂。图 7-7 为阶跃法测定停留时间分布的示意图。该图中的(a)和(b)分别代表升阶法的输入信号及输出响应曲线。

设 C_{A0} 为含示踪剂的流体中示踪剂的浓度，在整个输入阶段均保持不变，并把开始切换含示踪剂的流体的时间定为 $t=0$，因此，输入的阶跃函数可表示为：

$$C_A(t)=0,\ t<0$$

$$C_A(t)=C_{A0}=\text{常数},\ t\geqslant0 \tag{7-19}$$

在切换成第二流体后的 $t-\mathrm{d}t\sim t$ 时间间隔，示踪剂流入系统量为 $C_{A0}F_{V0}\mathrm{d}t$，示踪剂流出

系统量为 $C_A(t)F_{V0}\mathrm{d}t$，由 $F(t)$ 定义可得：

$$F(t)=\frac{F_{V0}C_A(t)\mathrm{d}t}{F_{V0}C_{A0}\mathrm{d}t}=\frac{C_A(t)}{C_{A0}} \tag{7-20}$$

即由出口的 $C_A(t)\sim t$ 曲线可获得 $F(t)$ 曲线，在 $C_A(t)\sim t$ 图中应满足阴影面积：

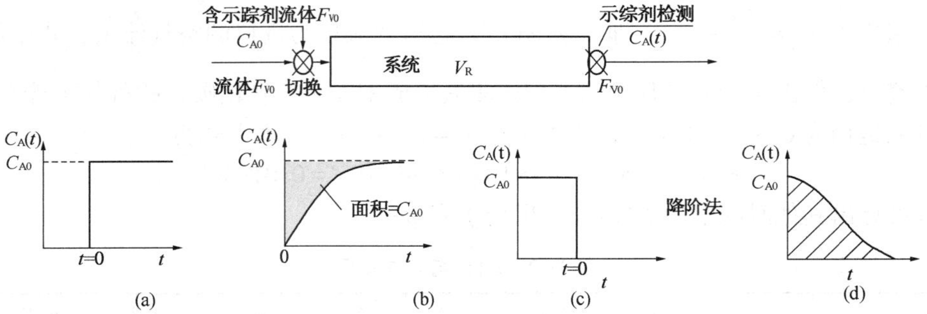

图 7-7　阶跃法测定停留时间分布示意图

$$A_c=\int_0^{C_{A0}}t\mathrm{d}C_A(t)=C_{A0}\int_0^{C_{A0}}t\mathrm{d}F(t)=C_{A0}\int_0^{C_{A0}}tE(t)\mathrm{d}t=C_{A0}\bar{t} \tag{7-21}$$

应用上式对实验数据进行一致性检验。

降阶法是以不含示踪剂的流体切换含示踪剂的流体，其输入函数为

$$C_A(t)=C_{A0}=常数，\ t<0 \tag{7-22}$$

$$C_A(t)=0，\ t\geqslant 0 \tag{7-23}$$

图 7-7(c)为其几何图示。相应的输出响应曲线如图 7-7(d)所示，示踪剂浓度 $C_A(t)$ 从 C_{A0} 随时间单调地递减至零。因为是用无示踪剂的流体来置换含示踪剂的流体，所以在时刻 t 与 $t+\mathrm{d}t$ 间检测到的示踪剂在系统中的停留时间必然大于或等于 t，所以，比值 $C_A(t)/C_{A0}$ 应为停留时间大于 t 的物料所占的分数，从而有：

$$1-F(t)=C_A(t)/C_{A0} \tag{7-24}$$

利用上式可由降阶响应曲线计算停留时间分布函数。

前面是以含有和不含示踪剂的流体相互切换来实现停留时间分布的测定，也可以直接向主流体连续加入示踪剂的办法来完成，只要示踪剂的流量连续和稳定，且其流量远小于主流体流量，所得的结果与相互切换的办法完全一样，都属于阶跃法。

7.2.3　示踪剂的选择条件

无论是脉冲法还是阶跃法，都要使用示踪剂。示踪剂除了不与主流体发生反应外，其选择一般还应遵循下列原则：① 示踪剂应当易于和主流体溶为(或混为)一体，除了显著区别于主流体的某一可检测性质外，两者应具有尽可能相同的物理性质；②示踪剂浓度很低时也能够容易进行检测，这样可使示踪剂用量减少而不致影响主流体的流动；③示踪剂的浓度与要检测的物理量的关系应有较宽的线性范围，以便直接利用实验测定数据进行计算而不必再作校正和变换；④ 用于多相系统的示踪剂不发生从一相转移到另一相的情况，例如，气相示踪剂不能被液体所吸收，而液相示踪剂也不能挥发到气相中去；⑤ 示踪剂本身应具有或易于转变为电信号或光信号的特点，从而能在实验中直接使用现代化仪器和计算机采集数据作实时分析，以提高实验的速度和数据的精度。

脉冲法的优点是由实测数据可直接求出 $E(t)$，实际应用最多的是 $E(t)$ 而不是 $F(t)$。另外，脉冲法简单且示踪剂耗量少，其最大的困难是如何使示踪剂的输入时间缩到最短，这对于平均停留时间短的流动系统难度更大。阶跃法相对来说要容易些，但示踪剂用量较多；升阶法和降阶法可交替进行，按降阶法的数据来处理可能要好些；由阶跃法直接测得的是 $F(t)$，这不同于脉冲法。在实际应用时，无论采用哪一种测定方法，都必须保证在示踪剂输入点与系统入口截面之间不产生返混现象，也就是说使被测系统为闭式系统，这样才可获得准确的停留时间分布数据。

7.3　停留时间分布函数的统计特征值

与其他统计分布一样，为了比较不同流动状态下的停留时间分布，通常是采用随机函数的统计特征值予以表达。在此采用的一个是数学期望(平均停留时间)，一个是方差。

(1) 数学期望

也就是均值，对停留时间分布而言即平均停留时间 $\bar{t}$。均值为对原点的一阶矩，因此，根据一阶矩的定义，得平均停留时间为：

$$\bar{t}=\frac{\int_0^{\infty} tE(t)\,\mathrm{d}t}{\int_0^{\infty} E(t)\,\mathrm{d}t}=\int_0^{\infty} tE(t)\,\mathrm{d}t \tag{7-25}$$

$$\bar{t}=\int_0^{\infty} t\frac{\mathrm{d}F(t)}{\mathrm{d}t}\mathrm{d}t=\int_{F(t)=0}^{F(t)=1} t\mathrm{d}F(t) \tag{7-26}$$

对离散测定值，若物料总数为 N，停留时间为 t_1 的物料有 ΔN_1，停留时间为 t_2 的物料有 ΔN_2，停留时间为 t_i 的物料有 ΔN_i，则停留时间的平均值为：

$$\bar{t}=\frac{t_1\Delta N_1+t_2\Delta N_2+\cdots+t_i\Delta N_i}{N}=\frac{\sum_1^i t_i\Delta N_i}{N}$$

若时间间隔取得足够小，则 $\bar{t}$ 为：

$$\bar{t}=\frac{\sum_0^{\infty} t_i\mathrm{d}N}{N}=\frac{\int_0^{\infty} t\mathrm{d}N}{N}=\int_0^{\infty} t\frac{\mathrm{d}N}{N}=\int_0^{\infty} tE(t)\,\mathrm{d}t \tag{7-27}$$

式(7-27)为已知某参数的分布密度时求该参数平均值的一般公式。按式(7-27)不但可以根据停留时间的分布密度函数求出平均停留时间，而且可以求出任意与停留时间成单值函数关系的变量的平均值。

(2) 方差

为对均值的二次矩，也称离散度。由矩的定义得停留时间分布的方差为：

$$\sigma_t^2=\frac{\int_0^{\infty}(t-\bar{t})^2E(t)\,\mathrm{d}t}{\int_0^{\infty}E(t)\,\mathrm{d}t}=\int_0^{\infty}(t-\bar{t})^2E(t)\,\mathrm{d}t=\int_0^{\infty}t^2E(t)\,\mathrm{d}t-\bar{t}^2 \tag{7-28}$$

方差表示对均值的离散程度，方差越大，则分布越宽。对于停留时间分布，也就是说停留时间长短不一参差不齐的程度越大。因此，光靠平均停留时间的对比，还不足以比较不同的停留时间分布，必须再比较其方差才能给出较确切的结论。对于离散型分布则为：

$$\sigma_t^2 = \frac{\sum t^2 E(t)}{\sum E(t)} - \bar{t}^2 \tag{7-29}$$

式(7-29)可由实验数据求出方差。

(3) 无因次化(对比时间)

为了消除由于时间单位不同而使平均停留时间和方差之值发生变化所带来的不便，可采用无量纲对比时间 θ 来表示停留时间分布的统计特征。

令：$\theta = \frac{t}{\bar{t}}$ 则 $\bar{\theta} = \frac{\bar{t}}{\bar{t}} = 1$

$E(\theta)\mathrm{d}\theta = E(t)\mathrm{d}t \qquad \mathrm{d}\theta = \mathrm{d}\frac{t}{\bar{t}} \Rightarrow E(\theta) = \bar{t}E(t)$

由于 $F(t)$ 本身是一累积概率，而 θ 是 t 的确定性函数，根据随机变量的确定性函数的概率应与随机变量的概率相等的原则，有：

$$F(\theta) = F(t)$$

因为 $\sigma_\theta^2 = \int_0^\infty (\theta - 1)^2 E(\theta)\mathrm{d}\theta = \int_0^\infty \left(\frac{t}{\bar{t}} - 1\right)^2 \bar{t}E(t)\mathrm{d}\frac{t}{\bar{t}} = \frac{1}{\bar{t}^2}\int_0^\infty (t - \bar{t})^2 E(t)\mathrm{d}t$

所以

$$\sigma_\theta^2 = \frac{\sigma_t^2}{\bar{t}^2} \qquad 0 \leqslant \sigma_\theta^2 \leqslant 1 \tag{7-30}$$

【补充例 7-1】

【例 7-2】 证明 $E\left(\frac{t}{a}\right) = aE(t)$，$a$ 为常数。

证明：因为 $\frac{\mathrm{d}N}{N} = E(t)\mathrm{d}t = aE(t)\mathrm{d}\left(\frac{t}{a}\right)$

由停留时间分布密度函数的定义可知，$aE(t)$ 就是以 t/a 为参数的分布密度 $E(t/a)$，所以 $E\left(\frac{t}{a}\right) = aE(t)$

7.4 理想反应器的停留时间分布

7.4.1 平推流模型

根据平推流的定义，同时进入系统的流体粒子也同时离开系统，即平推流反应器不改变输入信号的形状，只将其信号平移一个 V/F_{V_0} 的位置(见图 7-8)。

$$E(t) = \delta(t - \bar{t}),\ t = \bar{t}\text{ 时},\ E(t) = \infty;\ t \neq \bar{t}\text{ 时},\ E(t) = 0$$

应用无因次时间则为：

$$E(\theta) = \delta(\theta - 1)$$

$$F(t) = \begin{cases} 0 & t < \bar{t} \\ 1 & t \geqslant \bar{t} \end{cases}$$

采用无因次时间则为：

$$F(\theta)=\begin{cases}0 & \theta<1\\ 1 & \theta\geqslant 0\end{cases}$$

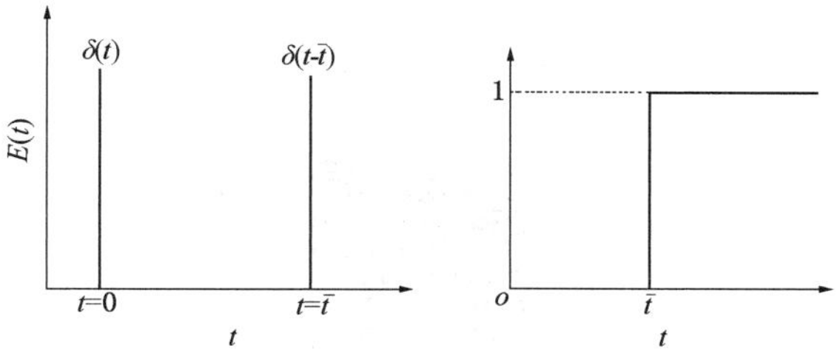

图 7-8　平推流的停留时间分布

统计特征值：$\bar{t}=\tau$，$\sigma_t^2=0$　$\bar{\theta}=1$　$\sigma_\theta^2=0$

7.4.2　全混流模型

考察有效体积为 V_R、进料体积流量为 F_{V0}的全混流反应器，若在某一瞬间 $t=0$，将流体切换成流量相同的含有示踪剂 A 的流体，同时检测流出物料中示踪剂 A 的浓度变化。

参考图 7-9 作物料衡算，单位时间内流入、流出反应器的示踪剂量分别为$F_{V0}C_{A0}$和$F_{V0}C_A(t)$，单位时间内反应器内示踪剂的累积量为：$\dfrac{dV_RC_A(t)}{dt}$，因此有：

$$F_{V0}(C_{A0}-C_A)=\frac{d(V_RC_A)}{dt}\Rightarrow\frac{d[C_A/C_{A0}]}{dt}=\frac{1}{\bar{t}}\left(1-\frac{C_A}{C_{A0}}\right)$$

因为　$F(t)=\dfrac{C_A}{C_{A0}}$　所以　$\dfrac{dF(t)}{dt}=\dfrac{1}{\bar{t}}[1-F(t)]$

积分上式：$\displaystyle\int_0^{F(t)}\frac{dF(t)}{1-F(t)}=\frac{1}{\bar{t}}\int_0^t dt\quad\Rightarrow\quad\ln[1-F(t)]=-\frac{t}{\bar{t}}$

所以　$F(t)=1-\exp\left[-\dfrac{t}{\bar{t}}\right]$

$$E(t)=\frac{dF(t)}{dt}=\frac{d}{dt}\left[1-\exp\left(-\frac{t}{\bar{t}}\right)\right]=\frac{1}{\bar{t}}\exp\left(-\frac{t}{\bar{t}}\right)$$

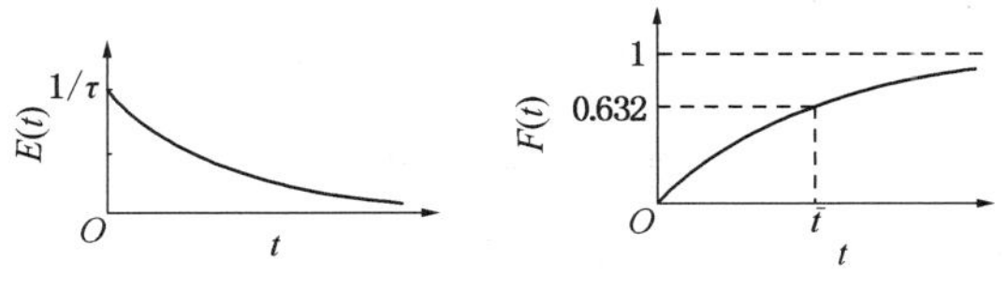

图 7-9　全混流的停留时间分布

无因次化　$F(\theta)=1-\exp[-\theta]$　$E(\theta)=\exp[-\theta]$

统计特征值

因为　$\displaystyle\sigma_t^2=\int_0^\infty t^2E(t)dt-\bar{t}^2=\int_0^\infty t^2\left(\frac{1}{\bar{t}}\right)\exp\left(-\frac{t}{\bar{t}}\right)dt-\bar{t}^2$

$$= \int_0^\infty \left(\frac{t}{\bar{t}}\right)^2 \bar{t}^2 \exp\left(-\frac{t}{\bar{t}}\right) \mathrm{d}\,\frac{t}{\bar{t}} - \bar{t}^2 = \bar{t}^2 \Gamma(3) - \bar{t}^2$$

所以

$$\sigma_t^2 = \bar{t}^2$$

$$\sigma_\theta^2 = \frac{\sigma_t^2}{\bar{t}^2} = 1.0$$

停留时间分布曲线的应用

7.5 非理想流动模型

测算非理想反应器的转化率及收率，需要对其流动状况建立适宜的流动模型。建模的依据为该反应器的停留时间分布。应用的技巧为对理想流动模型进行修正，或将理想流动模型与滞留区、沟流和短路等作不同的组合。本节讲述三种非理想流动模型。

7.5.1 离析流模型（没有模型参数）

假如反应器内的流体粒子之间不存在任何形式的物质交换，那么流体粒子就像一个有边界的个体，从反应器的进口向出口运动，这样的流动叫作离析流。由于每个流体粒子与其周围不发生任何关系，其在反应器中就像一个独立的间歇反应器一样进行反应，每个微元内反应物料 A 的浓度变化和间歇反应器的变化规律一样，其反应程度只取决于该粒子在反应器内的停留时间，只要知道了反应动力学方程式和 $E(t)$ 函数关系，就可以直接计算转化率。

不同停留时间的流体粒子，其 C_A 值不同，反应器出口处 A 的浓度实质上是一个平均的结果。设反应器进口的流体中反应物 A 的浓度为 C_{A0}，当反应时间为 t 时其浓度为 $C_A(t)$。根据反应器的停留时间分布可知，停留时间在 t 到 $t+\mathrm{d}t$ 间的流体粒子所占的分率为 $E(t)\mathrm{d}t$，则这部分流体对反应器出口流体中 A 的浓度 $\overline{C}_A$ 的贡献应为 $C(t)E(t)\mathrm{d}t$，将所有这些贡献相加即得反应器出口处 A 的平均浓度 $\overline{C}_A$，即

$$\overline{C}_A = \int_0^\infty C_A(t)E(t)\mathrm{d}t \tag{7-31}$$

$C_A(t)$ 可通过积分反应速率方程求得。由此可见，只要反应器的停留时间分布和反应速率方程已知，便可预测反应器所能达到的转化率。

根据转化率的定义，上式可改写成：

$$1 - \bar{x}_A = \int_0^\infty [1 - x_A(t)]E(t)\mathrm{d}t = \int_0^\infty E(t)\mathrm{d}t - \int_0^\infty x_A(t)E(t)\mathrm{d}t$$

所以

$$\bar{x}_A = \int_0^\infty x_A(t)E(t)\mathrm{d}t \tag{7-32}$$

$$\frac{\overline{C}_A}{C_{A0}} = \int_0^\infty \frac{C_A(t)}{C_{A0}}E(t)\mathrm{d}t \tag{7-33}$$

【例 7-3】　试证明在一连续流动釜式反应器中进行的均相反应和离析流反应，当反应为一级不可逆时，其反应结果相同。

解：连续流动釜式反应器中进行一级均相反应

$$\frac{C_A}{C_{A0}} = \frac{1}{1 + k\bar{t}}$$

如果进行的是离析流反应过程，则由式(7-33)可得反应结果为

$$\frac{\overline{C}_A}{C_{A0}} = \int_0^{\infty} \frac{C_A(t)}{C_{A0}} E(t)\,\mathrm{d}t$$

由一级反应动力学可知

$$\frac{C_A(t)}{C_{A0}} = e^{-kt}$$

连续流动釜式反应器中的停留时间分布密度函数为

$$E(t) = \frac{1}{\bar{t}} e^{-t/\bar{t}}$$

所以
$$\frac{\overline{C}_A}{C_{A0}} = \int_0^{\infty} e^{-kt} \frac{1}{\bar{t}} e^{-t/\bar{t}} \mathrm{d}t = \int_0^{\infty} \exp\left[-(1 + k\bar{t})\frac{t}{\bar{t}}\right] \mathrm{d}\left(\frac{1}{\bar{t}}\right) = \frac{1}{1 + k\bar{t}}$$

这就证明了上述反应结果与均相反应结果完全相同。

7.5.2　多釜串联模型(N 为模型参数)

多釜串联模型是用 N 个全混釜串联来模拟一个实际的反应器。N 为模型参数。

(1) 模型假定条件

① 每一级内为全混流；② 级际间无返混；③ 各釜体积相同。

(2) 多釜串联模型的停留时间分布

设反应器总体积为 V_R，并假想由 N 个体积相等的全混釜串联组成，釜间无任何返混。参考图 7-10，若对系统施加脉冲示踪剂 A 后，作示踪剂的物料衡算。

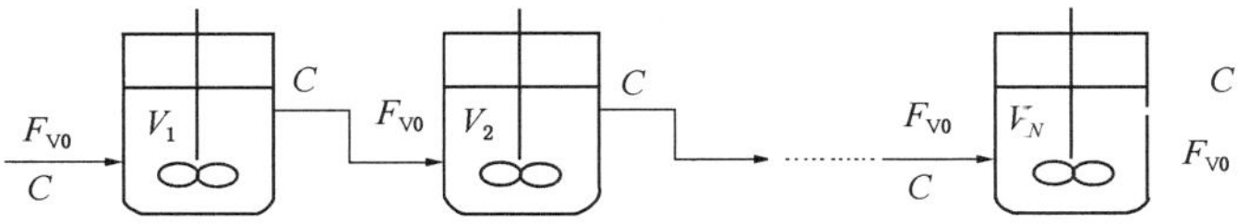

图 7-10　多釜串联模型

在 t 时刻，对第一全混流区($i=1$)应有：

(A 的流入速率)-(A 的流出速率)=(A 的累计速率)

即

$$0 - F_{V0}C_{A1} = \frac{\mathrm{d}V_1 C_{A1}}{\mathrm{d}t}$$

所以
$$\mathrm{d}t = \frac{V_1}{F_{V0}} - \frac{\mathrm{d}C_{A1}}{C_{A1}} \Rightarrow \mathrm{d}t = \bar{t}_1 \frac{\mathrm{d}C_{A1}}{C_{A1}} \tag{7-34}$$

初始条件：
$$t = 0,\ C_{A1} = \frac{M}{V_1} = \frac{C_0}{\bar{t}} \quad \left(C_0 = \frac{M}{F_{V0}}\right) \tag{7-35}$$

将式(7-34)积分后可得：

$$\frac{C_{A1}}{C_0}=\frac{1}{\bar{t}_1}\exp\left(-\frac{t}{\bar{t}_1}\right) \tag{7-36}$$

对第二全混流区($i=2$)应有：

$$F_{V0}C_{A1}-F_{V0}C_{A2}=\frac{\mathrm{d}V_2C_{A2}}{\mathrm{d}t} \tag{7-37}$$

将式(7-36)代入式(7-37)得：

$$\frac{F_{V0}}{V_2}C_0\frac{1}{\bar{t}_1}\exp\left(-\frac{t}{\bar{t}}\right)=\frac{\mathrm{d}C_{A2}}{\mathrm{d}t}+\frac{F_{V0}}{V_2}C_{A2} \tag{7-38}$$

解式(7-38)一阶线性微分方程得：$C_{A2}=\exp\left(-\frac{t}{\bar{t}_2}\right)\left[\frac{C_0}{\bar{t}_1\bar{t}_2}t+C\right]$

以及 $t=0\quad C_{A2}=0$

所以

$$\frac{C_{A2}}{C_0}=\frac{t}{\bar{t}_1\bar{t}_2}\exp\left(-\frac{t}{\bar{t}_2}\right) \tag{7-39}$$

对第三全混流区($i=3$)应有：

$$F_{V0}C_{A2}-F_{V0}C_{A3}=\frac{\mathrm{d}V_3C_{A3}}{\mathrm{d}t} \tag{7-40}$$

以及 $t=0\quad C_{A3}=0$

解式(7-40)一阶线性微分方程并整理得：

$$\frac{C_{A3}}{C_0}=\frac{t^2}{2\bar{t}_1\bar{t}_2\bar{t}_3}\exp\left(-\frac{t}{\bar{t}_3}\right) \tag{7-41}$$

第N釜流出的物料中示踪剂浓度为：

$$\frac{C_{AN}}{C_0}=\frac{1}{(N-1)!\ \bar{t}_i}\left(\frac{t}{\bar{t}_i}\right)^{N-1}\exp\left(-\frac{t}{\bar{t}_i}\right) \tag{7-42}$$

对于脉冲示踪 $E(t)=\frac{C_{AN}}{C_0}$

所以 $E(t)=\frac{C_{AN}}{C_0}=\frac{1}{(N-1)!\ \bar{t}_i}\left(\frac{t}{\bar{t}_i}\right)^{N-1}\exp\left(-\frac{t}{\bar{t}_i}\right)$

又 $\bar{t}=\frac{V_R}{F_{V0}},\ V_i=\frac{V_R}{N}\Rightarrow\bar{t}_i=\frac{V_i}{F_{V0}}=\frac{V_R}{NF_{V0}}=\frac{\bar{t}}{N}$

所以

$$E(t)=\frac{N^N}{(N-1)!\ \bar{t}}\left(\frac{t}{\bar{t}}\right)^{N-1}\exp\left(-\frac{Nt}{\bar{t}}\right) \tag{7-43}$$

或：

$$E(\theta)=\frac{N^N}{(N-1)!}\theta^{N-1}\exp(-N\theta) \tag{7-44}$$

积分得：

$$F(\theta)=1-\exp(-N\theta)\sum_{P=1}^{N}\frac{(N\theta)^{P-1}}{(P-1)!} \tag{7-45}$$

(3) 多釜串联模型特征值及模型参数

① 无因次平均停留时间

$$\bar{\theta}=\int_0^{\infty}\theta E(\theta)\mathrm{d}\theta=\int_0^{\infty}\frac{(N\theta)^N}{(N-1)!\ N}\mathrm{e}^{-N\theta}\mathrm{d}(N\theta)=\frac{\Gamma(N+1)}{N!}=\frac{N!}{N!}=1$$

② 无因次方差

$$\sigma_\theta^2=\int_0^{\infty}\theta^2E(\theta)\mathrm{d}\theta-\bar{\theta}^2=\int_0^{\infty}\frac{(N\theta)^{N+1}}{(N-1)!\ N^2}\mathrm{e}^{-N\theta}\mathrm{d}(N\theta)-1$$

$$=\frac{\Gamma(N+2)}{N!\ N}-1=\frac{(N+1)!}{N!\ N}-1=\frac{N+1}{N}-1=\frac{1}{N}$$

③ 模型参数 N

$$N=\frac{1}{\sigma_\theta^2}$$

当 $N=1\Rightarrow\ \sigma_\theta^2=1$ 与全混流模型一致；而当 $N=\infty\Rightarrow\ \sigma_\theta^2=0$，与平推流模型相一致。所以，实际反应器方差应介于 0 与 1 之间。

用多釜串联模型来模拟一个实际反应器的步骤：

① 测定该反应器的停留时间分布；

② 求出该分布的方差；

③ 将方差代入式 $N=\frac{1}{\sigma_\theta^2}$ 求模型参数 N；

④ 从第一釜开始，逐釜计算。

采用上述方法来估计模型参数 N 的值时，可能出现 N 为非整数的情况，用四舍五入的办法圆整成整数是一个粗略的近似处理方法，精确些的办法是把小数部分视作一个体积较小的反应器。

7.5.3　轴向扩散模型（模型参数 *Pe*）

由于分子扩散、涡流扩散以及流速分布的不均匀等原因，而使流动状况偏离理想流动时，可用轴向扩散模型来模拟。

(1) 模型假定

① 流体以恒定的流速 u 通过系统；

② 在垂直于流体运动方向的横截面上径向浓度分布均一；

③ 在流动方向上流体存在扩散过程，以轴向扩散系数 D_e 表示这些因素的综合作用，并用费克定律加以描述。

④ 同一反应器内轴向扩散系数在管内恒定，不随时间及位置而变。

⑤ 管内不存在死区或短路流。

(2) 轴向扩散模型的建立

见图 7-11，设管横截面积为 A_t，在管内轴向位置 l 处截取微元长度 $\mathrm{d}l$，作物料衡算。

流入：$uA_tC_A+E_ZA_t(\frac{\partial C_A}{\partial l}+\frac{\partial^2C_A}{\partial l^2}\mathrm{d}l)$

流出：$uA_t(C_A+\frac{\partial C_A}{\partial l}\mathrm{d}l)+E_ZA_t\frac{\partial C_A}{\partial l}$

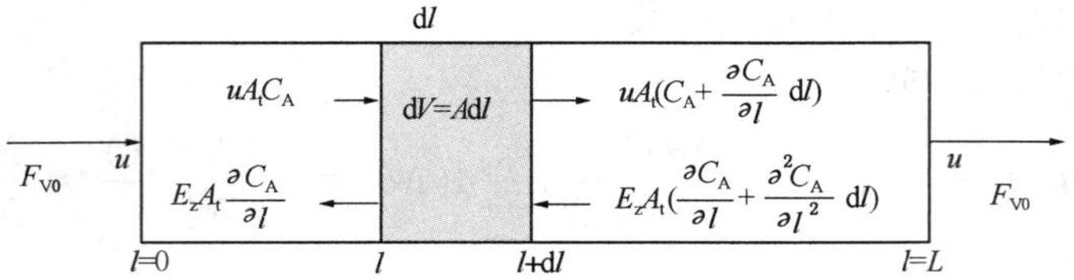

图 7-11 轴向扩散模型物料衡算示意图

累积：$A_t\dfrac{\partial C_A}{\partial t}dt$

假定系统内不发生化学反应，根据流入=流出+累积，将上列各项代入整理后得：

$$\frac{\partial C_A}{\partial t}=E_Z\frac{\partial^2 C_A}{\partial l^2}-u\frac{\partial C_A}{\partial l} \tag{7-46}$$

此即轴向扩散模型方程，通常将上式化为无量纲形式，引入下列各无因次量：

$$C=\frac{C_A}{C_{A0}};\quad \theta=\frac{t}{\bar{t}}\left(\bar{t}=\frac{L}{u}\right);\quad Z=\frac{l}{L}$$

代入式(7-46)得轴向扩散模型无因次方程为：

$$\frac{\partial C}{\partial \theta}=\frac{E_Z}{uL}\frac{\partial^2 C}{\partial Z^2}-\frac{\partial C_A}{\partial Z}=\frac{1}{P_e}\frac{\partial^2 C}{\partial Z^2}-\frac{\partial C_A}{\partial Z} \tag{7-47}$$

Pe 为彼克列数，是模型的唯一参数。它表示对流流动和扩散传递的相对大小，反映了返混的程度。当 $Pe\to 0$ 时，对流传递速率较之扩散传递速率要慢得多，此属于全混流情况；当 $Pe\to\infty$ 时，这属活塞流情况，此时扩散传递与对流传递相比，可略去不计。

(3) 模型参数的求取

式(7-47)的初始条件及边界条件，随着示踪剂的输入方式而异，只有开-开式系统才有解析解：

$$\bar{\theta}=1+2\left(\frac{E_Z}{uL}\right)=1+\frac{2}{Pe} \tag{7-48}$$

$$\sigma_\theta^2=\frac{\sigma_t^2}{\bar{t}^2}=2\left(\frac{E_Z}{uL}\right)+8\left(\frac{E_Z}{uL}\right)^2=2\left(\frac{1}{Pe}\right)+8\left(\frac{1}{Pe}\right)^2 \tag{7-49}$$

当 Pe 大于 100 时，不论采用什么边界条件都有：

$$\bar{\theta}=1.0\qquad \sigma_\theta^2=\frac{2}{Pe}$$

(4) 轴向扩散模型的应用

若将轴向扩散模型应用于管式反应器时，对管内微元段作反应组分 A 的物料衡算有：

$$\frac{\partial C_A}{\partial t}=E_Z\frac{\partial^2 C_A}{\partial l^2}-u\frac{\partial C_A}{\partial l}-r_A \tag{7-50}$$

对于一级不可逆反应，上式有解析解：

$$\frac{C_A}{C_{A0}}=(1-x_A)=\frac{4\alpha\exp\left(\frac{uL}{2E_Z}\right)}{(1+\alpha)^2\exp\left(\frac{\alpha uL}{2E_Z}\right)-(1-\alpha)^2\exp\left(-\frac{\alpha uL}{2E_Z}\right)} \tag{7-51}$$

式中　$\alpha = \left[1 + 4k\left(\frac{L}{u}\right)\left(\frac{E_Z}{uL}\right)\right]^{\frac{1}{2}}$

【例 7-4】　在具有如下停留时间分布的反应器中，等温进行一级不可逆反应：A→P，其反应速率常数为 $2\mathrm{min}^{-1}$。$E(t) = \begin{cases} 0 & t < 1 \\ \exp(1-t) & t \geqslant 1 \end{cases}$

试分别用轴向扩散模型、全混流模型及离析流模型计算该反应器出口的转化率，并对计算结果进行比较。

解：（1）离析流模型

对于一级不可逆反应有：$C = C_0\exp(-kt) \quad \Rightarrow 1 - x = \exp(-kt)$

$$1 - \bar{x} = \int_0^\infty e^{-kt}E(t)\mathrm{d}t = \int_1^\infty e^{-kt}e^{(1-t)}\mathrm{d}t = \int_1^\infty e^{(1-3t)}\mathrm{d}t = \frac{1}{3}e^{-2} = 0.045$$

$$\bar{x} = 1 - 0.045 = 0.955$$

（2）多釜串联模型与轴向扩散模型

$$\bar{t} = \int_0^\infty tE(t)\mathrm{d}t = \int_1^\infty te^{(1-t)}\mathrm{d}t = \int_0^\infty (1-x)e^x\mathrm{d}(1-x)$$

$$= [-e^x + xe^x - e^x]_0^\infty = 2\mathrm{min}$$

$$\sigma_t^2 = \int_0^\infty t^2E(t)\mathrm{d}t - \bar{t}^2 = \int_0^\infty t^2e^{(1-t)}\mathrm{d}t - 2^2$$

$$= \int_0^\infty (1-x)^2e^x\mathrm{d}(1-x) - 4 = [-e^x + 2(xe^x - e^x) - e^x + 2(xe^x - e^x)]_0^\infty = 1\ (\mathrm{min})^2$$

$$\sigma_\theta^2 = \frac{\sigma_t^2}{\bar{t}^2} = \frac{1}{4} = 0.25$$

多釜串联模型参数：

$$N = \frac{1}{\sigma_\theta^2} = \frac{1}{0.25} = 4$$

轴向扩散模型参数：

$$\sigma_\theta^2 = \frac{2}{Pe} - \frac{2}{Pe^2}(1 - Pe^{-Pe})$$

试差得：　$Pe = 6.8$

多釜串联模型，对于一级不可逆反应有：

$$1 - \bar{x} = \frac{1}{(1 + k\tau/m)^m} = \frac{1}{(1 + 2\times2\div4)^4} = 0.0625$$

$$\bar{x} = 1 - 0.063 = 0.937$$

轴向扩散模型，对于一级不可逆反应有：

$$\alpha = (1 + 4k\tau/Pe)^{0.5} = (1 + 4\times2\times2\div6.8)^{0.5} = 1.83$$

$$1 - \bar{x} = \frac{4\alpha}{(1+\alpha)^2\exp\left[\frac{-Pe}{2}(1-\alpha)\right] - (1-\alpha)^2\exp\left[\frac{-Pe}{2}(1+\alpha)\right]}$$

$$= \frac{4 \times 1.38}{(1+1.38)^2 \exp\left[\frac{-6.8}{2}(1-1.38)\right] - (1-1.38)^2 \exp\left[\frac{6.8}{2}(1+1.38)\right]}$$

$= 0.054$

$$\bar{x} = 1 - 0.054 = 0.946$$

轴向扩散模型比多釜串联模型的计算结果更接近离析流模型。

7.6 流动反应器中流体的混合

在上节中提出了离析流模型，其基本假定是流体粒子从进入反应器起到离开反应器止，粒子之间不发生任何物质交换，或者说粒子之间不产生混合，这种状态称为完全离析，即各个粒子都是孤立的，各不相干的。如果粒子之间发生混合又是分子尺度的，则这种混合称为微观混合。当反应器不存在离析的流体粒子时，微观混合达到最大，这种混合状态称为完全微观混合或最大微观混合。这就说明了两种极端的混合状态，一种是不存在微观混合，即完全离析，这种流体称为宏观流体；另一种是不存在离析，即完全微观混合，相应的流体叫作微观流体。介乎两者之间则称为部分离析或部分微观混合，即两者并存。

7.6.1 流体的混合对反应速率的影响

混合状态的不同，将对化学反应产生不同的影响。设浓度分别为 C_{A1} 和 C_{A2} 体积相等的两个流体粒子，在其中进行 α 级不可逆反应。如果这两个粒子是完全离析的，则其各自的反应速率应为 $r_{A1} = kC_{A1}^{\alpha}$ 及 $r_{A2} = kC_{A2}^{\alpha}$，其平均反应速率则为：

$$r_A = \frac{1}{2}(r_{A1} + r_{A2}) = \frac{1}{2}k(C_{A1}^{\alpha} + C_{A2}^{\alpha})$$

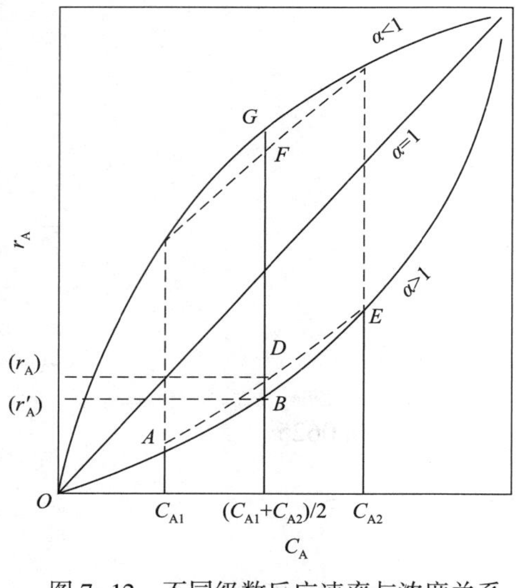

图 7-12 不同级数反应速率与浓度关系

假如这两个粒子间是微观混合，则混合后 A 的浓度为 $\frac{1}{2}(C_{A1} + C_{A2})$，反应在此浓度下进行，此种情况的平均反应速率应为：

$$r'_A = k\left[(C_{A1} + C_{A2})/2\right]^{\alpha}$$

这就说明了微观混合程度不同将会对化学反应的速率发生影响。见图 7-12。

$\alpha = 1$ 时，$r_A = r'_A$，反应速率与浓度呈线性关系；

$\alpha > 1$ 时，$r_A > r'_A$，反应速率与浓度的关系曲线为凹曲线；

$\alpha < 1$ 时，$r_A < r'_A$，反应速率与浓度的关系曲线为凸曲线。

7.6.2 流体的混合对反应工况的影响

以上是讨论流体的混合对反应速率的影响，其基点是流体粒子的浓度不同。现在考察流体混合对反应器工况的影响，先看间歇反应器，任何时刻下，间歇反应器中所有流体粒子具有相同的停留时间，因而其组成亦应相同。所以微观混合的程度不影响反应器的工况。再看活塞流反应器，因为同一横截面上所有流体粒子停留时间相同，组成自然也相同，所以，微观混合的程度对活塞流反应器的工况不产生影响。全混流反应器的情况就不同了，由于同一横截面上流体粒子的停留时间不同，其组成也就不同，于是，除一级反应外，微观混合的程度将影响反应器的工况。这种影响将随着停留时间分布的不同而不同，返混程度越严重，微观混合程度的影响越大。

通过对全混流反应器进行单一反应的计算结果证明，完全离析时所达到的转化率与微观混合最大时相差不大，多数情况只有百分之几，而且随着停留时间分布的变窄，这种差别还要缩小。因此，在大多数情况下可以忽略微观混合的影响。当然，如果同时进行多个反应，微观混合对产物的分布影响可能就较大。对于某些快速反应、多相反应等，微观混合的影响往往也不能忽略。

值得注意的是如果两个反应器的停留时间分布相同，微观混合的程度也相同，是否两者的工况也相同呢？为了回答这个问题，研究图 7-13 所示的两个反应系统。图 7-13 中(a)与(b)两种情况均为活塞流反应器和全混流反应器相串联，其差别仅在顺序的不同，显然两者的停留时间分布应该是一样的。图 7-14 为其示意图，图中 $\bar{t}$ 为流体流过系统的平均停留时间，若两个反应器的反应体积相等，则在活塞流反应器内流体的平均停留时间应为 $\bar{t}/2$，故在 $t=\bar{t}/2$ 处分布曲线出现跳跃。如果这两个系统的微观混合程度也相同，比如说都达到了完全微观混合，那么，在相同的空时和反应温度下进行相同的化学反应，两者所达到的转化率是否也相同？计算结果表明(参见例 7-5)，除一级反应外，两者的转化率是不一样的，其原因是混合早晚的缘故：图 7-13(a)属于晚混合，而图 7-13(b)则为早混合；前者是在浓度水平低的情况下进行混合，反之后者则是在高浓度水平下的混合，故虽然混合程度相同，但由于混合后的浓度不同，反应速率的变化自然不一样，结果两者的最终转化率也就有所差异。

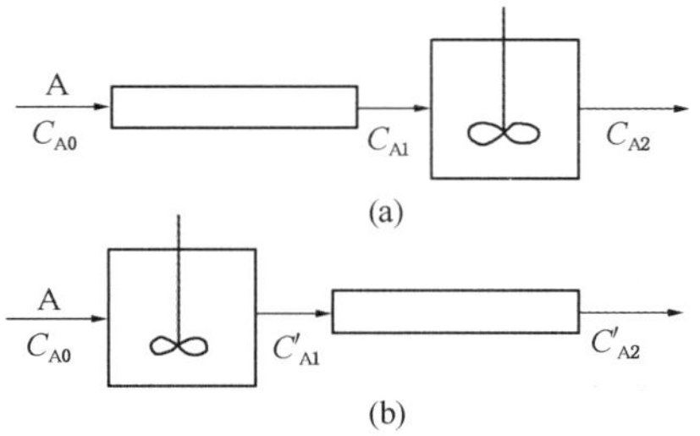

图 7-13 活塞流反应器和全混流反应器的串联

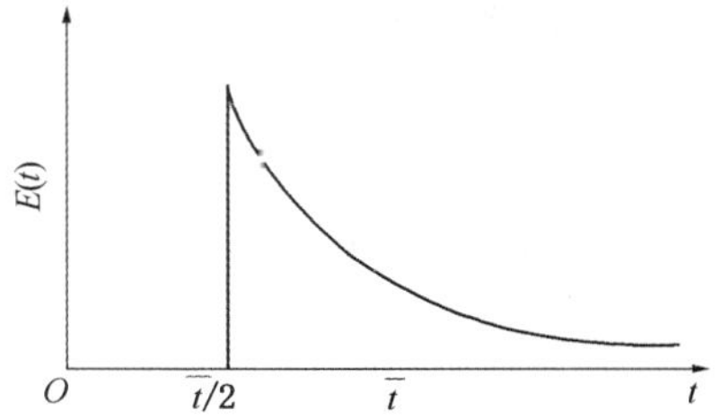

图 7-14 活塞流系统与全混流系统串联时的停留时间分布

总之，流动反应器的工况不仅与所进行的反应动力学及停留时间分布有关，而且还与流体的混合有关，这包括微观混合的程度(或离析程度)和混合的早晚两个方面。混合的早晚实际上也就是混合时的浓度水平。

对于特定的反应器系统，即使停留时间分布是唯一的，但与特定的停留时间分布相对应的反应器系统并不一定是唯一的。对非理想反应器进行分析时，仅仅使用停留时间分布并不充分，还需要很多其他信息。后面将要说明除停留时间分布外，合适的流体流动模型、混合和扩散的程度，都是对反应器进行正确分析的必要因素。

【例 7-5】 如图 7-13 所示的两个串联反应器系统，在相同温度及空时下进行同样的反应。若相串联的全混流反应器和活塞流反应器的空时均等于 1min，进口流体中 $C_{A0}=1\text{kmol/m}^3$，试分别计算这两种串联情况所达到的转化率。假设所进行的反应为(1) 一级反应，(2)二级反应，反应温度下两者的反应速率常数分别为 1min^{-1} 及 $1\times10^{-3}\text{m}^3/(\text{mol}\cdot\text{min})$。

解：(1) 一级反应

活塞流反应器的计算式为

$$C_A = C_{A0}e^{kt} \tag{A}$$

将有关数据代入得图 7-13(a)情况下活塞流反应器出口流体中 A 的浓度为

$$C_{A1} = 1\times e^{-1\times1} = 0.368\text{kmol/m}^3$$

全混流反应器的计算式为

$$C_{A2} = \frac{C_{A1}}{1+k\tau} \tag{B}$$

因此，情况(a)的出口流体中 A 的浓度为

$$C_{A2} = \frac{0.368}{1+1\times1} = 0.184\text{kmol/m}^3$$

从而可算出所达到的转化率为 1-0.184/1=0.816，即 81.6%。

同理利用式(A)及式(B)可对图 7-13 情况(b)作计算。

$$C'_{A1} = \frac{1}{1+1\times1} = 0.5\text{kmol/m}^3$$

$$C'_{A2} = 0.5\times e^{1\times1} = 0.184\text{kmol/m}^3$$

出口浓度与情况(a)相同，所以转化率也为 81.6%，可见混合早晚对于一级反应不发生影响。

(2) 二级反应

活塞流反应器的计算式为

$$C_{A1} = \frac{C_{A0}}{1+k\tau C_{A0}} \tag{C}$$

将有关数值代入，得情况(a)活塞流反应器出口 A 的浓度为

$$C_{A1} = \frac{1}{1+1\times1} = 0.5\text{kmol/m}^3$$

全混流反应器的计算式为

$$C_{A2} = \frac{1}{2k\tau t}\left(1+\sqrt{1+4k\tau C_{A1}}\right) \tag{D}$$

所以，情况(a)的出口浓度

$$C_{A2} = \frac{1}{2\times1\times1}\left(1+\sqrt{1+4\times1\times1\times1}\right) = 0.366\text{kmol/m}^3$$

故最终转化率为 1-0.366/1=0.634 或 63.4%。

同理可对情况(b)进行计算，由式(D)求得

$$C'_{A1} = 0.628\text{kmol/m}^3$$

由式(C)求得

$$C'_{A2}=0.382\text{kmol/m}^3$$

因此最终转化率为 1−0.382/1=0.618 或 61.8%。

由此可见，停留时间分布并不是对一个反应器或反应器系统的完整描述，在这个串联系统中，返混出现的先后对反应结果产生影响。混合的早晚对二级反应有影响，晚混合对二级反应有利。显然，这种影响并不是很大的。

数学模型方法的应用

本章小结

1. 物料的混合现象按混合尺度可分为宏观混合和微观混合。宏观混合是指设备尺度上的混合现象；微观混合是指微团尺度的混合现象。

在反应器中的预混合指的是物料在进行反应之前能否达到分子尺度上的均匀问题。对于极快的反应，预混合过程中的反应量已有相当部分，实际反应场所(微团内和微团外)的反应物配比与原料中反应物配比大为不同，因而对反应结果，特别是对选择率会产生显著影响，应予以充分重视。

2. 返混是指不同时刻进入反应器的物料间的混合，是连续过程伴生的现象，它起因于空间的反向运动和不均匀的速度分布。返混是化学反应器中的一个重要的宏观动力学因素。

返混造成两种后果：改变反应器内物料的浓度分布和造成物料停留时间分布。返混与停留时间分布是因果关系，而停留时间分布只能反映设备尺度上的混合，不能反映微团尺度上的混合。

停留时间分布与返混之间不一定存在对应的关系，也就是说，一定的返混必然会造成确定的停留时间分布，但是，同样的停留时间分布可能由不同的返混造成。因此，不能直接把测定的停留时间分布用于描述返混的程度，而要借助于模型方法。

3. 在实际工业反应器计算中，往往存在非理想流动的影响，一般总是基于一个反应过程的初步认识，首先分析其实际流动状况，从而选择一较为切合实际的合理简化的流动模型，并用数学模型方法关联返混与停留时间分布的定量关系，然后通过停留时间分布的实验测定来检验所假设模型的正确程度，确定在假设模型时所引入的模型参数，最后结合反应动力学数据和物料衡算式来估计反应结果。

习　题

1. 脉冲示踪测得如下数据：求 $E(t)$、$F(t)$。(作图)

t /min	0	1	2	3	4	5	6	7	8	9	10
$C(t)$/(g/L)	0	0	3	5	6	6	4	3	2	1	0

2. 一般情况下，相对于 $E(t)$ 值最大的 t，是否相应于平均停留时间 $\bar{t}$，为什么？

3. 从 $E(t)$ 曲线估计平均停留时间是否必要？在实际反应器中的平均停留时间是否都可根据 $\tau=V_R/F_{V0}$ 来计算？

4. 某物料在容器中流动并进行反应，已知流动过程中的 E 曲线与反应过程的动力学参数，试分别按宏观混合与微观混合计算组分 A 的转化率。A→R，$r_A=kC_A$，$k=2/3\ \text{min}^{-1}$，$C_{A0}=0.01\text{mol/L}$，$E(t)=1/3\times e^{-t/3}(\text{min})^{-1}$。

5. 在保证达到活塞流的条件下，等温进行气相均相反应 A→B 的小型试验，测得组分 A 的转化率为 99%，该反应为一级反应。将该反应放大时，保持相同的操作条件和相同的平均停留时间，但组分 A 的实际转化率却低于小型试验值。经示踪实验测定结果表明：放大后的反应器的流型偏离活塞流，只相当于 18 个等体积的全混反应器串联，试估计实际达到的转化率。

6. 用脉冲示踪法于 $t=0$ 时向反应器的进料中注入示踪剂，得如下表出口流的示踪剂浓度，试问：

t/min	0	48	96	144	192	240	288	336	384
$C(t)/(\text{kg/m}^3)$	0	0	0	0.1	5.0	10.0	8.0	4.0	0

(1) 此反应器中流体的平均停留时间为多少？

(2) 在此反应器进行某反应，$k=7.5\times10^{-3}$/s，平均转化率为多少？(按扩散模型，闭式考虑。)

(3) 用平推流和全混反应器进行此反应，平均停留时间同(1)，则平均转化率将各为多少？

7. 某一反应装置，其容积为 100L，今用流体流速为 50L/min 的条件进行示踪试验，测得停留时间分布数据如下：试求其流动模型及其各参数值。

t/min	0	0.3	0.5	0.6	0.7	0.8	0.9	1.0	1.2
$E(t)/\text{min}^{-1}$	0	0	0	0.909	0.8966	0.8004	0.7310	0.6674	0.5564
t/min	1.4	1.6	2.0	2.5	3.0	4.0	5.0		
$E(t)/\text{min}^{-1}$	0.4639	0.3867	0.2689	0.1083	0.08364	0.04364	0.0176		

8. 已知 $V_P=V_m=100\text{cm}^3$，$F_{V0}=10\text{cm}^3/\text{min}$，求作出：

(1) 全混流反应器的 $E(t)$、$F(t)$ 图；

(2) 平推流反应器的 $E(t)$、$F(t)$ 图；

(3) 全混流反应器在前，平推流反应器在后的串联的 $E(t)$、$F(t)$ 图；

(4) 全混流反应器在后，平推流反应器在前的串联的 $E(t)$、$F(t)$ 图。

要求：注明单位、数据。

9. 应用下表所示的脉冲示踪数据的反应器来进行 A+B→R 的液相反应，$C_{B0}>>C_{A0}$，且该反应在平推流反应器中进行时，在相同的 τ 下可得 0.99 的转化率。

t/s	0	2	4	6	8	10	20	30	40	50	60	70
C/(g/L)	0	57	90	86	77	67	32	15	7	3	1	0

试求：(1) 当该反应器用轴向分散模型来描述时，反应转化率为多少？

(2) 若该反应器用多级全混流模型来描述时，反应转化率为多少？

10. 将平推流反应器(容积以 V_P 记之)和容积为 V_m 的全混流反应器进行串联联接，可能有两种串联组合方式：平推流放在前面或全混流放在前面。若保持总容积 $V=V_P+V_m$ 不变，试求：(1) 对于一级不可逆反应，体积比 V_P/V_m 要保持何值时才能使两种串联组合具有相同的出口转化率？(2) 当二级反应时的情况又如何？

11. 已知物料在某连续流动反应器中的停留时间分布密度为：

$$E(t)=0.01\exp(-0.01t)\quad s^{-1}$$

试求在这个流动系统中停留时间如下的物料在总进料中所占的比例，物料在该流动体系中的平均停留时间，并判断该分布密度是否正确。(1) 90～110s；(2) 0～100s；(3) >100s。

12. 某反应器采用阶跃响应法测得如下数据，求 $F(t)$。

时间/s	0	15	25	35	45	55	65	75	95	105
出口示踪剂浓度/(mg/cm^3)	0	0.5	1.0	2.0	4.0	5.5	6.5	7.0	7.7	7.7

13. 有一全混釜反应器，已知反应器体积为 100L，流量为 10L/min，试估计离开反应器的物料中，停留时间为 0～1min，2～10min 和大于 30min 的物料所占的百分比。

14. 用脉冲法测定一反应系统的停留时间分布，得到如下的数据：

t/min	0	2	4	6	8	10	12	14	16	18
$C(t)/(g/m^3)$	0	6.5	12.5	12.5	10.0	5.0	2.5	1.0	0	0

试确定平均停留时间 $\bar{t}$ 与方差 σ_t^2，σ_θ^2。

15. 用脉冲示踪法测得示踪物浓度如下：

t/s	0	48	96	144	192	240	288	336	384	432
示踪物浓度 $C/(g/m^3)$	0	0	0	0.1	5.0	10.0	8.0	4.0	0	0

试计算平均停留时间。如在反应器中进行一级反应 $A \longrightarrow P$，$k=7.5s^{-1}$，求平均转化率。如分别采用 CSTR 和 PFR，其平均停留时间相同，则反应结果分别为多少？

16. 用脉冲示踪法测得实验反应器的停留时间分布关系如下表所示：

t/s	1	2	3	4	5	6	8	10	15	20	30	41	52	67
$C(t)$	9	57	81	90	90	86	77	67	47	32	15	7	3	1

今有一液相反应，$A+B \longrightarrow P$，已知 $C_{A0} \ll C_{B0}$，若此反应在具有相同平均停留时间的 PFR 中进行，转化率可达 0.99，计算：(1)该反应器的平均停留时间及方差？(2)若实验反应器以多釜串联模型描述，则可达到的转化率为多大？(3)若用扩散模型描述，则转化率又为多少？

第8章 塔式反应器

8.1 概　　述

塔式反应器是化工、炼油生产等过程中的最重要的设备之一。气(或汽)液或液-液两相之间在塔式反应器内部充分接触，实现相际传质及传热的目的。通常在塔设备内部可完成的单元操作有精馏、吸收(物理吸收和化学吸收)、解吸和萃取等。此外，工业气体的冷却与回收、气体的湿法净制和干燥以及兼有气液两相传质和传热的增湿、减湿等。在化工、炼油、制药等行业，塔设备的性能对整个装置的产品产量、质量、生产能力和消耗定额以及三废治理和环境保护等各方面均有重大影响。因此，设计和选择合适的塔设备是工程设计人员的一项重要任务。

8.1.1 塔式反应器特点及应用

随着过程工业的发展，为满足各种不同的需求，研制了许多塔式反应器结构类型。塔式反应器的分类方法很多，如按操作压力可将塔设备分为加压塔、常压塔和减压塔；按单元操作可将塔设备分为精馏塔、吸收塔、解吸塔及萃取塔等；按形成相际接触方式的不同可将塔设备分为具有固定相界面的和流动过程中形成相界面的塔式反应器，例如鼓泡反应器、搅拌鼓泡反应器、板式塔反应器、喷雾塔反应器、填料塔反应器、膜式塔反应器等。

上述各种塔式反应器具有各自的特点，适用于不同反应过程的要求。

合理选择塔类型是进行塔式反应器设计的首要环节。选择时应考虑的因素有：物料性质、操作条件、设备性能以及设备的制造、安装、运行和维修等。要求塔式反应器应具备较高的生产能力，有利于反应选择性的提高，有利于能量的综合利用和降低能量消耗，有利于反应温度的控制，能在较小液体流率下操作。在实际选用时，应根据反应系统的特性和主要的工艺条件，选择与之相适应的反应器型式。

(1) 填料塔反应器

结构简单，耐腐蚀，适用于快速和瞬间反应过程，轴向返混可忽略，能获得较大的液相转化率。由于气相流动压降小，降低了操作费用，特别适宜于低压和介质具有腐蚀性的操作。但液体在填料床层中停留时间短，不能满足慢反应的要求，且存在壁流和液体分布不均等问题，其生产能力低于板式塔。

填料塔要求填料比表面积大、空隙率高、耐蚀性强及强度和润湿等性能优良。常用的填料有拉西环、鲍尔环、矩鞍等，材质有陶瓷、不锈钢、石墨和塑料。

(2) 板式塔反应器

适于快速和中速反应过程。具有逐板操作的特点，各板上维持相当的液量，以进行气液相反应。由于采用多板，可将轴向返混降到最低，并可采用最小的液流速率进行操作，从而获得极高的液相转化率。气液剧烈接触，气液相界面传质和传热系数大，是强化传质过程的塔型，因此适用于传质过程控制的化学反应过程。板间可设置传热构件，以移出和移入热量。但反应器结构复杂，气相流动压降大，且塔板需用耐腐蚀性材料制作，因此大多用于加压操作过程。

（3）喷雾塔反应器

喷雾塔反应器是气膜控制的反应系统，适用于瞬间反应过程。塔内中空，特别适用于有污泥、沉淀和生成固体产物的体系。但储液量低，液相传质系数小，且雾滴在气流中的浮动和气流沟流存在，气液两相返混严重。

因此，喷雾反应器仅适用于气膜控制的反应系统。

（4）鼓泡塔反应器

鼓泡塔式反应器具有很大的储液量，适用于慢反应或放热量大的反应。鼓泡反应器液相轴向返混现象是很严重的，在不太大的高径比情况下，可以认为液相浓度是理想混合。由于这种轴向返混的影响，连续操作型的反应速率将明显下降，因此难以在单一反应器中达到较高转化率，为了解决这一问题，常使用多级鼓泡反应器相串联或采用半间歇的操作方式，处理量较小时采用半间歇操作方式；处理量较大时，则采用多级串联的操作方式。除此以外，鼓泡反应器尚有鼓泡所耗压降较大的缺点。

（5）膜式反应器

根据液体在膜中运动的基本特征，膜式反应器可分为降膜反应器、升膜反应器和旋转气流膜式反应器。通常借管内的流动液膜进行气-液反应。

降膜反应器的液膜流动是液体由于重力作用沿壁下降。降膜反应器可使用于瞬间和快速的气-液反应过程，它特别适用于有较大热效应的气液加工过程，在管外使用载热流体导入或导出反应的热量。鉴于降膜反应器是一种高效的直接利用反应热的良好塔型，降膜反应器将得到日益广泛的应用。降膜反应器还有压降小和几乎无轴向返混的优点。然而，由于降膜反应器中的液体停留时间较短，它不适宜于慢反应的过程。同时，降膜管的安装垂直度要求也较高，液体成膜和液体均布是降膜反应器的关键。降膜反应器为逆流操作，气速一般不大于 5 ~7m/s，以避免下流液体断落和夹带。

升膜反应器是液体在管子下部被上升的气体带动以膜的形式向上流动，沿管子内壁均匀分布。升膜反应器中液体分布装置的重要性比降膜反应器要小，对设备的工作性能影响也小。这是因为升膜反应器操作气速较高，一般为 10 ~15m/s，在管子大部分区域内液体能沿每根管子的周边均匀分布。

旋转气流膜式反应器是在每根管内装有漩涡器，提高漩涡器运动的气流，把由上部加入的液体在漩涡器上抛向器壁，沿着管壁流动。旋转气流膜式反应器的特点是传质系数比降膜反应器高 2 ~3 倍，相应的传热系数也高。其缺点是旋涡器的安装使反应器结构复杂，流体阻力较大。

（6）搅拌鼓泡反应器

搅拌鼓泡反应器中储液量可高达 0.9，反应器容积相界面也较大，达 $200m^2/m^3$，同时由于搅拌作用，传热和传质效率均较高。搅拌鼓泡反应器可用于慢反应过程，也可用于中速反应过程，尤其对气体和高黏度非牛顿型液体间的反应更为适用。在搅拌鼓泡反应器中，借搅拌作用使气体高度分散于湍动的液相，因此，它减弱了传质系数对流体物性的依赖，使高黏性流体间的反应能以较快的速度进行。当然，搅拌需消耗一定的动力，除此以外，它还存在着密封问题，且反应器容积和表观气速均受气液分散要求的限制。

塔式反应器的一般构造

（7）高速湍动反应器

喷射反应器、文氏反应器和湍动浮球反应器等是高速湍动过程，它们适合于瞬间反应，过程处于气膜控制的情况。由于湍动的影响，加速了气膜传递过程的速率，因而获得很高的反应速率。多数高速湍动反应器属于并流气液接触设备，宜使用于不可逆反应的场合。如果用于可逆反应，则通常需要使用多级逆流串联。

塔式反应器的工作压力需根据工艺要求进行设计，通常可分为低压设备、中压设备和高压设备，但塔式反应器内构件的设计通常不受工作压力的限制。

8.1.2　附属装置

附属装置的设计对反应器的操作和效率有重要的影响。如填料吸收反应器中的物料，气液分布不匀，会严重影响反应吸收效率；支承板设计不合理，会造成局部液泛等；液体喷淋装置影响塔内填料的有效利用，影响液体对气体反应吸收能力的充分发挥和液相转化率的提高等。

（1）液体喷淋装置

喷淋装置有单管喷洒、莲蓬式喷洒、多孔管喷洒、盘式喷洒等多种型式。其中多孔管分布器见图 8-1。

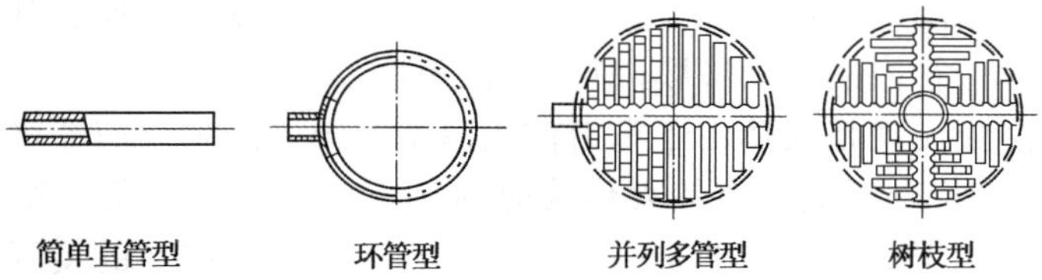

图 8-1　多孔管分布器示意图

单管喷洒和莲蓬式喷洒适用于直径小于 0.6m 的塔。对于大型塔，宜采用多孔管喷淋和肋式喷洒。多孔管喷洒装置的结构简单、质量小，能在大面积上分布均匀。为保证小孔能以同速喷洒液体，在多孔管内，液体流速不能过大，一般在喷洒孔流速的 1/2 以下。一般小孔直径为 3~10mm，每平方米塔截面上布 60~100 个喷洒孔。盘式喷洒装置的筛孔上保持 50~200mm高的液层。

（2）液体再分布装置

为了改善塔的操作，减轻液体下流时逐渐增大的壁流现象，每隔一定距离设置一个液体再分布装置，可为倒锥形、波浪形和带升气管的筛孔再分布器，既起支承作用，又起再分布作用。

（3）气体入口的布气结构

当塔径小于 0.5m 时，将进气管做成向下 45°的切口，以免气体直接冲刷填料层。对大塔，气体入塔向下方做成喇叭形扩口或多孔管气体分布器。

（4）除沫器

可采用折流板、丝网除雾器。气体通过丝网的最大流速：

$$u = K\sqrt{\frac{\rho_L - \rho_G}{\rho_G}} \tag{8-1}$$

式中　K——气体系数，m/s；

ρ_L、ρ_G——液体、气体密度，kg/m^3。

实际操作时流速取 0.75~0.80m。

(5) 消泡和防旋板

在低液位处，由于液体流向排液口会引起漩涡，使部分气体被液体夹带而出，此情形在高压操作和使用易起泡液体时更严重，因此在液位处设置十字形竖向挡板，以分割液位部分空间，防止液体漩涡流动，有利于泡沫浮升破碎和减小液体对气体的夹带。

(6) 支承板

置于器底，强度应能支承填料的质量，其自由截面不小于填料的孔隙率，可用栅形、波浪形、升气管式。栅条间距为填料外径的 0.6~ 0.8 倍，要防止局部阻力过大和液泛。

(7) 接管

塔设备的接管用以连接工艺管路，将塔设备与相关设备连成系统。按接管的用途可将管分为进液管、出液管、进气管、出气管、回流管、侧线抽出管和仪表接管等。

(8) 人孔和手孔

人孔和手孔一般是为安装、检修和检查的需要而设置。

(9) 吊耳

为了运输和安装的方便，塔设备通常焊有吊耳。

(10) 吊柱

在塔顶设置吊柱是为了方便检修时塔内件的吊运。

8.2　填　料　塔

填料塔广泛应用于物理吸收和化学吸收过程中。由于填料层高 H 比填料直径大得多，因此，填料的作用除增加相界面积外，还能减少轴向混合。填料塔气相和液相的皮克利特数 P_{eG}、P_{eL} 往往大于 100，可以假设填料塔中气相、液相均为理想置换流型。化学吸收采用的填料塔在结构上和一般吸收塔相同，塔径 D 的计算也基本相同。

8.2.1　物理吸收

为了计算填料高度，必须把传质速度方程式和物料平衡方程式联立求解。计算的空间基准为单位塔截面，高为 dH 的微元体积($dV_R = dH$)，其中相界面积为 adH；由于稳定操作，时间基准可以任意取 $\Delta\tau$，如图 8-2 所示。

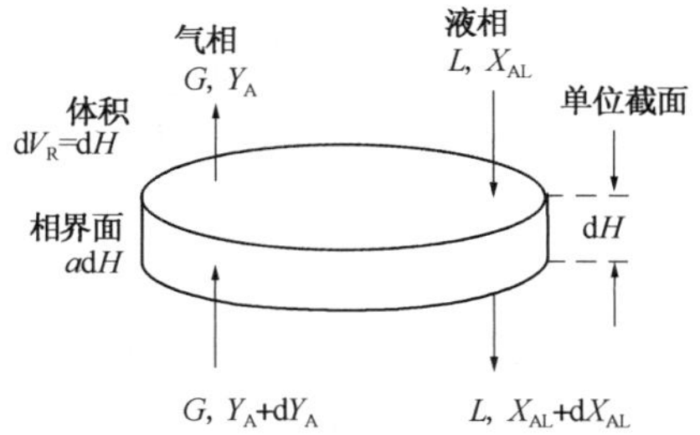

图 8-2　填料塔微元体积物料平衡图

$$G\mathrm{d}Y_A = L\mathrm{d}X_{AL} = k_{AG}a(p_A - p_{Ai})\mathrm{d}H = k_{AL}a(C_{Ai} - C_{AL})\mathrm{d}H \\ = k_{AG}a(p_A - p_A^*)\mathrm{d}H = k_{AL}a(C_A^* - C_{AL})\mathrm{d}H \tag{8-2}$$

$$G\mathrm{d}Y_A = G\mathrm{d}\left(\frac{p_A}{p_U}\right) = G\frac{p_U\mathrm{d}p_A - p_A\mathrm{d}p_U}{p_U^2} = G\frac{(p_t - p_A)\mathrm{d}p_A - p_A(-\mathrm{d}p_A)}{(p_t - p_A)^2} \\ = G\frac{p_t\mathrm{d}p_A}{(p_t - p_A)^2} = \left(\frac{G'p_U}{p_t}\right)\frac{p_t\mathrm{d}p_A}{(p_t - p_A)^2} = \frac{G'(p_t - p_A)p_t\mathrm{d}p_A}{p_t(p_t - p_A)^2} = \frac{G'\mathrm{d}p_A}{(p_t - p_A)} \tag{8-3}$$

同理

$$L\mathrm{d}X_{AL} = L\frac{G_T\mathrm{d}C_{AL}}{(C_TC_{AL})^2} = L'\frac{\mathrm{d}C_{AL}}{C_T - C_{AL}} \tag{8-4}$$

$$G = G'\frac{p_U}{p_t},\ L = L'\frac{C_U}{C_T} \tag{8-5}$$

式中 C_U——液相中惰性组分浓度，kmol/m^3；

p_U——惰性气体分压，Pa；

Y_A——气相中 A 物质的量/气相中惰性气体物质的量，$Y_A=p_A/p_U$；

X_{AL}——液相中 A 物质的量/液相中惰性组分物质的量，$X_{AL}=C_{AL}/C_U$；

G——单位塔截面上气相中惰性组分流量，kmol/(m^2·s)；

L——单位塔截面上液相中惰性组分流量，kmol/(m^2·s)；

G'——单位塔截面上气相总流量，kmol/(m^2·s)；

L'——单位塔截面上液相总流量，kmol/(m^2·s)；

p_t——总压，$p_t=p_A+p_U$，Pa；

C_T——液相总浓度，$C_T=C_{AL}+C_U$，kmol/m^3。

$$H = \int_0^H \mathrm{d}H = Gp_t\int_{p_{A1}}^{p_{A2}}\frac{\mathrm{d}p_A}{k_{AG}a\ (p_t - p_A)^2(p_A - p_{Ai})} \\ = Gp_t\int_{p_{A1}}^{p_{A2}}\frac{\mathrm{d}p_A}{K_{AG}a\ (p_t - p_A)^2(p_A - p_A^*)} \\ = G'\int_{p_{A1}}^{p_{A_2}}\frac{\mathrm{d}p_A}{K_{AG}a(p_t - p_A)(p_A - p_A^*)} \\ = LC_T\int_{C_{AL1}}^{C_{AL2}}\frac{\mathrm{d}C_{AL}}{k_{AL}a\ (C_T\ C_{AL})^2(C_{Ai}\ C_{AL})} \\ = LC_T\int_{C_{AL1}}^{C_{AL2}}\frac{\mathrm{d}C_{AL}}{K_{AL}a\ (C_T\ C_{AL})^2(C_A^*\ C_{AL})} \\ = L'\int_{C_{AL1}}^{C_{AL2}}\frac{\mathrm{d}C_{AL}}{K_{AL}a(C_T - C_{AL})(C_A^* - C_{AL})} \tag{8-6}$$

G'、L'在塔内为变量，应取平均值。k_{AG}、k_{AL}分别为组分 A 在气膜和液膜内的传质系数，K_{AG}、K_{AL}分别为组分 A 分别以分压和液相浓度表示的传质系数，k_{AG}和 K_{AG}的单位为 mol/(s·m^2·Pa)，k_{AL}和 K_{AL}的单位为 m/s；a 为比相界面，单位体积反应物的表面积，m^{-1}。$K_{AL}a$、$K_{AG}a$ 可看作常数提到积分号外。对于稀溶液，$L'\approx L$，$G'\approx G$，$p_t-p_A\approx p_t$，$C_T-C_{AL}\approx$

C_T。填料层高 H 为

$$H=\frac{G}{p_T K_{AG} a}\int_{p_{A1}}^{p_{A2}}\frac{dp_A}{p_A-p_A^*}=\frac{L}{C_T K_{AL} a}\int_{C_{AL1}}^{C_{AL2}}\frac{dC_{AL}}{C_A^*-C_{AL}} \tag{8-7}$$

8.2.2 化学吸收

反应式为 A(气)+B(液)→产品。采用逆流稳定操作。物料平衡的空间基准和时间基准与物理吸收相同，如图 8-3 所示。当反应局限于液膜内时，也就是对于极快反应和快反应时。

$$\begin{Bmatrix}气相中失去组分\\A 的物质的量\end{Bmatrix}=\frac{1}{b}\begin{Bmatrix}液相中失去组分\\B 的物质的量\end{Bmatrix}=\begin{Bmatrix}液相中反应掉\\的 A 的物质的量\end{Bmatrix}$$

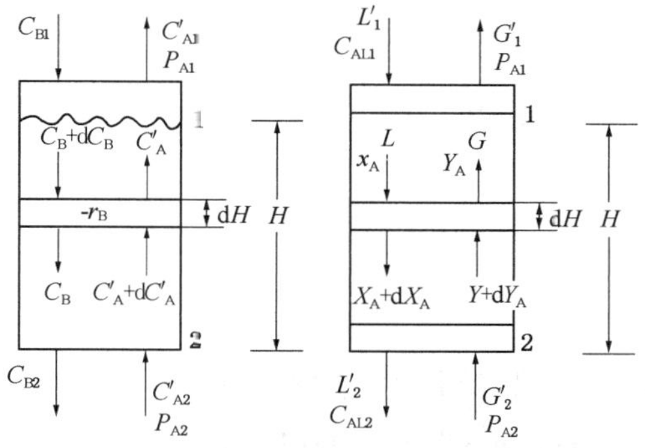

图 8-3 逆流填料塔物料平衡图

$$G dY_A=-\frac{L dX_B}{b}=r'_A a dH \tag{8-8}$$

式中 r'_A——宏观反应速度。

塔内任一截面处的成分可由上式积分求得

$$G(Y_A-Y_{A1})=-\frac{L}{b}(X_B-X_{B1})$$

$$=G\left(\frac{p_A}{p_U}-\frac{p_{A1}}{p_{U1}}\right)=-\frac{L}{b}\left(\frac{C_B}{C_U}-\frac{C_{B1}}{C_{B2}}\right) \tag{8-9}$$

填料高为

$$H=G\int_{Y_{A1}}^{Y_{A2}}\frac{dY_A}{r'_A a}=Gp_t\int_{p_{A1}}^{p_{A2}}\frac{dp_A}{(p_t-p_A)^2 r'_A a}=\frac{L}{b}\int_{X_{B1}}^{X_{B2}}\frac{dX_B}{r'_A a} \tag{8-10}$$

当处理稀溶液时，$p_t \approx p_U$，$C_T \approx C_U$，可得到微分物料平衡方程

$$\frac{G}{p_t}dp_A=-\frac{L}{bC_T}dC_B \tag{8-11}$$

对塔内任一截面的组分可按上式积分求得

$$\frac{G}{p_t}(p_A-p_{A1})=-\frac{L}{bC_T}(C_B-C_{B1}) \tag{8-12}$$

在处理稀溶液时，填料塔填料高 H 为

$$H=\frac{G}{p_t}\int_{p_{A1}}^{p_{A2}}\frac{dp_A}{r'_A a}=\frac{L}{bC_T}\int_{C_{B1}}^{C_{B2}}\frac{dC_B}{r'_A a} \tag{8-13}$$

【例 8-1】 采用填料吸收塔净化废气，使尾气中某有害组分从 0.1%降低到 0.02%(体积分数)，试比较用纯水吸收和采用不同浓度 B 组分溶液进行化学吸收时的塔高。

(1) 用纯水吸收，已知填料的 $k_{AG}a=0.32\text{mol/(h}\cdot\text{m}^3\cdot\text{Pa)}$，$k_{AL}a=0.1\text{h}^{-1}$，$H_a=12.5\text{Pa}\cdot\text{m}^3/\text{mol}$，气液流量分别为 $L'\approx L=7\times10^5\text{mol/(h}\cdot\text{m}^2)$、$G'\approx G=1\times10^5\text{mol/(h}\cdot\text{m}^2)$，总压 $p_t=10.1\times10^5\text{Pa}$，液体的总浓度 $C_T=56000\text{mol/m}^3$，并假设不变，求填料层高度 H。

(2) 水中加入组分 B，进行极快化学吸收，反应式为 A+bB→产品，$b=1.0$，采用 B 浓度高达 $C_B=800\text{mol/m}^3$，设 $k_{AL}=k_{BL}=k_L$，求填料层高度 H；

(3) 采用低浓度 B 溶液 $C_B=32\text{mol/m}^3$，其余情况同(1)、(2)，求填料层高度 H；

(4) 采用中浓度 B 溶液 $C_B=128\text{mol/m}^3$，其余情况同(1)、(2)，求填料层高度 H。

解：(1)离开填料塔的水中含有溶气组分少，塔中处理的稀溶液，可以采用简化公式

$$\frac{G}{p_t}\mathrm{d}p_A=\frac{L}{C_T}\mathrm{d}C_A$$

积分得

$$p_{A1}-p_{A2}=\frac{Lp_t}{GC_T}(C_A-C_{A1})$$

$$p_A-20=\frac{7\times10^5\times1\times10^5}{1\times10^5\times56000}C_A$$

可得操作线方程为 $C_A=0.08p_A-1.6$，把 $p_{A2}=100$ 代入操作线方程，得到 $C_{A2}=6.4\text{mol/m}^3$；把 $p_{A1}=60$ 代入操作线方程，得到 $C_A=3.2\text{mol/m}^3$。

塔内三点的数据列入表 8-1。

表 8-1 塔内三点设计数据

p_A/p_a	$C_A/(\text{mol/m}^3)$	$p_A^*=H_AC_A/\text{Pa}$	$\Delta p_t=p_A p_A^*/\text{Pa}$
20	0	0	20
60	3.2	40	20
100	6.4	80	20

以塔体积为基准的气相总传质系数 $K_{AG}a$ 为

$$\frac{1}{K_{AG}a}=\frac{1}{k_{AG}a}+\frac{H_A}{k_{AL}a}=\frac{1}{0.32}+\frac{12.5}{0.1}=128.1$$

$$K_{AG}a=0.0078\text{mol/(h}\cdot\text{m}^3\cdot\text{Pa)}$$

填料层高

$$H=\frac{G}{p_t}\int_{p_{A1}}^{p_{A2}}\frac{\mathrm{d}p_A}{K_{AG}ap_A}=\int_{20}^{100}\frac{\mathrm{d}p_A}{0.0078\times20}=513\text{m}$$

通过计算可见用水来吸收需要 513m 高的填料层才能完成上述任务，这当然是行不通的。

(2) 极快化学反应吸收，C_B 较高的情况，其物料平衡方程为

$$p_A-20=\frac{Lp_t}{GC_T}(C_{B1}-C_B)=\frac{7\times10^5\times1\times10^5}{56000\times1\times10^5}(800-C_B)$$

$$C_B=801.6-0.08p_A$$

离开填料塔组分 B 的浓度 $C_{B2}=801.6-0.08(1.00)=793.6\text{mol/m}^3$，通过下述计算决定采用方程的形式。

塔顶 $k_{AG}ap_{A1}=0.32\times20=6.4\text{mol/(h}\cdot\text{m}^3)$

$k_{BL}aC_{B1}=0.1\times800=80\ \text{mol/(h}\cdot\text{m}^3)$

塔底 $k_{AG}ap_{A2}=0.32\times100=32\text{mol/(h}\cdot\text{m}^3)$

$k_{BL}aC_{B2}=0.1\times793.6=79.36\text{mol/(h}\cdot\text{m}^3)$

可见无论是塔顶还是塔底处，$k_{AG}ap_A<k_{BL}aC_B$，可以认为整个反应器内均为气相传质控制，反应在界面处进行。反应速度式为

$$r'_A=k_{AG}p_A$$

填料层高　$$H=\frac{G}{p_t}\int_{p_{A1}}^{p_{A2}}\frac{dp_A}{k_{AG}ap_A}=\int_{20}^{100}\frac{dp_A}{0.32p_A}=5.03\text{m}$$

由计算可知，本题在物理吸收时为液膜控制，加入大量 B 组分后发生极快化学反应，液相传质阻力下降为零。宏观反应速度仅由气相传质速度决定。填料层高度将由 513m 下降到 5.03m，说明化学吸收可以大大降低塔高。

（3）C_B 值低时，物料平衡方程

$$p_A-20=\frac{Lp_t}{GC_T}(C_{B1}-C_B)=\frac{7\times10^5\times1\times10^5}{56000\times1\times10^5}(32-C_B)$$

$$C_B=33.6-0.08p_A$$

塔底部分 B 的浓度 $C_{B2}=33.6-0.08(100)=25.6\text{mol/m}^3$

塔顶　$k_{AG}ap_{A1}=6.4\text{mol/(h}\cdot\text{m}^3)$

　　　$k_{BL}ac_{B1}=3.2\text{mol/(h}\cdot\text{m}^3)$

塔底　$k_{AG}ap_{A2}=32\text{mol/(h}\cdot\text{m}^3)$

　　　$k_{BL}aC_{B2}=2.56\text{mol/(h}\cdot\text{m}^3)$

塔顶和塔底的 $k_{AG}ap_A$ 值均大于 $k_{BL}aC_B$ 值，可见反应在液膜内进行，宏观速度方程为

$$r'_A=\frac{\frac{p_A}{H_A}+C_B}{\frac{1}{H_Ak_{AG}}+\frac{1}{k_{AL}}}$$

填料层高

$$H=\frac{G}{p_t}\int_{p_{A1}}^{p_{A2}}\frac{dp_A}{ar'_A}=\int_{20}^{100}\frac{dp_A}{\frac{p_A/H_A+33.6-0.08p_A}{\frac{1}{H_Ak_{AG}a}+\frac{1}{k_{AL}a}}}=\frac{10.25}{33.8}(100-20)=24.4\text{m}$$

可见，组分 B 的浓度降得太低时，则塔高增加。

（4）C_B 值中等时，物料平衡方程为

$C_B=129.6-0.08p_A$

塔底部分 B 的浓度 $C_{B2}=121.6\text{mol/m}^3$

塔顶　$k_{AG}ap_{A1}=6.4\text{mol/(h}\cdot\text{m}^3)$

　　　$k_{BL}aC_{B1}=12.8\text{mol/(h}\cdot\text{m}^3)$

塔底　$k_{AG}ap_{A2}=32\text{mol/(h}\cdot\text{m}^3)$

　　　$k_{BL}aC_{B2}=12.16\text{mol/(h}\cdot\text{m}^3)$

塔顶 $k_{AG}ap_{A1}<k_{BL}aC_{B1}$，反应发生在相界面，在塔上部应该用宏观速度方程

$$r'_A=k_{AG}ap_A$$

塔底 $k_{AG}ap_{A2}>k_{BL}aC_{B2}$，反应发生在液膜内，在塔下部应采用宏观速度方程

$$r'_A = \frac{\dfrac{p_A}{H_A} + C_B}{\dfrac{1}{H_A k_{AG}} + \dfrac{1}{k_{AL}}}$$

当 $k_{aG} a p_A = k_{BL} a C_B$，即 $3.2p_A = C_B$时，反应面从界面刚转入液膜的交界处，与物料平衡方程联立求解，可以确定该分界面发生在 $p_A = 39.5$、$C_B = 126.5$ 处。在这种情况下，填料高度应按二段来计算。

$$H = H_{上部} + H_{下部} = \frac{G}{p_t}\int_{20}^{39.5}\frac{dp_A}{k_{AG} a p_A} + \frac{G}{p_t}\int_{39.5}^{100}\frac{dp_A}{\dfrac{p_A/H_A + 129.6 - 0.08p_A}{\dfrac{1}{H_A k_{AG} a} + \dfrac{1}{k_{AL} a}}}$$

$$= \frac{1}{0.32}\ln\frac{39.5}{20} + \int_{39.5}^{100}\frac{10.25}{129.6}dp_A = 2.13 + 4.78 = 6.91\text{m}$$

【例 8-2】 某化学脱硫过程，已知 $k_{AL} = 2\times10^{-4}\text{m/s}$，$k_{AG} = 0.2\times10^{-5}\text{kmol/(m}^2\cdot\text{h}\cdot\text{Pa)}$，比相界面 $\alpha = 92\text{m}^{-1}$，单位塔截面气相中惰性组分流量 $G = 32\text{kmol/(m}^2\cdot\text{h)}$，入塔气含硫为 2.2g/m^3，出塔气含硫为 0.04g/m^3，操作压力 $p_t = 1.01\times10^5\text{Pa}$(绝压)，全塔平均增大因子 $\beta = 48$，亨利常数 $H_A = 1.2\times10^6\text{Pa}\cdot\text{m}^3\text{/kmol}$。求填料层高 H。

解： 宏观动力学方程

$$r'_A = \frac{p_A}{\dfrac{1}{k_{AG}} + \dfrac{H_A}{\beta k_{AL}}} = \frac{p_A}{\dfrac{1}{0.2\times10^{-5}} + \dfrac{0.2\times10^6}{48\times2\times10^{-4}\times3600}}$$

$$= \frac{p_A}{5.347\times10^5}(\text{kmol/m}^3\cdot\text{h})$$

气相含硫量较低，可作为稀气体

$$H = \frac{G}{p_T}\int_{p_{A1}}^{p_{A2}}\frac{dp_A}{\alpha r'_A} = \frac{32\times5.347}{92}\int_{p_{A1}}^{p_{A2}}\frac{dp_A}{p_A} = \frac{32\times5.347}{92}\ln\frac{p_{A2}}{p_{A1}}$$

$$= \frac{32\times5.347}{92}\ln\frac{2.2}{0.04} = 7.44\text{m}$$

8.3 鼓 泡 塔

鼓泡塔是一种常用的气液接触反应设备，各种有机化合物的氧化反应，如乙烯氧化生成醛、乙醛氧化生成乙酸或乙酸酯、环己醇氧化生成己二酸、环己烷氧化生成环己醇和环己酮、石蜡和芳烃的氯化反应、$C_{18}\sim C_{20}$烃氧化生成皂用脂肪酸、对二甲苯氧化生成苯二甲酸、在硫酸溶液中异丁酸水解生成异丁烯、氨水碳化生成碳酸氢铵等反应都采用鼓泡塔。在鼓泡塔中，一般不要求对液相作剧烈搅拌，蒸汽以气泡状吹过液体而造成的混合已足够。

鼓泡塔的优点是气相高度分散在液相中，因此有大的持液量和相际接触表面，使传质和传热的效率较高，它适用于缓慢化学反应和强放热情况。同时反应器结构简单、操作稳定、投资和维修费用低、液体滞留量大，因而反应时间长。但液相有较大返混，当高径比大时，气泡合并速度增加，使相际接触面积减小。

按结构特征，鼓泡塔可分为空心式、多段式、汽提式三种，见图8-4。

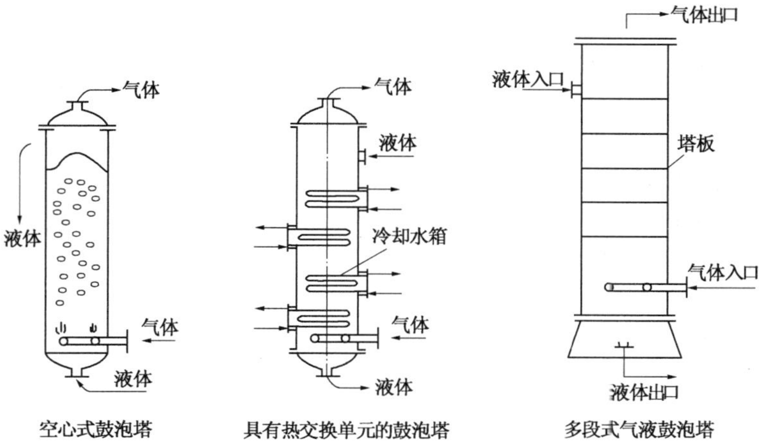

图8-4　鼓泡塔示意图

其中空心式鼓泡塔最适用于反应在液相主体中进行的缓慢化学反应系统，或伴有大量热效应的反应系统。当热效应较大时，可在塔内或塔外装置热交换单元，使之变为具有热交换单元的鼓泡塔。为避免塔中的液相返混，当高径比较大时，常采用多段式塔借以保证反应效果。为适应气液通量大的要求或减小气泡凝聚以适用于高黏性液体，使气体提升式鼓泡反应器得到应用，它具有径向气液流动速度均匀、轴向分散系数较低、传热系数较大、液体循环速度可调节等优点。

8.3.1　鼓泡塔操作状态

鼓泡塔的流动状态可分为三个区域：

（1）安静鼓泡区

在该区域内表观气速低于0.05m/s，气泡呈分散状态，大小均匀，进行有秩序的鼓泡，液体搅动微弱，可视为均相流动区域。

（2）湍流鼓泡区

该区域表观气速较高，塔内气液剧烈无定向搅动，呈现极大的液相返混。部分气泡凝聚成大气泡，气体以大气泡和小气泡两种形态与液体接触，大气泡上升速度较快，停留时间较短，小气泡上升速度较慢，停留时间较长，因此，形成不均匀接触的流动状态，称为剧烈扰动的湍流鼓泡区，或称为不均匀湍流鼓泡区。

（3）栓塞气泡流动区

在$d \leq 0.15$m的小直径气泡塔中，在较高表观气速下，由于大气泡直径被器壁所限制，而出现了栓塞气泡流动状态。

工业鼓泡塔的操作常处于安静区和湍流区两种流动状态中，一般应保持在均匀流动的安静区才为合理。但当气通量增加时，原有小气泡的一部分发生凝聚，形成大气泡，获得较大的浮升速度，而构成了不均匀流动的湍流区，致使流动条件由安静区向湍流区转化。此时液体产生较大的循环速度，在塔的中部，液体随气泡夹带上升，而在近塔壁处，液体则回流向下。

8.3.2 鼓泡塔流体力学

在气液鼓泡塔中，由于传递性能的优劣决定于气泡运动的状况，因此，需要了解气泡的大小、气泡生长及运动的规律，以了解液相内的气含量及气液相界面状况，从而掌握气液相间的传质、传热和因气泡运动引起的液相纵向返混问题。

气体在液体中的溶解速率和其分散程度有关，分散程度愈高，溶解速度愈大。分散程度可用气泡的平均直径、气体的滞留量或比表面积表示。

1. 单孔气泡的形成及浮升

气泡的大小取决于气体通过孔的流率、孔径 d_0 大小、流体的性质等，而气泡浮升速度又和气泡直径 d_B 及流体物性等因素有关。

（1）气泡直径 d_B

按孔口雷诺数 Re_0 大小可分为三个区域：

孔口雷诺数 $Re_0=\dfrac{d_0u_G\rho_G}{\mu_G}$，孔径 $d_0=\sqrt{\dfrac{6\sigma}{g(\rho_l\rho_G)}}$

式中 u_G——气体在塔中上升速度，m/s；

ρ_G、ρ_L——气体、液体密度，kg/m^3；

σ——表面张力，N/m^3；

μ_G——气体黏度，Pa·s。

① 低气速区域 $Re_0<400$，气泡直径 d_B 由气泡所受浮力等于孔周边对气泡附着力求得。

$$d_B=1.82\left[\frac{d_0\sigma}{(\rho_L-\rho_G)}\right]^{\frac{1}{3}} \tag{8-14}$$

气泡无合并及分裂，设为球形，按原样上升。

② 中等流速区域 $400<Re_0<5000$，气泡以连珠泡状向上均匀运动，但直径 d_B 增大。对空气-水系统：

$$d_B=0.0287d_0^{\frac{1}{2}}Re_0^{\frac{1}{3}} \tag{8-15}$$

③ 高气速区域 $4000<Re_0$，气泡平均直径随 Re_0 增加而下降，系因大气泡本身不稳定而破碎为许多小气泡所致。

（2）气泡浮升速度 u_t

气泡所受浮力与阻力相等，气泡作稳定状上升，上升速度随气泡直径变化。

① 当 $d_B<0.7$ mm 时，气泡呈现球形，在水中作直线上升，上升速度

$$u_t=\frac{gd_B^2(\rho_L-\rho_G)}{18\mu L} \tag{8-16}$$

式中 μ_L——液体黏度，Pa·s 。

② 当 1.4 mm$<d_B<$6 mm 时，气泡呈现近似扁平的椭球形，在液体中以“Z”字形或螺旋状轨迹上升，形成涡流，使阻力增加，上升速度在整个范围内保持相对恒定。

$$u_t=1.35\left(\frac{2\sigma}{d_v\rho_L}\right)^{1/2} \tag{8-17}$$

式中 d_V——气泡体积当量直径，m。

③ 当 d_B>8mm 时，气泡成笠帽状，随气泡直径增加，上升速度增大。

$$u_t = 0.67\,(gr_c)^{1/2} \tag{8-18}$$

或用气泡当量直径计算

$$u_t = 1.02\left(g\,\frac{d_v}{2}\right)^{1/2} \tag{8-19}$$

式中　r_c——笠帽形气泡的曲率半径，m。

对低黏度液体，气泡上升速度

$$u_t = \left(\frac{2\sigma}{d_v\rho L} + \frac{gd_v}{2}\right)^{1/2} \tag{8-20}$$

工业气泡塔内，气泡上升速度多处于后两种区域内。

2. 流体力学特征

(1) 气泡大小及其径向分布

①对塔径不超过 0.6m 的气泡塔，计算气泡群平均气泡大小 d_{vs} 的 Akita 准数关联式

$$\frac{d_{vs}}{D} = 26\left(\frac{gD^2\rho_L}{\sigma}\right)^{0.5}\left(\frac{gD^3}{r_L^2}\right)^{0.12}\left(\frac{u_{OG}}{\sqrt{gD}}\right)^{0.12} \tag{8-21}$$

式中　d_{vs}——大小不等的气泡的比表面积当量平均直径，m；

r_L——液体运动黏度，$r_L = \dfrac{\mu}{\rho}$，m^2/s。

② 当 $4000<Re_0<7000$ 时

$$\frac{d_{vs}}{D} = 100Re_0^{-0.4}\left[\frac{\sigma d_0^2}{(\rho_L - \rho_G)g}\right]^{1/4} \tag{8-22}$$

当 $10000<Re_0<50000$ 时，对空气-水系统，当孔径 $d_0=0.4\sim1.6$mm 时

$$d_{vs} = 0.0071Re_0^{-0.05} \tag{8-23}$$

用水的平均气泡大小 $d_{vs,w}$ 对其他物料进行换算的换算式

$$\frac{d_{vs}}{D} = d_{vs,\,w}\left(\frac{\rho_w}{\rho_L}\right)^{0.26}\left(\frac{\sigma}{\sigma_w}\right)^{0.5}\left(\frac{r_L}{r_w}\right)^{0.24} \tag{8-24}$$

式中　ρ_w——水的密度，kg/m^3；

σ_w——水的表面张力，N/m；

r_w——水的运动黏度，m^2/s。

一般水的平均气泡大小 $d_{vs,w}$ 约等于 0.0635m，压力对 d_{vs} 无影响。

③ 塔内气泡大小沿塔的径向存在一个气泡直径分布，对空气-水系统描述气泡直径沿径向变化的 Falkov 式

$$d_B = \left(9 - 5.2\,\frac{r}{R}\right) \times 10^{-4} \tag{8-25}$$

式中　R——塔半径，m；

r——塔半径上任一点与圆心的距离，m。

由上式看出，离反应器中心愈远，气泡直径愈小，如对直径 0.6m 的气泡塔，塔中心气泡直径为 10~15mm，近壁处气泡直径为 2~6mm。但当气速在 0.026~0.082 m/s 范围内时，

对气泡直径分布情况没有什么影响。

(2) 气泡群的浮升速度

气泡塔中气泡群的浮升速度 u_B 与单个气泡的浮升速度 u_t 不同。挤在一起的气泡群，其浮升速度由于相挤而减小，气泡群浮升速度 u_B 的计算关联式如下

① 久保田式

$$\frac{u_B}{u_t} = [0.27 + 0.73(1 - \varepsilon_G)^{2.80}]^{[1+0.0167(\frac{d_B^2 g\rho_G}{\sigma_G})^{2.16}]} \tag{8-26}$$

② Yamafita 式

对空气-水

$$u_B = 1.1u_{OG}\frac{D}{(D^3 + 12^3)^{1/3}} \tag{8-27}$$

③ Kumar 式

$$\frac{u_B}{\left(\frac{\sigma\Delta\rho_G}{\rho_L^2}\right)^{1/4}} = 1.4 + 0.116u_{OG} + 0.0045u_{OG}^2 + 0.00008u_{OG}^3 \tag{8-28}$$

式中 ε_G——动态含气率(液体连续流动时，塔有效体积内气体所占体积分率)；

u_{OG}——表观气速，m/s；

D——塔径，m。

若液相是流动状态，则必须使气泡与液体间的相对速度与浮升速度相等，即

$$u_B = u_s = u_G - u_L \tag{8-29}$$

式中 u_B——气泡与液体间的相对速度，m/s；

u_G——气体在塔中的流速，m/s；

u_L——液体在塔中流速，m/s。

气泡上升速度在塔中部达最大，在塔壁处最小，最大浮升速度随表观气速增加而提高。

(3) 气含量

气含量是指塔内气液混合物中，气体所占的平均体积分率，即气体在分散系统中的体积分率。影响气含量的因素有液体的表面张力、黏度和密度等，当气体空塔速度增加时，气含量随之增加。对一定物系，当空塔气速 u_{OG} 达到某一定值时，由于气泡的汇合，反使含气量 ε_G 下降，因此对空气-水系统，u_{OG} 的限定值是不大于 10cm/s。当塔径 $D>15$m 或当 $u_{OG}<5$cm/s时，塔径与气含量无关，所以一般塔径应大于 15cm，或当 $u_{OG}<5$cm/s 时，才可取较小塔径。气体的性质对气含量无影响，可以忽略。气含量的计算公式如下：

① 对于塔径大于 15cm 的气泡塔，Yoshida-Akita 的气含量关联式为

$$\frac{\varepsilon_G}{(1 - \varepsilon_G)^4} = C\left(\frac{D^2\rho_L g}{\sigma}\right)^{1/8}\left(\frac{D\rho_L^2 g}{\mu_L^2}\right)^{1/12}\left[\frac{u_{OG}}{(Dg)^{1/2}}\right] \tag{8-30}$$

式中 C——对纯液体和非电解质溶液为 0.2，对电解质溶液为 0.25。

② 对于直径小于 0.15m 的气泡塔，采用 Hughmark 图确定气含量值，可查图 8-5。

由图 8-5 看出，气含量与气体性质无关，只和液体性质等有关。u_{OL} 为表观液速，m/s。

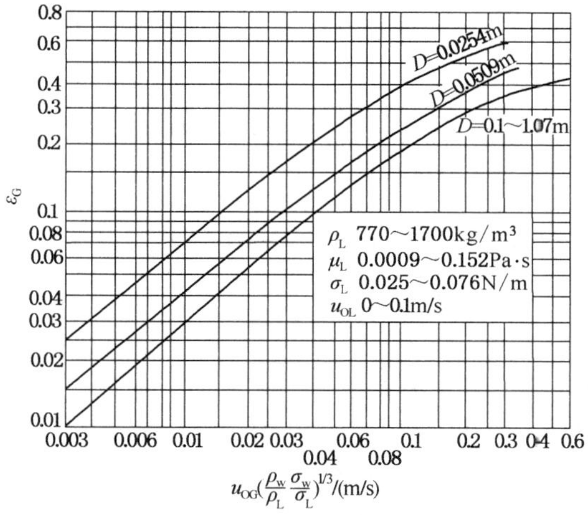

图 8-5　气含量关系图

③ 对于黏度小于 0.2Pa · s 的低黏性和气泡易于合并的液体，可采用关联式

$$\varepsilon_G = 0.672\left(\frac{u_{OG}u_L}{\sigma}\right)^{0.578}\left(\frac{u_L^4 g}{\rho_L\sigma^3}\right)^{-0.131}\left(\frac{\rho_G}{\rho_L}\right)^{0.062}\left(\frac{\mu_G}{\mu_L}\right)^{0.107} \tag{8-31}$$

对于气泡不合并的液体，如某些表面活性剂溶液和高黏性非牛顿型液体，其气含量需在塔径大于 0.15m 的实验塔中测定，以得到可靠的数值。

气含量沿半径的变化可用下式表示

$$\varepsilon_G = 2\left[1 - \left(\frac{r}{R}\right)^2\right]\bar{\varepsilon}_G \tag{8-32}$$

式中　$\bar{\varepsilon}_G$——塔截面平均气含量。

由上式看出，气含量沿半径增加而减小，但沿高度增加而增大。

（4）比表面积

比表面积为单位体积分散系统中的相际表面积，鼓泡塔比表面积 a 可由气含量和气泡直径确定，其计算式为

比表面积　$$a = \frac{6\varepsilon_G}{d_{vs}}$$

在不同气速范围内，已知气含量和气泡大小，即可求得比表面积。

$$a = 0.26\left(\frac{H_0}{D}\right)^{-0.3}K^{-0.003}\varepsilon_G \tag{8-33}$$

式中　H_0——静液层高度；

K——液体模数。

$$K = \frac{\rho_L\sigma^3}{g\mu_L^4}$$

此式适用于 $u_{OG} \leqslant 0.6$m/s，$2.2 \leqslant \frac{H_0}{D} \leqslant 24$，$5.7\times10^5 < K < 10^{11}$ 的条件，误差范围在±15%以内。

【例 8-3】 塔径为 0.5m 的空心气泡塔，空气-水系统，空气加入量为 52Nm³/h，试计算平均气泡直径、气含量和比表面积。

解：先求

$$u_{OG}=\frac{52}{3600\pi\left(\frac{0.5^2}{4}\right)}=0.0736\text{m/s}$$

查得水在 25℃ 下的物性常数为 $\sigma=71.97\times10^{-3}$ N/s，$\rho_L=997\text{kg/m}^3$，$\mu_L=8.937\times10^{-4}$ Pa·s。

（1）气泡直径

$$\frac{d_{vs}}{D}=26\left(\frac{D^3\rho_L g}{\sigma}\right)^{0.5}\left(\frac{gD^3}{r_L^3}\right)^{0.12}\left(\frac{u_{OG}}{\sqrt{gD}}\right)^{0.12}$$

$$d_{vs}=26\left(\frac{9.81\times0.5^2\times997}{71.97\times10^{-3}}\right)^{-0.5}\left(\frac{9.81\times0.5^3}{(0.8964\times10^{-6})^2}\right)^{-0.12}\left(\frac{0.0736}{\sqrt{9.81\times0.5}}\right)^{-0.12}\times0.50$$

$$=3.36\times10^{-3}\text{m}$$

（2）气含量

$$\frac{\varepsilon_G}{(1-\varepsilon_G)^4}=c\left(\frac{D^2\rho_L g}{\sigma}\right)^{1/8}\left(\frac{D^3\rho_L^2 g}{\mu_L^2}\right)^{1/12}\left(\frac{u_{OG}}{(Dg)^{1/2}}\right)$$

$$=0.2\left(\frac{0.5^2\times997\times9.81}{71.97\times10^{-3}}\right)^{1/8}\left(\frac{0.5^3\times997^2\times9.81}{8.937^2\times10^{-8}}\right)^{1/12}\frac{0.0736}{(0.5\times9.81)^{1/2}}$$

$$=0.254$$

试差求得 $\varepsilon_G=0.139$

（3）比表面积

$$a=\frac{6\varepsilon_G}{d_{vs}}=\frac{6\times0.139}{3.66\times10^{-3}}=227.87\text{m}^{-1}$$

8.3.3 鼓泡塔的轴向混合

鼓泡塔存在极大的轴向混合，此轴向混合不仅降低了反应速率，且使连续操作的单个塔难以获得较高的转化率。对于工业大塔：当 $D=2$m、$H/D=2$、$\varepsilon_G/u_{OG}=2.5$ 时，基本接近于理想混合；对于实验小塔，当 $D=0.1$m、$H=2$ m、$\varepsilon_G/u_{OG}=3$ 时，气相较接近于活塞流。由于鼓泡塔中 u_{OL} 常小于 u_{OG}，因此只有在塔的高径比 H/D 很大（如 $H/D>10$），而塔径又很小时，液相才会偏离理想混合模型。

8.3.4 鼓泡塔传热特性

气液鼓泡塔通常用于液相中高度放热的反应，因此，插入的冷却元件的传热在相当程度上将影响反应器的性能。鼓泡塔内由于气泡的上升运动，使液体产生明显扰动，同时充分搅动换热表面处的液膜，使液体边界层厚度减小，因而引起鼓泡侧界膜给热系数的显著增大。

鼓泡塔内传热过程有以下特点：

① 给热系数 α 与换热面的几何形状、大小、位置、换热方式、反应器形状、塔径、液层高度、内部构件及气体性质、液体表面张力等无关，主要取决于表观气速 u_{OG}、气含量 ε_G 和液体的黏度 μ_L、密度 ρ_L、热容 $C_{p,L}$ 和导热系数 λ_L。

② 表观气速 u_{OG} 是影响给热系数的主要变量，一般取 $u_{OGmax}=0.1$m/s。当 u_{OG} 小于 u_{OGmax}

时，给热系数 α 将随气速缓慢变化。在安静区 $\alpha \propto u_{OG}^{\frac{1}{3}}$，由于靠近换热表面的液体边界层发生湍动，减小了边界层厚度，导致平均给热系数显著增加；在湍动区，$\alpha \propto u_{OG}^{\frac{1}{5}}$。当表观气速超过 u_{OGmax} 后，给热系数达最大值并恒定。任一种鼓泡液有其相应的最大给热系数，见表 8-2。

表 8-2　各种液体的最大给热系数

液体种类	黏度 μ_L/mPa·s	导热系数 λ_L/[J/(m·s·K)]	密度热容 $\rho_L C_{p,L}$/[kJ/(m³·K)]	最大给热系数 α_{max}/[kJ/(m²·s·K)]	
				计算值	实验值
水	0.69	0.625	4150.99	1.996×10^4	1.996×10^4
乙二醇	1.7	1.426	2660.84	6529.16	5791.81
甘油	4.3	0.280	3469.35	3417.57	4388.58
锭子油	15.2	0.141	1530.35	1672.84	1547.02

③ 温度分布及给热系数分布。在直径为 457mm 和 1065mm 的鼓泡塔中，鼓泡液的温度在离换热面 2.54cm 的距离内，即使表观气速很低，u_{OG}=0.003m/s，轴向和径向完全均一，在 20～60℃ 范围内，亦仅在约几毫米厚的器壁边界层有 3.5℃ 的温差，因此使给热系数 α 几乎与径向位置无关，在 $r/R \leqslant 0.7$ 的范围内，α 为一定值，仅在器壁处比中心略低。

塔设备设计常见错误

鼓泡塔内气液相对壁的给热系数 α 的计算关联式

$$\frac{\alpha}{u_{OG}\rho_L C_{p,L}} = 0.125\left(\frac{u_{OG}^3\rho_L}{\mu_L g}\right)^{-0.25}\left(\frac{\lambda_L}{C_{p,L}\mu_L}\right)^{0.6} \tag{8-34}$$

本章小结

塔式反应器是化工、炼油生产等过程中的最重要的设备之一。通常在塔设备内部可完成精馏、吸收（物理吸收和化学吸收）、解吸和萃取等单元操作。塔设备的性能对整个装置的产品产量、质量、生产能力和消耗定额以及三废治理和环境保护等各方面均有重大影响。

常见的塔式反应器有鼓泡反应器、搅拌鼓泡反应器、板式塔反应器、喷雾塔反应器、填料塔反应器、膜式塔反应器等。上述各种塔式反应器具有各自的特点，适用于不同反应过程的要求。

塔式反应器选择时应考虑的因素有：物料性质、操作条件、设备性能以及设备的制造、安装、运行和维修等。

塔式反应器设计应避开化工设计、结构设计、强度设计、附件设计与计算方面的错误。

习　题

1. 以 25℃ 的水采用逆流接触方式吸收空气中的 CO，试问在此操作中：(1) 气膜和液膜相对阻力为多少？(2) 采用哪种最简单形式的速率方程来设计计算吸收塔？已知在空气和水中的传质数据如下：

k_{AG}=0.8 mol/(m³·s·Pa)；$k_{AL}a$=25h⁻¹；H_A=3000Pa·m³/mol。

2. 若采用 NaOH 水溶液来吸收空气中的 CO_2。此时如下的瞬间反应

$$CO_2+2OH^- \longrightarrow H_2O+CO_3^{2-}$$

假定吸收温度仍为 25℃，题 1 的传质数据仍可采用，试计算：

(1) 当 $p_{CO_2}=1000Pa$ 和 NaOH 浓度为 $2kmol/m^3$ 时的吸收速率；

(2) 当 $p_{CO_2}=2\times10^4Pa$ 和 $C_{NaOH}=0.2kmol/m^3$ 时的吸收速率；

(3) 它们分别与用纯水的物理吸收相比较，吸收速率加快了多少？

3. NH_3 是极易溶于水的气体，在 10℃ 时其亨利常数为 $H_A=1Pa\cdot m^3/mol$；而 CO、O_2 等是微溶于水的气体，其亨利常数为 $H_A=1\times10^5Pa\cdot m^3/mol$。

当用水来对它们进行吸收时(假定为纯物理吸收过程)，试问：

(1) 气膜和液膜阻力为多少？

(2) 哪种阻力控制吸收过程的速率？

(3) 在设计计算时应采用何种形式的速率方程式？

假定 NH_3 和 CO 在水和空气系统中的传质系数相等，且 $K_{AG}=0.41\times10^{-2}mol\cdot cm\cdot s^{-1}\cdot Pa^{-1}\cdot m^{-3}$，$K_{AL}=10^{-3}cm/s$。

4. 溶液吸收 CO_2，其化学计量方程为

$$CO_2+2NaOH = Na_2CO_3+H_2O$$

假定 CO_2 的溶解度与 NaOH 的浓度无关，$H_A=25\times10^{-4}MPa\cdot cm^3/mol$，反应速率常数 $k=10^7cm^3/(mol\cdot s)$；CO_2 和 NaOH 在液相中的扩散系数可视为相等，试问：

(1) 当气液接触时间为 0.01s 时，且

① CO_2 分压为 0.01MPa，NaOH 浓度为 1mol/L；

② CO_2 分压为 0.1MPa，NaOH 浓度为 1mol/L。

是否能认为反应为拟一级反应？

(2) 当气液接触时间为 0.1s，NaOH 浓度为 $3mol/m^3$ 时，CO_2 的分压要大到多少以后反应才不再是拟一级反应？

5. 在填料塔中用浓度为 0.25mol/L 的甲醇胺的水溶液来吸收气体中的 H_2S。其反应式如下

$$\underset{A}{H_2S}+\underset{B}{RNH_2} \longrightarrow \underset{R}{HS^-}+\underset{S}{RNH_3^+}$$

该反应可按瞬间不可逆反应处理，在 20℃ 下其传质数据如下：$k_{AL}a=0.03s^{-1}$，$k_{AG}a=6\times10^{-4}mol/(m^3\cdot s\cdot Pa)$；$D_{AL}=1.5\times10^{-5}cm^2/s$；$D_{BL}=10^{-5}cm^2/s$；$H_A=11.5\ (Pa\cdot m^3)/mol$；试确定为使气体 H_2S 含量从 1% 降至 1×10^{-6} 所需的合理的液气比 L/G 和所需的塔高。

第9章　固定床反应器

9.1　固定床反应器的特点及结构

凡是流体通过不动的固体物料所形成的床层而进行反应的装置都称作固定床反应器，其中尤以用气态的反应物料通过由固体催化剂所构成的床层进行反应的气-固相固定床催化反应器占最主要的地位。

固定床反应器结构简单，需要的辅助设备少，操作容易，在化学工业中得到较为广泛的应用，例如乙烯乙酰氧化制乙酸乙烯采用的是以加压热水作载热体的固定床反应器，丙烯氨氧化制备丙烯腈采用的是以熔盐作载热体冷却设置在反应器内的固定床反应器，萘或邻二甲苯空气氧化制苯酐也可采用固定床反应器。

9.1.1　固定床反应器的特点

固定床催化反应器之所以成为气-固相催化反应的主要反应器，是和它的以下优点密切相关的。固定床催化反应器无论塔式还是管式均垂直设置，气体由顶部进入，流动方向与重力方向一致，这样可以防止气流冲动床层造成催化剂分布不均匀和催化剂的磨损带出，同时有利于反应器中可能形成的液态物质的排出。除床层极薄、床径较大、气速很低的情况外，床层内气体的流动型式接近理想置换流型，返混少，反应物的平均浓度较高，反应速度较快，完成同样的生产任务需要的有效反应体积(催化剂的装填体积)小；物料在反应器中的停留时间可以严格控制，特别适用于中间产物为目的产物的连串反应系统，以及主反应级数高的平行反应系统；固定床反应器内的温度分布，通过连续换热或段间换热可以进行一定程度的控制，使整个反应过程尽量沿着最佳温度序列进行，从而提高反应的转化率和选择性；固定床中的催化剂不易磨损、寿命长，对催化剂的强度、耐磨性要求较低；固定床反应器适宜于在较高温度和较高压力下使用。

由于固定床中固体催化剂颗粒固定不动，受压降限制气速不能太高，颗粒粒径不能太小，故固定床床内传热和床层与器壁之间的传热性能较差，温度控制比较困难，连续换热式固定床反应器在径向与轴向都存在较大的温差，对反应结果影响较大。对于热效应比较大的反应，固定床反应器往往做成多管式，管内装催化剂，管外走换热介质。在换热式反应器的入口处，因反应物浓度较高，反应速率较快，放出的热量往往不能及时移走，物料温度就会升高，这又会使反应速率进一步加快，放出更多的热量，物料温度继续升高，直至反应物浓度降低，反应速率减慢，传热速率超过了放热速率，温度才会逐渐下降。因此，放热反应时通常在换热式反应器内的轴向存在一个最高温度点，称为“热点”。如设计、操作不当，强放热时，固定床内热点温度会超出允许的最高温度，甚至失去控制，出现飞温现象，此时，对反应的选择性、催化剂的活性和寿命、设备的强度等均极不利，因此，固定床反应器应从结构到操作上尽量解决上述问题。另外，固定床反应器内催化剂的再生、更换均不方便，如果催化剂的使用寿命不能维持几个月以上便不能实现工业化。

固定床反应器催化剂颗粒的直径一般不能小于 0.002m，否则会使床层阻力太大影响正常操作，但颗粒直径大会使单位质量催化剂的外表面积减少，从而影响气-固相间的传质和传热，并使内扩散阻力增加，降低催化剂内表面利用率。为了解决这个问题可以采用双孔结构的催化剂。

9.1.2 固定床反应器的构型

固定床反应器的结构型式主要是为了适应不同的传热要求，根据固定床反应器中反应物料与外界的传热方式不同可以将其划分为两大类：绝热式和换热式。

9.1.2.1 绝热式固定床反应器

绝热式固定床催化反应器在反应过程中，忽略床层与外界环境的热量交换，反应的热效应仅反映在反应混合物温度的变化。其最外层为隔热材料层(耐火砖、矿渣棉、玻璃纤维等)，常称作保温层，作用是防止热量的传出或传入，减少能量损失，维持一定的操作条件并起到安全防护的作用。绝热式固定床反应器结构简单，催化剂均匀地堆放在隔板上，床层内不设任何传热装置。对于放热反应，预热到一定温度的反应物料，经过气体分布装置从上而下流过床层进行反应，沿流动方向，反应物浓度下降，温度不断上升。

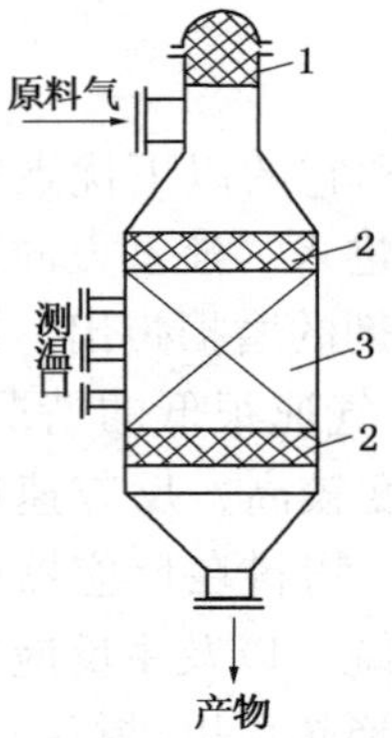

图 9-1 单段绝热式固定床反应器
1—矿渣棉；2—瓷环；3—催化剂

绝热式反应器有单段绝热床和多段绝热床之分。单段绝热式固定床反应器(见图 9-1)，一般为一高径比不大的圆筒体，在筒体下部装有栅板，栅板上面填装一层瓷环，在上面均匀堆置催化剂，催化剂上面再装一层瓷环。单段绝热式固定床催化反应器结构简单、造价便宜，反应器内体积能得到充分利用，但只能适用于反应热效应较小、反应温度允许波动范围较宽、单程转化率较低的场合。如乙苯脱氢制苯乙烯、乙烯水合制乙醇，工业上采用单段绝热式固定床反应器。

典型的例子是乙苯脱氢制苯乙烯。反应需供热 140kJ/mol，是靠加入高温(710℃)水蒸气来供应的(乙苯：水蒸气=1：2.6)，混合后在 630℃入床，离床时降到 565℃。

在此，水蒸气的作用是：① 可以带入大量的显热；② 起稀释作用，使反应平衡向有利于生成苯乙烯的方向移动，提高单程转化率；③ 使催化剂可能产生的结炭随时得到清除，从而保持反应器长期连续运转。

固定床反应器操作过程中若发生超压现象，需要紧急放空处理时，一般应按流程顺序进行，即打开出口放空阀放空，以免逆流程放空导致气流冲动催化剂床层，但危急情况下可以同时打开出口处和入口处的放空阀。

为了克服单段绝热式固定床反应器的不足，当反应热效应比较大、最终转化率要求比较高时，采用单段绝热式固定床会使出口温度过高(或过低)，超过允许范围，可采用多段绝热式固定床催化反应器，使反应温度更接近最佳的温度分布。

多段绝热床是将固体催化剂分成几段装填到反应器中，在段与段之间进行换热，将反应混合物冷却或加热，这样每段实现的转化率都不太高，可以避免进出口温差太大，超过允许范围，并且可以使整个过程在接近最佳温度序列的条件下进行。

多段绝热式固定床催化反应器有中间间接换热式和冷激式两种，冷激式又有原料气冷激和非原料气冷激两种。中间换热式是在段间装有换热器，利用换热介质将上一段的反应气冷却或加热。冷激式是直接换热式反应器，用于放热反应系统，它是将低温的冷激气直接喷到需要冷却的气体中，达到冷却降温的目的。

图 9-2 为多段绝热式固定床反应器的示意图。在一氧化碳变换、氨和甲醇合成以及二氧化硫催化氧化过程中广泛应用了多段绝热式固定床催化反应器。

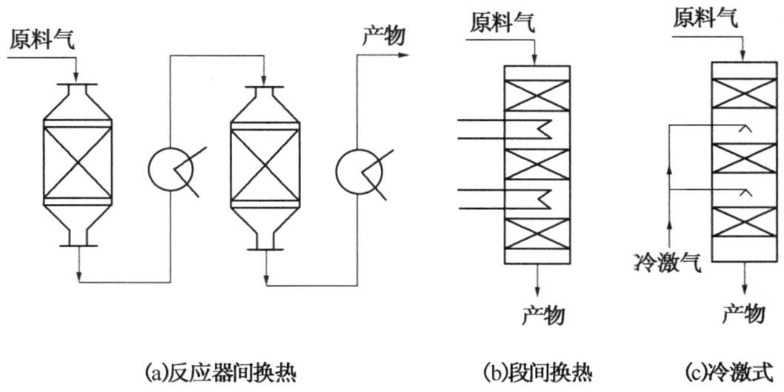

图 9-2　多段绝热式固定床反应器

多段换热式催化反应器的段数，一般主要决定于所要求的最终转化率。最终转化率高时，由于反应平衡的限制，应采用多段；相同的最终转化率下，段数越多，过程越接近于最佳温度曲线，催化剂的生产强度越高，但段数越多，设备结构越复杂，操作亦不方便。

9.1.2.2　换热式固定床反应器

当反应热效应较大时，为了维持适宜的温度条件，必须利用换热介质来移走或供给热量。按换热介质的不同，又可分为对外换热式和自身换热式。

(1) 对外换热式反应器

以各种载热体为换热介质，称为对外换热式。化工生产中应用最多的是换热条件较好的列管式反应器，其结构类似管壳式热交换器。通常在管内充填催化剂，反应气体自上而下通过催化剂床层进行反应，管间通载热体(在用高压水或用高压蒸汽作热载体时，则把催化剂放在管间，而使管内走高压流体)。反应器管径的选择应能满足传热的要求，与反应热效应和热稳定性条件有关，一般在 0.02~0.05m 范围内。列管数目多的可达数百、数千根，甚至达到万根以上。催化剂颗粒的直径一般在 0.002~0.006m 左右，太细则床层阻力过大。催化剂的装填要均匀，各管的阻力降要一样，以避免造成短路、反应效果降低。对于存在热稳定性问题的反应器，应采用高温冷却介质，传热温差要小，否则不能满足热稳定条件的要求。对换热介质的一般要求是：在反应条件下稳定、不生成沉积物、无腐蚀性，具有较大的比热容，价廉易得。常用的介质有水、加压水(373~573K)；道生油(联苯与联苯醚混合物，473~623K)；熔融盐(如硝酸钠、硝酸钾和亚硝酸钠混合物，573~773K)；烟道气(873~973K)。个别情况下还用熔融金属(如铝、铁、铜、镁等)及沸腾金属(如汞)，它们的传热系数都较大，传热效果好。乙苯催化脱氢制苯乙烯，反应温度为 853~873K，是吸热反应，采用高温烟道气作加热介质；丙烯氨氧化生产丙烯腈为强放热反应，反应温度 713K，用熔盐作换热介质；乙炔与氯化氢加成制氯乙烯，反应温度 403~453K，用沸腾水换热，水温靠蒸汽出口的调节阀控制一定的压力来保持；乙烯环氧化生产环氧乙烷，反应温度 477～517K，用道生油作换热介质。列管式固定床反应器换热效果较好，床层温度较易控制，器内物料流动接近理想置换流型，但这种反应器的结构比较复杂，不宜在高压条件下使用。

载热体温度与反应温度之差不宜太大，以免造成靠近管壁的催化剂过冷或过热。过冷时，催化剂不能充分发挥作用；过热时，可能使催化剂失活。载热体必须循环，以增强传热效果。采用不同载热体和载热体循环方式的列管式固定床反应器如图 9-3 所示。图中(a)为沸腾式，其特点是整个反应器内载热体温度基本恒定。例如，乙炔与氯化氢合成氯乙烯，采用沸腾水为载热体，反应热使沸腾水部分汽化，分离出蒸汽后，冷凝液补加部分软水循环使用。图(b)为内部循环式，例如，生产丙烯腈和苯酐的反应器，以熔盐为载热体，用旋桨式搅拌器强制熔盐循环，并使熔盐吸收的热量传递给水冷换热构件。这种结构比较复杂。图(c)为外部循环式，例如乙烯氧化制环氧乙烷，以道生油为载热体，用泵进行外部强制循环。

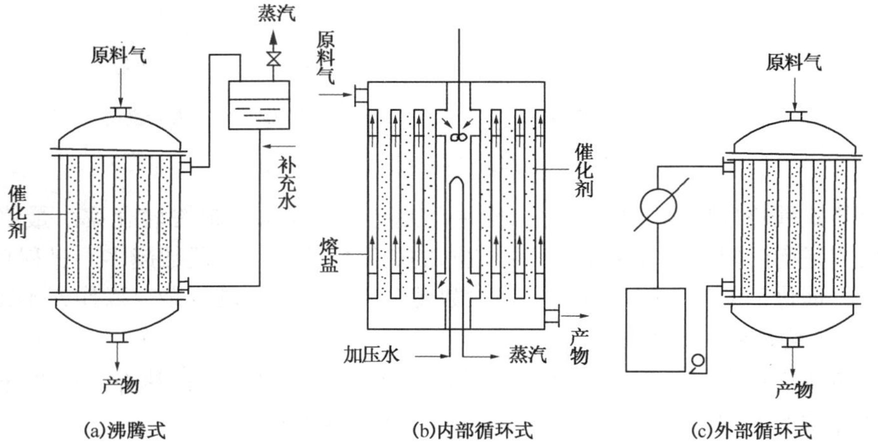

图 9-3 列管式固定床反应器

(2) 自热换热式反应器

以原料气为换热介质，利用反应后的高温气体预热原料气，使其达到反应温度，本身得到冷却，这种反应器称为自身换热式固定床催化反应器，有的氨合成塔和甲醇合成塔属于这种类型。这类反应器内催化剂放置在管间，根据床层外作冷却剂的原料气流向不同，有并流、逆流之别；根据冷管的套管数目的不同，又有单管、双套管和三套管之别，具体见图 9-4。

自热式反应器的特点是能提高热能的利用率、省能，也可以设计出轴向温度分布接近最佳温度分布曲线的床层结构，但这类反应器热反馈现象严重，操作控制比较困难，原料气流量、温度、组成的变化都会影响热量平衡和反应状况，引起温度波动。因此并非所有的放热反应系统都适宜采用自热操作。自热式反应器只适用于反应热效应不大的放热过程，需要作热量平衡。当反应产生的热量和预热原料所需的热量相差不大，稍作调整即可组成自热操作系统；当二者相差较大时需增设较大换热面积的加热(或冷却)设备，这样既节省不了多少能量和设备费用，又增加了操作难度，不适于采用自热操作。自热式反应器在开车时需要外部热源。

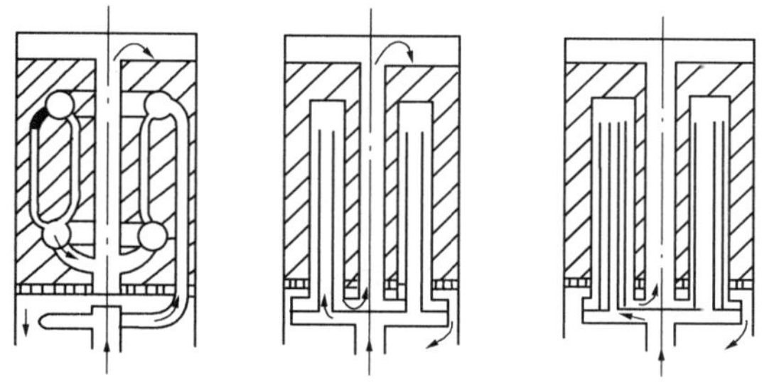

图 9-4　氨合成塔催化床层结构示意图

在固定床反应器中还有一类径向流反应器，气流不是沿轴向而是沿径向通过催化剂床层，这种流程可以解决床层过高、轴向压力降过大的问题。这种反应器是由一个圆筒形外壳和两个有许多小孔的内同心圆筒所构成。催化剂充填在两个同心圆筒之间的环隙空间内，气体则作半径方向流动。气体流向可以由内圆筒往外圆筒，也可以由外圆筒和内圆筒间的环隙分布至各小孔后，径向地通过催化剂层而达到内圆筒。这里分流气体的通道称为分流流道，汇集气体的通道称为集流流道。由于流动方向的改变，径向反应器的流道则由圆筒表面积提供，使流体通道截面积较大。径向反应器的优点是流体流过的距离较短，流体流道截面积较大，与轴向反应器相比，床层阻力小，可以采用大气量、小颗粒催化剂，利于减小内外扩散的阻力，强化传质，因此特别适用于大中型生产规模的场合。但径向反应器的结构比轴向反应器要复杂，特别是存在着流体沿轴向均匀分布的问题。工业上甲苯歧化制苯和二甲苯就采用径向反应器。径向反应器中的流体流动如图 9-5 所示。

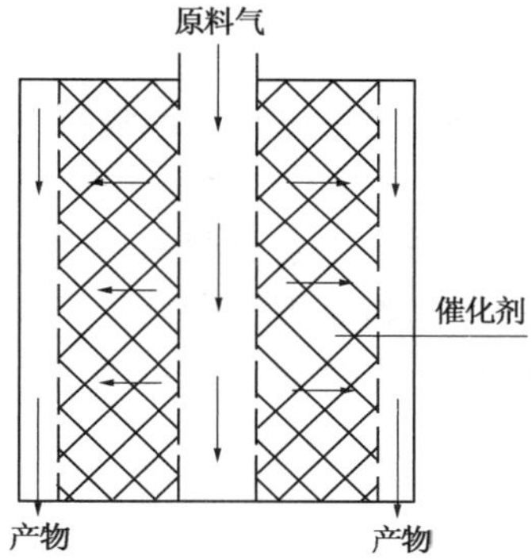

图 9-5　径向反应器中的流体流动

9.2　固定床反应器内的流体流动

与其他反应器一样，固定床反应器内的流体流动直接影响着传热和传质过程，又最终影响着反应过程。因此，首先应了解固定床反应器内流体流动的特征。由于固定床内流体是通过催化剂颗粒构成的床层而流动，还必须了解与流动有关的催化剂床层的性质。

9.2.1　固定床反应器的床层特点

9.2.1.1　催化剂颗粒的直径和形状系数

催化剂颗粒可分为各种形状，如球状、圆柱状、片状、环状、无规则形状等。固体颗粒的直径是个重要参数，在流体力学、传质、传热研究中常常用到。对于球形颗粒其直径就是它的几何直径；对非球形颗粒，其直径用与球形颗粒作对比的各种相当直径（当量直径）表示。

(1) 体积相当直径 d_V

体积相当直径是以与颗粒（非球形颗粒）体积相等的球体的直径表示的颗粒直径。

由

$$V_p = \frac{\pi}{6} d_V^3 \tag{9-1}$$

可导出

$$d_V = \left(\frac{6V_p}{\pi} \right)^{1/3} \tag{9-2}$$

式中 d_V——体积相当直径，m；

V_p——非球形颗粒的体积，m^3。

在流体力学研究中常使用这种直径。

(2) 外表面积相当直径 d_a

外表面积相当直径是以与颗粒的外表面积相等的球体的直径表示的颗粒直径，在固定床传热及传质研究中常用这种直径。由 $A_p = \pi d_a^2$ 可导出

$$d_a = \left(\frac{A_p}{\pi} \right)^{1/2} \tag{9-3}$$

式中 A_p——非球形颗粒的外表面积，m^2；

d_a——外表面积相当直径，m。

(3) 比表面积相当直径 d_s

比表面积相当直径是以与颗粒的比表面积相等的球体的直径表示的颗粒直径，计算固定床压力降时常用这种直径。这里的比表面积是指单位体积颗粒所具有的外表面积，以 S_V 表示。

$$S_V = \frac{A_p}{V_p} = \frac{\pi d_s^2}{\frac{\pi}{6} d_s^3} = \frac{6}{d_s}$$

则

$$d_s = \frac{6}{S_V} = 6 \frac{V_p}{A_p} \tag{9-4}$$

式中 S_V——非球形颗粒的比表面积，m^2/m^3；

d_s——比表面积相当直径，m。

球形颗粒的外表面积与体积相同的非球形颗粒的外表面积之比，称为形状系数 ϕ_s。

$$\phi_s = \frac{A_s}{A_p} \tag{9-5}$$

式中 A_s——球形颗粒的外表面积，m^2。

显然，$\phi_s \leqslant 1$。它的大小反映了颗粒形状与球形的差异程度。三种相当直径用 ϕ_s 联系起来，关系如下：

$$d_s = \phi_s d_V = (\phi_s)^{3/2} d_a \tag{9-6}$$

(4) 平均直径 $\bar{d}_p$

当颗粒的形状不规则、大小也不均匀时应采用平均直径。

① 统计平均直径

$$\bar{d}_p = \sum_{i=1}^{n} x_i d_i \tag{9-7}$$

式中　$\bar{d}_p$——颗粒的平均直径，m；

d_i——某一筛分颗粒的直径，m；

x_i——直径为 d_i 的颗粒所占的质量分数。

② 调和平均直径

$$\bar{d}_p = \frac{1}{\sum_{i=1}^{n} \frac{x_i}{d_i}} \tag{9-8}$$

在固定床、流化床流体力学计算中常采用调和平均直径。

9.2.1.2　床层空隙率

表征床层结构的主要参数为床层空隙率，床层空隙率对床层压力降、有效导热系数和比表面积(单位体积床层颗粒的外表面积)均有较大影响，因此空隙率的大小会影响流体的流动、传质及传热。它是影响床层压降的主要因素。空隙率是指颗粒间自由体积(床层自由体积)和整个床层体积之比。其计算公式见式(9-9)。

$$床层空隙率\ \varepsilon_B = (床层自由体积)/(床层体积) = 1-\frac{\rho_B}{\rho_P} \tag{9-9}$$

式中　ε_B——床层空隙率；

ρ_B——催化剂床层堆积密度，即单位体积催化剂床层具有的质量，kg/m^3；

ρ_p——催化剂的表观密度，即单位体积催化剂颗粒具有的质量，kg/m^3。

床层空隙率的大小与颗粒形状、粒度分布、颗粒表面粗糙度、颗粒直径与床直径之比以及颗粒的充填方法等有关。一般形状系数越大(即越接近圆球体)空隙率越小，颗粒表面越光滑空隙率越小，粒度越小空隙率越小，粒度分布越不均匀(即粒径分布越宽)空隙率越小。大小均一光滑的球形颗粒在规则排列堆积时，最大空隙率为 0.476(立方格排列)，最小空隙率为 0.2595(菱形格排列)。不同颗粒直径 d_p 与床层直径 d_t 之比对 ε_B 的影响见图 9-6。

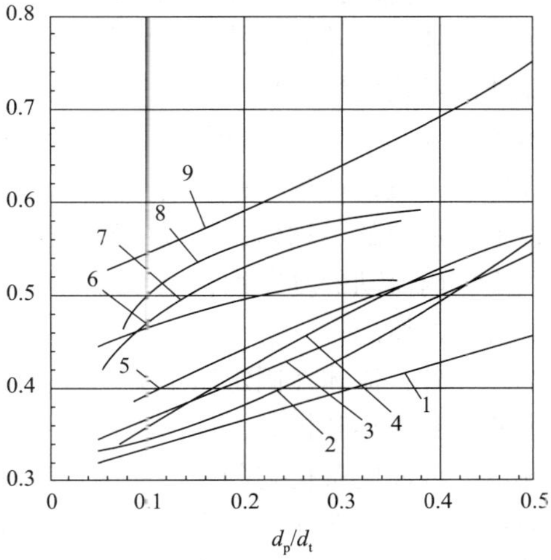

图 9-6　固定床的空隙率

球形：1—非均一尺寸，光滑；3—均一尺寸；5—黏土

圆柱形：2—均一尺寸，光滑；4—刚玉；9—6.3mm 陶质拉西环

不规则形状：6—熔融磁铁；7—熔融刚玉；8—铝砂

固定床中同一横截面上的空隙率是不均匀的，对于粒度均一的颗粒所构成的床层，在与器壁距离为 1~2 倍颗粒直径处，空隙率最大，床层中心较小，这种影响，叫作壁效应。为了消除壁效应，一般要求管径比粒径大 8 倍以上。

在非球颗粒充填的床层中，同一截面上的 ε_B 值，除壁效应影响所及的范围外，都是均匀的。但球形或圆柱形颗粒充填的床层，在同一横截面上的

ε_B 值，除壁效应影响所及的范围外，还在一平均值上下波动。由于壁效应的影响，床层直径与颗粒直径之比越大，床层空隙率的分布越均匀。通常所说的床层空隙率指的是平均空隙率。

9.2.1.3 固定床的当量直径

为了把处理流体在管道中流动的方法，应用于固定床中的流体流动的问题，必须确定固定床的当量直径 d_e。

根据定义

$$d_e = 4R_H$$

式中 d_e——当量直径，m；

R_H——水力半径，m。

R_H 可由单位体积床层中颗粒的润湿表面积计算得到。当不考虑颗粒相互接触而引起的表面积减少时，床层中均匀颗粒的比表面积 S，即单位体积床层中颗粒的外表面积，也即颗粒的润湿表面积，可由空隙率及单颗颗粒的体积 V_p 及外表面积 A_p 计算得到。

$$R_H = \frac{\text{流道有效截面积}}{\text{流道润湿周边长}} = \frac{\text{床层空隙体积}}{\text{总的润湿面积}} \approx \frac{\varepsilon_B}{S_e} \tag{9-10}$$

式中 S_e——床层比外表面积，$S_e = \dfrac{(1-\varepsilon_B)S_p}{V_p} = \dfrac{6(1-\varepsilon_B)}{d_s}$。

单位体积床层的润湿表面积实际上小于 S_e。

9.2.2 固定床反应器中的流体流动特性

9.2.2.1 流动特性

流体在固定床中的流动情况较之在空管中的流动要复杂得多。固定床中流体是在颗粒间的空隙中流动，颗粒间空隙形成的孔道是弯曲、相互交错的，孔道数和孔道截面沿流向也在不断改变。空隙率是孔道特性的一个主要反映。在床层径向，空隙率分布的不均匀性，造成流速的不均匀性，如图 9-7 所示。图 9-7 是空气在固定床中等温流动的径向流速分布曲线。由图 9-7 可以看出，床层中部空隙率分布较均匀，流速也较均匀。离壁(1~2)d_p处，由于空隙较大，流速达最大值。d_p/d_t越大，则流速分布越不均匀，故一般要求管径比粒径大 8 倍以上。流速的不均匀，造成物料停留时间和传热情况不均一，最终影响反应的结果。但由于固定床内流动的复杂性，至今难以用数学解析式来描述流速分布，设计计算中常采用床层平均流速的概念。

此外，流体在固定床中流动时，由于本身的湍流，对催化剂颗粒的撞击、绕流，以及孔道的不断缩小和扩大，造成流体的不断分散和混合。这种混合扩散现象在固定床内并非各向同性，因而通常把它分成径向混合和轴向混合两个方面进行研究。径向混合可以简单地理解为：由于流体在流动过程中不断撞击到颗粒上，发生流股的分裂而造成。如图 9-8 所示，轴向混合可简单地理解为流体沿轴向依次流过一个由颗粒空隙形成的串联着的“小槽”，在进口处由于孔道收缩，流速增大，进到“小槽”后，由于突然扩大而减速，形成混合。

因此，固定床中的流体流动，可以用简单的扩散模型进行模拟，即认为流动由两部分合成：一部分为流体以平均流速沿轴向作理想活塞式的流动；另一部分为流体的径向和轴向的混合扩散，包括分子扩散(层流时为主)和涡流扩散(湍流时为主)。根据不同的混合扩散程度，将两个部分叠加。

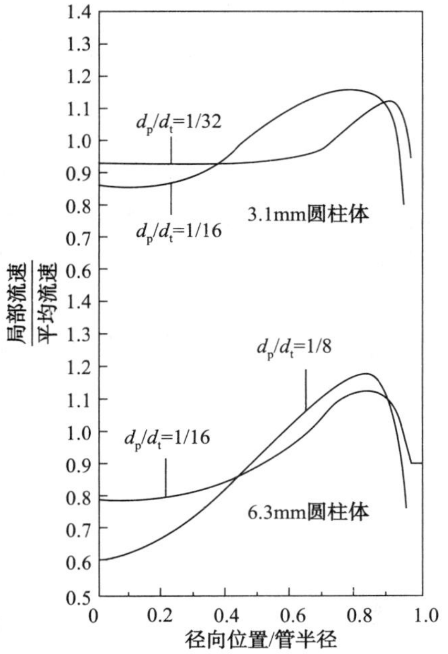

图 9-7　固定床中等温流动的径向流速分布曲线

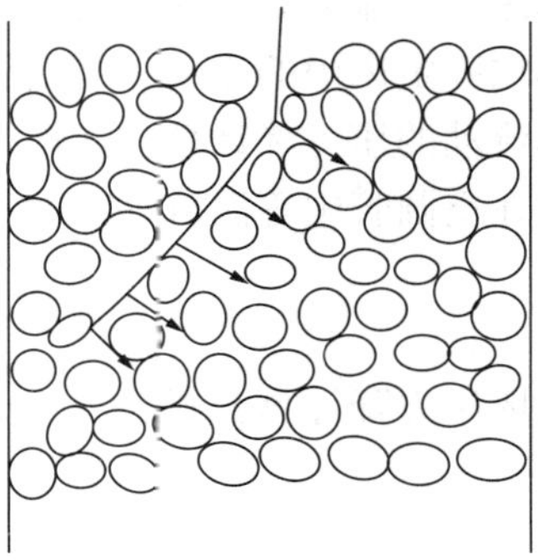

图 9-8　固定床内径向混合示意图

9.2.2.2　气体的分布

在气固相固定床催化反应器中，由于床层空隙率沿径向分布不均匀导致气流分布不均匀；另外较大速度的气流动能很大，分股冲入反应器内也会引起气流分布不均匀。气流分布不均会造成沟流和短路，使不同径向位置处的流体元停留时间不一样，转化率不一样，从而降低反应效果。在装填催化剂时应尽量装填均匀，并采取措施消除气流的初始动能和均匀导气。

为使气流通过床层时各部分阻力相同，应使催化剂颗粒大小均匀，装填时各部分的装填量要相同，分布要均匀，避免大颗粒流向四周，小颗粒留在中间。

为消除气流的初始动能并均匀布气，在气流入口处装设气流分布装置，如分布锥、分配头、设置栅板等，见图 9-9；也可以在入口处设置环形进料管或多口螺旋形进料装置，见图 9-10。

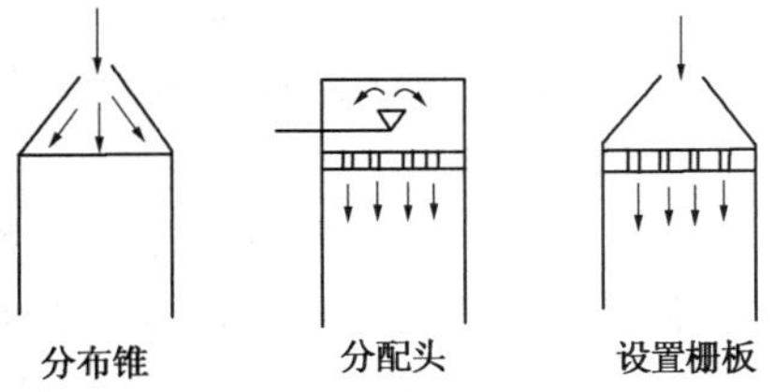

图 9-9　消除初始动能的方法示意图

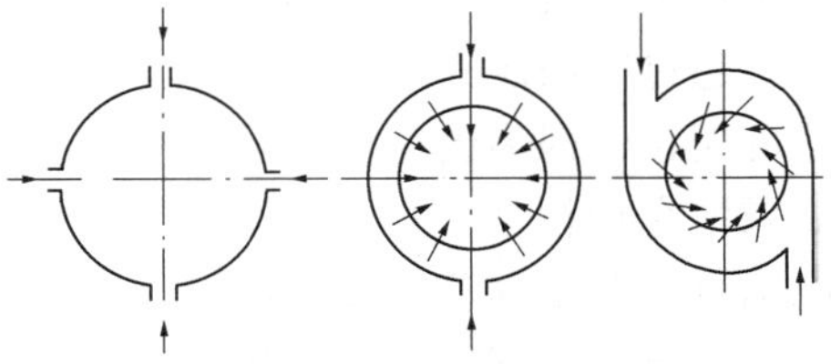

图 9-10　附加导流装置示意图

9.2.3　固定床反应器的床层压力降

在固定床反应器中，流体通过分布板均布后，在床层内的孔道中流动，这些孔道相互交错联通，而且是弯弯曲曲的，各个孔道的几何形状相差甚大，其横截面积既不规则也不相等。床层各个横截面上孔道的数目并不一定相同。流过床层的流体，其径向流速分布也是不均匀的。从床层中心处算起，随着径向位置的增大，流速增加，在离器壁的距离等于1~2倍颗粒直径处，流速最大，然后随径向位置的增大而降低，至壁面处为零。床层直径与颗粒直径之比越小，径向流速分布越不均匀。

流体流过固定床时所产生的压力损失主要来自两方面：一方面是由于颗粒的黏滞曳力，即流体与颗粒表面间的摩擦；另一方面是由于流体流动过程中孔道截面积突然扩大和收缩，以及流体对颗粒的撞击及流体的再分布而产生。当流体处于层流时，前者起主要作用；在高流速及薄床层中流动时，起主要作用的是后者。

流体在固定床中的流动，与空管中的流体流动相似，只是流道不规则而已。故此可将空管中流体流动的压力降计算公式修正后用于固定床。

流体在空圆管中等温流动时的压降公式：

$$\Delta p_t = f\frac{l}{d}\frac{\rho u^2}{2} \tag{9-11a}$$

固定床压力降计算公式：

$$\Delta p = f\frac{Lu_0^2\rho(1-\varepsilon_B)}{d_s\varepsilon_B^3} \tag{9-11b}$$

式中 d_s——颗粒比外表面积相当直径；

ε_B——床层空隙率；

ρ——流体密度；

L——床层高度；

u_0——空管流速；

f——摩擦系数。

$$f = \frac{150}{Re} + 1.75 \qquad Re = \frac{d_S u_0 \rho}{\mu}\frac{1}{1-\varepsilon_B}$$

当 $Re<10$ 时，$f=1/Re$；

当 $Re>1000$ 时，$f=1.75$。

式(9-11a)适用于流速在反应器径向分布是均匀的情况，但实际上由于反应器壁效应的存在，导致径向流速的不均匀分布，而式(9-11b)没有考虑壁效应，所以该式只适用于管径/粒径≥50的反应器。

由于在生产流程中，流体的压头有限，床层压降往往有重要影响，因此一般固定床中的压降不宜超过床内压力的15%。所以颗粒不能太细，而且最好都能做成圆球状，气流速度也应适可而止，因为流速与压降是平方关系，它比其他因素对压降更为敏感。

如果填充物料是一些不同尺寸的颗粒，或是一些细长形的颗粒，则易产生空隙率不均匀而形成偏流。对于列管式反应器，往往有上千根管子都要装填催化剂，因此要求各管装量相同，压降均等，否则气体偏流的结果，将使各管反应程度不一、温度不一、失活速度不一，从而使产品的数量和质量都受到严重影响。

影响床层压力降的因素可分为两类：一类来自流体，如流体的黏度、密度等物理性质和流体的质量流速；另一类来自床层，如床层的高度、空隙率和颗粒的物理特性如粒度、形状、表面粗糙度等。

流体的物理性质如黏度和密度取决于反应物系的温度、压力和组成。当反应器的操作条件确定后流体的物性也就定下来了。往往在反应器中温度及物系组成有相当明显的变化，导致流体的物理性质有明显的变化。在床层压力降的计算中最好采用分段计算的方法，每一分段中取流体的平均温度、平均压力和平均组成下的物理性质来计算。

流体的质量流速对床层压降的影响较大，所以在设计和操作时都应该注意流速的改变会引起压降有多大的变化。对反应器设计而言，反应器的生产任务及反应物料的质量流速是一定的，对一定的催化剂体积 V_R，反应器的高度 L 和床层截面积 A 可以有不同的搭配。当 L/A 比值增大时，则不仅由于增大 L 使床层压降增大，而且由于 A 的减小而使线速度增大，同样造成压力降的增大。所以对于一定的催化剂体积，应尽可能降低床层高度，加大床层直径，即采用小的高径比结构，有利于降低床层的压力降。当然床层直径过大，将带来气流分布均匀性问题，而且对高压催化反应器，从高压容器的制造角度，希望高径比大。这显然与降低床层压力降的要求相矛盾。对反应器操作而言，反应器确定后，要提高生产能力，必然是提高气体的质量流速。所以有时产量的提高会受到床层压力降过大的限制。

颗粒粒度和形状是影响床层压力降的另一个重要因素。减小颗粒直径对反应结果可能会带来好处，但伴随着的是压力降的增大，实际上也就限制了采用过小颗粒直径。形状系数小的颗粒，如片状催化剂，其当量直径小，床层的压力降就大，所以在压力降是关键因素时应尽量考虑用球形催化剂。

床层的空隙率对压力降的影响十分显著，当 $Re>1000$ 时，压力降正比于 $\frac{1-\varepsilon}{\varepsilon^3}$，当催化剂在使用过程因填充紧密和破碎、粉化而造成空隙率变化时，末层的压力降将会有较大的变化。如床层空隙率 ε 由原来的 0.4 减小到 0.35，尽管处理气量不变，但床层压力降提高到原来的 1.6 倍。

压力降计算的精确性，主要取决于 d_p 和 ε 这些参数的准确性。对压头有限的系统，尤其在高床层、高线速的场合更需要对压力降作出精确的预测。一般在实验室规模的固定床内对床层压力降进行实际测定。

床层压力降对化学反应有一定的影响。床层压力降的变化，就是床层总压的变化，也即反应物料分压的变化。显然，分压的变化对反应结果的影响是由反应动力学特征所确定的。

在列管式固定床反应器中，由于各管装填催化剂的随机性，或在反应器操作过程中催化剂的破碎等造成反应器中各管流动阻力的差异，必然导致反应器中各管气流分布的不均匀。压力降与流体流速的平方成正比，如反应器各管压降与床层平均压降偏差 20%，则管内流量的差异约为 5%。流量差异将造成各管反应物料停留时间不同而影响整个反应器的反应结果。为此，一般在初始装填催化剂时应十分谨慎，尽量使各管阻力相同，一般不超过 5%。然而在反应器运行过程中，由于催化剂的破碎或反应杂质堵塞等都会导致各管压力降差异增大，同时使各管气流分布变宽。如果反应器内进行的是放热反应，则气流分布的差异将导致各反应管反应放热量和传热速率都会出现明显差异，造成各管反应温度的变化。根据反应系统的停留时间及反应温度变化的敏感程度决定对反应结果的影响程度。

催化剂装填后，反应器操作运行的前期，气流分布尚可根据装填后的压力降分布来估计。在反应器运行的中、后期，床层压力降的变化造成气流分布的变化成为不可调因素。所以在反应过程开发研究和反应器设计中，应根据催化剂本身的强度特性和反应系统杂质或结炭造成的堵塞情况，决定操作空速允许变化范围的大小，以保证反应结果的要求。

9.3 固定床反应器中的传质与传热

9.3.1 固定床反应器中的传质

9.3.1.1 气固相催化反应的全过程与控制步骤

（1）气固相催化反应的全过程

在多孔催化剂上进行的气固相催化反应，由以下七个基本步骤组成，其过程示意见图9-11。

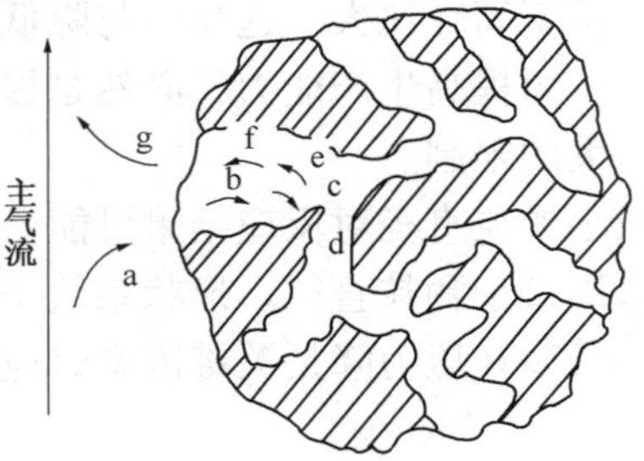

图9-11 气固相催化反应过程示意图

a. 反应物分子由气相主体扩散到催化剂颗粒的外表面上，为外扩散过程；

b. 反应物分子由颗粒外表面向微孔内表面扩散，为内扩散过程；

c. 扩散到颗粒表面上的反应物分子被表面吸附，为吸附过程；

d. 吸附在催化剂颗粒表面上的反应物分子进行化学反应转变成吸附态的产物分子，为表面化学反应过程；

e. 吸附态的产物分子脱附离开催化剂表面，为脱附过程；

f. 内表面上脱附的产物分子，由颗粒内表面向外表面扩散，为内扩散过程；

g. 产物分子由催化剂外表面向气相主体扩散，为外扩散过程。

以上七个步骤中a、b、f、g四个步骤为物理过程；c、d、e三个步骤为化学过程，亦称表面过程。当催化剂没有内孔时，反应只在外表面上进行，不存在内扩散过程，整个过程由五个步骤组成。在催化剂表面上可以进行物理吸附和化学吸附，但只有化学吸附才对化学反应有催化作用；当气固相催化反应有两种以上的反应组分参加时，至少有一种在反应时是处于吸附态的；反应物分子的吸附和产物分子的脱附，本身均为吸附脱附的可逆过程。

（2）控制步骤与总反应速度

控制步骤是指一个连串过程中速度最小，而且比其他步骤的速度小得多的步骤，它的速度决定着整个过程的速度，称为控制步骤。存在着控制步骤的过程的总反应速度等于控制步骤的速度。

总反应速度是指存在传质、传热阻力时的反应速度，这个速度可以由实验测得，称为表观反应速度，也叫实际反应速度。总反应速度不是各步速度之和，过程达到稳态时各步速度相等并等于总速度，有控制步骤时总速度等于控制步骤的速度。

动力学控制（表面过程控制）的过程有三种可能情况：一为反应物的吸附控制，即反应物的吸附最慢而且比其他步骤慢很多；二为表面化学反应控制；三为产物的脱附控制。这类过程传质（内、外扩散）速度相对很快，类似均相反应，研究确定出本征反应速度方程即可。化学反应的速度即为总反应速度，其浓度分布的特征是 $C_{Ag} \approx C_{As} \approx C_{Ac} \gg C_{Aeq}$，即反应物A在气相本（主）体中的浓度 C_{Ag}，近似等于其在颗粒外表面上的浓度 C_{AS}，近似等于在颗粒中

心处的浓度 C_{Ac}，但大大地大于 A 的平衡浓度 C_{Aeq}。化学动力学控制过程发生的场合是：颗粒比较小，因而内扩散阻力小；气速高，因而外扩散速度快；温度低，因而表面过程的速度小。操作现场(或实验中)的表现为：提高操作温度，反应器出口处的转化率会增加。

内扩散控制的过程，计算或测出催化剂的内表面利用率 η 即可确定总反应速度。

$$(-r_A)=\eta r \tag{9-12}$$

式中　r——本征反应速度，mol/(h·kg)。

内扩散控制过程发生的场合是，颗粒大，因而内扩散阻力大，内扩散速度小；温度高因而化学反应速度快；气速高因而外扩散速度大。实验中可以发现，同样的反应器、同样操作条件下，减小催化剂颗粒的尺寸，最终转化率会增大，而升高温度、增加气速对转化率影响不大。内扩散控制过程浓度分布特征是 $C_{Ag}\gg C_{As}\approx C_{Ac}\approx C_{Aeq}$。

外扩散控制的过程，传质速度(外扩散速度)即为总反应速度。外扩散控制发生的场合是颗粒小、气速小、温度高。操作现场(或实验)表现是：提高温度出口转化率 x_{Af}增加不多(实为$-r_A$ 增加不大)；但提高气速，x_{Af}不减少，甚至增加。外扩散控制过程浓度分布的特征是 $C_{Ag}\gg C_{As}\approx C_{Ae}\approx C_{Aeq}$。

在工业生产中外扩散控制的过程并不多见，原因是外扩散控制容易消除，只要操作气速比较高、传质速度大，过程即可不受外扩散控制。内扩散控制和表面过程控制的过程比较多见。受外扩散控制的过程催化剂的利用不充分，不能发挥设备的能力，但外扩散控制的过程对温度的变化不敏感，容易控制(操作)，而且气速小，带走的热量少，对放热小的过程容易维持一定的反应温度。

9.3.1.2　固定床中的传质

固定床中的传质主要是指外扩散传质和内扩散传质。外扩散的机理主要是分子扩散和湍流扩散；内扩散的机理是分子扩散和努森扩散。

(1) 外扩散过程

外扩散速度为

$$r'_m=K_G a_m(p_{A,B}-p_{A,ES}) \tag{9-13}$$

式中　r'_m——外扩散速度(单位质量催化剂外表面上的扩散速度)，mol/(h·kg)；

K_G——外扩散传质系数，mol/(h·m^2·Pa)；

$p_{A,B}$——气相本体中 A 组分的分压，Pa；

$p_{A,ES}$——颗粒外表面上 A 的分压，Pa；

a_m——单位质量颗粒的外表面积，m^2/kg。

当过程为外扩散控制时，上式即为总反应速度方程；若外扩散速度很慢时，$p_{A,ES}\approx 0$(不可逆反应)，或 $p_{A,es}\approx p_{A,eq}$(可逆反应，$p_{A,es}$为 A 的平衡分压)。

外扩散控制过程的动力学特征是，表观级数为一级，即过程的速度与反应物分压的一次方成正比；表观活化能为 4~134kJ/mol，比化学反应的活化能低一个数量级。“表观”是指表现出来的、实际测到的。外扩散阻力的存在使反应组分在催化剂颗粒外表面上的浓度(分压)低于其在气相本体中的浓度(分压)，而使产物在颗粒外表面上的浓度高于其在气相本体中的浓度，因此对平行反应中级数高的反应不利，对以中间产物为目的产物的连串反应不利，使选择性降低。

(2) 内扩散过程

内扩散是个边扩散边反应的平行-连串过程，内扩散阻力的存在使颗粒内部存在浓度梯度，使催化剂的内表面没有被完全利用。人们无法直接测定内扩散的速度，估计内扩散阻力影响过程速度的方法是定义一个有效系数 η，亦称内表面利用率：

$$\eta = \frac{r_0}{r} \tag{9-14}$$

式中 r_0——表观反应速度(催化剂颗粒上的实际反应速度)，mol/(h·kg)；

r——本征反应速度(内外表面完全有效，即消除了内扩散阻力时的反应速度)，mol/(h·kg)。

r_0 和 r 均可由实验测得，因此 η 可以求得。测 r 的方法是逐次将颗粒分割，变成小颗粒，使内表面暴露出来成为外表面，在相同反应条件下当颗粒继续变小而测得的反应速度不再增加时，此反应速度即为本征反应速度，即消除了内扩散影响的反应速度。

对于外扩散速度较快的气固相催化反应体系，只要知道了本征反应速度 r 及有效系数 η 即可得到具体条件(使用条件)下的表观(即实际)反应速度，从而用于设计计算。对一些简单的反应体系，η 可由理论方法求出，例如在球形颗粒上进行的一级(或其他级数)不可逆反应，在薄板状催化剂和圆柱状催化剂上进行的恒温一级不可逆反应等，都推导出了计算公式，非等温球形催化剂上进行的一级不可逆反应的 η，制出了曲线图可以查出。一般 $\eta<1$，恒温、吸热反应条件下 η 均小于1，但对于放热反应 η 可能大于1，甚至远远大于1，因为传热阻力的存在使颗粒内部的温度高于颗粒外表面的温度，使测得的 r_0 大于 r，$\eta>1$。

影响 η 的因素：一切使化学反应速度增加的因素和使扩散速度减小的因素均能使 η 减小。恒温情况下，温度越高，η 越小；颗粒直径越大、孔径越小、孔的曲折率越大，都使 η 减小(内扩散阻力增加)。

内扩散阻力的存在使颗粒外表面上反应物的浓度高于颗粒内表面上的浓度，而且在内表面上越接近颗粒中心浓度越低(尚有反应消耗的因素)；而产物浓度的分布正好相反，颗粒内部的浓度高于外表面上的浓度，因此内扩散阻力的存在会影响复杂反应的选择性。对于平行反应，内扩散阻力的存在使主反应级数高的平行反应的选择性下降，使主反应级数低的平行反应的选择性增加；对于以中间产物为目的产物的连串反应，内扩散阻力的存在，提供了使反应进行到底的条件(颗粒内部产物浓度高)，使反应的选择性下降。

改善内部传递过程的措施有三个：一是尽量采用细颗粒催化剂；二是采用双孔结构的催化剂，其制作方法是把多孔粉末加压制成催化剂颗粒，其内部既存在着粉末中的微孔，又存在着粉末间的大孔，因此称为双孔结构，其特点是粒度大、压降小、内表面积大、内扩散力小；三是将活性组分非均匀分布，例如将活性组分只浸渍到催化剂颗粒(载体)的表层，以提高连串反应的选择性。

9.3.2 固定床反应器内的传热

9.3.2.1 固定床传热过程分析

在固定床反应器中，除了在绝热条件下进行反应外，为了保证反应过程所必需的温度条件，反应器床层需要与外界进行换热，床层应被冷却(放热反应)或被加热(吸热反应)。由于固定床内的催化反应主要是在催化剂的内表面进行的，因此，固定床反应器内的传热过程(以换热式反应器进行放热反应为例)包括：①反应热由催化剂颗粒内部向外表面传递；

②反应热由催化剂外表面向流体主体传递；③反应热少部分由反应后的流体沿轴向带走，主要部分由径向通过催化剂和流体构成的床层传递至反应器器壁，由载热体带走。

固体催化剂有三类：一类为金属，例如 Ni、Pt、Cu、Ag、Pd 等，一类为金属氧化物和硫化物，例如 ZnO、NiO、V_2O_5、Cr_2O_3、MOS 等；一类为固体酸和盐类，例如 SiO_2、Al_2O_3、$NiSO_4$等；除金属催化剂外其他两类的导热性能都不好，一些贵金属催化剂也不直接使用，而是分散在载体上使用。除金属载体外，绝大多数载体的导热性能也不好，加之固定床中颗粒固定不动，气流速度不能太高，造成固定床的传热性能不好，使颗粒内部、颗粒与流体之间、床层内部及床层与器壁之间都存在较大的温度差。

在反应器设计中，一方面确定必需的传热面积，或传热面积一定的情况下确定热流量；另一方面，固定床反应器与外界换热时，若床层被冷却，热量在床层中按对流、传导及辐射的综合方式由中央传到近壁处，再通过管壁处滞流边界层传向容器内壁。因此，床层中每一个截面上都形成一定的径向温度分布，并且不同轴向位置处的径向温度分布也不相同。为保证能有效地进行化学反应，预测和实现反应器所需的最优温度分布，也是固定床反应器设计和操作的优化内容。这两类内容都与固定床反应器传热密切相关。由于温度是影响化学反应速率的敏感因素，所以固定床的传热就成为固定床反应器设计和操作的重要问题。

在设计固定床反应器时，为满足反应器操作和控制，要求确定传热面积；在反应过程开发研究中，要研究床层温度分布及其对反应器操作性能的影响，实现最佳设计和最优控制条件等都是研究固定床反应器传热的目的。

研究固定床反应器的传热主要解决两个问题：一是确定床层温度分布；二是确定所需传热面积。

9.3.2.2　床层对壁的总给热系数

当只要求计算完成一定的传热负荷所需要的换热面积时，则可以忽略颗粒内部、颗粒与流体之间及床层内部的传热阻力，把催化剂与流体看作一个整体，传热阻力完全集中在壁处，床层对壁的总给热系数为 α_t，则单位时间内通过长度为 dl 的微元管段所传出的热量为：

$$\delta Q = \alpha_t \pi d_t dl (T_m - T_w) \tag{9-15}$$

式中　Q——传热速度，kJ/h；

α_t——床层对壁的总给热系数，kJ/（$m^2 \cdot h \cdot K$）；

d_t——管子内径，m；

l——管长，m；

T_m——床层平均温度，K；

T_w——管内壁温度，K。

式(9-15)表示的固定床反应器内的传热过程类似均相反应器中的传热过程，但因固定床内充填催化剂，促进了流体内的涡流扩散。这使靠近管壁处的层流膜减薄，并使流体内的径向传热加快，故在同样的气速下，固定床层对壁总传热系数较管内无填充物时的传热系数要大好几倍。实验测出的数据见表 9-1。

表 9-1　实验测得的数据

d_p/d_t	0.05	0.10	0.15	0.20	0.25	0.30
α_t/α	5.5	7.0	7.8	7.5	7.0	6.6

在 $d_p/d_t=0.15$ 处，出现了 α_t/α 的最大值，估计是因为：颗粒尺寸开始变小时，有利于促进涡流扩散，故 α_t/α 增大。但到某一粒度后，颗粒继续变小，每个涡流所影响的范围也变小，而传热所需通过的包围颗粒的层流膜数都增多了。这些不利于传热因素的增长，抵消并超过了上述有利因素的结果，使 α_t/α 降低。

α_t 的计算通常采用由利瓦提出的简便的实验关联式。

床层被加热时：

$$\frac{\alpha_t d_t}{\lambda_t}=0.813\left(\frac{d_p G}{\mu}\right)^{0.9}\exp\left(-6\frac{d_p}{d_t}\right) \tag{9-16}$$

床层被冷却时：

$$\frac{\alpha_t d_t}{\lambda_t}=3.5\left(\frac{d_p G}{\mu}\right)^{0.7}\exp\left(-4.6\frac{d_p}{d_t}\right) \tag{9-17}$$

式中 λ_t——流体导热系数，kJ/(m · h · K)；

G——表观质量流速，kg/(m^2 · h)；

μ——流体黏度，Pa · s。

仍把床层内的催化剂和流体看成一个整体，两者具有相同的温度，但考虑了床层径向的温度梯度。假设床层在径向的传热速率与具有导热系数为 λ_{er} 的固体导热速率相等，把 λ_{er} 称为床层的径向有效导热系数。由实验得知，λ_{er} 随径向位置而变，在靠近管壁处，由于空隙率大于中心部位，减少了该处的径向混合，使有效导热系数在靠近壁处显著降低，因而在讨论床层径向传热时，有两种处理方法：一种是采用平均的 λ_{er} 值来表示床层径向导热能力；另一种是考虑床层中部 λ_{er} 为一定值，而在靠壁处引入一个表观壁膜传热系数 α_w，以 α_w 表示靠壁处导热性能。α_w 由下式定义

$$\alpha_w(T_R-T_w)=-\lambda_{er}\left(\frac{\partial T}{\partial r}\right) \tag{9-18}$$

式中 T_R——按床层径向温度分布外推到壁处所得到的温度，K。

采用 λ_{er} 和 α_w 两个系数来描绘固定床的径向传热过程可以得到比较准确的温度分布。

9.3.2.3 床层有效导热系数

固定床的有效导热系数不同于一般的导热系数，它是床层内颗粒之间和流体之间传导、对流和辐射能力的综合表示。床层内流体的流动状态及影响流动因素、颗粒和流体有关传热的物理性质都影响着有效导热系数值的大小。由于床层内的混合扩散有径向轴向之别，故径向有效导热系数 λ_{er} 和轴向有效导热系数 λ_{ei} 也不相等。因热量传递主要发生在径向，故径向有效导热系数较轴向有效导热系数更为重要。

径向有效导热系数 λ_{er} 可由实验数据计算而得到。方法为通过实验测得床层径向温度分布，然后将温度分布数据代入床层热量衡算式，通过计算求得 λ_{er}，为使问题简化，实验测定和计算都在无化学反应情况下进行。

通过传热机理的分析和实验数据的验证，可以导出 λ_{er} 的理论计算式。矢木和国井提出的计算式为：

$$\frac{\lambda_{er}}{\lambda_f}=\frac{\lambda_e^0}{\lambda_f}+(\alpha\beta)Re\cdot Pr \tag{9-20}$$

式中 λ_e^0——流体静止时的有效导热系数，kJ/(m·h·K)；

λ_f——流体导热系数，kJ/(m·h·K)；

α——系数，即径向传质速率与流动方向传质速率之比；

β——系数，即颗粒中心间距与粒径之比；

Re——填充床雷诺数，$Re=\dfrac{d_p G}{\mu}$；

Pr——传热普朗德数，$Pr=\dfrac{C_p\mu}{\lambda_f}$。

α、β 值由图 9-12 查取。式(9-20)中右侧第 1 项表示与流体流动无关的传热机理，也就是流体静止时床层的有效导热性能；第 2 项表示由流体流动状态所决定的传热机理，主要是因流体的混合扩散造成的径向传热能力。

国井和史密斯进一步分析了床层的传热机理，认为传热按图 9-13 方式进行。图中第 1~5 项为流体静止时的传热方式，流体流动时增加第 6 项，上述 6 项中，第 2 项颗粒接触处的传导传热通常较小，可以忽略。按以上传热方式写出的计算式为：

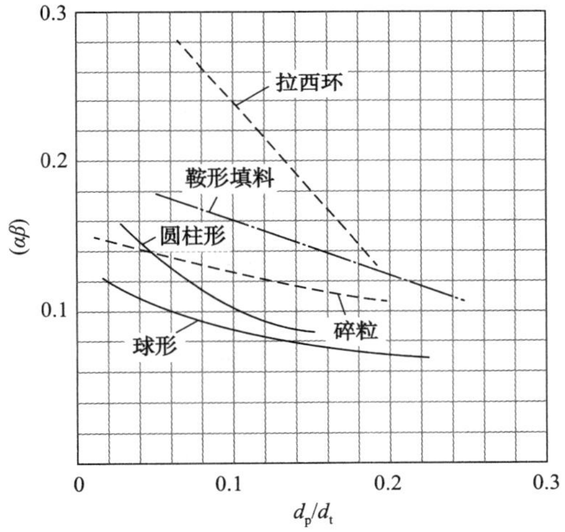

图 9-12 求有效导热系数的(αβ)图

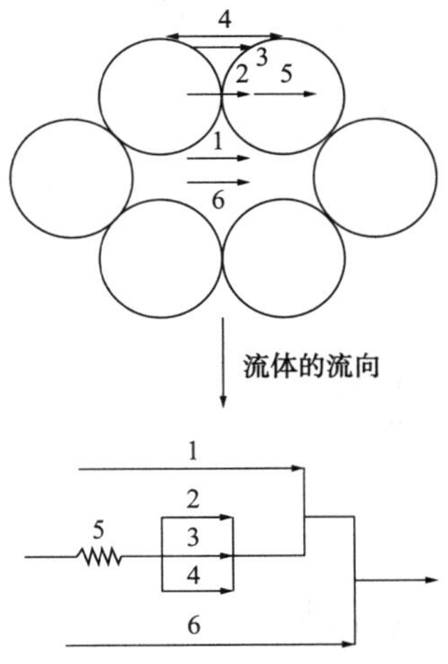

图 9-13 固定床径向传热方式

1—流体间辐射和传导传热；2—颗粒接触处传导传热；3—颗粒表面流体膜内的传导传热；4—颗粒间的辐射传热；5—颗粒内部的传导传热；6—流体内的对流混合扩散传热

$$\lambda_e^0=\varepsilon(\lambda_f+\alpha_{rv}\Delta l)+\frac{(1-\varepsilon)\Delta l}{\dfrac{1}{\dfrac{\lambda_f}{l_v}+\alpha_{rs}+\dfrac{l_s}{\lambda_s}}} \tag{9-21}$$

式中 α_{rv}——颗粒间空隙体积内流体的辐射传热系数，kJ/(m^2·h·K)；

α_{rs}——颗粒间辐射传热系数，kJ/(m^2·h·K)；

Δl——颗粒中心间距，m；

l_v——颗粒表面处流体膜有效厚度，m；

l_s——颗粒热传导有效长度，m；

λ_s——颗粒导热系数，kJ/(m·h·K)。

式(9-21)中的第1项表示通过颗粒间空隙内静止流体进行的传热，即图9-13中第1项、第2项表示通过颗粒进行的传热，包括图9-13中第3~5项。

在式(9-21)中引入3个与颗粒尺寸和充填方式有关的系数，即：

① $\beta=\dfrac{\Delta l}{d_p}$，实际固定床中常为0.9~1.0，取1。

② $\gamma=\dfrac{l_s}{d_p}$，可取 $\gamma=\dfrac{2}{3}$。

③ $\varphi=\dfrac{l_v}{d_p}$，颗粒接触表面处流体膜有效厚度的量度，它与填充紧密程度有关，已推导出理论计算公式，并绘成图9-14供计算使用。

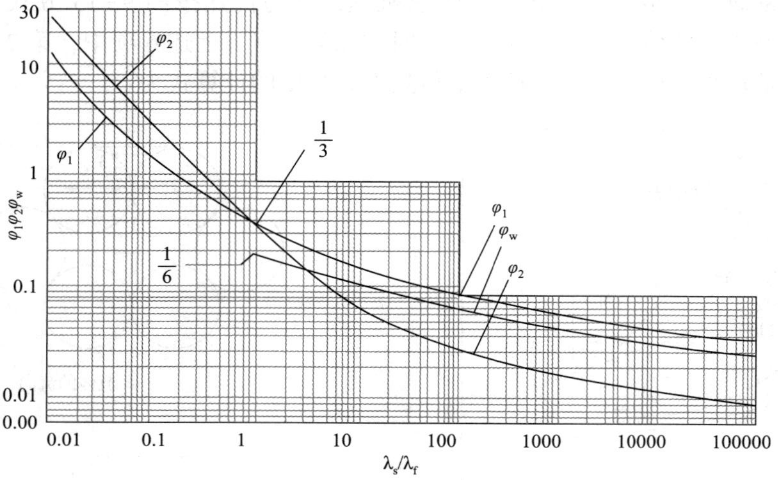

图9-14　求 λ_e^0 的 φ 值图

把 β、γ、φ 代入式(9-21)，得：

$$\frac{\lambda_e^0}{\lambda_f}=\varepsilon\left(1+\beta\frac{\alpha_{rv}d_p}{\lambda_f}\right)+\frac{(1-\varepsilon)\beta}{\dfrac{1}{\dfrac{1}{\varphi}+\dfrac{\alpha_{rs}d_p}{\lambda_f}}+\gamma\left(\dfrac{\lambda_f}{\lambda_s}\right)}=\varepsilon\left(1+\frac{\alpha_{rv}d_p}{\lambda_f}\right)+\frac{1-\varepsilon}{\dfrac{1}{\dfrac{1}{\varphi}+\dfrac{\alpha_{rs}d_p}{\lambda_f}}+\dfrac{2}{3}\left(\dfrac{\lambda_f}{\lambda_s}\right)} \tag{9-22}$$

α_{rv} 和 α_{rs} 分别按下式计算：

$$\alpha_{rv}=0.8198\frac{1}{1+\left[\dfrac{\varepsilon}{2(1-\varepsilon)}\right]\left(\dfrac{1-P}{P}\right)}\left(\frac{T_m}{100}\right)^3 \tag{9-23}$$

$$\alpha_{rs}=0.8198\left(\frac{P}{2-P}\right)\left(\frac{T_m}{100}\right)^3 \tag{9-24}$$

式中　P——颗粒表面热辐射率；

T_m——床层平均温度，K。

由图 9-14 查出 φ_1、φ_2后，可针对不同的条件分别按下述各式计算系数 φ。当 $0.26<\varepsilon<0.476$ 时：

$$\varphi=\varphi_2+(\varphi_1+\varphi_2)\frac{\varepsilon-0.26}{0.216} \tag{9-25}$$

当 $\varepsilon>0.476$ 时：

$$\varphi=\varphi_1 \tag{9-26}$$

当 $\varepsilon<0.26$ 时：

$$\varphi=\varphi_2 \tag{9-27}$$

当流体为液体时，辐射传热项可略去，得到：

$$\frac{\lambda_e^0}{\lambda_f}=\varepsilon+\frac{1}{\varphi+\frac{2}{3}\left(\frac{\lambda_f}{\lambda_s}\right)} \tag{9-28}$$

当流体为气体时，如颗粒很小，温度较低，辐射传热可以忽略。如粒径大于 5mm，温度高于常温，辐射传热的影响就显著了。迪尤瓦厅和弗鲁门特提出了准确度较高的关联式。

当流体为空气时，$Re=30\sim1000$，

$$\lambda_{er}=\lambda_e^0+\frac{0.0105}{1+46\left(\frac{d_p}{d_t}\right)^2}Re \tag{9-29}$$

9.3.2.4　表观壁膜传热系数

矢木和国井提出固定床靠壁处热量的传递也由两部分组成：一部分为流体通过静止床层的传热，另一部分为受流动影响的传热，即：

$$\alpha_w=\alpha_w^0+(\alpha_w)_f \tag{9-30}$$

在靠壁处受流动影响的传热包括因流体径向混合扩散造成的传热和通过真正的边界层的传热，故：

$$\frac{1}{(\alpha_w)_f}=\frac{1}{\alpha_w^*}+\frac{1}{(\alpha_w)_t} \tag{9-31}$$

式中　α_w^*——边界层壁膜传热系数，$kJ/(m^2 \cdot h \cdot K)$；

$(\alpha_w)_f$——径向混合扩散的传热系数，$kJ/(m^2 \cdot h \cdot K)$。

α_w^* 和$(\alpha_w)_f$ 分别按以下两式计算：

$$\frac{\alpha_w^* d_p}{\lambda_f}=CPr^{\frac{1}{3}}Re^{\frac{1}{2}} \tag{9-32}$$

式中　C——系数，当流体为气体时，$C=4$，当流体为液体时，$C=2.6$。

$$\frac{(\alpha_w)_t d_p}{\lambda_f}=\alpha' PrRe \tag{9-33}$$

式中　α'——靠壁处径向传热速率与流动方向的传热速率之比，对于圆柱形管内壁面，α'可取 0.054，此值约为床层中部 α 值的一半，即靠壁处混合扩散程度只约为床层中部的一半。

由式(9-30)~式(9-33)可得：

$$\frac{\alpha_w d_p}{\lambda_f}=\frac{\alpha_w^0 d_p}{\lambda_f}+\cfrac{1}{\cfrac{1}{\cfrac{\alpha_w^* d_p}{\lambda_f}}+\cfrac{1}{\alpha' PrRe}} \tag{9-34}$$

式(9-34)适用于全部 Re 数值的范围。

流体静止时，床层的表观壁膜传热系数 α_w^0 可用下式计算：

$$\frac{1}{\alpha_w^0 d_p/\lambda_f}=\frac{1}{\lambda_w^0/\lambda_f}-\frac{0.5}{\lambda_e^0/\lambda_f} \tag{9-35}$$

$$\frac{\lambda_w^0}{\lambda_f}=\varepsilon_w\left(2+\frac{\alpha_{rv} d_p}{\lambda_f}\right)+\cfrac{1-\varepsilon_w}{\cfrac{1}{\cfrac{1}{\varphi_w}+\cfrac{\alpha_{rs} d_p}{\lambda_f}}+\cfrac{1}{3}\cfrac{\lambda_f}{\lambda_s}} \tag{9-36}$$

式中　λ_w^0——流体静止时，靠近壁面处的有效导热系数，kJ/(m · h · K)；

ε_w——靠近壁面处空隙率，可取 0.7；

φ_w——靠近壁面处的 φ 值，由图 9-14 查取。

当流体为空气时，Re=30~1000，迪尤瓦奇和弗鲁门特提出了如下的关联式：

$$\alpha_w=\alpha_w^0+\frac{0.0483 d_t}{d_p}Re \tag{9-37}$$

由有效导热系数 λ_{er} 和表观壁膜传热系数 α_w 的结合也可按下式求得床层对壁总传热系数 α_t：

$$\frac{\alpha_t d_p}{\lambda_f}=\left(\frac{d_p}{d_t}\right)\left(\frac{\lambda_f}{\lambda_{er}}\right)\left[\alpha_1^2+\varphi(b)/y\right] \tag{9-38}$$

式中　α_1，$\varphi(b)$——无因次数 b 的函数，可由图 9-15 查出。

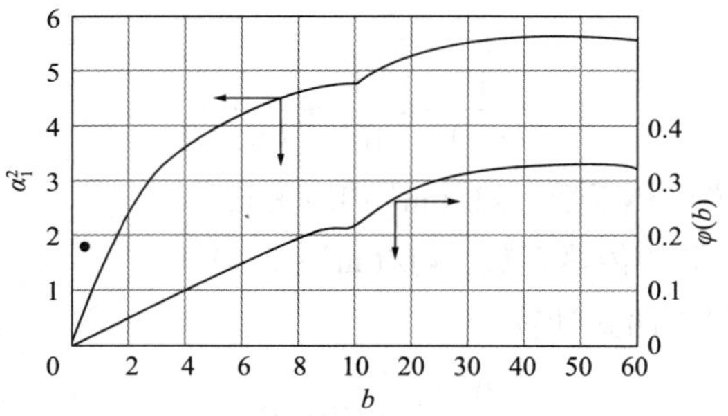

图 9-15　求 α_t 时的 α_1^2 和 $\varphi(b)$ 图

$$b=\frac{\alpha_w(d_t/2)}{\lambda_{er}}=\frac{(1/2)(d_t/d_p)(\alpha_w d_p/\lambda_f)}{\lambda_{er}/\lambda_f} \tag{9-39}$$

$$y=\frac{4\lambda_{er} l}{GC_p d_t^2}=\frac{4(d_p/d_t)(l/d_t)(\lambda_{er}/\lambda_f)}{PrRe} \tag{9-40}$$

式中　l——床层长度，m。

当 y>0.2 时，式(9-38)适用。一般固定床的 y>0.2，故可常采用此式进行计算。

弗鲁门特提出了由 λ_{er} 和 α_w 求 α_t 的计算公式为：

$$\frac{1}{\alpha_t}=\frac{1}{\alpha_w}+\frac{R}{4\lambda_{er}} \tag{9-41}$$

式中 R——管半径，m。

9.3.2.5 流体与催化剂颗粒间的传热系数

当流体与催化剂颗粒外表面间存在较大的温度差时，就不能把流体和催化剂看成是一个微体，而应考虑流体与颗粒间的传热阻力，以传热方程式表示为：

$$q=\alpha_p S_e \varphi(T_S-T_G) \tag{9-42}$$

式中 q——传热速率，$kJ/(m^3 \cdot h)$；

α_p——流体与催化剂颗粒间的传热系数，$kJ/(m^2 \cdot h \cdot K)$；

S_e——单位体积床层中催化剂的外表面积，m^{-1}；

φ——外表面积校正系数，考虑颗粒间存在线接触或面接触时对外表面积的影响，球形 $\varphi=1$，圆柱形、无定形 $\varphi=0.9$，片状 $\varphi=0.81$；

T_S——颗粒外表面温度，K；

T_G——流体温度，K。

α_p 常以传热因子 j_H 表示，其好处在于 j_H 仅仅是 Re 的函数，因而整理实验数据十分方便，即：

$$j_H=\frac{Nu}{RePr^{1/3}}=\frac{\alpha_p}{C_pG}\left(\frac{C_p\mu}{\lambda_f}\right)^{2/3} \tag{9-43}$$

式中 Nu——传热努塞尔特数，$Nu=\frac{\alpha_p d_p}{\lambda_f}$。

式(9-43)中，Re 和 Nu 数中的定性尺寸 d_p，对于非球形颗粒，采用面积相当直径 d_a。经过实验研究得到如下的关联式，可供计算使用。

$$\varepsilon_{jH}=2.876/(d_pG/\mu)+0.3023/(d_pG/\mu)^{0.35} \tag{9-44}$$

式(9-44)的适用范围为：$(d_pG/\mu)=10\sim10000$。

$$j_H=0.904Re^{-0.51},\ 0.01<Re<50 \tag{9-45}$$

$$j_H=0.613Re^{-0.41},\ 50<Re<1000 \tag{9-46}$$

式中，$Re=d_sG/6(1-\varepsilon)\varphi\mu$。

式(9-45)和式(9-46)中均未包括辐射传热，适用于 $d_p<6mm$、温度小于 400℃的条件。利用流体与催化剂间的传热系数，可以计算流体与催化剂颗粒间的温度差。当反应器内稳定操作时，可建立如下的热平衡方程：

$$\rho_B r_A(-\Delta H_r)_A=\alpha_p S_e\varphi(T_S-T_G)=\alpha_p S_e\varphi\Delta T \tag{9-47}$$

$$\Delta T=\frac{\rho_B r_A(-\Delta H_r)_A}{\alpha_p S_e\varphi}=\frac{\rho_B r_A(-\Delta H_r)_A Pr^{2/3}}{S_e\varphi G j_H C_P} \tag{9-48}$$

式中 r_A——单位质量催化剂上反应物 A 的反应速率；

W——催化剂的质量。

在工业装置内，一般流速较高，流体与催化剂间的温差也较小，常可忽略不计，但在一些快速强放热反应中，流体与颗粒间的温度差可达数百度。

9.3.2.6 流体本体与催化剂外表面间的温差

对于强放热反应，催化剂外表面与流体本体之间的温度差可能很大，例如催化剂外表面结焦后烧焦再生，为燃烧反应，属快速反应，很可能为外扩散传质控制，常压下烧焦温度为773K(气流本体温度)，氧含量20.8%，反应热 $\Delta H_A=-136.2$kJ/mol，$C_p=1.09$kJ/（kg·K），$\rho=0.456$kg/m^3，可求得最大温差为898K，催化剂表面最高温度可达1671K，为避免烧坏催化剂，烧焦时用大量水蒸气或烟道气稀释空气，使氧含量下降，使最大温差降低。

9.3.2.7 固定床反应器的热稳定性

与连续釜式反应器相似，放热的固定床催化反应器存在多重定态和热稳定性问题，为满足热稳定性条件，存在着最大允许管径和最低允许介质温度。管径过大、冷却介质温度过低都不能满足热稳定性要求，因此强放热的气固相催化反应往往采用列管式结构，并采用高温介质作冷却剂。

稳定性反映的是事物的本性，例如说一个反应器已处于不稳定操作状态，是说在其他操作条件不变的情况下，即不进行调节控制的情况下，在扰动的作用下，它会离原来的定态越来越远，这是一种本性。

反应器的可控性是说它容易控制还是不容易控制，或说容易控制的程度。所谓控制是外部施加的影响，是通过调节作用改变反应器的某些操作条件，使它在某定态下实现正常操作(尽管此定态点可能是非稳定的定态点)。例如，处于不稳定操作状态的反应器，外界干扰使其温度升高，并且越来越高，但当操作人员发现后，可采取某种措施，比如增大冷却介质的流量，从而使温度回降。

不同的反应系统可控程度不一样，取决于定态转移速率与调节控制速率之间的相对大小。全混釜可控程度大，因为釜内温度、浓度均匀，不会局部过热，而且由于处理的是液体物料，液体的热容量大，定态转移速率很小，因此这种反应器设计时不一定要满足热稳定条件。而气固相固定床反应器可控性差，设计时应满足热稳定条件。

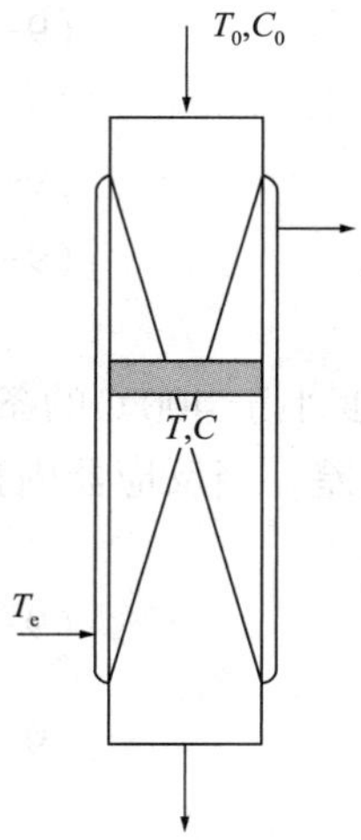

图9-16 管式固定床反应器的热量衡算

(1) 管式固定床反应器的热稳定条件

设有如图9-16所示的管式固定床反应器，进行某催化放热反应，反应热通过管外夹套冷却移走。

为讨论方便，假设流体通过床层时由自身温升所吸收的反应热较小，可忽略不计。热量主要通过反应器壁冷却移走。同时也忽略在床层经向的浓度和温度分布以及催化剂颗粒表面和流体之间的差异。这样，可取反应器内的一个微元作热量衡算。

微元内反应放热速率为：

$$Q_r=q_r(1-\varepsilon_b)kc^n\Delta V \tag{9-49}$$

微元通过器壁移热速率为：

$$Q_g=K\alpha_t\Delta V(T-T_c) \tag{9-50}$$

式中 ε_b——床层空隙率；

ΔV——催化剂床层微元体积；

α_t——反应器的传热比表面积；

K——反应器管壁总传热系数；

T_c——管外冷却介质温度。

热平衡方程为：

$$Q_g = Q_r$$

把它们标绘成 $Q \sim T$ 图，并假设微元中反应物浓度不变，得到图 9-17 的结果。反应放热速率是一指数曲线，而移热速率仍为一直线。两线的交点即为定态操作点。由图可见，在上述情况下的 A 和 B 两个定态点，不难判定定态点 A 是稳定的，定态点 B 是不稳定的。定态稳定所需满足的条件与式(5-29)相同，即：$\dfrac{dQ_g}{dT} > \dfrac{dQ_r}{dT}$

(2) 最大允许管径和最大允许温差

管式固定床反应器微元的热稳定性需满足式(5-29)的条件，那么如果生产工艺要求在 B 点操作，就必须在增大移热速率线斜率的同时提高管外冷却介质的温度。它的临界值就如图 9-17 中 B 点的切线位置(虚线所示)。

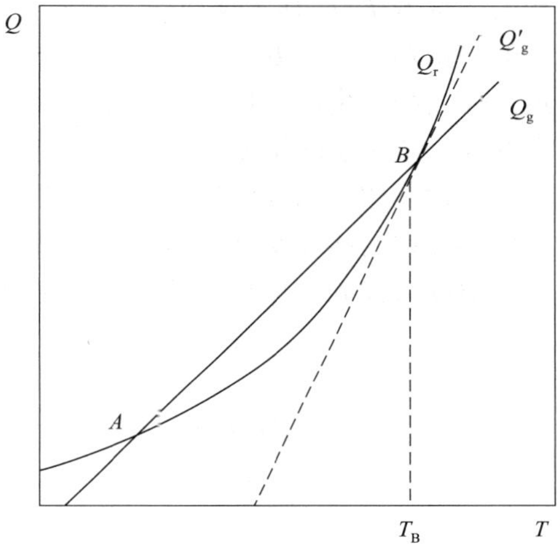

图 9-17　管式固定床反应器的热稳定性

增大移热速率线的斜率，由式(9-50)可知，对一定的反应器体积只有增加管壁的传热系数或反应器比表面积的措施。最有调节余地的当然是反应器的传热比表面积 α_t。从式(9-49)和式(9-50)分别求取它们对温度的导数，结合条件式(5-29)，可以得到临界反应器比表面积为：

$$(\alpha_t)_{min} = \frac{1}{K}\frac{Q_r}{\Delta V}\frac{E_a}{RT^2} \qquad (9-51)$$

设计时，必须保证反应器比表面积大于此极小值 $(\alpha_t)_{min}$。对圆管形反应器来说，反应器比表面积的大小直接取决于管径的大小。

$$\alpha_t = \frac{4}{D_t} \qquad (9-52)$$

式中　D_t——反应管的直径。

从上式可见，管径愈小，其比表面积愈大。所以当管径大到一定程度就会使比表面积小于式(9-51)的临界值，从而破坏了定态的稳定条件。由此可推算得到最大允许的反应管直径为：

$$(D_t)_{min} = 4K\left(\frac{Q_r}{\Delta V}\right)^{-1}\frac{RT^2}{E_a} \qquad (9-53)$$

由此可见，在管式固定床反应器内进行的反应，其放热愈强，反应器中的传热问题愈严重，反应管直径也愈小。因而在工业反应器中，强放热的气固相催化反应往往采用列管式反应器，这样每根列管就相当于一个小反应器，它的管径可以做得很小，以满足热稳定性的要求。

需指出的是，这里所谓的强放热反应只是一种习惯的称呼。在绝热式固定床反应器中已经明确表明，其反应放热强弱的重要标志是物系的绝热温升大小，而不仅仅是反应热效应的高低。同样，在换热式固定床反应器中，反应热效应的大小也不应看作是强放热反应的唯一标志。从式(9-53)中可以看出，决定反应热强弱的因素除了反应本身的特性外，重要的决定因素是单位反应器体积的放热速率$\frac{Q_r}{\Delta V}$。它不仅与反应本身的热效应大小有关，还决定于反应速率的高低。更确切地说，换热式固定床反应器中强放热反应的重要标志是单位反应器体积的放热速率。

以上讨论还可以看到，同一个操作条件可能有两种不同的稳定状态，如图 9-17 中的 B 点分别在 Q_g和斜率大于 Q'_g(临界稳定条件)时操作。从定态的观点分析两者并无根本的差别，它都满足热量传递平衡的条件，具有相同的反应放热速率。所不同的是前者以小的 $K\alpha_t$ 和大的温差 $T-T_{er}$ 移走反应热；而后者则是用大的 $K\alpha_t$ 和很小的温差移走同样的热量。作为一般的传热问题，要移走一定的热量，可以采用很大的温差，也可以采取增大传热系数或传热比表面积的措施。但是对于化学反应器中的传热过程，传热条件不能任意选择或需采用很大的 $K\alpha_t$ 和较小的温差，否则就不能满足热稳定条件。超越了热稳定性条件就使反应器无法实现正常操作。这就是反应器的传热过程和一般传热问题的根本差别。反应器内的化学反应与传热过程的相互交联，具体表现就是定态稳定条件对传热措施的限制作用。

根据管式固定床反应器的热量衡算式和热稳定性条件即可推导出最大允许温差：

$$\Delta T_{max}=(T-T_c)_{max}=\frac{RT^2}{E_a} \tag{9-54}$$

相应的最小允许冷却介质温度为：

$$T_{c,min}=T-\frac{RT^2}{E_a} \tag{9-55}$$

以上结果说明，对一个高温条件下进行的强放热反应，必须采用高温的介质作为冷却剂。正是这点使反应器传热问题的解决变得更为困难。

值得指出的是，管式固定床反应器的设计必须满足热稳定条件，这是与全混釜反应器的重要差别。因为这里讨论的是反应器局部的稳定性，它是气固反应，其热容量小，飞温和熄火都将是非常迅速的，是难以控制的，不能指望使用一般的控制措施达到闭环稳定。

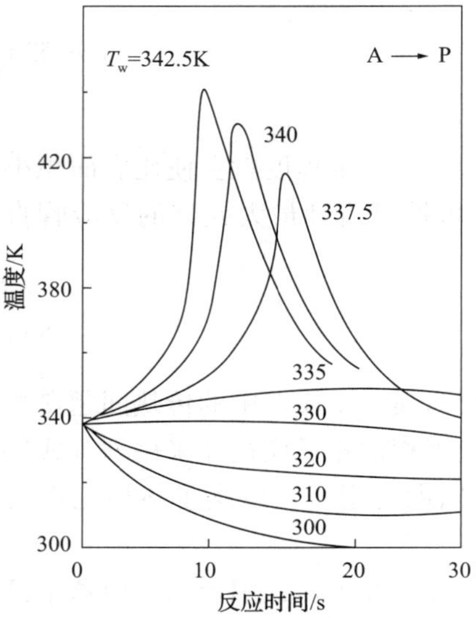

图 9-18 列管式固定床反应器的参数灵敏性

(3) 管式催化反应器的灵敏性

管式固定床反应器即使满足了热稳定条件，但仍然可能有较大的参数灵敏性。进料温度、进口浓度和冷却介质温度等仍然可能对反应器内的温度，特别是对热点温度有较大的影响。图 9-18 就是一个典型的例子，图中表明，当冷却介质温度大于 335K 时，冷却介质温度的微小升温，将导致反应器温度的较大变化，显示出参数灵敏的特征。为了便于操作，必须通过实验研究或模拟计算使操作处在非灵敏区。

(4) 热反馈与整体稳定性

上述讨论的单个催化剂颗粒或者列管式反应器传热问题，都是反应器中的一个微元，分别称为颗粒稳定性或微元的稳定性问题，它们都属于局部稳定性。对整体反应器而言，还有整体的热稳定性问题。

从稳定性问题的讨论中已经知道，如果某一定态处于不稳定状态，则在外界扰动的作用下，最终它会达到上操作点或下操作点进行操作，从而使该微元发生“飞温”或“熄火”现象。但是这种局部的不稳定状态不一定会波及整个反应器的操作状态。例如，假设反应器中没有返混现象存在，则因反应器实际上处于连续操作状态，一旦某一局部发生“飞温”，这部分流体将依次流向下游，最终离开反应器，对整个反应器来说又将恢复到原来的正常操作状态。但是，如果沿反应器的轴向存在着一个反向的热传递过程，即所谓的热反馈，情况就大不一样。假如这个热反馈的速率足够大，就能使某一局部由于不稳定造成的“飞温”后果得以逆向传至上游，从而可能导致整个反应器的“飞温”，即出现反应器的整体热稳定性问题。反应器整体热稳定性现象的前提是热反馈作用的存在。返混、催化剂颗粒的导热作用、流体的导热以及反应器管壁的热传导等都是热反馈因素。

前面讨论中都未涉及这种反向的热传递作用，因而都只表明了它们的局部稳定性，不能说明是否存在反应器整体的热稳定性问题。

一般来说，反应器整体的不稳定状态是反应器正常操作所不允许的。至于局部不稳定的状况是否允许，需视具体情况而定。对气固相催化反应过程而言，即便是局部的不稳定也是不能容忍的。一方面是因为某一局部处于不稳定状态，则在外界扰动影响时它可能到上操作点操作，此时催化剂颗粒温度会有很大程度的提高，就要危及反应的结果，甚至烧毁催化剂和反应设备；另一方面，催化剂颗粒或流体之间都有相当程度的热反馈作用存在，因此一旦局部有了问题就很可能会波及整个反应器的操作。

9.4 固定床反应器的计算方法

固定床反应器工艺计算的内容有三个方面：一是反应器的有效体积即催化剂装填量的计算；二是床高和床径的计算；三是传热面积和床层压力降的计算。

V_R 的计算有经验法和数学模型法两种：经验法是根据空速、空时收率、催化剂负荷等数据，反推完成一定任务所需的催化剂装填量，比较简单；数学模型法按坐标数目分有一维模型和二维模型，按相态分有拟均相模型和非均相模型。

一维模型仅考虑浓度、温度、压力沿轴向的变化，二维模型同时考虑上述参数沿轴向及径向的变化。二维模型通过物料和热量衡算可得到物料与热量衡算方程，为二阶偏微分方程，可以用数值计算法求解。

拟均相法，假定反应发生在整个反应器体积内，而不是局限在催化剂表面；反应器内流体和固体处于相同的状态，这意味着在流体和催化剂表面间不存在温度差和浓度差。拟均相法的实质是按均相法计算气固相固定床催化反应器，拟均相法对多数工程实践已足够准确。非均相法，考虑固体催化剂的存在，需要对固体相和流体相建立物料和能量平衡方程。

9.4.1 经验计算法

经验法主要用于计算催化剂床层体积、传热面积及床层压力降。

9.4.1.1 催化剂用量的计算

由同类装置或中间试验工厂得到的空速数据、催化剂空时收率数据，或催化剂负荷数据等，反推催化剂用量。

(1) 由空速数据计算催化剂用量

$$S_V = \frac{q_{V0}}{V_R} \tag{9-56}$$

式中 S_V——空间速度，h^{-1}；

q_{V0}——入口条件下的体积流量，m^3/h；

V_R——催化剂的体积，m^3。

若知道了同种催化剂在同样的操作条件(温度、压力)下，达到一定的出口转化率的空速 S_V，则可以计算出完成一定的生产任务所需要的催化剂体积。

$$V_R = \frac{q_{V0}}{S_V} \tag{9-57}$$

式中的气体处理量 q_{V0} 由生产规模确定。

采用空速数据要注意条件，有的地方 q_{V0} 规定为标准体积流量，用 $q_{V0}^{\ominus}$ 符号表示，计算时条件要一致。

(2) 由空时收率计算催化剂用量

空时收率是指在一定条件下，单位时间、单位体积催化剂上所能生产的目的产物的量。

$$V_R = \frac{G}{S_w} \tag{9-58}$$

式中 G——目的产物产量，kg/h；

S_w——催化剂的空时收率，kg/ ($m^3 \cdot h$)。

知道了同类催化剂、同样使用条件下的 S_w 数据，由生产任务确定了目的产物的产量后，即可据上式计算出催化剂的需要量。

(3) 由催化剂负荷计算催化剂用量

催化剂负荷是指在一定反应条件下，在单位质量催化剂上，通过化学反应所能转化掉的原料的量。

$$m_s = \frac{m_w}{\rho} \tag{9-59}$$

式中 m_s——催化剂用量，kg；

m_w——原料转化速度，kg/h；

S_G——催化剂负荷，kg/(kg · h)。

单位时间内，知道了同类催化剂在同样使用条件下的负荷数据，由生产任务求出单位时间内需要转化的原料量，即可由上式计算出催化剂的用量，并由催化剂的堆积密度 ρ_B 计算出反应器的有效反应体积。

$$V_R = \frac{m_s}{\rho_B} \tag{9-60}$$

此外由接触时间也可以计算催化剂用量。接触时间通常是指反应气体在反应条件下，通过催化剂床层中自由空间所需要的时间，其单位常用秒表示。接触时间即停留时间，也即反应时间。接触时间越短，表示同体积的催化剂在相同的时间内处理的物料量越多，是表示催化剂处理能力的参数之一。反应条件、温度、压力一般取平均值。

$$\tau_c = \frac{V_R \varepsilon}{q_v} \tag{9-61}$$

式中　τ_c——接触时间，s；

q_V——反应条件下气体的体积流量，m^3/s。

只要知道了同类装置上的接触时间数据，根据生产任务计算出物料处理量 q_V，即可确定催化剂的装填量。

使用经验法计算催化剂的用量，必须注意适用条件：反应器的型式及结构参数，催化剂的型号及粒度，操作压力，反应物系初始组成、最终转化率、气体净化程度及催化剂的使用时间。

9.4.1.2　床高及直径的计算

（1）床径计算(无内件时)

$$D = \sqrt{\frac{4A_t}{\pi}},\ A_t = \frac{q_{V0}}{u_0} \tag{9-62}$$

式中　D——反应器直径，m；

A_1——床层横截面积，m^2；

q_{V0}——按入口条件计的气体体积流量，m^3/h；

u_0——按入口条件计的气体空床线速度，m^2/h；

（2）床高的计算

$$H = \frac{V_R}{A_t} = V_R \frac{u_0}{q_{V0}} \tag{9-63}$$

空床线速度 u_0 的数据来自同类生产装置或试验工厂。计算出床高后要校核床层压力降，若压降过大，则应调整床高和床径的尺寸。V_R 确定了之后，床高 H 增加则气体线速度增加、压力降增大、动力消耗增加；若 H 过小，A_t 会过大，气速过低，不利于传质和传热，并可能影响反应器的热稳定性，床层太薄易出现沟流和短路。

对于列管式的固定床反应器，由同类装置上取得管径数据，然后求出所需管子的数目。

$$n = \frac{A_t}{\frac{\pi}{4} d_t^2} \tag{9-64}$$

式中　d_t——管子内径，m；

n——管子数目。

然后按列管式换热器的计算方法求出反应器的直径，若算出的直径过大，可设计成几个反应器并联操作。

9.4.1.3　催化剂床层传热面积的计算

为满足换热要求，需要确定或校核传热面积，对于换热式的固定床催化反应器，其传热面积的计算方法与一般换热器相同，其计算公式为：

$$A = \frac{Q}{K \Delta t_m} \tag{9-65}$$

式中　A——传热面积，m；

K——总传热系数，J/(m^2·h·K)；

Δt_m——平均传热温差，K；

Q——换热量，J/h。

换热量 Q 可以通过热量平衡求得，Δt_m 可按通用公式计算，K 值可取经验数据或下面的公式计算。

当以管外壁表面积为基准时：

$$K_0=\frac{1}{\frac{1}{\alpha_t}\cdot\frac{d_0}{d_1}+\frac{\delta}{\lambda}\cdot\frac{d_0}{d_m}+\frac{1}{\alpha_0}+R}\tag{9-66}$$

当以管内壁表面积为基准时：

$$K_1=\frac{1}{\frac{1}{\alpha_t}+\frac{\delta}{\lambda}\cdot\frac{d_t}{d_m}+\frac{1}{\alpha_0}\cdot\frac{d_t}{d_0}+R}\tag{9-67}$$

式中 δ——管壁厚度，m；

λ——管壁导热系数，kJ/(m·h·K)；

R——污垢热阻，m^2·h·K/kJ。

下标 0——管外，t——管内，m——平均。

当使用的是新换热式反应器或壁面垢层热阻可以忽略及管壁较薄时，总传热系数的计算公式可简化为：

$$K=\frac{1}{\frac{1}{\alpha_t}+\frac{\delta}{\lambda}+\frac{1}{\alpha_0}}\tag{9-68}$$

9.4.2 数学模型法

数学模型法是20世纪60年代迅速发展起来的先进方法，它建立在对反应器内部过程的本质和规律有一定认识的基础上，用数学方程式来比较真实地描述实际过程——即建立过程的数学模型。运用电子计算机可以进行高倍数放大的设计计算。当然，数学模型的可靠性和基础物性数据测定的准确性是正确设计的关键。在讨论固定床反应器内流体流动、传热和传质过程的基础上，可以建立固定床反应器内传递过程的数学模型，结合反应动力学的数学模型，就得到了描述固定床反应器内全部过程的数学模型。目前，固定床反应器的数学模型被认为是反应器中比较成熟、可靠的模型。它不仅用于设计，也用于检验现有反应器的操作性能，以探求技术改造的途径和实现最佳控制。固定床反应器数学模型分类见表9-2。

表9-2 固定床反应器数学模型分类

A 拟均相 $T_G=T_S C_G=C_S$			B 非均相 $T_c\neq T_s$，$C_G\neq C_s$	
一维	AⅠ	理想流动基础模型	BⅠ	AⅠ+流体与催化剂外表面间温度、浓度梯度
	AⅡ	AⅠ+轴向混合	BⅡ	BⅠ+催化剂内部温度、浓度梯度
二维	AⅢ	AⅡ+径向混合	BⅢ	BⅡ+径向混合

9.4.2.1 拟均相一维理想流动基础模型

这是20世纪50年代主要采用的模型。这个模型假设固定床内流体以均匀速度作理想置换流动。径向无速度梯度和温度梯度，故也无浓度梯度。轴向传热和传质仅由理想置换式的总体流动所引起。由于作了拟均相、一维和理想流动三个基本假设，它完全类似于均相反应器中的理想管式流动反应器。

物料衡算式 $$F_{A0}\mathrm{d}x_A = \rho_B r_A \mathrm{d}V_R = \rho_B r_A(\pi/4)d_t^2\mathrm{d}l \tag{9-69}$$

热量衡算式 $$F_t\overline{MC_p}\mathrm{d}T = F_{A0}\mathrm{d}x_A(-\Delta H_r)_A - K(T-T_S)\pi\mathrm{d}l \tag{9-70}$$

反应动力学方程式

$$r_A = f(x_A, T) \tag{9-71}$$

式中 F_{A0}——反应物 A 进料摩尔流量，kmol/h；

F_t——任一位置总物料摩尔流量，kmol/h；

$\overline{M}$——任一位置总物料平均相对分子质量，kg/kmol；

K——床层与载热体间的总传热系数，kJ/(m^2·h·K)；

$\overline{C}_p$——任一位置总物料平均比热容，kJ/(kg·K)；

T_s——载热体温度，K；

r_A——总反应速度，kmol/(kg·h)；

l——反应器长度方向距离，m；

ρ_B——催化剂床层堆积密度，kg/m^3。

经整理后也可改写成如下微分方程组。

$$\frac{\mathrm{d}x_A}{\mathrm{d}l} = \rho_B\frac{r_A\overline{M}}{Gy_{A0}} \tag{9-72}$$

$$\frac{\mathrm{d}T}{\mathrm{d}l} = \frac{\rho_B r_A(-\Delta H_r)_A}{G\overline{C}_p} - \frac{4K}{G\overline{C}_p d_t}(T-T_s) \tag{9-73}$$

$$r_A = f(x_A, T) \tag{9-74}$$

式中 y_{A0}——进料中组分 A 的摩尔分数。

忽略反应过程体积变化，以反应物 A 的浓度代替转化率，则上述方程组改为：

$$-u\frac{\mathrm{d}C_A}{\mathrm{d}l} = \rho_B r_A \tag{9-75}$$

$$\mu\rho_B\overline{C}_p\frac{\mathrm{d}T}{\mathrm{d}l} = \rho_B r_A(-\Delta H_r)_A - \frac{4K}{d_t}(T-T_s) \tag{9-76}$$

$$r_A = f(x_A, T) \tag{9-77}$$

如反应过程等温，则只需对反应温度下的物料衡算式和反应动力学方程式求解。实际反应器内很难维持等温。由于此法计算简单，有时也用于对非等温反应器进行粗略估算。

如反应过程绝热，则上述热量衡算式中，载热体换热项(右侧第二项)为零。如反应过程非绝热、非等温，则联解上述方程组，结合相应的边界条件，就可以计算出催化剂床层体积和催化剂用量，并得到反应器内沿长度方向各截面上的平均转化率(或浓度)和平均温度，通常求得数值解。

拟均相一维理想流动基础模型，对于热效应较小、反应速度较低、床层内气体流速较大、管径较小的场合，计算结果与实验测定较为一致。在热效应和反应速度较大时，径向的温度梯度和浓度梯度不能忽视，这时如仍采用一维模型就不能预计反应器内温度和浓度的径向分布，不能正确判明热点位置和热点温度值。但是由于一维理想流动基础模型简单，能较快地算出反应器的大体尺寸，估计参数变化所造成的影响，现常用于反应器的初步设计和电子计算机的在线计算和过程控制。

9.4.2.2 拟均相二维模型

前已指出，固定床反应器内径向存在着温度分布。在非等温、非绝热条件下，由于床层导热性较差，床层径向传热阻力不可能为零，则必存在温度梯度。温度对反应速度的影响又进一步增大了径向的浓度梯度。径向的混合扩散虽可减少温度和浓度梯度，但从 $P_{er}\approx 10$ 知径向有效扩散系数 D_{er} 是很小的，径向不可能达到完全混合，径向的温度梯度和浓度梯度也不可避免地存在着。

拟均相二维模型通过床层的径向有效导热系数和表观壁膜给热系数 λ_{er} 描述径向的传热特性。通过径向有效扩散系数 D_{er} 描述混合扩散对传质的影响，从而可以计算出非等温、非绝热固定床反应器内径向和轴向的温度、浓度分布。

【例 9-1】 试计算乙烯催化(以银为催化剂)氧化制环氧乙烷的固定床第一反应器体积、传热面积及床层压力降。

根据两段空气氧化法中试经验，取下列数据为计算条件：

(1) 化学反应方程式

$$C_2H_4+\frac{1}{2}O_2 \longrightarrow C_2H_4O \qquad ①$$

$$C_2H_4+3O_2 \longrightarrow 2CO_2+2H_2O \qquad ②$$

(2) 反应热　根据试验数据，在 298K 时的标准反应热为 $\Delta H_1^{\ominus}=-103.38$ kJ/mol；$\Delta H_2^{\ominus}=-1323.1$kJ/mol。

(3) 进入第一反应器的原料组成：

组分	C_2H_4	O_2	CO_2	N_2	$C_2H_4Cl_2$	合计
体积分数/%	3.5	6.0	7.7	82.8	微量	100

(4) 操作条件　第一反应器进料温度为 483K，反应温度为 523K，反应压力为 981kPa，空速为 $5000h^{-1}$，转化率为 20%，选择性为 66%。

(5) 在 523K、981kPa 条件下，反应气体混合物的物理性质数据：导热系数 $\lambda_f=0.1273$kJ/(m·h·K)，黏度 $\mu_1=2.6\times10^{-5}$Pa·s，密度 $\rho_f=7.17kg/m^3$，各组分在 298~523K 范围内平均气体比热容 C_{pf} 如下：

组　分	C_2H_4	O_2	CO_2	N_2	C_2H_4O	H_2O
C_{pf}/[J/(kg·K)]	1.968	0.963	0.963	1.047	1.382	1.968

(6) 催化剂　球形催化剂 $D_p=5$mm。

(7) 空隙率　$\varepsilon=0.48$。

(8) 换热条件　管间采用道生油强制外循环换热，道生泊进口温度 503K，出口温度 508K，道生油对管壁给热系数 $\alpha_0 = 2717kJ/(m^2 \cdot h \cdot K)$。

(9) 反应器型式　第一反应器采用列管式固定床反应器，管径为 $\phi 27mm \times 2.5mm$。管长 6mm，催化剂充填高度 5.7m。

(10) 技术指标　年工作 7200h，反应后经分离、精制过程，回收率为 90%，第一反应器所生产环氧乙烷占总产量的 90%，要求年产环氧乙烷 1000t。

解：(1) 物料衡算

按年产 1000 t 环氧乙烷计，考虑过程损失后每小时生产的环氧乙烷量 W_G 为

$$W_G = \frac{1000 \times 10000}{0.90 \times 7200} = 154.32kg/h$$

由第一反应器生产的环氧乙烷产量 F_W 为：

$$F_W = 154.32 \times 0.9 = 139kg/h$$

第一反应器加入乙烯量 $F_0(C_2H_4)$ 为

$$F_0(C_2H_4) = \frac{3.16}{0.66 \times 0.20} = 23.94kmol/h$$

按原料气组成，求得原料气中各组分含量为：

$$F_0(O_2) = 23.94 \times \frac{6.0}{3.5} = 41.04kmol/h$$

$$F_0(CO_2) = 23.94 \times \frac{7.7}{3.5} = 52.67kmol/h$$

$$F_0(N_2) = 23.94 \times \frac{82.8}{3.5} = 566.35kmol/h$$

根据乙烯的转化率为 0%，选择性为 6%，按化学反应关系计算反应器中各物质的变化量为：反应①消耗乙烯量 $23.94 \times 0.2 \times 0.66 = 3.16kmol/h$

消耗氧气量 $3.16 \times 0.5 = 1.58$ kmol/h

生成环氧乙烷量 3.16 kmol/h

反应②消耗乙烯量 $23.94 \times 0.2 \times 0.34 = 1.63kmol/h$

消耗氧气量 $1.63 \times 3 = 4.89$ kmol/h

生成二氧化碳量 $1.63 \times 2 = 3.26$ kmol/h

生成水量 $1.63 \times 2 = 3.26$ kmol/h

因此反应器出口气体中各物质含量为：

$F(C_2H_4) = 23.94 - 3.16 - 1.63 = 19.15$ kmol/h

$F(O_2) = 41.04 - 1.58 - 4.89 = 34.57$ kmol/h

$F(CO_2) = 52.67 + 3.26 = 55.93$ kmol/h

$F(N_2) = 566.35$ kmol/h

$F(C_2H_4O) = 3.16$ kmol/h

$F(H_2O) = 3.26$ kmol/h

将以上计算结果列物料衡算表如下：

物　　料	进料		出料	
	F_0/(kmol/h)	W_0/(kg/h)	F_0/(kmol/h)	W_0/(kg/h)
乙烯	23.94	670.32	19.15	536.2
氧	41.04	131.28	34.57	1106.24
二氧化碳	52.67	2317.48	55.93	2460.92
氮	566.35	15857.80	566.35	15857.80
环氧乙烷			3.16	58.68
水			3.26	58.68
合计	684	20158.88	682.42	20158.88

(2) 计算催化剂床层体积

进入反应器的气体总流量 $F_0=684\text{kmol/h}$，给定空速 $S_V=5000\text{h}^{-1}$，则反应器中催化剂的装填体积 V_R 为：

$$V_R=\frac{q_{V0}}{S_V}=\frac{684\times22.4}{5000}=3.06\text{m}^3$$

(3) 反应器管数的计算和确定

给定管子规格 $\phi27\text{mm}\times2.5\text{mm}$，故管内径 $d_t=0.022\text{m}$，管长 $l=6\text{m}$，催化剂充填高度 $L=5.7\text{m}$，所以反应器管数 n 为

$$n=\frac{V_R}{\frac{\pi}{4}d_t^2\cdot L}=\frac{3.06}{0.785\times0.022^2\times5.7}=1413\text{ 根}$$

如果采用正三角形排列，取实际管数为 $N=1459$ 根。

(4) 第一反应器内径的确定

按三角形排列，取管心距 $t=1.5d_0$，最外端管心与反应器器壁距离 $e=60\text{mm}$，则管排总截面积 A'_t 为

$$A'_t=Nt^2\sin60°=1459\times(1.5\times0.027)^2\times\frac{\sqrt{3}}{2}=2.073\text{m}^2$$

反应器内径 D 为

$$D=\sqrt{\frac{4A'_t}{\pi}}+2e=\sqrt{\frac{4\times2.073}{3.14}}+2\times0.06=1.745\text{m}$$

取反应器内径 D 为 1.75m。

(5) 计算并校核传热面积

根据 $$A=\frac{Q}{K\Delta t_m}$$

① 热量衡算(基准温度取 298K)

A. 气体原料带入热量 Q_1 的计算

$$Q_1=(670.32\times1.968+1313.28\times0.963+2317.48\times0.963+15857.8\times1.047)\times(483-298)$$
$$=396.2\times10^4\text{kJ/h}$$

B. 反应后气体产物带走热量 Q_2 的计算

$$Q_2=(536.2\times1.968+1106.24\times0.963+2460.92\times0.963+1587.8\times1.047+$$

139.04 × 1.382 + 58.68 × 1.968) × (523 − 298) = 481.5 × 10^4kJ/h

C. 反应热 Q_r 的计算

$$Q_r = 3.16 \times 10^3 \times 103.38 + 1.63 \times 10^3 \times 1323.1 = 248.3 \times 10^4 \text{kJ/h}$$

D. 传给道生油的热量 Q 的计算

按热量衡算原理(忽略散热损失)：$Q_1 - Q_2 + Q_r - Q = 0$

则传热量 Q 为

$$Q = Q_1 - Q_2 + Q_r = (396.2 - 481.5 + 248.3) \times 10^4 = 163 \times 10^4 \text{kJ/h}$$

② 计算总给热系数 K

$$K = \frac{1}{\dfrac{1}{\alpha_t} + \dfrac{\delta}{\lambda} \cdot \dfrac{d_t}{d_m} + \dfrac{1}{\alpha_0} \cdot \dfrac{d_t}{d_0} + R}$$

其中床层(被冷却时)对壁的总给热系数 α_t 为

$$\alpha_t = \frac{\lambda_1}{d_t} \cdot 3.5 \left(\frac{d_p G}{\mu}\right)^{0.2} \exp\left(-4.6 \frac{d_p}{d_t}\right)$$

式中　$G = \dfrac{20158.88}{1459 \times 0.785 \times (0.022)^2} = 36.366 \times 10^3 \text{kg/(m}^2 \cdot \text{h)}$

$$Re = \frac{d_p G}{\mu_t} = \frac{0.005 \times 36.366 \times 10^3}{2.6 \times 10^{-5} \times 3600} = 1943$$

$$\alpha_t = \frac{0.1273}{0.022} \times 3.5 \times (19430)^{0.7} \times \exp\left(-4.6 \times \frac{0.005}{0.022}\right) = 1426.8 \text{kJ/(m}^2 \cdot \text{h} \cdot \text{K)}$$

给定 $\alpha_0 = 2717 \text{kJ/(m}^2 \cdot \text{h} \cdot \text{K)}$；$\delta = 0.0025\text{m}$；$d_t = 0.022\text{m}$；$d_0 = 0.027\text{m}$；

$$d_m = \frac{0.027 + 0.022}{2} = 0.0245\text{m}$$

另外查得碳钢管的导热系数 $\lambda = 167.5 \text{kJ/(m} \cdot \text{h} \cdot \text{K)}$；较干净壁面污垢热阻

$$R = 4.78 \times 10^{-5} \text{m}^2 \cdot \text{h} \cdot \text{K/kJ}$$

将以上数据代入计算式，得

$$K = \frac{1}{\dfrac{1}{1426.8} + \dfrac{0.0025}{167.5} \times \dfrac{0.022}{0.0245} + \dfrac{1}{2717.0} \times \dfrac{0.022}{0.027} + 4.78 \times 10^{-5}}$$

$$= 942 \text{kJ/(m}^2 \cdot \text{h} \cdot \text{K)}$$

③ 计算平均温度差(传热推动力) Δt_m

因为转化率较低，故可将反应器整个床层近似看成等温为 523K，则 Δt_m 为：

$$\Delta t_m = \frac{(523 - 503) + (523 - 508)}{2} = 17.5\text{K}$$

因此所需要的传热面积 A 的计算值为

$$A = \frac{Q}{K \Delta t_m} = \frac{163 \times 10^4}{942 \times 17.5} = 98.9\text{m}^2$$

核算传热面积：

按计算得出的反应器的管数，管子的实际传热面积 A' 为

$$A' = n\pi d_1 \cdot L_0 = 1459 \times 3.14 \times 0.0245 \times 5.7 = 639.77\text{m}^2$$

因为 $A' = 639.77\text{m}^2 > 98.9\text{m}^2$，说明能满足传热要求。

(6) 计算床层压力降

修正雷诺准数 Re_m 为

$$Re_m = \frac{d_s G}{\mu_1} \cdot \frac{1}{1-\varepsilon} = 1943 \times \frac{1}{1-0.48} = 3736 > 1000，属湍流$$

故床层压力降为

$$\Delta p = f\frac{Lu_0^2\rho(1-\varepsilon_B)}{d_S\varepsilon_B^3} = 1.75\frac{\rho_f u_0^2}{d_s}\frac{L_0(1-\varepsilon)}{\varepsilon^3} = 1.75\frac{\frac{G^2}{\rho_f}}{d_s}\frac{L_0(1-\varepsilon)}{\varepsilon^3}$$

$$= 1.75 \times \frac{(36366/3600)^2}{0.005 \times 7.17} \times \frac{5.7 \times (1-0.48)}{0.48^2}$$

$$= 133.5 \times 10^3\text{kg/m} \cdot \text{s}^2 = 133.5\text{kPa}$$

9.5 固定床反应器设计和操作的几个工程问题

在工业反应器设计和操作中需要注意几个工程问题，这里作简要综述。

9.5.1 气体分布装置

流体分布均匀是固定床反应器设计中的一个重要问题，无论是从单管反应器或是绝热反应器的实验数据放大到工业装置后，所有达不到小试的转化率和收率的一个重要原因往往是流体流动特性的变化。尽管在单管试验的流动可以保证达到平推流，但由于工业反应器进、出口管设计不合理，导致流体流动不均匀，使进入每根管的进料流量不相同。在绝热式反应器内由于设计原因也同样会导致流体在床层流动的不均匀，结果出现沟流和死角等，造成与小试平推流流动的均匀速度分布偏离，使一部分气体在床层内停留时间长，另一部分气体停留时间短，由于停留时间长的物料转化率的增长，并不能弥补停留时间短的气体转化率的下降所造成的损失，使最终转化率下降。同时，由于反应转化率的不同，反应放出或吸收的热量也不相同，使反应器内各处的温度不均匀，操作温度条件难以符合适宜的工艺要求。

在工业装置中造成气流不均匀分布的主要原因是：

① 进口条件。工业设备较大，气体由管道进入反应器内，气体通道截面发生突然增大，或者由于进口管安装在反应器一侧等，都会造成气体进入床层时分布不均匀。

② 床层催化剂的均匀性。床层催化剂颗粒的不均匀性会使气体再分配时变得不均匀。

③ 出口条件。出口管过小或安置在一侧，也会造成气体在离开床层前过早地收缩或偏向出口侧。

床层催化剂的均匀性可以通过严格选择催化剂的粒度、提出一定的强度要求以及仔细地装填予以保证。为了消除进口气体过大的初始动能以及气体均匀地导入床层截面，常在进口管的出口端设置预分布器。预分布器有多种型式。最简单的是单级挡板气体分布器，它是由钻有小孔的气体分布板和拉杆组成。分布板也可以呈伞型或锥型，其分布效果较单级挡板气体分布器好。气体分布器的另一种型式是多层环板式分布器，它由一串间隔相等的空心环板组成，最下一块为实心圆板或开孔板。气体分布器的设计应该使板的开孔面积大，气体穿过的压力降小，气体流动分散。在床层顶部和底部各铺设一层惰性填料如氧化铝球，也是帮助流体分布的一种措施。顶部的惰性填料还可以避免催化剂层表面受到气流直接冲击，防止污染物带入催化剂层的作用。

填料层高为颗粒直径的 50 倍时，可产生良好的分布。一般认为出口条件对床层流体分布的影响较进口条件的影响小。

对于多段绝热式反应器，为了控制温度或工艺上的需要，有时在段间加入原料气，这就要求加入的原料气与来自上一段的生成气混合均匀后，再进入下一段的催化剂层，这种混合可以在设置于反应器外的混合装置如静态混合器、文氏混合器内完成，甚至气体在管道的流动中完成。对要求在反应器内完成混合的情况，往往将原料气通过分布器分散，再与生成气均匀混合。

多孔分布器的设计，要求各小孔流出的气体均匀。一般，当流体通过小孔的压降为整个流体通过分布管全程长度时压降的 100 倍以及分布管 L/D 不大于 70 时，可期望流体能沿小孔均匀分布。

目前对流体流动现象分析还只限于定性的了解，设计时唯一有效的方法是通过冷模试验。由于大装置的流动状态与小装置毫无相似之处，所以试验在接近工业装置的大装置上进行大型冷模试验是十分重要的。

9.5.2 支承结构

催化剂在反应器内被支承的方式主要有两种：一种是以惰性填料支承。这种形式最为方便，但需要有一个气体出口过滤器。过滤器的外径约为反应器内径 25%的圆筒，沿圆筒四周围有金属丝网，它的作用是防止出口气体将破碎的催化剂或粉末带出反应器，造成后面管路堵塞。另一种支承是用格栅板，整个格栅放在焊于设备壳体上的支承环及支承梁上。对直径较大的反应器，格栅可以分块，格栅的开孔面积大于 70%。在催化剂与支承格栅之间，或在催化剂与惰性填料之间放有金属筛网，尺寸按最小催化剂直径选择，并有足够的开孔面积。格栅支承的反应器需有人孔，催化剂须从人孔卸出或用真空卸料机吸出，而支承催化剂的惰性填料可直接从卸料口放出。所有床层内的各部件应该都能从人孔取出。

9.5.3 床层阻力的均匀性

要使气体均匀分布，除了从气体分布器设计上考虑外，使床层阻力均匀也是很重要的条件。对于一定大小的颗粒，催化剂堆放的好坏将会直接影响床层阻力的均匀程度，而且与反应结果直接有关。对于列管式固定床反应器，要求各根管子的阻力降相差不大于 5%，在工业上一般是将催化剂预先称量，使各根管子装入量相等，并且装填到同样的高度，还要保证较为一致的疏密程度。对装填好的各管还要逐管测试压降，根据偏差大小，采用吸出少量催化剂或补加惰性填料的方法调整到所要求的压差。

此外，尽管在堆放时催化剂被均匀放置，如果在使用过程中由于催化剂粉化同样还会造成固定床床层阻力不同而引起气流分布不均匀，所以工业上使用的催化剂应该有一定的强度。

9.5.4 温度控制

温度是反应速率的敏感参数，温度将对反应结果起着至关重要的影响。每个反应过程都有最适宜的温度范围，要求有一定的床层温度分布，对列管式固定床反应器还存在热点温度的控制问题。因此反应器温度的控制和调节的主要目的是保持一定的床层温度分布和控制热点温度。

对确定的反应器和反应体系，影响床层温度分布和热点温度的操作参数主要是流体进口温度、进口浓度、流体流量，对列管式反应器最重要的是冷却介质温度。采用哪一个参数作为调节手段要视系统的整个流程，还取决于各个参数的灵敏性。

要达到一定的物料进口温度，必须先将原料进行预热。原料的预热可以是利用系统中自身的热量来进行热量交换，如对放热反应则利用出口反应气体的热量预热进口原料气体，也可以用外加热方式使其达到预定温度。

对于列管式固定床反应器在管间冷却介质的选择视反应温度而定，可以是热稳定的油、水、加压水或熔盐等。冷却介质温度的控制必须考虑反应过程的热稳定性和参数灵敏度。

固定床反应器的日常运行与操作

随着催化剂使用时间的增长，催化剂的活性将逐渐下降，从床层温度而言，在列管式反应器中表现为热点温度的下降和位置下移；在绝热式反应器中则表现为进出口温度差的逐渐减小；与此同时，转化率也将随之降低，为了维持原有的床层温度分布，在操作过程中，随着催化剂活性的下降，应根据不同情况相应地逐渐提高进口温度、浓度或冷却介质温度。

本章小结

1. 固定床反应器结构简单，需要的辅助设备少，操作容易，在三种气固相催化反应器中应用最为广泛。固定床反应器按反应中与外界有否热量交换可以划分为两大类：绝热式和换热式。关注两类固定床反应器的应用场合和注意问题。

2. 气固相催化反应过程通常由内外扩散、吸附与脱附、反应过程串联而成，其总反应速率由反应控制步骤决定，包括动力学控制(表面过程控制)、内扩散控制和外扩散控制。传质和传热是非均相反应过程伴生的现象，它起因于反应物料在催化剂颗粒内、外表面与流体主体之间存在的传质和传热阻力。

3. 颗粒内存在传质阻力的结果是使催化剂表面上反应物浓度下降，产物浓度上升。其对反应速率和选择性的利弊取决于影响反应速率和选择性的浓度效应。

4. 催化剂颗粒内、外的传热阻力是影响温度效应的工程因素。颗粒内部传热主要靠热传导，颗粒外部传热主要靠对流传热。在多数工业装置中可以不考虑颗粒内部温差。颗粒外表面与流体主体间可能存在传热阻力，它的极限温差对气固系统约等于绝热温升 ΔT_{ad}。热温升是催化剂颗粒尺度放热强弱的判据，仅由物系性质所决定。

5. 据催化剂颗粒内质量传递和热量传递对反应结果的影响，应考虑固体催化剂结构形态设计的有关内容，如催化剂的形状、粒度和粒度分布、床层空隙率等。

思　考　题

1. 简要叙述固定床反应器的特点。

2. 单段和多段绝热式固定床反应器的特点及适用范围。什么是自热式固定床反应器？它有什么优缺点？在什么场合下使用较为合适？

3. 强放热固定床催化反应器为什么做成列管式结构？对管径有何要求？

4. 固定床的传质包括哪几方面？

5. 固定床的传热问题包括哪几方面？主要是什么？

6. 若有一固定床反应器所用的球形催化剂的有效系数 η 远小于1，欲增大 η 值可采取什么措施？(由 η 的计算公式及 ϕ 的计算公式分析)

7. 什么是控制步骤？动力学控制、内扩散控制、外扩散控制的气固相催化反应发生的场合、现场(实验)表现及浓度分布的特征是什么？

8. 内、外扩散阻力的存在对平行反应及连串反应的选择性有什么影响？

习　题

1. 若气体通过固定床的线速度按空床计算时为 0.2m/s，则真正的线速度应为多少？已知所充填的固体颗粒的堆积密度为 $1.2g/cm^3$，颗粒密度为 $1.8g/cm^3$。

2. 在一总长为 4m 的填充床中，反应气体以 $2500kg/(m^2 \cdot h)$ 的质量速度通过，床层中球形粒子的直径 $d_P=3mm$，床层空隙率 $\varepsilon_B=0.45$，气体的黏度 $\mu_g=1.80\times10^{-5}Pa \cdot s$，气体密度 $\rho=12.5kg/m^3$，求床层压力降？

3. 在由直径为 3mm 的多孔球形催化剂组成的等温固定床中进行一级不可逆反应，反应速度常数为 $0.8s^{-1}$，有效扩散系数为 $0.0013cm^2/s$。当床层高度为 2m 时，可达到所要求的转化率，为降低压降，改用直径为 6mm 的球形催化剂，k_v、D_e 均不变，其他操作条件也不变，试计算：(1)催化剂的床层高度；(2)床层压力降减小的百分率。

4. 用异丙基苯为原料进行催化裂化反应，设反应为一级反应，$T=783K$ 时，测得反应速度常数为 $k=0.716cm^3/(g \cdot s)$，催化剂为球形硅酸铝，$d_p=0.43cm$，颗粒密度为 $1.14g/cm^3$，$D_e=1.2\times10^{-3}cm^2/s$，求 $\eta_{内}$。

5. 一工业固定床绝热反应器，用新鲜催化剂操作时，反应器进出口的气体温度分别为400℃及420℃。经过一段时间的操作，催化剂活性下降，为维持原来的转化率水平，将进料温度提高到440℃，出口气体温度相应地变为460℃，如反应活化能为25000cal/mol，试估计催化剂活性下降的百分率。

6. 在常压下，在氧化铬/氧化铝催化剂上，丁烷脱氢反应为一级反应。拟在装有直径为4mm 的球形催化剂的固定床反应器中，将100kg/h 丁烷脱氢以生产丁烯，反应在530℃等温进行，催化剂的平均孔径为100A，孔容为 $0.34cm^3/g$，颗粒密度为 $1.2g/cm^3$，曲率因子取2.8，530℃时反应速率常数为 $0.94cm^3/(g \cdot s)$。求丁烷转化率达到28%所需催化剂的量。

7. 乙炔与氯化氢在氯化汞-活性炭催化剂上合成氯乙烯：$C_2H_2+HCl \rightarrow C_2H_3Cl$，测得在1atm(绝)、175℃及进料摩尔比为 $HCl/C_2H_2=1.1/1$，数据如下：

x_A	0	0.2	0.4	0.6	0.8	0.92	0.99
$r_A/[10^3mol/(s \cdot g催化剂)]$	5.73	4.92	4.17	3.06	1.75	0.389	0.0835

今在固定床中要求达到99%的转化率，而且生产能力为1000kg/h，设床内等温，并且为平推流式，催化剂堆积密度为 $0.40g/cm^3$，求所需催化剂体积。

8. 以硅酸铝为催化剂，在常压和773K下进行轻油催化裂化，是一个吸热反应(ΔH)=−167400J/mol，已知催化剂的 $\lambda_e=36\times10^{-4}$ $J/(cm \cdot s \cdot K)$，$D_{eff}=8.0\times10^{-4}cm^2/s$，求 T_{max} 为多少？

9. 一级不可逆气相反应 A→B，在装有球形催化剂的微分固定床反应器中进行，温度为400℃等温，测得在反应物浓度为 $0.05kmol/m^3$ 时，其反应速率为 $2.5kmol/(m^3 \cdot min)$，该温度下以单位体积床层计的本征速率常数 $k_v=50s^{-1}$，A 的有效扩散系数为 $0.03cm^2/s$，试求：(1) 反应条件下的内扩散有效因子；(2) 反应器中所装催化剂颗粒的半径。

第10章　流化床反应器

流体自下而上通过固体颗粒床层，到流体速度增加到一定程度时，颗粒被流体托起作悬浮运动，这种现象叫固体流态化。利用流态化技术进行化学反应的装置叫流化床反应器。

流化床反应器是工业上较广泛应用的一类反应器，适用于催化或非催化的气固、液固和气液固反应系统。流化床反应器有传质、传热速率高，床温均匀的突出优点，多用于强放热的催化反应，如丙烯氨氧化制丙烯腈和催化裂化反应，便于移走反应热。另外，催化剂使用寿命短，操作较短时间就要更新或活化的反应，或某些在高浓度下操作比较安全的氧化反应以及有爆炸危险的反应，都比较适用流化床反应器，可收到提高生产能力并减少分离、精制难度的效果。

10.1　流化床反应器的特点及结构

10.1.1　流化床反应器的工业应用及特点

流化床反应器在工业中的应用可分为催化过程和非催化过程两大类。

催化过程的主要特点是固体颗粒为催化剂。催化剂的活性随反应而下降，需取出再生或补充新的催化剂以维持器内催化剂的平均活性。

催化裂化是利用流化床反应器的规模最大的工业生产过程，裂化反应与催化剂再生分别在两个设备中进行，如图10-1所示。流化床反应器也广泛用于合成反应，如萘氧化制苯酐、乙烯氧化制环氧乙烷、乙炔与乙酸合成乙酸乙烯酯等，其反应器结构依次参见图10-2、图10-3和图10-4。

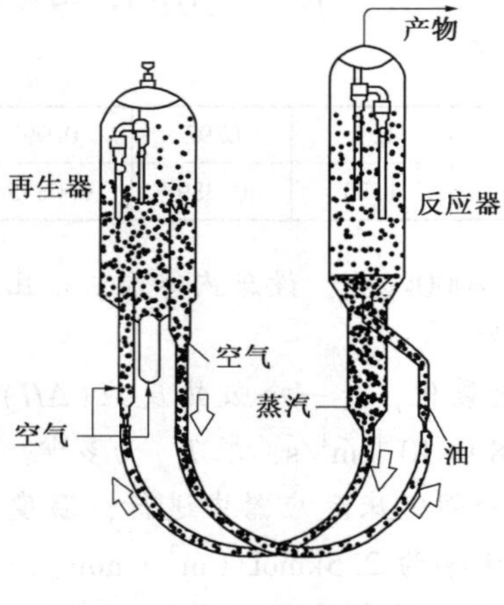

图10-1　SODⅣ型流化催化裂化装置图

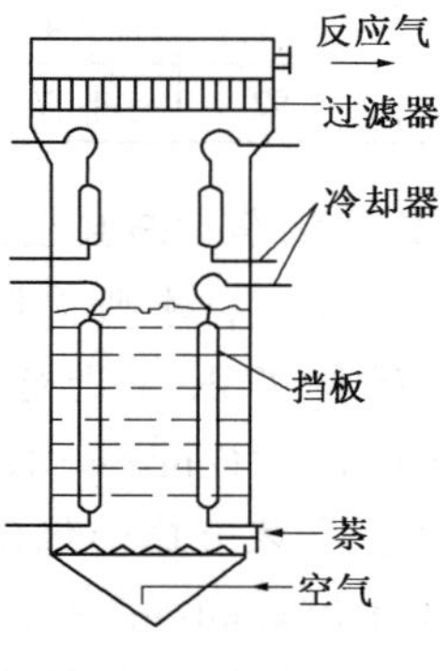

图10-2　萘氧化反应器

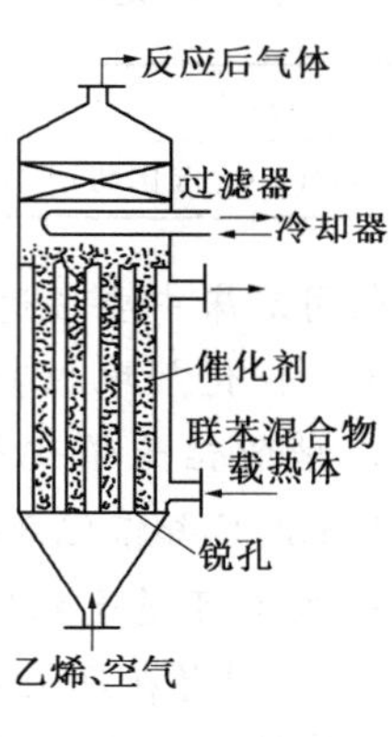

图10-3　制取环氧乙烷的流化反应器

矿物加工为非催化反应过程，多采用流化床反应器。如硫铁矿焙烧、氧化铁矿石还原、石灰石焙烧等。图 10-5 为多层流化床焙烧石灰石反应器。

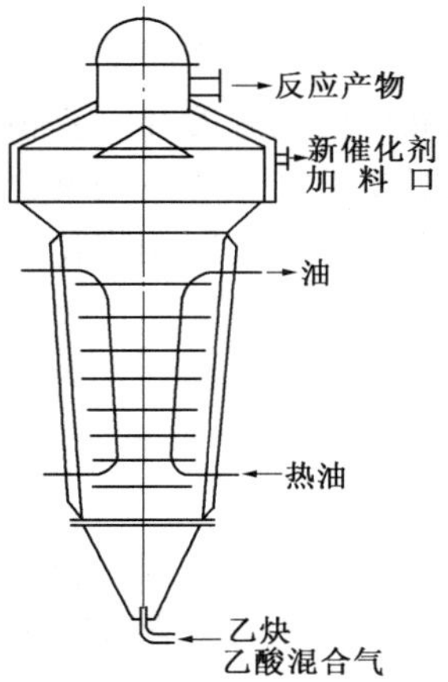

图 10-4　乙炔与乙酸合成乙酸乙烯反应器

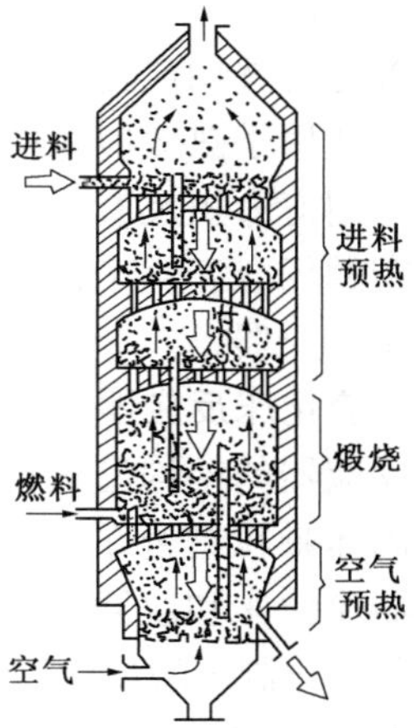

图 10-5　工业石灰石煅烧炉

流化床反应器之所以在化学工业中得到广泛的应用，是由于它与固定床反应器相比具有以下优点：

① 从对催化剂的要求看，流化床可采用小颗粒且粒度范围较宽的催化剂，从而增大了气固相间的接触面积。

② 从传热上看，由于流化床采用小颗粒催化剂，流体与催化剂颗粒间的传热面积很大，加之快速循环的催化剂颗粒的冲刷作用，使得催化剂颗粒之间、床层与器壁及换热器壁之间的给热系数增大，传热速率加快，所需传热面积较小，使反应温度易于控制。另外，由于流体与颗粒间的剧烈搅动混合，使床层温度均匀，避免了固定床反应器中的“热点”现象。

③ 从传质上看，由于催化剂颗粒和流体处于剧烈搅动状态，气固相界面不断更新，使传质系数增大；加之催化剂粒度小，单位体积催化剂具有很大的表面积，使传质速率加快。

④ 从操作上看，由于流化床中的固体颗粒有类似于流体的流动性，所以从床层中取出颗粒和加入新的颗粒都很方便，对于催化剂易于失活的反应，可使反应过程和催化剂再生过程连续化，且易于实现自动控制。

⑤ 从生产规模上看，流化床传热良好，设备结构简单，投资省，适合于大规模生产。

流化床由于气流和固体颗粒间的剧烈搅动也产生一些缺点：

① 由于颗粒的剧烈湍动，造成固体颗粒与流体的严重返混，导致反应物浓度下降，转化率下降。

② 对气固流化床，气体以气泡形式通过床层，常发生气体短路与沟流，严重降低了气固相接触效率，使反应转化率下降。对于复杂反应则不利于选择性的提高。

③ 催化剂颗粒之间的剧烈碰撞，造成催化剂破碎率增大，增加了催化剂的损耗，需增设回收装置。

④ 由于催化剂颗粒与器壁的剧烈碰撞，易造成设备及管道的磨蚀，增大设备损耗。

流化床反应器中的气泡现象，使床层中气体和固体催化剂处于复杂的运动状态，造成床层的不均匀性。流化床技术应用中的突出问题是流化床反应器的设计和放大。近年来，人们对流化态技术的研究取得很大进展，研究重点以气泡模型和两相模型为基础，研究流化床中气固流动、传质、混合、扬析等问题，在一定程度上有可能对流化床进行理论计算，因此设计中仍以经验方法为主。

工业装置是否选用流化床反应器，应考虑上述优缺点后结合反应动力学特性决定。一般流化床反应器适用于热效应大的反应；要求有均一的催化反应温度并需要精确控制温度的反应；催化剂使用寿命短及有爆炸危险的场合。不适用于要求转化率高的场合和要求催化剂床层有温度分布的场合。鉴于化工生产中使用的流化床大部分是气固相流化床，本章主要讨论气固相流化床反应器。

10.1.2 流化床反应器的类型及结构

流化床反应器的结构型式很多，一般可分为以下几种类型。

（1）按固体颗粒是否在系统内循环分类

分为单器流化床和双器流化床。单器流化床多用于催化剂使用寿命较长的气固相催化反应过程，如萘氧化制苯酐反应器、乙烯氧化制环氧乙烷反应器，其结构见图 10-2、图 10-3。双器流化床多用于催化剂使用寿命较短容易失活的气固相催化反应过程。如图 10-1 所示的催化裂化反应器。催化裂化采用硅铝催化剂，重质油在催化剂上裂解获得轻质油和气态烃，同时发生结焦反应。这些焦炭沉积在催化剂的表面，使催化剂丧失活性，使得催化裂化过程不能继续进行。为使催化裂化过程能连续进行，就必须设法将沉积在催化剂表面上的焦炭烧去，烧焦过程在再生器中进行。焦炭燃烧时生成的热量加热了催化剂粒子，加热后的催化剂所带的显热又成为裂化过程中所需要的热源。催化剂在反应器和再生器之间的循环是通过控制两器的密度差来实现的。

（2）按床层外形分类

分为圆筒形和圆锥形流化床。圆筒形流化床结构简单，制造容易，设备容积利用率高。圆锥形流化床（如图 10-4 所示）结构比较复杂，制作比较困难，但由于它的截面自下而上逐渐扩大，也具有很多突出的优点。

① 可适应低气速条件下的操作。对于粒度分布较宽的体系，圆锥床底部的高气速可保证粗颗粒的流化，顶部的低气速则可减少小颗粒的夹带，从而获得较好的流化质量。

② 圆锥形流化床底部气体和固体颗粒的剧烈湍动，可使气体分布均匀，从而大大简化了气体分布板的设计。

③ 对于反应速度快和热效应大的反应，床层底部的高速湍动可强化传热，使反应不至于过分集中在床层底部，防止分布板处产生死区、堵塞和烧结现象。

④ 可适应气体体积增大的反应。反应过程中气体在床中上升，随静压力的减小，体积会相应增大，若反应为分子数增加的过程，则气体体积会增大更多，采用圆锥床可适应这种体积增大的特点，使流化更趋平稳。

（3）按反应器层数分类

可分为单层流化床和多层流化床。单层流化床中催化剂单层放置，床层温度、粒度分布和气体浓度都趋于均一。当过程对温度和浓度的分布有特定的要求或对热能的回收有较高的要求时，就需要采用多层流化床。图 10-5 为一多层流化床反应器，反应器分为五层，上部三层为预热段，顶层石灰石温度为 500℃，第二层为 730℃，第三层为 850℃。第四层为煅烧室，其中温度高达 1015℃，热量靠喷入的燃料油燃烧后产生。底层是空气预热段，也是生石灰冷却段，温度约为 360℃。

(4) 按床层中是否设置内部构件分类

分为自由床和限制床。床中不专门设置内部构件以限制气体和固体流动的称自由床，反之则为限制床。自由床一般适用于反应热效应不大、副反应不太严重的反应过程，换热只需由外壁进行的情况。对于反应热效应高且具有串联副反应的过程，则采用限制床。限制床内部构件可控制气泡，保证流化状态，增进气固接触效率，减少气体返混，减少粒子的带出，改善气体的停留时间分布。许多流化床多采用挡板、挡网等作为内部构件。

尽管流化床反应器的结构型式很多，但无论什么型式，一般都由反应器主体、气体分布装置、内部构件、换热装置、气固分离装置等组成。见图 10-6。

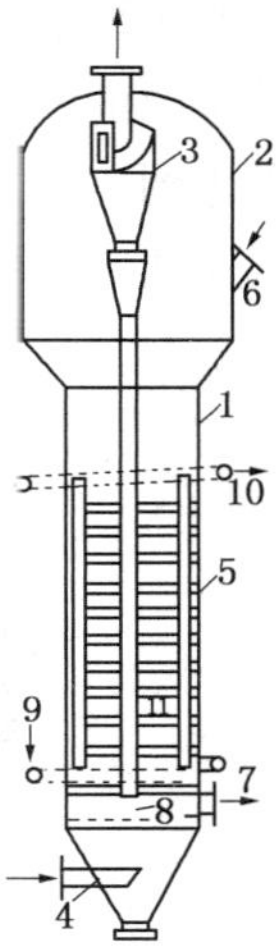

图 10-6　流化床反应器

1—反应器主体；2—扩大管；3—旋风分离器；4—流化气体入口；5—换热管；6—催化剂入口；7—催化剂排出口；8—气体分布器；9—冷却水进口；10—冷却水排出口；11—内部构件

① 流化床反应器主体。按床层中的介质密度分布分为浓相段(有效体积)和稀相段，底部没有锥底，有些流化床的上部还设有扩大段，用以增强固体颗粒的沉降。

② 气体分布装置。气体分布装置包括气体预分布器和气体分布板两部分。其作用是使气体均匀分布，以形成良好的起始流化条件，同时支承固体颗粒。

③ 内部构件一般设置在浓相段，有水平构件和垂直构件之分，主要用来破碎气体在床层中产生的大气泡，增大气固相间的接触机会，减少返混，从而增加反应速率和提高转化率。内部构件包括挡网、挡板和填充物等。在气流速度较低、催化反应对于产品要求不高时，可以不设置内部构件。

④ 换热装置。流化床的换热装置可以装在床层内，也可以采用夹套式换热。作用是用来及时取出或供给热量。流化床反应器的传热速率远远高于固定床，因此，同样反应所需的换热装置要比固定床中的换热装置小得多。根据需要分为外夹套换热器和内管换热器，也可采用电感加热。

⑤ 气固分离装置。由于流化床内的固体颗粒不断地运动，引起粒子间及粒子与器壁间的碰撞而磨损，使上升气流中带有细粒和粉尘。气固分离装置用来回收这部分细粒使其返回床层，并避免带出粉尘影响产品的纯度和污染环境。常用的气固分离装置有旋风分离器和过滤管(内过滤器)。

10.2　流化床反应器内的流体流动

10.2.1　固体流态化的形成

当流体自下而上通过颗粒床层时，随着流速的增加，流体的压降将发生变化。床层压降、空隙率与流速的关系如图 10-7 所示。流速较低时，颗粒静止不动，局限于固定床范围，流体从颗粒之间的缝隙穿过，床层的摩擦压降随流速增大而增大，空隙率为一常数。当流速增加到一定值时，床层的摩擦压降增大到恰好等于单位床层截面积的颗粒重量 W，这时颗粒不再由分布板所支承，而是全部由流体的摩擦力所承托。对单个颗粒来讲，它不再依靠与邻近颗粒的接触而维持它的空间位置，而是在床层中作自由运动。此时整个床层具有了流体的状态，床层上部具有一个水平的界面。这种状态被称之为流态化。颗粒处于运动状态而容器内床层又具有明显的界面，称为流化床。刚好开始形成流化床时的空床流速称为临界流化速度 u_{mf}，此时的床高称为临界流化床高 L_{mf}。流速继续增大，床层摩擦压降依旧不变，但床面膨胀上升，空隙率增大，床面以下称为浓相，床面以上称为稀相。进一步增大流速，颗粒将溢出容器，相对应的空床流速称为带出速度 u_t。如果容器高度无限，则床层最终将膨胀到无限高，空隙率达到 1。由于实际床层不可能无限高，因而随着颗粒不断溢出，床中颗粒不断减少，摩擦压降随之下降，最终为零。

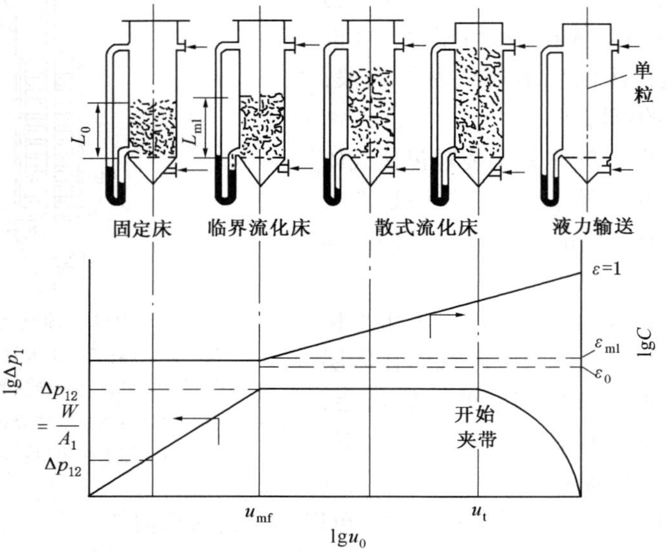

图 10-7　流态化现象

10. 2. 2　流态化的类型及特征

（1）理想流态化

以上所述的流态化过程为理想流化状态，它具有以下几个特征：

① 有一个明显的临界流化点及临界流化速度 u_{mf}，当流速达到 u_{mf}时，整个床层开始流态化；

② 流态化床层的压降为一常数；

③ 流态化床层具有一个平稳的床层界面；

④ 流态化床层的空隙率均匀，不因床层的位置变化。

（2）散式流态化和聚式流态化

不同的流体，固体流化现象也不同，一般可分为聚式流化和散式流化。对于液固系统，当流速高于最小流化速度时，随着流速的增加，得到的是平稳的、逐渐膨胀的床层，固体颗应均匀地分布于床层各处，床面清晰可辨，略有波动，但相当稳定，床层压降的波动也很小且基本保持不变。即使在流速较大时，也看不到鼓泡或不均匀的现象。这种床层称为散式化床，或均匀流化床、液体流化床。

当流体为气体时，即气固系统的流化床中，气体流速超过临界流化速度以后，有相当一部分气体以气泡形式通过床层，气泡在床层中上升并相互聚并，引起床层的波动，这种波动随流速的增大而增大。同时床面也有相应的波动，波动剧烈时，很难确定其具体位置，这与液固系统中的清晰床面大不相同。由于床内存在气泡，气泡向上运动时将部分颗粒夹带至床面，到达床面时气泡发生破裂，这部分颗粒由于自身重力作用又落回床内。整个过程中气泡不断产生和破裂，所以气固流化床的外观与液固流化床不同，颗粒不是均匀地分散于床层中，而是程度不同的一团一团聚集在一起作不规则的运动。在固体颗粒粒度比较小时，这种现象更为明显，因此，气固系统的这种流化床称为聚式流化床。

因此聚式流态化是一个特殊的两相物系，处于流化态的颗粒群是连续的，称连续相；气泡是分散的，称分散相。聚式流化床有以下三个特点：

① 空床气速大于 u_{mf}后床层进入流化状态，此时流化床没有一个固定的上界面，它以每秒数次的频率上下波动。

② 床层压降 Δp 也随之上下波动，在 DE_1 和 DE_2 曲线之间波动，其平均值用 DE 线表示，如图 10-8 所示。

③ 床层分为两相，如图 10-9 所示，一相是连续的，它包括全部颗粒中的大部分和全部气体中的小部分，所以连续相含颗粒多，气体少，固相浓度大，空隙率低，连续相又称为乳化相；另一相为分散相，在床层中是不连续的，它包括全部颗粒中的小部分和全部气体中的大部分。所以分散相含气体多，颗粒少，固相浓度小，空隙率高，分散相又称为气泡相。正是由于气泡的大量存在，使床层极不稳定，也正是由于气泡的破裂和扰动，导致了床层压降的波动。

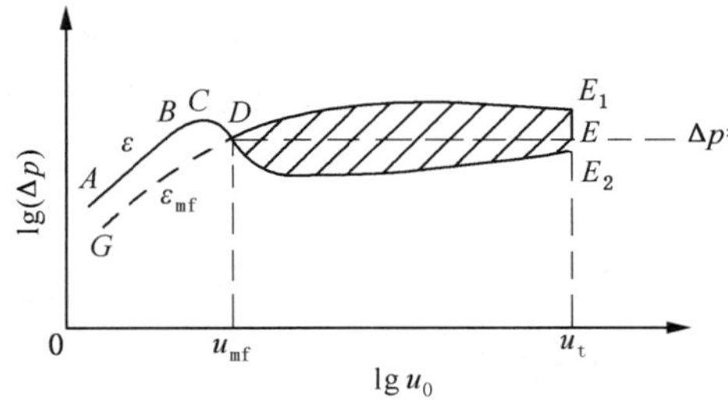

图 10-8　聚式流态化的 $\Delta P-u_0$ 关系

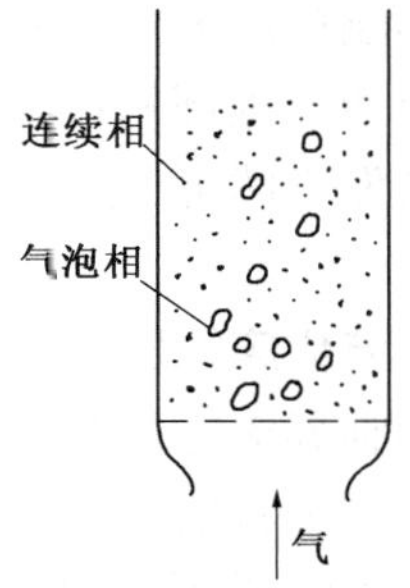

图 10-9　两相流化示意图

（3）不正常流化

在化工生产中气固相催化流化床反应器常见的流化状态是聚式流态化。当聚式流态化不正常时，有三种状态，即沟流、大气泡和腾涌状态。

① 沟流。气体通过床层时形成短路，如图 10-10(a)所示，其特征是在床层中形成气体流动的通道，大量气体不和催化剂颗粒接触，而通过通道沿床层上升，因而床层并不流化，只有少量气体和催化剂颗粒接触，使部分颗粒流化。沟流的结果使床层中气固接触不均匀，有可能产生死床，造成催化剂烧结，降低催化剂的活性和寿命，同时也降低了设备的生产能力。

沟流现象产生的原因主要与颗粒特性和气体分布板的结构有关。下列情况容易产生沟

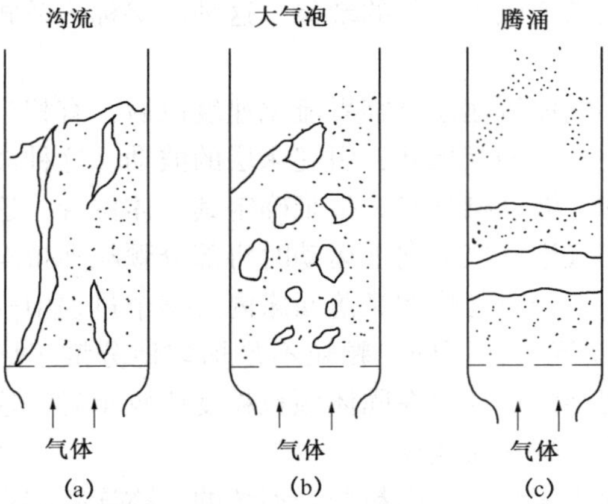

图 10-10　不正常流化状态

流：颗粒的粒度很细（粒径小于 40pm）、密度大且气速过低时；潮湿的物料和易于黏结物料；气体分布板设计不好，布气不均，如孔太少或各个风帽阻力差别较大。要消除沟流应对物料预先进行干燥并适当加大气速，另外分布板的合理设计也是十分重要的。还应注意风帽的制造、加工和安装，以免通过风帽的流体阻力相差过大而造成布气不均。

② 大气泡现象。如图 10-10（b）所示，流化床中生成的气泡在上升过程中不断合并和长大，直到床面破裂是正常现象。但是如果床层中大气泡很多，由于气泡不断搅动和破裂，床层波动大，操作不稳定，气固两相之间的接触不好，就会使气固反应效率降低，这种现象则是一种不正常现象，应力求避免。通常床层较高、气速较大时容易产生大气泡现象。在床层内加设内部构件可以避免产生大气泡、促使平稳流化。

③ 腾涌现象。如图 10-10（c）所示，就是在大气泡状态下继续增大气速，当气泡直径大到与床径相等时，就会将床层分为几段，变成一段气泡和一段颗粒的相互间隔状态。此时颗粒层被气泡像活塞一样向上推动，达到一定高度后气泡破裂，引起部分颗粒的分散下降。出现腾涌现象时，由于颗粒层与器壁的摩擦造成压降大于理论值，而气泡破裂时又低于理论值，即压降在理论值上下大幅度波动。腾涌发生时，床层的均匀性被破坏，使气固相的接触不良，严重影响产品的产量和质量，增加颗粒的磨损和带出，并且器壁磨损加剧，引起设备的振动，造成床层内部构件的损坏。一般来说，床层越高、容器直径越小、颗粒越大、气速越高，越容易发生腾涌现象。在床层过高时，可以增设挡板以破坏气泡的长大，避免腾涌发生。

10.2.3　流化床的压降

对于达到临界流速的流化床层，忽略气体与床壁、颗粒与床壁及颗粒与颗粒之间的摩擦损失，考虑全体颗粒的受力情况，可列出受力平衡方程式：

重力=浮力+气固摩擦力

即
$$L_{mf}A_t(1-\varepsilon_{mf})\rho_p g=L_{mf}A_t(1-\varepsilon_{mf})\rho_f g+A_t\Delta p_{mf}$$

$$\Delta p_{mf}=L_{mf}(1-\varepsilon_{mf})(\rho_p-\rho_f)g \tag{10-1}$$

式中　Δp_{mf}——临界流化床层的摩擦压降，Pa；

L_{mf}——临界流化床层高度，m；

ε_{mf}——临界流化条件下的床层空隙率；

A_t——床层截面积，m^2；

ρ_p——固体颗粒密度，kg/m^3；

ρ_f——流体密度，kg/m^3；

g——重力加速度，$9.81m/s^2$。

当空床气速超过临界流化速度时，如果仍然忽略物料与床壁及颗粒之间的摩擦损失，则以上力的平衡关系依然不变，只是床层高度与空隙率分别改为 L_f 和 ε_f，床层的摩擦压降为：

$$\Delta p_f = L_f(1-\varepsilon_f)(\rho_p-\rho_f)g \tag{10-2}$$

式中　L_f——流化床床层高度；

ε_f——流化床床层空隙率；

Δp_f——流化床层的摩擦压降，Pa。

因为

$$L_f(1-\varepsilon_f)A_t = L_{mf}(1-\varepsilon_{mf})A_t$$

故

$$\Delta p_{mf} = \Delta p_f = \frac{W-F}{A_t} \tag{10-3}$$

式中　F——床层所受浮力，N；

W——床层所受重力，N。

即临界流化床层与一般流化床层摩擦压降相等。

由于流化床内物料具有流体的特性，故床层总压降可按床层静压降考虑。

$$\Delta p = \Delta p_f + L_f\rho_f g \tag{10-4}$$

对于气固流化床，$\rho_f \ll \rho_p$，$L_f\rho_f g$ 可忽略不计。

$$\Delta p = \Delta p_f = L_f(1-\varepsilon_f)(\rho_p-\rho_f)g \tag{10-5}$$

10.2.4　流化速度

流化床的操作速度在理论上应处于临界流化速度和带出速度之间，因此应首先确定临界流化速度和带出速度，然后选取操作气速。

（1）临界流化速度

图 10-11 为床层压降随空床气速的变化关系，由于固定床中相互挤紧的粒子先要松动，才能进入流化状态，所以从固定床转入流化床时，往往床层压降要稍超过单位床截面积的固体颗粒的重量。进一步增加流速，摩擦压降基本不变，只是由于物料与器壁和颗粒与颗粒间的摩擦引起能量损耗而使摩擦压降略有增高，直到夹带开始。由于颗粒夹带，床中固体颗粒不断减少，压降也随之下降，直到全部吹出，以上过程沿图 10-10 a、b、c 线进行。在未发生颗粒夹带时减低流速，压降曲线将沿 $cb'a'$ 返回，不再经过 b 点，这是因为由流化状态逐渐转化为固定床时，基本保持临界流化时的空隙率 ε_{mf}，b'即为临界流化点，其流速为临界流化速度 u_{mf}。

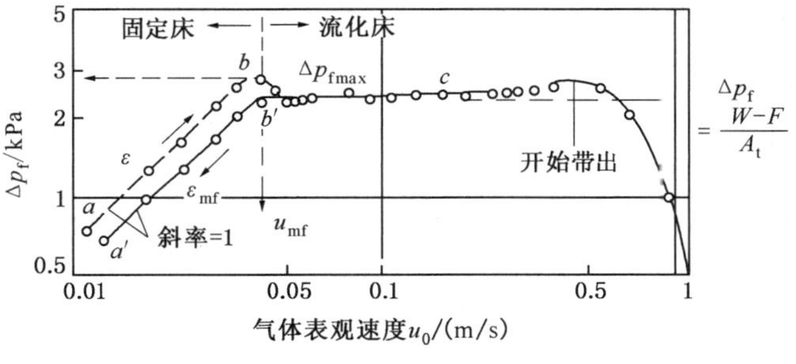

图 10-11　床层压降与空床气速的变化关系

b'为固定床和流化床摩擦压降线的交点，将计算固定床压降的公式和式(10-1)联立求解并进行简化，可得：

对于小颗粒：

$$u_{mf}=\frac{d_p^2(\rho_p-\rho_f)g}{1650\mu_1} \tag{10-6}$$

上式适用于临界雷诺数 $Re_{mf}<20$ 的情况。

对于粗颗粒，当 $Re_{mf}>1000$ 时，

$$u_{mf}=\left[\frac{d_p(\rho_p-\rho_f)g}{24.5\rho_f}\right]^{1/2} \tag{10-7}$$

实际应用中，常采用混合粒度，d_p 取平均粒径。

此外，临界流化速度还常用经验式李伐公式计算：

$$u_{mf}=0.00923\frac{d_p^{1.82}(\rho_p-\rho_f)^{0.94}}{\mu_f^{0.88}\rho_f^{0.06}} \tag{10-8}$$

该式适用于临界雷诺数 $Re_{mf}<5$ 的情况。

式中 u_{mf}——临界流化速度（以空塔计），m/s；

d_p——颗粒的平均直径，m；

μ_f——气体黏度，Pa·s。

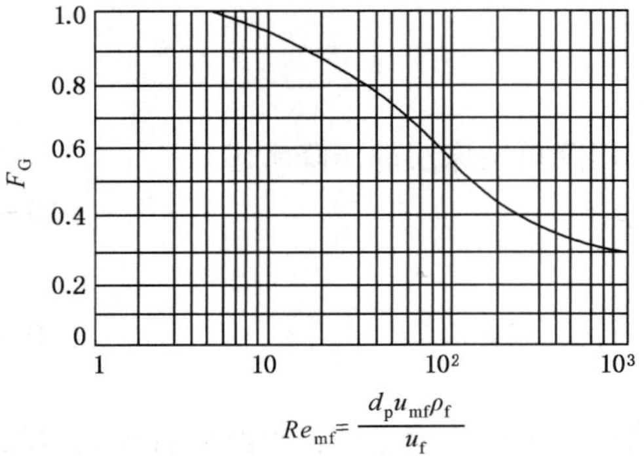

图 10-12 临界流化速度的修正系数

当 $Re_{mf}>5$ 时，所求得的 u_{mf} 应加以校正。其步骤是先求出 Re_{mf}，然后由图 10-12 查出校正系数 F_G，再将计算所得的 u_{mf} 乘以 F_G 即得到所要求的临界流化速度值。

【例 10-1】 萘氧化制苯酐生产过程以微球硅铝-钒为催化剂，颗粒密度为，$\rho_p=1120$ kg/m^3，粒度分布见下表。在操作条件下空气的密度为 $\rho_f=1.1$kg/m^3，黏度为 0.302×10^{-4}Pa·s，求临界流化速度。

目数	120~150	100~120	80~100	60~80	40~60	20~40
颗粒直径 d_{pi}/mm	0.121~0.10	0.147~0.121	0.175~0.147	0.246~0.175	0.360~0.246	0.841~0.360
质量分数 x_i/%	12	10	13	35	25	5

解：先求 d_p

计算结果列于下表

目数	120~150	100~120	80~100	60~80	40~60	20~40
颗粒直径 d_{pi}/mm	0.11	0.133	0.16	0.207	0.298	0.55
x_i/d_{pi}	1.091	0.752	0.813	1.69	0.839	0.091

$$\bar{d}_p=\frac{1}{\sum_{i=1}^{n}\frac{x_i}{d_i}}$$

$$\bar{d}_p=\frac{1}{1.091+0.752+0.813+1.69+0.839+0.091}=0.19\text{ mm}$$

将有关数据代入式 $u_{mf}=\frac{d_p^2(\rho_p-\rho_f)g}{1650\mu_1}$，得 u_{mf} 为

$$u_{mf}=\frac{(0.19\times10^{-3})^2(1120-101)\times9.81}{1650\times0.302\times10^{-4}}=0.00795\text{m/s}$$

因为临界雷诺准数 Re_{mf} 为

$$Re_{mf}=\frac{d_p u_{mf}\rho_f}{\mu_f}=\frac{0.19\times10^{-3}\times0.00795\times1.1}{0.302\times10^{-4}}=0.055<20$$

故所选公式适用。

再由李伐公式求 u_{mf}

$$u_{mf}=0.00923\frac{d_p^{1.82}(\rho_p-\rho_f)^{0.94}}{\mu_f^{0.88}\rho_f^{0.06}}$$

$$=\frac{0.00923\times(0.00019)^{1.82}(1120-1.1)^{0.94}}{0.00003.2^{0.88}\times1.1^{0.06}}=0.011\text{m/s}$$

故 $u_{mf}=0.011$m/s 不用校正，即为所求的临界流化速度。

由以上计算看出，用不同的公式计算其结果差异较大，要得出较精确的 u_{mf}，最好由实验确定，或利用专门适用于某反应系统的公式加以计算。

（2）带出速度

在流化床中，由于颗粒的密度比流体的密度大，受流体冲击向上流动的颗粒达到一定高度后便可能向下沉降，造成固体颗粒在反应器内的循环流动。但当气速略大于颗粒的自由沉降速度时，颗粒沉降不下来而被流体带出。开始把颗粒带出的速度称为带出速度。故只要求出颗粒的自由沉降速度，便可得出 u_t。

据颗粒在床层中的受力平衡：

重力＝浮力＋摩擦阻力

对于球形颗粒，在流体中以 u_t 沉降时所受的摩擦阻力为：$\frac{1}{2}C_D\rho_f\frac{\pi}{4}d_p^2u_t^2$，其受力平衡式为：

$$\frac{\pi}{6}d_p^3(\rho_p-\rho_f)g=\frac{1}{2}C_D\rho_f\frac{\pi}{4}d_p^2u_t^2 \tag{10-9}$$

式中　C_D——曳力系数，无因次，对于球形颗粒，当 $Re<0.4$ 时，$C_D=\frac{24}{Re_t}$。

由此可导出：

$$u_t=\frac{d_p^2(\rho_p-\rho_f)}{1.835\mu_f} \tag{10-10}$$

式中　u_t——带出速度（以空塔计），m/s；

d_p——床层中最小颗粒直径，m。

对于 $Re_t>0.4$ 的情况，要进行校正，校正的方法：先由上式求出 u_t 的近似值 u_t'，再求出 $Re_t=\frac{d_pu_t'\rho_t}{u_t}$，由 Re_t 查图 10-13 得校正系数 F_D。

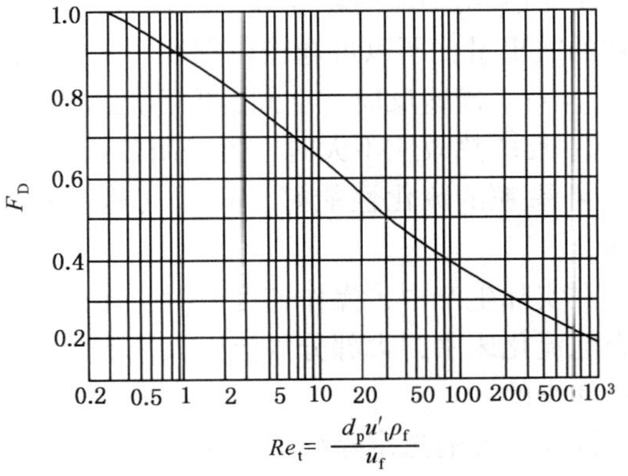

图 10-13　带出速度的校正系数

实际带出速度为：

$$u_t = F_D \cdot u_t' \tag{10-11}$$

对于非球形颗粒，因它比同体积的球形颗粒具有更大的表面积，故求出的 u_t 应再乘以校正系数 C：

$$C = 0.8431g\frac{\varphi_s}{0.065} \tag{10-12}$$

式中 C——颗粒形状的校正系数；

φ_s——球形度（形状系数）。

应用上述各计算式应注意，临界流化是发生在床层底部，而最大流化则是发生在床层顶部。所以在计算 u_{mf} 时，必须根据反应器床层底部的温度、压力、组成来确定气体的密度、黏度，而且此时的颗粒直径是存在于床层中的最小颗粒的直径。

【例 10-2】 试计算例 10-1 条件下的带出速度。

解：先用式 $u_t = \dfrac{d_p^2(\rho_p - \rho_f)}{1.835\mu_f}$ 求出带出速度的近似值，

将有关数据代入公式得：

$$u_t' = \frac{(1.0\times10^{-4})^2(1120-1.1)}{1.835\times0.302\times10^{-4}} = 0.202\text{m/s}$$

再求 Re_t：

$$Re_t = \frac{d_p u_t' \rho_f}{\mu_f} = \frac{1.0\times10^{-4}\times0.202\times1.1}{0.302\times10^{-4}} = 0.736$$

由 $Re_t = 0.736$ 查图 10-13 得 $F_D = 0.91$。故实际带出速度为：

$$u_t = F_D u_t' = 0.91\times0.202 = 0.184\text{m/s}$$

（3）流化床的操作速度

求出临界流化速度和带出速度之后，原则上确定了操作速度的范围，要最终确定操作气速，还必须考虑许多因素，并加以综合分析比较。流化床反应器若在稍高于临界流化速度下操作，可以使颗粒的磨损及带出损失降低到最小，同时能量消耗也大大降低。但低气速操作的结果，使床层内传热、传质效果都较差。目前工业流化床反应器都在远远高于临界流化气速下操作，因为增加气速可以改进流化质量，强化床层的传热和传质，提高收率。选择操作气速还应考虑以下因素：

① 当采用颗粒的粒度分布较宽时，操作速度应保证粗颗粒流化，同时又要尽量减少细颗粒的吹出量，所以可选较粗颗粒的 u_{mf} 大得不多的操作速度；

② 对于慢速反应，空间速度不能太大，应选较低气速；

③ 反应热效应不大时，可采用较低气速；

④ 颗粒的流化性能好，在低气速下不致产生沟流，且要求床高较低时，应采用较低气速。

在实际生产中，操作速度有时会超过所有颗粒的 u_t，而且固体夹带不很严重。这是因为在鼓泡流化床中，大部分气流以大气泡的形式通过床层，而床层颗粒则是被相对较慢速的气体浮起来的。

操作速度的选定除根据上述原则外，最好通过实验来确定。表 10-1 列出了一些工厂的操作速度，供应用时参考。

表 10-1　操作速度的生产数据

产品	操作速度 u_0/(m/s)	产品	操作速度 u_0/(m/s)
萘氧化制苯酐	0.35~0.5	丙烯氨氧化制丙烯氰	0.6~0.8
丁烯氧化脱氢制丁二烯	0.8~1.2	丙烯氧化制丙烯醛	0.5~0.8
乙炔和乙酸制乙酸乙烯	0.24~0.50		

为了确定操作速度，工业上常采用流化数的概念，操作速度与临界流化速度之比称为流化数，即

$$k=\frac{u_0}{u_{mf}} \tag{10-13}$$

式中　k——流化数；

u_0——空塔操作速度，m/s。

工业上萘氧化制苯酐的流化数 $k \geqslant 10 \sim 40$，石油催化裂化 $k=300 \sim 1000$。

设计流化床时，可根据计算结果、经验数据并考虑各种因素的影响，经过反复计算和比较经济效益，确定较合适的实际操作速度。

10.3　流化床的传热

传热效率高是流化床反应器的一大优点，大多数流化床反应器都用于热负荷较大的化学反应。为了维持过程在适宜的温度条件下进行，对吸热反应需要补充热量，对放热反应需移出热量。所以流化床反应器的传热好坏对反应起着极其重要的作用。

10.3.1　流化床反应器的传热过程分析

流化床传热速率快，床层温度均匀。气体进入流化床后很快达到床层温度，其主要原因是气固相接触面积大即传热面积大；颗粒循环速度高，其冲刷作用使颗粒表面及换热器表面气膜变薄，给热系数增大。同时，由于颗粒的均匀混合且床层中颗粒的热容远比气体热容高，当气温稍有波动时，对床层温度的影响不大。

流化床反应器的传热过程有三种基本形式。

（1）固体颗粒与固体颗粒之间的给热

流化床反应器中固体颗粒之间的给热是由于固体颗粒的快速循环而在高给热速率下进行的，固体颗粒的湍动混合可以使颗粒间的给热系数很高，而且运动着的固体颗粒可以吸收或提供大量热量，使床层温度比较均匀。所以这种传热过程对反应器传热不起控制作用，在设计中可以不予考虑。

（2）气体与固体颗粒之间的给热

气体与固体颗粒之间的给热主要以对流方式进行。实验证明只有在距分布板 25mm 左右的范围内气固两相存在着温度差，气固之间的给热主要是在这个区域进行的。在此区域以上，气体与固体颗粒之间的传热速率很高，床层温度均匀。实验证明这并不是因为气固之间的给热系数高，而主要因为固体颗粒小、比表面积大、气固之间传热面积大所致。

（3）床层与反应器器壁和内换热器壁之间的给热

在上述传热过程中，前两种的给热速度比第三种要大得多，要提高整个流化床的传热速率，

关键在于提高床层与器壁之间的给热速率。因此，下面着重讨论床层与器壁之间的给热问题。

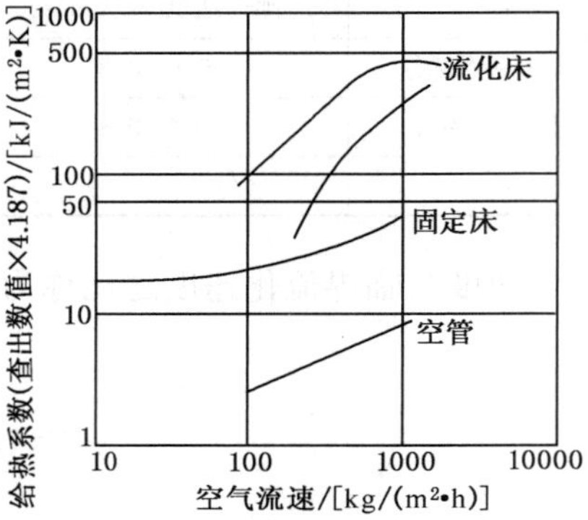

图 10-14 给热系数比较

10.3.2 床层与器壁之间的给热

由于流化床内气体与固体的剧烈运动，床层与反应器壁之间的给热系数比固定床和空管要高得多，如图 10-14 所示由于在流化床中进行的反应往往是热效应很大的反应，床层中的大量热量仅靠反应器壁来传递是不行的，大多数情况下必须采用内换热器。

(1) 流化床内换热器的结构型式

工业上常用的内换热器有以下几种型式。

① 单管式换热器。见图 10-15，分单管和套管两种。载热体由总环管导入，经连接管分配至若干根直立的换热主管中，换热后再汇集到总管导出。若主管较长，则连接管部分应考虑高温下热补偿，做成弯管，以防管子胀裂。

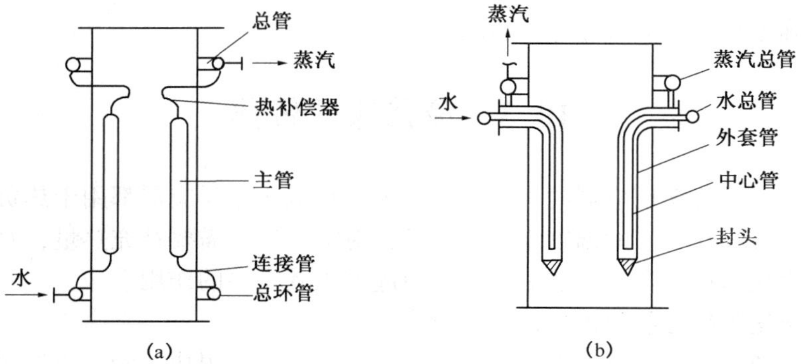

图 10-15 单管式换热器

② 鼠笼式换热器。其结构型式如图 10-16 所示。这种换热器传热面积可以设计得较大，但由于焊缝较多，在温差大的场合焊缝易发生胀裂而造成渗漏现象。

③ 管束式换热器。管束式换热器分为立式和横排两种，其结构型式见图 10-17。此种换热器传热面积大，用于换热量较大的场合。横排管束对流化质量有不良影响，只能在对流化质量要求不高时采用。

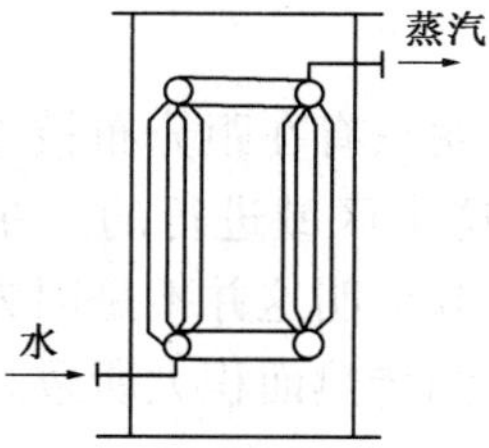

图 10-16 鼠笼式换热器

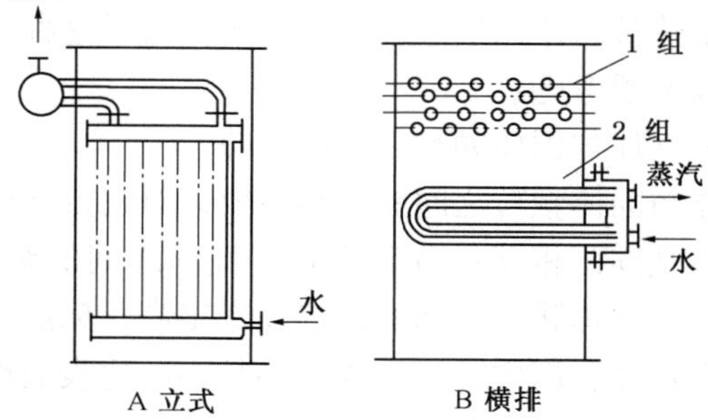

图 10-17 管束式换热器

④ 蛇管式换热器。其结构型式见图 10-18。这种换热器结构简单，且无焊缝胀裂问题，但它对流化过程有干扰，给热系数较低。

(2) 床层对内换热器壁的传热机理

如图 10-19 所示，在内换热器外壁周围存在着一层气膜，其厚度 δ_g 与固体颗粒的直径有关，一般为 $0.1d_p<\delta_g<0.5d_p$，在气膜外围是固体颗粒边界层，其厚度 $\delta_s=1\sim3$mm，再外围是流化床层，固体颗粒边界层中颗粒向下循环运动，且与流化床层有侧向颗粒交换。

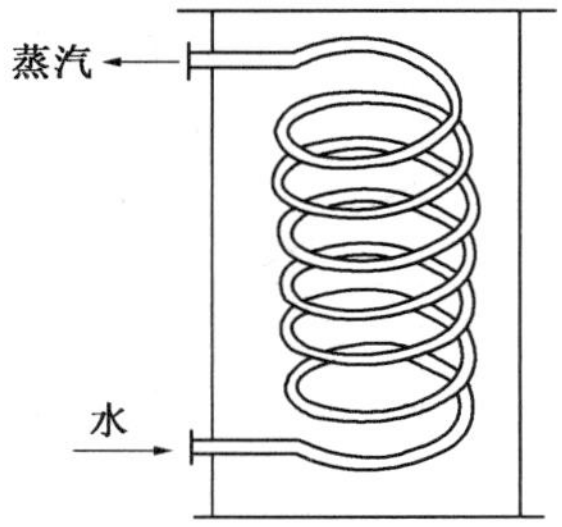

图 10-18　蛇管式换热器

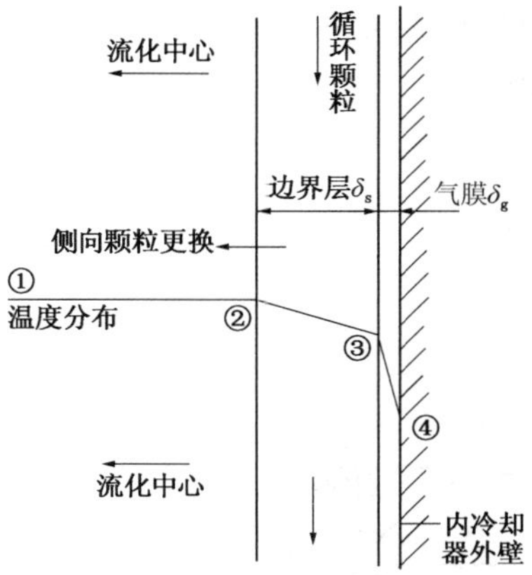

图 10-19　床层对内换热管传热机理分析示意

对于流化床中进行放热反应的情况，内换热器作为冷却器使用，其温度分布如图 10-19 中①②③④线所示。由曲线可看出，此时流化床层中温度最高，但比较均匀，在固体颗粒边界层中，温度有所下降，在气体膜中，温度下降更甚。

床层对内换热器外壁的给热情况大体如下：流化床层向固体颗粒边界层供热，再通过气膜传给内换热器外壁。由于床层中固体颗粒的循环运动，在流化床中心也进行着热量交换，床中热的固体颗粒与来自冷却器壁面的冷固体颗粒混合，从而保证了整个床层的温度均匀。

由于气体的导热系数很低，所以温度分布曲线③到④的温度差最大，因此对给热起决定作用的是气膜阻力，即床层对壁的给热主要障碍是气膜。

(3) 床层对壁给热系数影响因素分析

① 操作速度的影响。操作速度对给热系数的影响如图 10-20所示。低气速时，床层处于固定床阶段，随气速增大，给热系数仅略有提高；当气速超过 u_{mf} 后，由于颗粒的运动，系数剧增。但随着气速的进一步增大，床层空隙率增大的影响超过了颗粒运动的影响，给热使给热系数达到最大值后又减低下来。

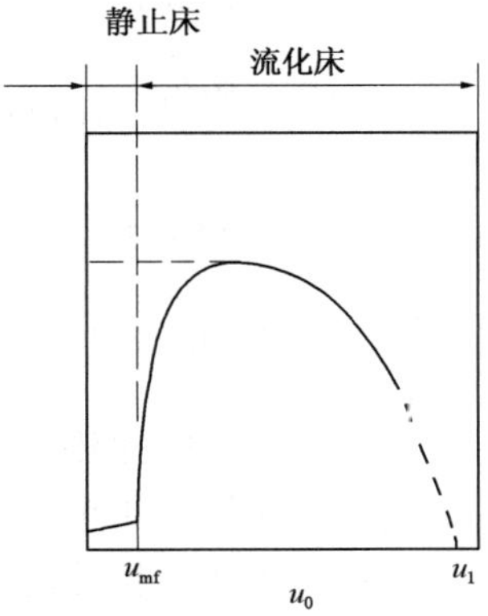

图 10-20　气速给热系数的影响

② 颗粒直径的影响。在气速相近的情况下，床层与器壁的给热系数随着颗粒直径的减小而增大。这是因为颗粒小，床层搅拌更剧烈，换热面上增加了固体颗粒接触点的密度，从而降低了附着于壁面上的气膜厚度所致。另外，实验表明粒度分布对给热系数也有影响，在相同的平均颗粒直径下，随着细颗

粒量的增加，给热系数增大。

③ 挡板、挡网的影响。挡板和挡网能降低床层膨胀率，减弱颗粒的湍动程度，对传热影响复杂。如图 10-21 所示，加设挡网后给热系数随气速的变化小，其最大值比不加挡网时低，相应的气速则较高。故在操作速度较大时，挡板床的给热系数反而大于自由床。

④ 换热器位置对给热系数的影响。竖管换热器在床层中离开中心线的位置对给热系数的影响很大。在中心线处，由于气泡较密且易附着在壁面上，因而给热系数较低；离开中心线后直到距中心 0.3~0.4R 处（R 为流化床半径），给热系数明显上升并达到最大值，此后又下降。见图 10-22。

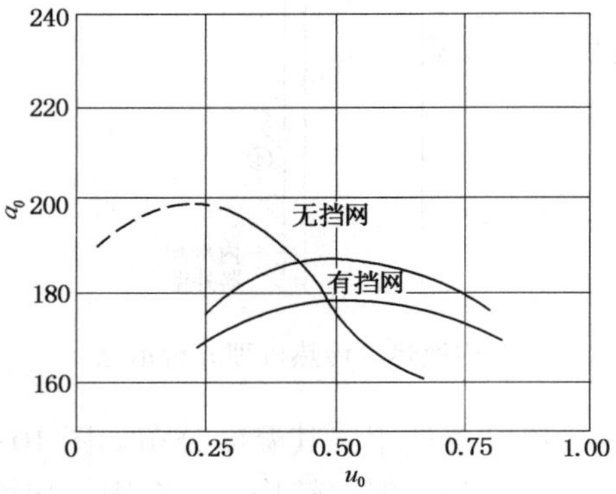

图 10-21 挡网对给热系数的影响

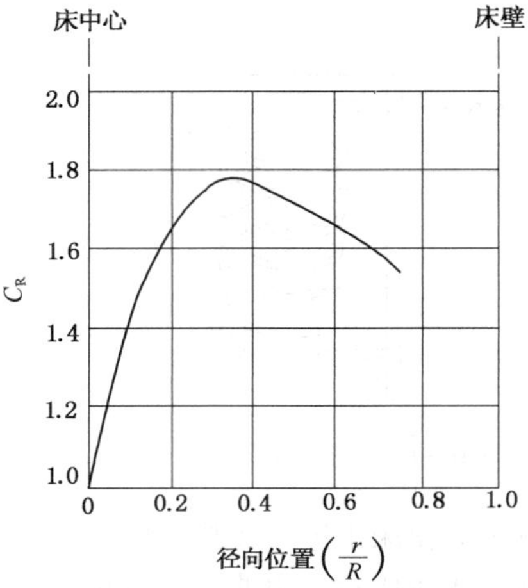

图 10-22 竖管离中心位置的校正系数

⑤ 颗粒与气体的物理性质对给热系数的影响。颗粒和气体的物理性质对给热系数都有影响，其中影响最大的是气体的导热系数。不同的气固系统，给热系数是有区别的，这可以从下列准数方程式看出。

（4）床层对器壁给热系数的计算

① 直立换热管。当换热管为直立管时，流化床层与换热管间给热系数可按下式计算：

$$\frac{\alpha_0 d_p}{\lambda_f}=0.00035c_R(1-\varepsilon_f)\left(\frac{c_f\rho_f}{\lambda_f}\right)^{0.43}\left(\frac{d_p u_0\rho_f}{\mu_f}\right)^{0.23}\left(\frac{C_s}{C_f}\right)^{0.8}\left(\frac{\rho_p}{\rho_f}\right)^{0.66} \qquad (10-14)$$

式中 C_R——竖管距床中心的校正系数，可由图 10-22 查得；

$\frac{C_f\rho_f}{\lambda_f}$——有因次的物性数群，s/m^2；

λ_f——流体的导热系数，J/(m · S · K)；

C_f——流体的比热容，J/ (kg · K)；

C_s——固体颗粒的比热容，J/(kg · K)；

u_0——流化床的操作气速(以空床计)，m/s；

ε_f——流化床的空隙率；

α_0——床层与器壁的给热系数，W/(m^2 · K)。

该式的使用条件：$Re=\dfrac{d_p u_0 \rho_f}{\mu_f}=10^{-2}\sim 10^{2}$

② 对于水平管

当 $Re=\dfrac{d_p u_0 \rho_f}{\mu_f}<2000$ 时，

$$\frac{\alpha_0 d_p}{\lambda_f}=0.66\left(\frac{C_f \rho_f}{\lambda_f}\right)^{0.3}\left[\left(\frac{d_p u_0 \rho_f}{\mu_f}\right)\left(\frac{\rho_p}{\rho_f}\right)\left(\frac{1-\varepsilon_f}{\varepsilon_f}\right)\right]^{0.44} \tag{10-15}$$

式中 d_t——水平管外径，m。

当 $Re=\dfrac{d_p u_0 \rho_f}{\mu_f}>2500$ 时，

$$\frac{\alpha_0 d_p}{\lambda_f}=420\left(\frac{C_f \rho_f}{\lambda_f}\right)^{0.3}\left[\left(\frac{d_p u_0 \rho_f}{\mu_f}\right)\left(\frac{\rho_p}{\rho_f}\right)\left(\frac{\mu_f^2}{d_p^3 \rho_f^2 g}\right)\right]^{0.3} \tag{10-16}$$

当 $2000<\dfrac{d_p u_0 \rho_f}{\mu_f}<2500$ 时，可取上面二式的平均值。

③ 对外壁面

$$\Psi=\frac{(\alpha_0 d_p/\lambda_f)/[(1-\varepsilon_f)C_s \rho_p/C_f \rho_f]}{1+7.5\exp[-0.44(L_h/D)(C_f/C_s)]} \tag{10-17}$$

式中 L_h——换热面的长度，m；

D——流化床反应器的直径，m；

ψ 值可由图 10-23 查得。

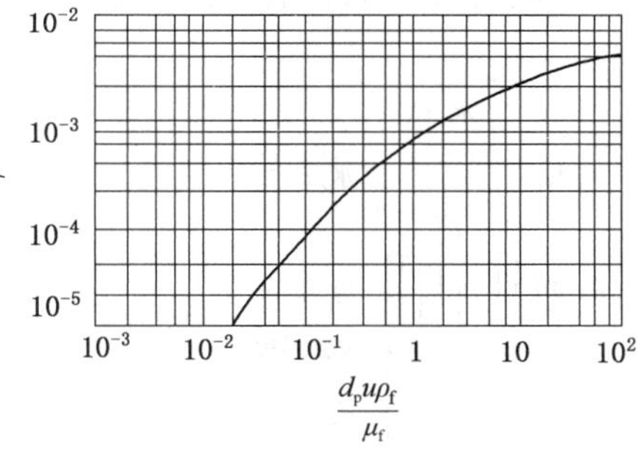

图 10-23 器壁给热系数关联图

【例 10-3】 有一夹套式流化床反应器，内径 1m，夹套高 2m，试求床层与器壁间的给热系数。给定参数如下：

$d_p=1\times10^{-4}$ m，$\rho_p=1000\text{kg/m}^3$，$C_s=1088\text{J/(kg·K)}$，$\mu_f=2\times10^{-5}$ Pa·s，$\rho_f=0.5\text{kg/m}^3$，$C_f=1005\text{J/(kg·K)}$，$\lambda=0.029\text{W/m·K}$，$u_0=0.2\text{m/s}$，$\varepsilon_f=0.7$。

解：

$$Re=\frac{d_p u_0 \rho_f}{\mu_f}=\frac{1\times10^{-4}\times0.2\times0.5}{2\times10^{-5}}=0.5$$

由图 10-23 查得 $\psi=4\times10^{-4}$

$$\frac{\alpha_0 d_p}{\lambda_f}/[(1-\varepsilon_f)C_s \rho_p/C_f \rho_f]=\frac{\alpha_0(1\times10^{-4})(1005)(0.5)}{0.029\times(1-0.7)\times1088\times1000}=5.3\times10^{-6}$$

$$1+7.5\exp[-0.44(L_h/D_t)(C_f/C_s)]=1+7.5\exp[-0.44(2/1)(1005/1088)]=4.33$$

则 $\dfrac{5.3\times10^{-6}\alpha_0}{4.33}=4\times10^{-4}$，$\alpha_0=327\text{W/(m}^2\text{·K)}$

10.3.3 内换热器传热面积的计算

流化床内换热器的设计计算在原理和程序上都与一般换热器相同，其传热面积的计算公式为：

$$A=\frac{Q}{K\Delta t_m}$$

其中，反应所需移出或传入的热量 Q 的计算，也如同其他反应器一样由工艺过程确定，可通过热量衡算求得。总传热系数可用一般的传热系数公式计算。

$$K=\frac{1}{1/\alpha_o+\delta_W/\lambda_W+\delta_G/\lambda_G+1/\alpha_i} \tag{10-18}$$

式中 α_o——床层对管壁的给热系数，J/(m^2·s·K)；

α_i——管内流体的给热系数，J/(m^2·s·K)；

δ_W、δ_G——管壁和垢层的厚度，m；

λ_W、λ_G——管壁和垢层的导热系数，J/(m·s·K)。

上式中管内流体的给热系数 α_i 可用化学工程学中的一般方法求算。公式中垢层指换热器内侧，由于床层一侧的壁面不断受到固体颗粒的冲刷，其污垢热阻一般不予考虑。

流化床的内换热器均安置在远离分布板的床层等温区内，其平均温差在一般情况下可用一般传热计算中常用的对数平均温差，即：

$$\Delta t_m=\frac{\Delta t_1-\Delta t_2}{\ln\frac{\Delta t_1}{\Delta t_2}}=\frac{(T_1-t_1)-(T_2-t_2)}{\ln\frac{T_1-t_1}{T_2-t_2}}=\frac{t_2-t_1}{\ln\frac{T-t_1}{T-t_2}} \tag{10-19}$$

式中，t_1，t_2，T_1，T_2 分别为换热器和床层的进出口温度。流化床中 $T_1=T_2$。

当夹套内或列管内流体以气化或冷凝的形式进行等温换热时，则 $t_1=t_2$，上式可简化为

$$\Delta t_m=T-t \tag{10-19a}$$

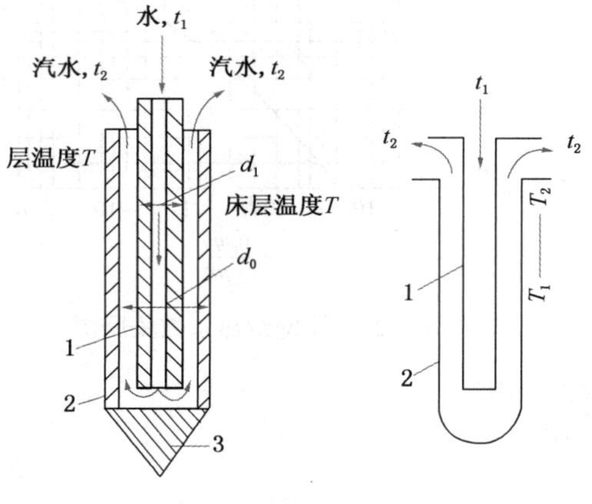

图 10-24 指形管与床层换热过程示意图

1—内管；2—外管；3—堵头

对于套管式换热器，如图 10-24 所示，其平均温度差的计算较为复杂，可按下列方法计算：

$$\Delta t_m=\Delta t_D(t_2-t_1)$$

其中 Δt_D 的计算步骤如下：

① 计算 B 值

$$B=\frac{1}{2}\left[\frac{(T_1+T_2)-(t_1+t_2)}{t_2-t_1}\right] \tag{10-20}$$

对于流化床，因为 $T_1=T_2$，所以

$$B=\frac{1}{2}\left(\frac{2T-t_1-t_2}{t_2-t_1}\right) \tag{10-21}$$

② 计算 R 值

$$R=\frac{T_2-T_1}{t_2-t_1} \tag{10-22}$$

③ 计算 Z 值

$$Z=\frac{\alpha_i d_i}{\alpha_o d_o} \tag{10-23}$$

式中 α_i、α_o——管内侧和管外侧的给热系数，J/(m^2·s·K)；

d_i、d_o——管内和外管的外径，m。

④ 由 R、Z 按图 10-25 查出 E。

⑤ 由 E/B 查图 10-26 得 $\Delta t_D/B$。

⑥ 由 $\Delta t_D/B$ 值及算出的 B 值，求得 Δt_D 的值。

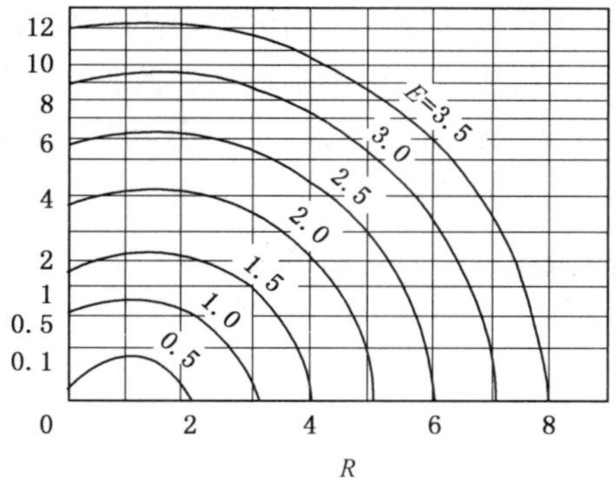

图 10-25　R、Z 与 E 关联图

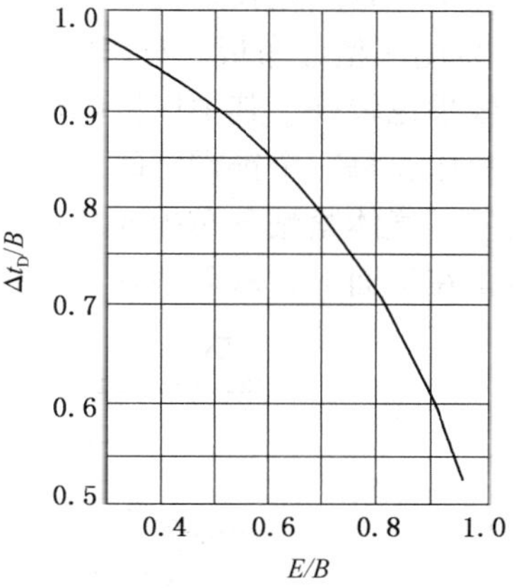

图 10-26　$\Delta t_D/B$ 与 E/B 的关联图

10.4　流化床反应器的构件

流化床反应器的构件主要包括气体分布装置、内部构件、气固分离装置几个部分。

10.4.1　气体分布板与预分布器

气体分布装置是保证流化床具有良好而稳定的流化状态的重要构件。气体分布装置的作用有三个：①具有分布气流的作用，同时其压降要小。这可以通过正确选取分布板的开孔或分布板压降与床层压降之比，以及选取适当的预分布手段来达到。②流化床有一个良好的起始流态化状态，避免形成“死角”。这可以从气体流出的分布板的一瞬间的流型和湍动程度，从结构和操作参数上予以保证。③支承板上的催化剂，在长期操作过程中，分布板不被堵塞和磨蚀，停车时不漏料。

分布装置对整个流化床的直接作用范围仅 0.2~0.3m，但它对整个床层的流化状态具有决定性的影响。生产过程中常会由于分布板设计不合理，气体分布不均匀，造成沟流和死区，使床层不能正常流化。

(1) 分布板的型式和结构

工业上常用的气体分布板的型式概括起来可分为直流式、侧流式、填充式、密孔板、旋流式喷嘴和分枝式分布器等几种型式，其中每一种型式又包括多种不同的结构。

① 直流式分布板。其结构见图 10-27(a)、(b)、(c)，包括直孔式分布板、凹形分布板和直孔泡帽分布板。这种型式的分布板结构简单，易于设计制造。但因气流正对着床层，易使床层形成沟流，小孔易于堵塞，停车时又易漏料。因此除特殊情况外，一般不使用直流式分布板。石油催化裂化的流化床反应器，由于催化剂粒子与气流同时通过分布板，常用直流式凹形分布板，它能承受较大的催化剂重荷和热应力。由于鼓泡和沟流主要发生在流化床的中心部分，凹形筛板也有助于抵消这种现象。

② 填充式分布板。如图 10-27(d)所示。在多孔板或栅板和金属丝网上间隔地铺上卵石、石英砂、卵石，再用金属丝网压紧，结构简单，制造容易，便于土法上马，并能有较好的流态化质量。其缺点是：在操作过程中，固体颗粒一旦进入填充层就很难再被吹出，容易造成烧结。且经过长期使用后，填料层常有松动，造成位移，破坏均匀分布气体的作用。

③ 侧流型分布板。见图 10-27(e)、(f)。侧流型分布板在我国流化床反应器中应用最广，效果也较好。其中以锥帽侧缝板应用尤多，它具有下列优点：固体颗粒不会在锥帽顶部形成死床，每三个锥帽之间形成一个小锥形床，由此形成许多个小锥形床，改善了床层的流化质量；气体紧贴分布板面从侧缝吹出而进入床层，在板面上形成一层“气垫”，使颗粒不能停留在板面上，从而消除了在板面上形成死床和发生烧结现象。

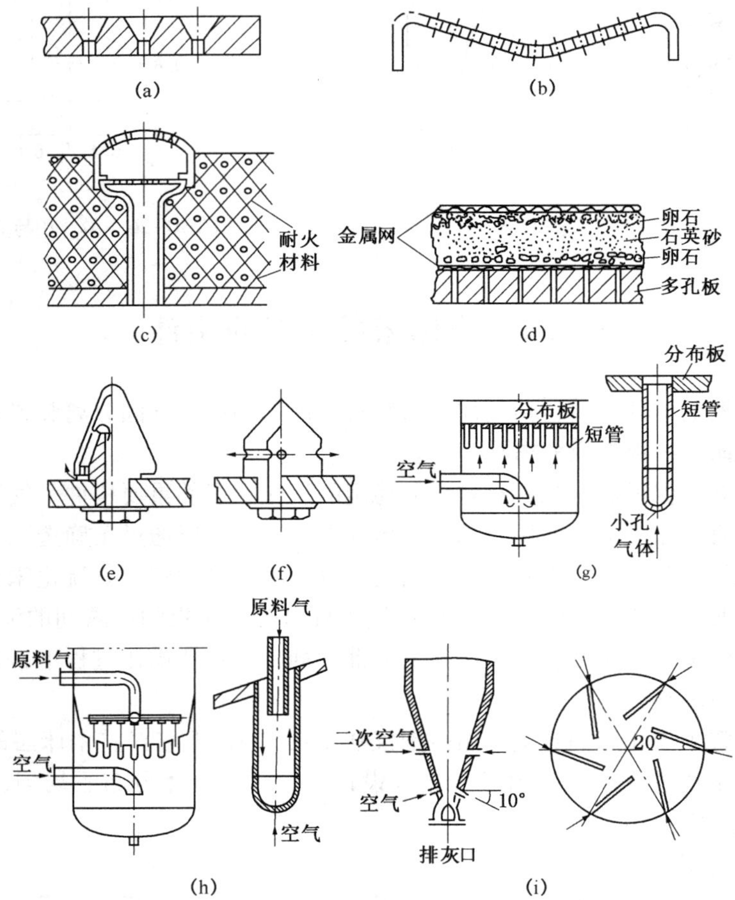

图 10-27　部分分布器结构示意图

(a)直孔式分布板；(b)凹形分布板；(c)直孔泡帽分布板；(d)填充式分布板；
(e)侧缝式锥帽分布板；(f)侧孔式锥帽分布板；(g)短管式分布板；
(h)混合短管式分布板；(i)旋流式喷嘴

④ 短管式分布板如图 10-27(g)所示。在整个分布板上均匀地设置若干根短管，每根短管下部有一个孔径为 9~10mm 的小孔，气体通过小孔的速度约 100~150m/s，短管长度约 200mm。短管及其下部小孔起着整流和均匀布气的作用。小孔尺寸和开孔率的大小在于保证足够的气速，以防止催化剂漏到分布板下面去，防止气体涡流，有利于均匀分布气体，使流

化床操作稳定。

图 10-26(h)为兼有气体混合作用的短管式分布板。氧氯化的流化床反应器就是采用这种分布板。原料气乙烯和氯化氢与空气分别进入短管中，然后一起向上进入流化床中进行反应。短管式分布板与常用的锥帽侧缝分布板比较，有以下优点：结构简单，容易制造、安装和维修；对分布板和催化剂的磨损小。锥帽式分布板在操作时，气流平行于板面吹出，然后向上流动，对板面和其上的催化剂磨损较大；而短管式分布板在操作时，气流直接向上吹送，对分布板没有磨损，又因气流未改变方向，涡流小，从而对催化剂的磨损也小。

⑤ 无分布板的旋流式喷嘴。见图 10-26(i)，常用于流态化煤气发生炉。气体通过六个向上倾斜 10°的喷嘴喷出，当气速超过临界流化速度时，煤粒即被向上旋转的气流托起，产生剧烈搅动。中部的二次空气喷嘴均偏离径向 20°~25°，造成向上旋转的气流。这种流态化方式一般应用于对气体产品要求不严的粗粒流化床中。

⑥ 密孔型分布板。最早在实验室小型装置中应用，被认为是气体分布均匀、初生气泡细小、流化质量好的一种分布板。但大面积的烧结密孔板存在着强度和热应力问题，易被堵塞，并且堵塞后不易排出，造价较高。图 10-28所示的六角形风帽元件解决了这一问题。采用白刚玉砂轮片为分布元件，砂轮片厚 5~10mm，风帽由铸铁制成，风帽盖呈正六角喇叭形，与风帽底以螺纹联结，将砂轮片夹紧。风帽相互紧贴，整体呈蜂窝状。每个风帽犹如一个小锥形床。为了避免床附近无泡帽区形成死角，可适当填充直径略小的实心圆锥。见图 10-29。

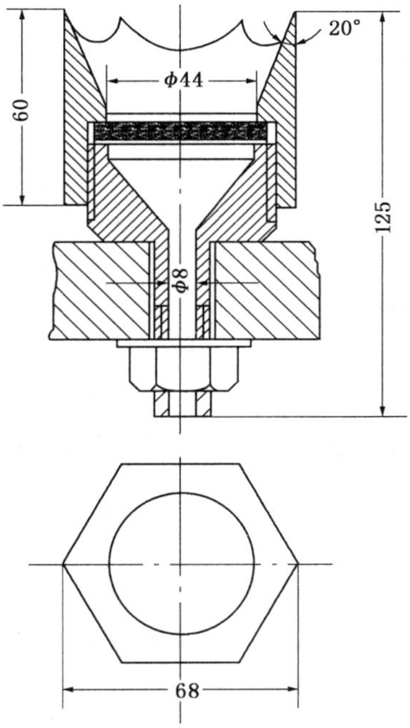

图 10-28 砂轮片密孔分布板风帽

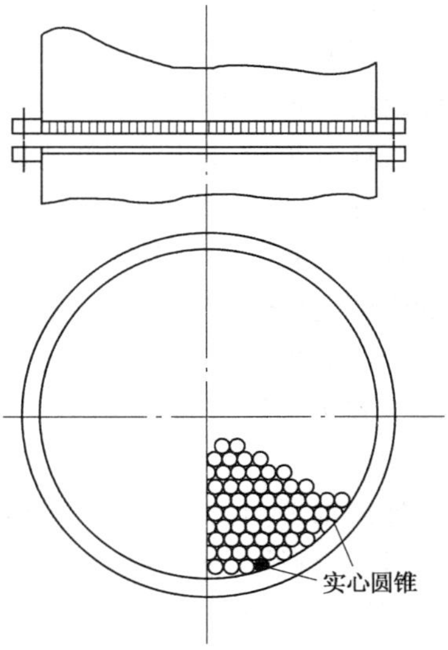

图 10-29 砂轮片密孔分布装配图

多管式气流分布器是近年来发展起来的一种新型分布器，由一个主管和若干带喷射管的支管组成，如图 10-30 所示。由于气体向下射出，可消除床层死区，也不存在固体泄漏问题，并且可以根据工艺要求设计成均匀布气或非均匀布气的结构。另外分布器本身不同时支

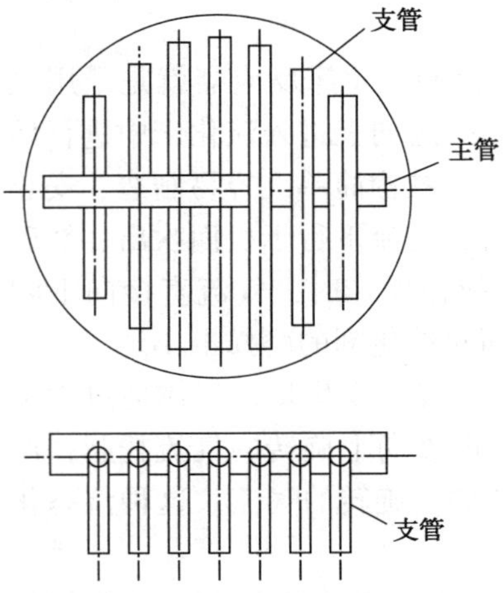

图 10-30 多管式气流分布器

撑床层，可以做成薄层结构。

流化床气体分布板的选择和设计是很重要的。为了保证均匀流化和操作稳定，一般在设计时选取分布板压降为床层压降的10%～25%，此外，分布板开孔率是与板压降有关的重要参数，一般取1%或更小，才能保证分布板具有良好的工作性能。

(2) 气体预分布器

分布板的下部，通常有一个倒锥形的气室，进气管自侧向进入气室[见图10-31(a)]，在气室内气体流股进行粗略的重整后进入分布板。这种常用的进气结构是一种最简单的气体预分布器。有时还在气室内安同心圆锥壳导向构件或填料层[见图10-31(b)、(c)]，使气体进入分布板前有一个大致均匀的分布，从而减轻分布板均匀布气的负荷。

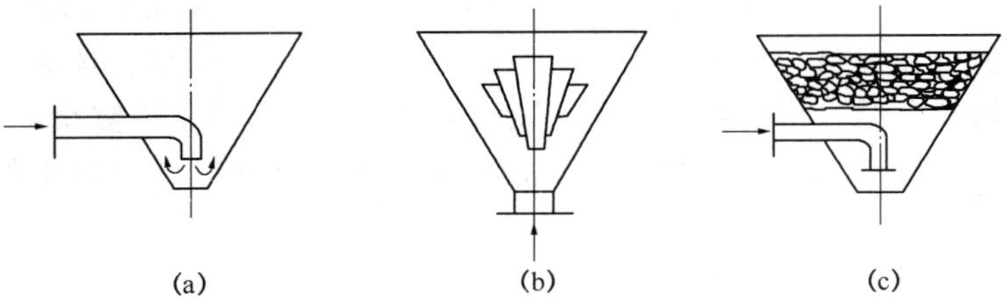

图 10-31 常用的气体预分布器示意图

10.4.2 内部构件

流化床内的气固相反应大多属于聚式流化，床内气固分布极不均匀。由于固体颗粒不断运动，使气体返混，再加上生成的气泡不断长大，造成气固接触不良，使反应选择性和转化率下降。尽管气体分布板可以起到创造良好的起始流化条件的作用，但只局限在分布板附近一很小区域内，如何把分布板造成的良好起始流化条件扩展到床层？实践证明：在床内加设内部构件是一种行之有效的好办法。

流化床的内部构件包括有旋风分离器的料腿及下料机构、换热器、溢流管和固体粒子循环管、进料用的内插喷嘴及专为破碎气泡、增进气固接触效率而设计的一切设施。这里主要讨论用于改善气固接触效率的内部构件。

(1) 水平构件

流化床中加设水平挡板或挡网，可增强气固接触效率，提高反应转化率。

① 挡板(网)的特性。水平的挡板、挡网把流化床沿床高分成形如多层床的许多小室。当气泡上升碰到挡板或挡网时，就破碎变小，而催化剂颗粒则从挡板或挡网上雨淋而下。此过程逐层进行直至床层顶部，因而改进了流化质量。和自由床相比，挡板、挡网床有如下优点：减小了上升气泡的尺寸，使流化均匀；气体短路现象得以抑制，气固接触得到改善；气体停留时间分布趋于一致，从而使转化率得以提高；床层料面波动大大减小，操作趋于稳定。

② 挡板(网)的结构。目前我国工业流化床的挡板多为百叶窗式斜片挡板，分为单旋导

向挡板和多旋导向挡板两种。当气速较低时，挡板和挡网的操作效果差别不大，当气速较高、催化剂强度较高时，多采用挡板。反之，多采用挡网。

A. 挡网。如图 10-32 所示，网眼通常为 15mm×15mm 或 25mm×25mm，网丝直径为3~5mm。

B. 单旋挡板。如图 10-33 所示，单旋挡板使气流只形成一个旋转中心，据气流旋转方向的不同，可分为内旋(向心)挡板和外旋(离心)挡板。向心挡板使粒子在床中心稀，而近壁处浓。离心挡板使粒子在半径的$\frac{1}{2}$处浓度小，床中心和近壁处浓度大。因此，单旋挡板使粒子在床层中分布不均匀，且随床径增加，这种不均匀性更为显著。为解决这一问题，在大直径流化床中都采用多旋挡板。

C. 多旋挡板。如图 10-34 所示，气流通过多旋挡板后，产生多个旋转中心，使气固充分接触和混合，颗粒的径向浓度分布趋于均匀。但多旋挡板结构复杂，加工制造不方便，同时，它较大地限制了固体颗粒的轴向混合，增大了床层轴向温差。

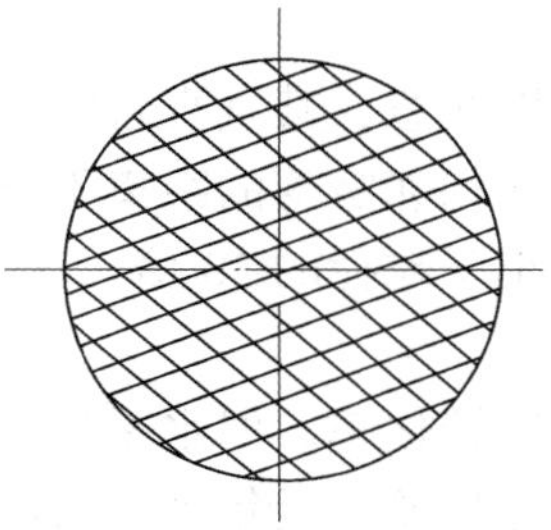

图 10-32　挡网

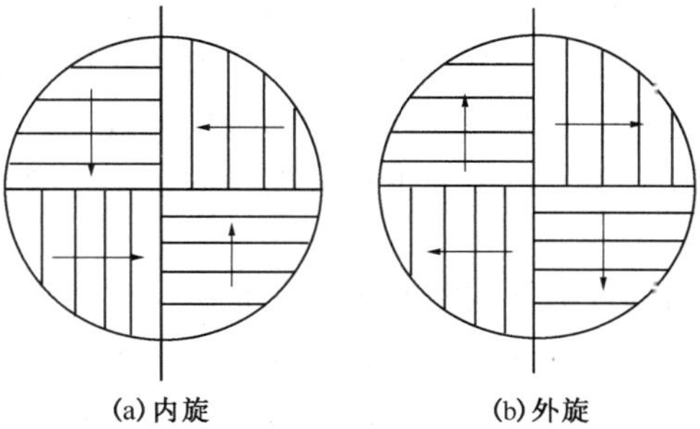

图 10-33　单旋导向挡板

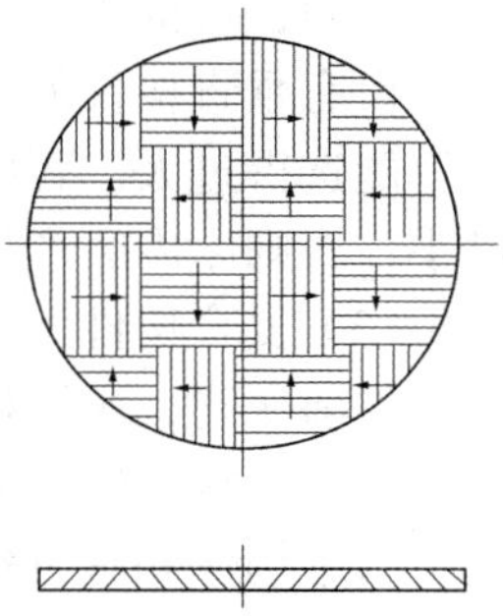

图 10-34　多旋导向挡板

D. 挡板的结构尺寸。每一块挡板都有若干片相互平行的斜片，斜片的厚度 δ、倾角 θ、高度 h 和间距 a，如图 10-35 所示。

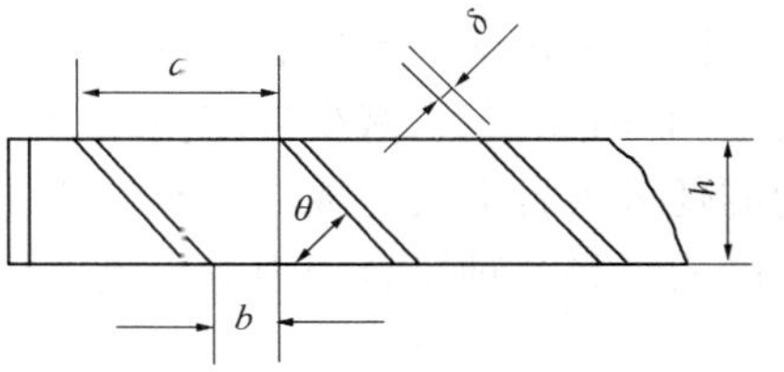

图 10-35　斜片挡板的结构参数

斜片的厚度 δ 只要保证机械强度的要求即可，一般视流化床直径的大小并考虑加工方便，多在 2~6mm 范围内选取。倾角 θ 不宜过小，否则容易在斜片上积料，同时流体阻力也较大，限制了颗粒的纵向混合。倾角太大，会削弱挡板的导向作用。目前多取 $\theta=45°$ 或稍大一些。斜片的高度 h 通常为 20~35mm，相应于这一高度的斜片宽度为 30~50mm。显然，高度 h 越高，斜片也越宽，较大的宽度对气流的导向作用就大一些。斜片间距 a 对床层阻力、轴向温度等都有影响，间距过小会导致床层阻力和轴向温差增大，使换热和流化质量变差，一般使前一片上端投影与后一片的下端刚好重合或稍微错开一些，即 $b=0\sim2$mm。

③ 挡板(网)的直径。由于挡板、挡网阻止了颗粒的纵向混合，使颗粒沿床层高度产生分级，轴向温差增大。为了克服这一缺点，通常把挡板(网)直径做得比反应器的内径小一些，在床壁与挡板、挡网间留出环隙通道，使颗粒得以上下循环混合。当然，环隙太大将造成气体严重短路，降低水平构件的作用。目前此环隙多在 10~50mm 范围内选取。

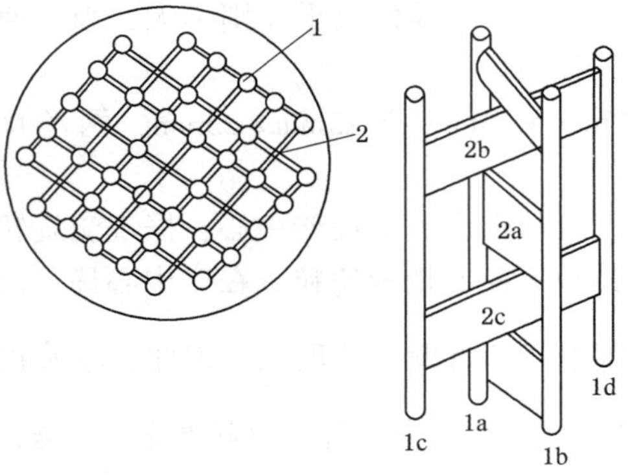

图 10-36 垂直构件示意图

(2) 垂直构件

流化床加设挡板，虽然收到了一定的效果，但也带来了结构复杂，安装困难、使催化剂分级、加速磨损等缺点。近几年来，大型流化床多采用垂直构件代替水平构件。采用平板、圆管、翅片管制成垂直构件插入床中，均能改善流化质量。其中用得最多的还是圆管。采用垂直的换热管可以同时起到垂直构件的作用，不少设计者采用垂直管作为内部构件，据换热要求，取部分管作换热管。图 10-36 是H-铁还原过程中使用的垂直构件。垂直构件能延缓气泡在床层中上升的速度，抑制气泡的长大和短路，且对固体的均匀混合影响不大。

与水平构件相比，垂直构件有以下优点：结构简单，容易放大；安装维修方便；不易出现死空间；可提供一定的传热面积；占据床层的有效空间较少。

设有垂直构件的流化床性能与一般自由床相同。但在应用时要特别注意，其垂直管的管径不能选得过大，否则会使床层出现腾涌现象，影响接触效率。另外，相邻竖管的距离不能过小，否则床内会产生沟流，要求两相邻垂直表面间的最小距离不应小于粒径的 30 倍。

(3) 复合构件

如前所述，水平构件和垂直构件均能改善流化状态，从而提高反应转化率。但水平构件引起粒子分级且轴向温差大，垂直构件在较高气速下易出现沟流和腾涌现象。近年来，又出现了水平构件和垂直构件相结合的复合构件，取得了明显的效果。

图 10-37 为塔形立式构件，用于直径 2m 反应器的生产实践证明，无论在催化剂负荷还是反应收率上均有较好效果。

图 10-38 为脊形构件，它将换热垂直管束作为构件的一部分，垂直管束承担着使气泡的空间分布均匀、减少气泡向床中心处集中和支撑构件其余部分的作用。破碎与更新其余气泡的任务由脊形板完成。实验证明，脊形构件具有良好的抑制床内气泡长大、改善流化质量的能力，是一种适合于内置大量换热管束流化床的优良构件。

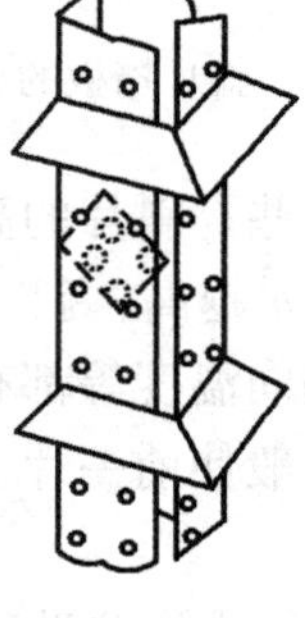
图 10-37 塔形立式构件

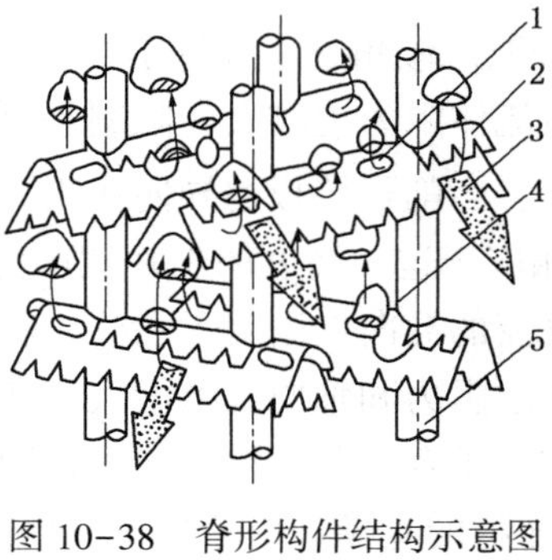

图 10-38 脊形构件结构示意图

1—吹扫孔；2—脊形板；3—颗粒运动方向；
4—气泡运动方向；5—换热管

10.4.3　气固分离装置

流化床的出床气体中夹带相当数量的固体颗粒，近年来，随着细颗粒床的开发和应用，细颗粒的捕集回收成了设计与操作中的关键。流化床中常用的气固分离装置有内过滤器和内旋风分离器两种。

（1）内过滤器

有些过程要求带出床外的固体颗粒很少，且带出的颗粒又很细时，多采用内过滤器来分离气体中的颗粒。内过滤器一般做成管式，如图 10-39 所示，管子有素烧瓷管、开孔铁管和金属丝网管等。在开孔铁管和金属丝网管的外面包扎数层玻璃纤维布。内过滤器就是由许多这样的管子组成的，气体从玻璃纤维布的细孔隙中通过，而将绝大部分的固体颗粒过滤下来。

过滤器的结构尺寸，主要是确定过滤面积和过滤管的开孔率，一般按经验选取。对小型流化床，取过滤面积为床层截面积的 8~10 倍，对大型床取 4~5 倍。过滤器开孔率一般取 30%~40%。

内过滤器的缺点是气体阻力较大。为了防止滤饼增厚时压力降过分增加，必须定期反吹。因此，全部过滤管要分为几组，当一组反吹时，其余几组仍在操作。当过滤管上的催化剂积得太厚时，不仅使阻力增大，还可能在气温控制不好时在滤饼上产生二次催化反应，使温度急剧上升，引起燃烧或爆炸事故。近年来倾向采用细颗粒催化剂，过滤器难于满足要求，正逐步被高效旋风分离器所取代。

（2）内旋风分离器

内旋风分离器目前在流化床反应器中已得到了广泛的应用，其装置如图 10-40 所示。内旋风分离器包括旋风分离器、料腿和料腿密封装置三个部分。

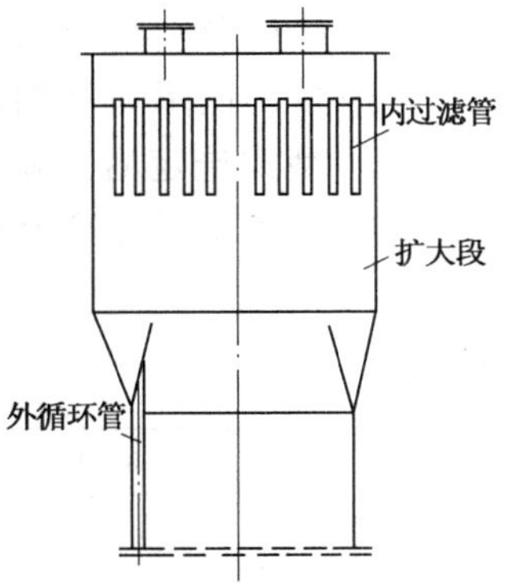

图 10-39　内过滤器

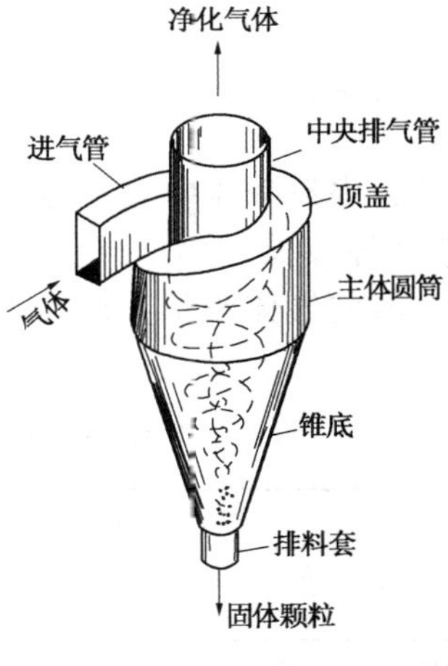

图 10-40　旋风分离器结构示意图

① 旋风分离器的操作原理。旋风分离器是利用惯性离心力的作用从气流中分离出所含尘粒的设备。含尘气体以相当高的线速度沿切线方向进入旋风分离器的壳体内，形成螺旋形运动，在旋转过程中产生的离心力将悬浮于气流中的固体颗粒甩向器壁，与器壁碰撞后失去动能而下沉落入灰斗，再通过料腿落入反应器中。净化后的气体从中心的气体排出管排出。

② 影响分离效果的因素。据离心力公式 $c=\frac{mu^2}{R}$(式中，c 为离心力，m 为质量，u 为气速，R 为旋转半径)，增大气速和减小旋风分离器圆柱体的直径，都可以使颗粒所受的离心力增大，提高除尘效果。但气速过大，会使气体阻力增大，且剧烈的湍流及颗粒碰撞弹跳等会促使沉积在壁处的颗粒重新被卷扬起来，反而降低了除尘效果。通常取进口管中适宜的速度范围为 15~25m/s，含尘量高时取 18~25m/s。另外，圆柱体的直径也不能取得过小，直径太小，较大颗粒撞壁弹跳易被带入内旋流中而被气流带出，且圆柱体直径小时，出口管直径也要相应减小，这在处理粘结性粉尘时容易堵塞。因此，旋风分离器的圆柱体直径一般不小于 150mm，不大于 800mm。中央排气管插入圆柱体中的深度应较小，以增加锥形体的底部到排气管之间的高度。因为在这一高度区域中，向上的气流也是旋转的，对粉尘起着再分离的作用，所以这段区域高一些有利于再分离。排气管下端的位置要等于或稍低于进口管，以防止含尘气体短路。排气管的直径应稍小些，以增加气流旋转速度，有利于再除尘，出气管的速度一般为 3~8m/s。

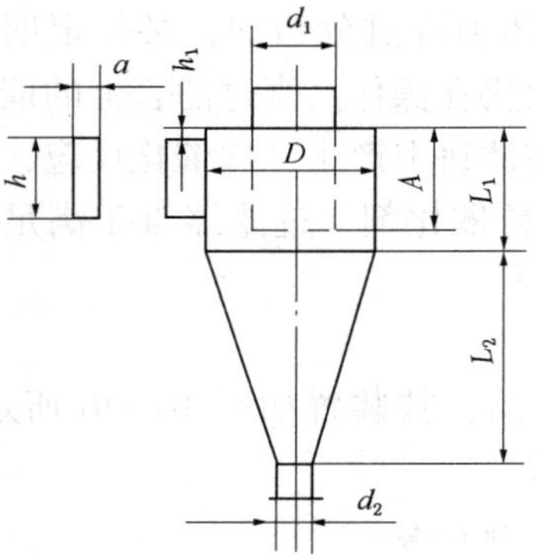

图 10-41 旋风分离器尺寸

旋风分离器的圆锥体是分离固体颗粒的主要部分，也是引起除尘效率降低的关键区域。因为气体从圆锥体底部向上旋转返回时产生涡流，使已经沉到底部的颗粒重新卷起，被上升的气流夹带出。所以，增大锥底至出口管间的高度，有利于被卷起的颗粒再分离。一般取圆锥体高度 $L_2 \geqslant 2.5D$。

③ 旋风分离器的型式及结构尺寸的确定。我国在化工生产上常用的旋风分离器的型式及结构尺寸参见表 10-2，旋风分离器结构尺寸的符号标注如图 10-41 所示。

旋风分离器结构尺寸的确定可按以下步骤进行：首先根据生产工艺要求，选择适宜的旋风分离器型式。一般地说，粗短的旋风分离器除尘效率低、流体阻力较小，适用于大风量、低阻力和粗净化的要求；细长形(锥形体较长)旋风分离器除尘效率高，但阻力较大。型式选定后，就可按流化床稀相段或扩大段的气体流量，选择进口气速 u_g，由式(10-24)求得旋风分离器的进口截面积。

表 10-2 各种型式旋风分离器结构特性表

序号	型号	进口尺寸及位置			排气管尺寸及位置		器身尺寸		
		$\frac{h}{a}$	$\frac{a}{D}$	$\frac{h_1}{D}$	$\frac{A}{h+h_1}$	$\frac{d_1}{D}$	$\frac{L_1}{D}$	$\frac{L_2}{D}$	$\frac{d_2}{D}$
1	蜗旋型	1.15	0.35	0	1.15	0.4	0.9	1.9	0.15~0.25
2	DF 型	3.1	0.27	0.35	0.45	0.575	1.25	2.8	0.23
3	C 型	3.1	0.27	0.735	0.75	0.575	1.8	2.8	0.23
4	C 型	3.0	0.28	0.35	0.83	0.6	1.31	3.16	0.24

$$a \cdot h=\frac{q_V}{u_g} \tag{10-24}$$

各种型式旋风分离器的进口高度和宽度都有一定的比例，其他部分的尺寸又与进口高度和宽度有一定的比例，从而定出各部分的几何尺寸。然后校验中央排气管的气速是否在 3~8m/s 范围内，若不在此范围，再作适当调整。

④ 旋风分离器的料腿及其密封装置。料腿是分离下来的粉尘排出的通道，其直径约为旋风分离器直径的 1/4~1/8。使用二级旋风分离器时，由于在第一级中已除去了大部分粉尘，所以第二级旋分的料腿直径应小些，通常取二级料腿的截面积为第一级的 1/2 即可。对料腿的要求是，既能顺利下料又能保持密封以防气体短路。

10.5 流化床主体尺寸的确定

流化床反应器的设计内容主要是床型的选择、良好流化态的实现。为达到良好流化态，需要考虑如下因素：

颗粒物性：颗粒密度、颗粒大小及其分布、强度、形状、凝集性等。

操作条件：气体浓度、流速、温度、压力等。

装置结构：床层高低、气体分布器、内部构件、细粉捕集等。

目前大多数流化床的设计计算还是以经验数据为依据，本节主要讨论经验法计算确定流化床的主体尺寸。

10.5.1 流化床直径的确定

床层直径可按气体处理量和操作速度由下式计算：

$$D=\sqrt{\frac{4q_V}{\pi u_0}} \tag{10-25}$$

式中 q_V——操作条件下的气体体积流量，m^3/s；

u_0——操作条件下的空床气速，m/s。

q_V 可以通过物料衡算求得，u_0 按前述计算方法结合经验数据确定，D 算出后按设备公称直径加以圆整。

有时为了减少颗粒夹带，在床顶加设扩大段。在扩大段，如果气速低于颗粒的沉降速度，颗粒就会自由沉降下来。因此确定扩大段直径时，通常要给出需要沉降的最小粒径，并计算其带出速度，然后按下式计算扩大段直径。

$$D_d=\sqrt{\frac{4q_{Vd}}{\pi u_t}} \tag{10-26}$$

式中 D_d——扩大段直径，m；

q_{Vd}——操作条件下扩大段的气体体积流量，m^3/s；

u_t——最小颗粒的带出速度，m/s。

在工程上，扩大段的取舍常常取决于过滤器或旋风分离器的安装要求。若用过滤器回收粉尘，在稀相段以上要设置扩大段，使一部分较小的颗粒在扩大段进一步得到沉降，以减轻过滤器的负荷。通常取扩大段的截面积，扣除过滤器所占截面外，应不小于床层截面积。若用旋风分离器回收粉尘，只要旋风分离器能装得下，可以不设扩大段。

10.5.2 流化床层高度的确定

流化床壳体高度包括浓相段高度 L_f、稀相段高度 h_2 和锥体高度 h_3，如图 10-42 所示。

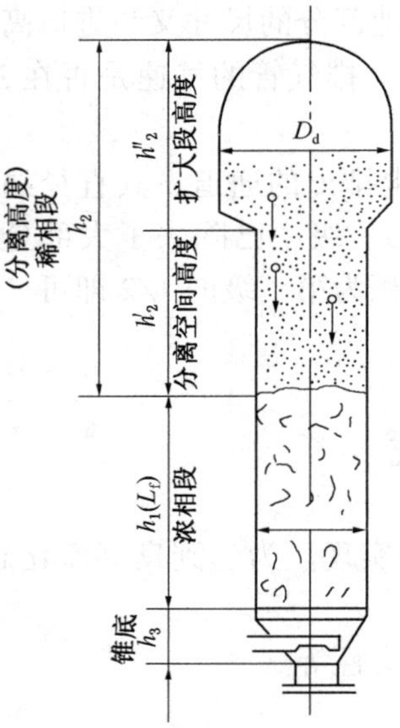

图 10-42 流化床壳体高度分段图

其中稀相段包括分离空间高度 h'_2 和扩大段高度 h''_2。

(1) 浓相段高度 L_f

浓相段是气固两相进行化学反应的主要场所，是流化床设计中的重要工艺尺寸。

影响浓相段高度的因素很多，目前还不能根据理论进行准确计算。本节仅据床层的膨胀比等流体力学特性，介绍计算浓相段高度的一般方法。

浓相段高度可由静床高和床层膨胀比按下式计算：

$$L_f = L_0 R \tag{10-27}$$

① 静床高 L_0 的计算。静床高可由原料转化速度、操作速度和催化剂的负荷确定。其计算方法与固定床反应器相同。

催化剂用量为：

$$m_s = \frac{m_w}{S_G} \tag{10-28}$$

据操作速度确定床层截面积后，即可求出静床高度：

$$L_0 = \frac{\Delta m_s}{\rho_B \pi D^2} \tag{10-29}$$

式中 ρ_B——催化剂堆积密度，kg/m³。

此外，如果有接触时间数据可供参考的话，则：

$$L_0 = u_o \tau_C \tag{10-30}$$

式中 u_o——操作气速，m/s；

τ_C——气固接触时间，s。

临界流化状态是静止床刚刚开始松动的状态，其高度 L_{mf} 稍大于静床高 L_0，但差别不大，计算中常取 $L_{mf} = L$。

② 床层膨胀比的计算。

床层膨胀比的定义：

$$R = L_1 / L_{mf}$$

式中 R——床层膨胀比；

L_{mf}——流化床的床层高度，m。

床层膨胀比可由以下几种方法计算。

A. 由与临界流化速度和操作速度相对应的床层空隙率 ε_{mf} 和 ε_f 求得：

$$\varepsilon_{mf} = \frac{V_0 - V_s}{V_0} = 1 - \frac{V_s}{V_0} = 1 - \frac{\rho_B}{\rho_p} \tag{10-31}$$

$$\varepsilon_f = \frac{V_1 - V_s}{V_f} = 1 - \frac{V_s}{V_f} \tag{10-32}$$

$$R = \frac{1-\varepsilon_{mf}}{1-\varepsilon_f} \tag{10-33}$$

式中 V_0——静止床层体积，m³；

V_f——流化床层体积，m³；

V_s——固体颗粒所占体积，m^3；

ε_f——流化床层空隙率。

因为影响床层空隙率的因素很多，目前还没有一个准确的并能在宽广范围中适用的一般公式，下面介绍几个半经验式：

$$\varepsilon_f = A_r^{-0.21}(18Re_p + 0.36Re_p^2)^{0.21} \tag{10-34}$$

式中 $A_r = d_p^3\rho_f g(\rho_p - \rho_f)/\mu_f^2$，为阿基米德准数；

$$Re_p = \frac{d_p u_0 \rho_f}{\mu_f}$$

原中国科学院燃料化学研究所在流化床内加设挡板，综合实验数据得到下列关系式：

$$\varepsilon_f = 1.70\left(\frac{L_y}{A_r}\right)^{\frac{1}{9.3}} \tag{10-35}$$

式中　A_r——同上式；

L_y——$u_0^3\rho_f^2/\mu_f g(\rho_p - \rho_f)$，为李森科准数。

此式是用平均粒径为 0.30~1.34mm 的颗粒实验得出的，对一些颗粒直径较小的床层可能不适用。

清华大学化工系 1989 年对自由床、限制床分别实验，据系统实验数据回归得以下关联式：

$$\varepsilon_f = G \cdot \left(\frac{L_y}{A_r}\right)^{0.0691} \tag{10-36}$$

式中　A_r、L_y——同上式；

G——膨胀因子。

对于自由床：$G = 0.820 + 9.21\times 10-3/D$；

对塔形构件：$G = 0.888$；

对垂直管束：$G = 0.877$；

对脊形构件：$G = 0.93$。

B. 床层膨胀比也可由图 10-43 查取，利用前面介绍的公式求出 u_{mf}和 u_t，可由图查得比值 L_{mf}/L。

C. 可由下列经验式直接求 R。

对于安装了水平挡板或挡网的流化床：

$$R = 0.517/(1 - 0.76u_0^{0.192}) \tag{10-37}$$

对安装了垂直管束的流化床：

$$R = 0.517/(1 - 0.67u_0^{0.114}) \tag{10-38}$$

（2）稀相段高度 h_2

稀相段高度包括分离段高度和扩大段高度两部分。

反应气体通过床层时，有相当数量形成气泡状态。当气体离开浓相床面时，由于气泡破裂，将部分颗粒抛向床层上部空间，因此在床层上部空间有一定数量被夹带的固体颗粒，其中一部分颗粒的沉降速度大于床层气速，在达到相当高度后回落到床层，离床面距离越高，固体颗粒的浓度越小。距离床层一定高度后，气流中夹带的粒子浓度趋于常数，该高度称为分离段高度。

正确设计流化床的分离段高度，可以回收粒径较大的催化剂，减少催化剂的损失，同时对确定旋风分离器的安装位置也是很重要的。通常旋风分离器最适宜的位置是使其进口距流化床上界面的高度等于分离段高度。

目前还缺少确定分离段高度的可靠方法，基本上是由经验关联式计算或由关联图查取。

对于自由流化床可采用下式：

$$h_2' = 1.2\times10^3 L_0 Re_p^{1.55} A_r^{-1.1} \tag{10-39}$$

式中 L_0——固定床高，m。

对于有水平挡板的床层采用下式：

$$h_2' = 730 L_0 Re_p^{1.45} A_r^{-1.1} \tag{10-40}$$

图 10-44 是专门用于催化裂化装置的 D 与 $\frac{h_2'}{D}$ 关系图，可供设计参考。

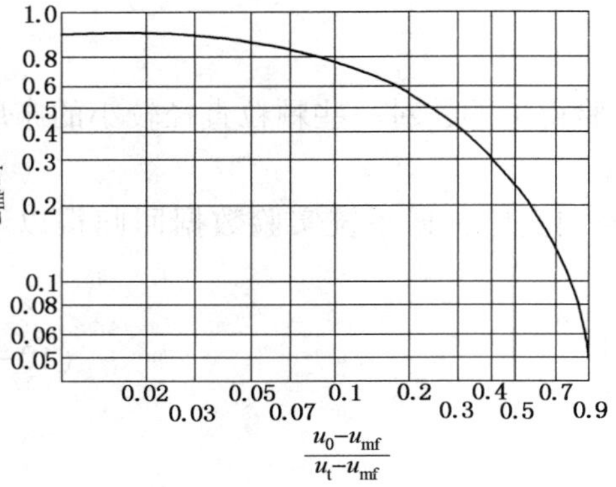

图 10-43 床层膨胀的关联曲线

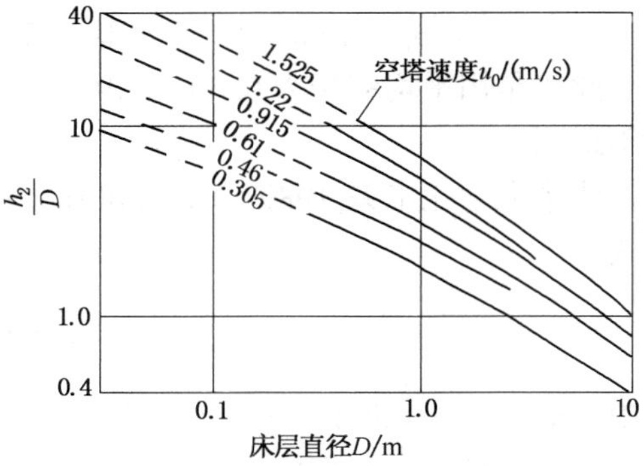

图 10-44 流化床分离段高度经验图

在分离段之上，还有扩大段高度 h_2''，据工厂实际操作设备的数据，多为 $h_2''\approx D_d$。若采用内旋风分离器，一般不设扩大段，只是把一级内旋风分离器的进口放在接近分离段高度的位置，上方只要留有安装旋风分离器的空间即可。

【例 10-4】 设计一装有水平挡板的萘氧化制苯酐流化床反应器，萘的进料速度为1000kg/h，空气的进料速度是萘的 14 倍(按质量比)。取操作气速 $u_0=0.55$m/s，反应温度为 370℃，操作压力为 214.7kPa(绝对压力)。催化剂负荷为 75g 萘/(kg 催化剂 · h)，临界流化条件下催化剂堆积密度 $\rho_B=550$kg/m^3，换热管所占截面积为空床截面的 15%，求所需床径、浓相段高度及分离段高度。

解：萘的体积流量 $q_{V1}=1000\times\frac{1}{128}\times22.4=175\text{Nm}^3/\text{h}$

空气的体积流量 $q_{V2}=14\times1000\times\frac{1}{29}\times22.4=10813.8\text{Nm}^3/\text{h}$

换算为操作条件下的体积流量

$$q_V=(V_1+V_2)\left(\frac{T}{273}\right)\left(\frac{101330}{p}\right)$$

$$=(175+10813.8)\left(\frac{370+273}{273}\right)\left(\frac{101330}{214700}\right)=12215.3\text{m}^3/\text{h}$$

代入得：

$$D=\sqrt{\frac{4q_V}{\pi u_0}}=\sqrt{\frac{4\times12215.3}{3.14\times3600\times0.55}}=2.8\text{m}$$

考虑到换热管占有空床 15%的截面积，则实际床径：

$$D=\frac{2.8}{(1-0.15)^{1/2}}=3.04\text{m}$$

取 $D=3\text{m}$

催化剂用量：

$$m_s=\frac{m_w}{S_G}=\frac{1000}{75/1000}=133333\text{kg}$$

静床高：

$$L_0=\frac{4\omega_s}{\rho_B\pi D^2}=\frac{4\times133333}{550\times3.14\times3^2(1-0.15)}=4.04\text{m}$$

膨胀比：

$$R=\frac{0.517}{1-0.76u_0^{0.192}}=\frac{0.517}{1-0.76(0.55)^{0.192}}=1.604$$

液相段高：

$$L_f=L_0R=4.04\times1.604=6.48\text{m}$$

分离段高度可由图 10-43 估计。

由 $u_0=0.55\text{m/s}$，$D=3\text{m}$ 可查得：

$$\frac{h_2'}{D}=1.5$$

故：

$$h_2'=1.5\times3=4.5\text{m}$$

流化床反应器的运行与操作

本章小结

1. 流化床反应器是工业上较广泛应用的一类反应器，适用于催化或非催化的气固、液固和气液固反应系统。与固定床反应器相比，流化床反应器有传质、传热速率高，床温均匀的突出优点。其由反应器主体、气体分布装置、内部构件、换热装置、气固分离装置等组成。正确设计、选择各构件结构，使流化床反应器具有良好的操作性能。

2. 颗粒处于运动状态而容器内床层又具有明显的界面，称为流化床。散式流态化和聚式流态化属于正常流态化，工业生产中要采取措施克服沟流状态、大气泡和腾涌状态等不正常流态化，选择合理的操作速度。

3. 传热效率高是流化床反应器的一大优点，流化床反应器的传热好坏对反应起着极其重要的作用。关键在于提高床层与器壁之间的给热速率，注意区分不同内换热器的结构与性能以及各因素对传热效率的影响。

4. 流化床反应器的主体尺寸主要包括流化床直径和床层高度。目前以经验法计算为主。

思　考　题

1. 比较固定床与流化床的优缺点及其适用场合。

2. 流化床的结构主要由哪几个部分组成？每部分作用如何？

3. 圆锥形流化床有什么特点？适用于什么场合？

4. 针对流化床的第一缺点，并根据多段连续釜串联可以提高连续釜效率的概念，请提出一些对流化床反应器的改进措施，以保留其优点减少其缺点。

5. 流化床传热速率快、床层温度均匀的主要原因是什么？

6. 内部构件在流化床中起什么作用？水平构件、垂直构件、复合构件各有什么特点？

7. 湍动流化床、快速流化床各有什么特点？主要用于哪些过程？

8. 沟流、腾涌会给生产带来哪些危害？如何消除？

9. 旋风分离器结构尺寸的确定原则是什么？

习　　题

1. 已知催化剂颗粒的平均直径为 55μm，颗粒密度为 2160kg/m，在反应温度和压力条件下，进入流化床反应器的气体密度为 1. 1kg/m^3，黏度 4×10^{-5}Pa · s，试求在此条件下的临界流化速度。

2. 计算粒径为 80μm 的球形颗粒在 20℃ 空气中的带出速度。已知颗粒的密度 $\rho_s=$ 2650kg/m^3，20℃空气的密度 $\rho_f=1.205$kg/m^3，空气的黏度 $\mu_f=1.85\times10^{-5}$Pa · s。

3. 某化工厂的流化床反应器直径为 3m，催化剂负荷为 0. 7kg 物料/(kg 催化剂 · h)，已知处理的物料量为 1500kg/h，催化剂颗粒密度为 890kg/m^3，流体密度为 1. 5kg/m^3，求流化床的床层压降。

4. 在 298K 和常压下进行流化试验，测得颗粒大小的分布为：

粒径/μm	50～75	75～100	100～125	125～150	150～175
x_i	0. 167	0. 25	0. 333	0. 167	0. 0833

已知：$\rho_s=1000$kg/m^3，$\rho_f=1.2$kg/m^3，$\mu_f=1.78\times10^{-5}$Pa · s，$\varphi=1$。求 u_{mf}和 u_t。

5. 在内径为 1. 2m 的丙烯腈流化床反应器中堆放了 3. 62t 磷钼酸铋催化剂，其颗粒密度为 1100kg/m^3，堆积高度为 5m，流化后床层高度为 10m，试求：(1)固定床空隙率；(2)流化床空隙率；(3)流化床的压降。

6. 2000t/a 丙烯腈反应器，已知气体流量 q_n(入)= 135kmol/h，q_n(出)= 139kmol/h，反应器操作温度 470℃，操作压力 58. 9kPa(表)，求临界流化速度和带出速度，若取操作气速为 0. 6m/s，求床层直径。

已知数据：$\bar{d}_p=0.162$mm，$d_{pmin}=0.088$mm，$\rho_s=1710$kg/m^3，$\rho_f=0.74$kg/m^3，$\mu_f=2.8\times10^{-5}$Pa · s。

7. 有一化工厂采用流化床反应器，临界流化速度为 0. 008m/s，流化数为 100，催化剂为球形颗粒，其堆积密度为 640kg/m^3，颗粒密度为 1068kg/m^3，反应接触时间为 8s，床层空隙率为 0. 64，锥底角为 900，床层直径为 1. 2m，扩大段直径为 2m，求该流化床反应器的总高度。

8. 用萘为原料在钒催化剂作用下与空气中的氧作用生成苯酐，反应温度约为 370℃，进入床层中的气体压力为 208kPa(绝)，进入反应器的原料萘的量为 1000kg/h，空气用量为原料萘量的 14 倍(以质量计)。已知钒催化剂负荷为 0.0267kg 萘/(kg 催化剂 · h)，催化剂的堆积密度为 700kg/m^3，操作气速为 0.4m/s，求流化床直径 D、静床高 L_0、流化床层高度 L_f 和分离段高度 h_2'(床层中设置挡板)。

第 11 章　其他非均相反应器

第 12 章　典型化学反应器应用案例

参 考 文 献

[1] 李绍芬．反应工程[M]．第三版．北京：化学工业出版社，2012.
[2] 许志美．化学反应工程[M]．北京：化学工业出版社，2019.
[3] 廖传华，王重庆，梁荣．反应过程、设备与工业应用[M]．北京：化学工业出版社，2018.
[4] 张濂，许志美．化学反应器分析[M]．上海：华东理工大学出版社，2004.
[5] 杨春晖，郭亚军．精细化工过程与设备[M]．哈尔滨：哈尔滨工业大学出版社，2001.
[6] 陈志平，章序文，林兴华．搅拌与混合设备设计手册[M]．北京：化学工业出版社，2004.
[7] 杨志才．化工生产中的间歇过程[M]．北京：化学工业出版社，2001.
[8] 朱炳辰．化学反应工程[M]．第三版．北京：化学工业出版社，2001.
[9] 刘宝鸿．化学反应器[M]．北京：化学工业出版社，2001.
[10] 朱开宏．工业反应过程分析导论[M]．北京：中国石化出版社，2003.
[11] 陈甘棠．化学反应工程[M]．北京：化学工业出版社，1981.
[12] V. V. 里纳德，R. V. 乔杜里，P. R. 刚爵．滴流床反应器——原理与应用[M]．北京：化学工业出版社，2013.
[13] 左识之．精细化工反应器及车间工艺设计[M]．上海：华东理工大学出版社，1996.